Personajes

Personajes
Instructor's Edition

Carol Ebersol Klein
Beaver College

Jorge Miguel Guitart
State University of New York at Buffalo

Houghton Mifflin Company • Boston • Toronto
Dallas • Geneva, Illinois • Palo Alto • Princeton, New Jersey

Credits for texts, photos, illustrations, realia, and simulated realia are found on page iv of the Student Edition and are continued following the index at the end of the book.

Cover illustration by John Martínez.

Senior Sponsoring Editor: F. Isabel Campoy-Coronado
Development Editor: Isabel Picado Sotela
Project Editor: Judith Ravin
Design Coordinator: Martha Drury
Cover Designer: Catherine Hawkes
Production Coordinator: Frances Sharperson
Manufacturing Coordinator: Sharon Pearson
Marketing Manager: George Kane

Printed in the U.S.A.

Student Text ISBN: 0-395-58483-3

Instructor's Edition ISBN: 0-395-58484-1

Library of Congress Catalog Card Number: 91-71979

ABCDEFGHIJ-D-954322

Contents

Instructor's Edition

Student Text

Components of *Personajes*

Student text

Instructor's Edition

Workbook/Lab Manual (Ana Roca, Adriana Busot, both of Florida International University)

Audiocassettes (5 hrs. correlated with lab manual)

Audiocassette with student text conversations

Test Bank

Videocassettes, RTVE Set V: *Por otros caminos*

Video Workbook & Instructor's Edition of the Video Workbook (Deanne Flouton, Nassau Community College)

For a description of the ancillary components, see page IE xiv of the Instructor's Guide.

Instructor's Guide to Personajes

Personajes is a ten-unit intermediate Spanish college text for a two-semester or three-quarter course sequence. It is a collaborative program in which *experience* is the key to development of fluency and accuracy in Spanish. It is also a student-centered program, in which the instructor is a guide who leads students through the accomplishment of tasks; students work collaboratively in pairs or small groups helping and supporting each other. College students do not want to be overwhelmed, but they are thinking adults who welcome challenge and stimulation. Taking into account a variety of learning styles and previous language training in elementary Spanish, *Personajes* provides many opportunities for the students to *use* Spanish, not merely to learn about Spanish. Much class time is devoted to pair and group activities during which students interact with each other and feel secure about their responses before they perform in front of the whole class and the instructor.

As the title implies, the focus of *Personajes* is on people. Each unit includes a mini-study of a character who is either an American student abroad or a native Spanish speaker representing a specific profession in a particular Hispanic environment. After reading about the salient features of that environment, students then become acquainted with a variety of people and issues related to the featured character and country. Culture is imbedded in conversations, activities, and readings throughout each section of the text.

The thematic frame for the entire *Personajes* text as well as each individual unit is analogous to a wheel: the **personaje** is at the hub that connects the spokes of interactive activities, taped conversations, readings, grammar, and illustrations to the wheel frame. Between these spokes are photos, drawings, and realia that help students assimilate what they are learning. The outer rim of the wheel is *Práctica integrada,* the series of all-encompassing, end-of-unit wrap-up activities.

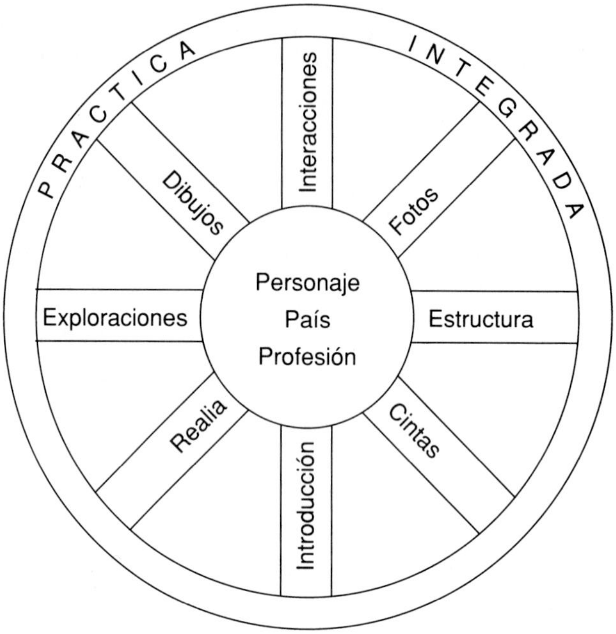

The cyclical design of *Personajes* is carried over into classroom use of the program. Class-instructor interaction should be cooperative and collaborative. Materials are presented and then recycled. The beginning units review items from elementary Spanish; new material in each unit is correlated with already-learned items.

Personajes introduces new material in conjunction with familiar material and has students *use* it before they learn *about* it. In *Interacciones,* for example, students learn inductively as they use first-year structures as well as important new ones in context before a grammatical explanation is provided. In each unit, there is a constant interrelation among the featured communicative functions, the grammar, conversations, readings, and activities.

Unit Organization

All unit segments incorporate listening, speaking, reading, and writing; however, certain sections emphasize one skill over another. In general terms, each unit has the following thematic and linguistically interrelated components:

- *Introducción:* opening essay and map of the featured country, list of the linguistic functions for the unit, Spanish/English vocabulary, and vocabulary practice

- *Interacciones:* taped conversations, vocabulary in context, and short readings, all accompanied by interactive activities
- *Estructura:* brief grammatical explanations illustrated by examples and followed by appropriate exercises
- *Exploraciones:* longer readings, both cultural and literary, with accompanying pre- and post-reading activities
- *Práctica integrada:* culminating communicative activities that highlight what students have learned in the unit

To be more specific:

Introducción

The opening material sets the stage for the unit, providing the cultural and linguistic framework and tools to enable students to work most efficiently and effectively through the unit.

Interacciones

This section, which focuses on interactive activities, is subdivided into **Escuchar y conversar,** featuring two taped conversations (**Cintas**) and **Leer y conversar,** with one to three short readings (**Intercambios**). The basic texts (taped conversations and readings) feature a specific linguistic function, which is presented, expanded, and practiced, often with **Vocabulario en contexto** models.

Interacciones guides students through the processes of working within the context of the featured character in his or her environment. Notice the two icons that appear in the margin throughout the text: the hand symbol indicates work for students to do individually, either in class or outside of class; the headphone symbol identifies a taped conversation designed as a listening activity. In **Escuchar y conversar,** a brief description of the person is followed by a taped conversation, involving him or her, and associates, friend(s), or family. The transcript of the conversations appears in the text for students to glance at if they need to confirm an unfamiliar passage. Students are instructed to do a written activity while listening to the conversation. These are designed to help students grasp the main ideas of a conversation. In order for students to gain the most benefit from the accompanying activities, they should listen to the conversations more than once, especially at the beginning of the course. The first post-listening activity is always a comprehension check, done with a partner, so that students can help each other. Other activities incorporate information or inferences from the conversation. Each conversation provides examples of a featured linguistic function (frequently linked to the grammatical structures discussed later in the unit). These functions are usually re-introduced in **Vocabulario en**

contexto, which gives model sentences, using highlighted phrases in context, followed by practice activities.

Leer y conversar contains short readings that include advertisements, announcements, recipes, and essays related to the unit theme. They are mostly author-generated to incorporate specific linguistic functions within a specific cultural frame. They incorporate familiar vocabulary and expressions, are followed by a comprehension check and interactive activities, and provide some examples for **Vocabulario en contexto** practice. Students communicate in writing in various ways throughout this section.

Estructura

The grammar section consists of explanations in English related to each of the linguistic functions featured in the *Interacciones* section of the unit. The section is written so that students can study the material and do the individual exercises before coming to class. This means that the instructor can devote class time to clarifying any points that students may not grasp on their own and to practicing use of structures in the pair and group exercises. The brief presentation of a grammar point is followed by Spanish/English model sentences related to the unit themes and practice exercises. Mechanical exercises are kept to the minimum required to ensure students' mastery of the grammar point. Students who need additional mechanical exercises can be referred to the accompanying workbook. Most exercises go beyond the mechanical phase; they focus on using the structures in context and create situations in which students can apply their newly acquired as well as established linguistic skills in controlled but personalized free-response activities, usually in pairs or groups.

Exploraciones

The reading development portion of the unit builds upon students' cultural and linguistic acquisition in *Interacciones* and *Estructura.* In keeping with the unit theme, *Exploraciones* consists of one to three selections of varying lengths. The majority are written by well-known writers of the featured country, several are cultural readings from magazines, and others are author-generated. A variety of strategies for successful reading is taught through a pre-reading activity to gear students up for the reading and follow-up comprehension checks, discussions, and writing activities. These vary between individual and group work. In every case students move from specific, content-related activities to creative and often collaborative thinking exercises in which they can apply information from the readings. Writing activities include short answers and essays on given topics.

Práctica integrada

A final brief section brings together cultural and linguistic features into informative and creative activities. The first activity always relates to material in the unit introduction, and subsequent activities incorporate ideas about the featured character, readings, structural items, and/or linguistic functions. The aim is to give students one more shot at working with the unit material and also to recycle previously presented items. These fun activities are geared to boost students' confidence and sense of accomplishment. *Práctica integrada* integrates all skills (oral and written) in all settings (individual, pair, and group activities). It provides opportunities for students to check their knowledge before they are officially evaluated on their mastery of the unit. In addition to providing further practice with the language, *Práctica integrada* thereby constitutes a non-threatening self-test, done either in class or outside of class. You, as the instructor, can use all or some of these activities. In some instances you may use a single activity as a culminating activity for a particular new item in the unit and incorporate it in sequence instead of using the whole series as the final unit activities.

Teaching Effectively with Personajes

The *Personajes* program offers special features that make it unique:

- interactive and collaborative activities for in-class and out-of-class work
- concise grammar explanations accompanied by practice exercises
- listening, reading, and writing strategies incorporated into activities
- rich cultural connections interwoven throughout

Personajes is based on the concept of inductive learning, suggesting that students learn best by doing and then later discovering why they are using particular structures. Therefore, interactive practice precedes grammatical explanations. Generally speaking, the program aims for students to get a feel for a particular linguistic structure by using it in context. Later on, when students encounter the grammatical explanation for the structure, they will be pleased that they are already familiar with its use. However, in some cases, such as for difficult Spanish constructions, you may prefer to present the grammatical explanation in *Estructura,* either in class or as a before-class assignment, before or in conjunction with the linguistic features and the **Vocabulario en contexto** in *Interacciones.*

In order to use class time most effectively, you may want to assign students to preview, that is to say, prepare questions, make lists, and so on, on their own for activities that they will do collaboratively in the next class. The more time they have to prepare for group activities, the more comfortable they will feel performing them in class.

Interactive and Collaborative Activities

Students working together in pairs or small groups benefit from face-to-face interaction and mutual understanding and support. The desired outcome is tension reduction and the feeling that it's all right to risk communicating in a way that isn't necessarily perfect. Note, however, that collaborative learning works best with structure, well-defined tasks, and clear set-up and follow-up procedures. Your role as the instructor is to be a classroom manager and activities orchestrator who takes the basic *Personajes* text one step further into a lively, exciting learning tool.

The following suggestions may help you and your students benefit most from pair and group activities. Collaborative work takes some getting used to, and particularly at the beginning, you may have to go through a period of adjustment before everything is running smoothly.

1. In the *Personajes* program, collaboration means working jointly with others in learning and communicating in Spanish. Explain to students that it is based on a system of mutual trust and recognition of individual differences.

2. Start your course with a brief explanation of the collaborative process. Inform students that as soon as they get into the swing of collaborative activities they will benefit much more from class sessions, will get to know their classmates and instructor well, and will have more time to speak Spanish in class. Most of all, they will feel comfortable in class while making progress in the language.

3. You may have to do a mini selling job to students about the rewards of working together, especially if they have had little exposure to pair and group work. In a collaborative learning environment, it is imperative that students pay attention at all times and come to class prepared. Your job as the instructor is to manage class sessions so that students enjoy these new procedures and feel comfortable during class.

4. Indicate that collaborative work is not a free-for-all. Accountability is in fact more important, since instead of having to show mastery of material on periodic quizzes or exams, students will be accountable to their peers and instructor at all times during all activities. Clarify that students have to keep on their toes or the collaborative process breaks down.

5. Provide clear instructions at the onset of each activity. Show students, rather than tell them, what to do, and make sure they understand what is expected. You can model an activity, or even better, have a well-prepared group model the activity.

6. Specify each assigned task and the time to complete that task.

7. Vary group selection among random, student-selected, and instructor-assigned groups. Encourage students to change partners and group members for variety.

8. Circulate and monitor the groups as they work. Pay attention to individual strengths or weaknesses, and learning styles. Your observations will help you make up groups that complement each other and work well together.

9. Sit down with different groups and spend time with them as they are working. Your accessibility will help break the instructor-student barrier and give you a chance to get to know the students better.

10. Maintain a noise level that is workable and conducive to the classroom conditions. Settle on two signals: one to reduce noise level and another to stop group activity.

11. Students involved in collaboration need a sense of closure at the end of each activity. Therefore, you must provide a mechanism for reflection at the end of each group activity. In some cases, activity instructions set the end-of-activity expectations; for example, students may be asked to comment on notes taken by another student, to write a summary, compare their ideas with those of another group, report to the class, and so on. You can adapt and vary these wrap-up activities as you learn what is most appropriate for your class.

Evaluation

Tell students up front about your system for evaluation, including class activity. Class time devoted to group activity should be part of the students' grade. How you do this is up to you. Suggestions might include devising a grid to evaluate each student, such as the following:

STUDENT NAME	COURSE NAME	DATE
Category	***Performance** (Superior/Good/Fair/Poor)*	***Comments***
Preparation		
Participation		
Questioning		
Helpfulness to Others		
Attendance		
Fluency in Spoken Spanish		
Accuracy in Spoken Spanish		
Improvement in Spoken Spanish		
Fluency in Written Spanish		
Accuracy in Written Spanish		
Improvement in Written Spanish		

Alternately, you may wish to complete an evaluation for each student periodically and, at the same time, have each student evaluate him- or herself using the same format. You might compare the ratings and discuss them with individual students. You might also take this process one step further to include peer rating, in some form, at workable intervals during the course.

Be clear about what students have to know for tests and quizzes and what the testing format will be. The *Personajes* testing program is for end-of-unit tests, but you may want to make up brief quizzes on specific items or use selected exercises from the testing program for quizzes.

Ideally, a student's course grade should consider his or her performance in class and level of effort, in addition to test grades. Keeping in mind the portion of class time you devote to collaborative activities, determine what percentage of the course grade will be based on class participation and how much on test grades. You can use the group evaluation grids mentioned previously to grade class participation.

Ancillary Components

Workbook/Lab Manual

The workbook provides extra practice in vocabulary, grammar, reading, and writing. Workbook and text units are correlated in order to reinforce grammar and vocabulary, as well as personalized and creative practice, while keeping in mind the learning objectives of each unit. You can assign exercises in the *Práctica de estructuras y vocabulario* section of each unit in conjunction with grammar study, and *Práctica comunicativa,* once students have completed the *Exploraciones* section of the text.

The lab manual is correlated with the audiocassette program. Each unit contains text conversations, oral pronunication practice, and listening comprehension activities that ask students to listen for main ideas or for specific information, and to respond in writing to what they hear. Conversations, sometimes featuring the text characters, radio advertisements, announcements, and other contextualized material give students the opportunity to hear native speakers in everyday situations and to sharpen their listening skills.

Answers to most workbook and lab activities appear at the back of the Workbook/Lab Manual so that students can check their own work. You will need to establish a procedure for correcting open-ended exercises.

Audiocassettes

The recordings for *Personajes* contain approximately thirty minutes of recorded material for each unit. Each unit is correlated with the lab manual and includes the text conversations (**Cintas**), as well as pronunciation and listening comprehension practice. A separate instructor's cassette contains the text conversations (**Cintas**) for use in class. A set of recordings is available free to institutions adopting the program. Audiocassettes can also be made available for student purchase.

Test Bank

The Test Bank consists of a series of items to test listening comprehension, use of functions and structures, reading, writing, and speaking. Using parts or all of these modules, you can create quizzes or tests appropriate to your needs. Answers for all but open-ended items appear at the back of the Test Bank.

Videocassettes, Set V: *Por otros caminos*

Four videocassettes produced by Radio Televisión Española, the national Spanish television station, contain authentic programming on topics ranging from documentaries and informational segments to comedy sketches, music, and a soap opera. The videos are intended to complement the cultural content of the course and can be used in part or in their entirety. Programs are divided into short viewing segments for manageable class or lab use.

Video Workbook and Instructor's Edition

The Video Workbook contains essential vocabulary, varied activities for use before, while, and after viewing the videos, and transcripts of the programs. Exercises are designed for intermediate-level students and show students how to benefit most from the videos without having to understand every word. The Instructor's Edition gives suggestions for use of the videos, additional cultural information, and a correlation guide for *Personajes.* An answer key is provided.

Sample Syllabi

Suggested Syllabus for a Two-Semester Course

The aim is to complete the entire ten units of *Personajes* in two semesters. Taking into account vacations and testing time in a fifteen-week semester, you should be able to cover five units comfortably in one semester by devoting seven classes to each unit if you teach three days a week for 50 minutes, and five classes if you teach twice a week for 75 minutes. One *Personajes* unit is programmed for approximately seven one-hour class meetings: *Interacciones* (2–3 days), *Estructura* (1–2 days), *Exploraciones* (2 days), and *Práctica integrada* (1 day). If you jump between *Interacciones* and *Estructura* to cover specific structures, you will probably devote four classes to this combined set, and another three to *Exploraciones* and *Práctica integrada.*

Option A: 3-Day Schedule; Scheduled Midterm Exam*

SEMESTER I

Week	*Day 1*	*Day 2*	*Day 3*
1	Unit 1	Unit 1	Unit 1
2	Unit 1	Unit 1	Unit 1
3	Unit 1	Test 1	Unit 2
4	Unit 2	Unit 2	Unit 2
5	Unit 2	Unit 2	Unit 2
6	Test 2	Unit 3	Unit 3
7	Unit 3	Unit 3	Unit 3
8	Unit 3	Unit 3	Test 3
9	Review	Midterm (1–3)	Unit 4
10	Unit 4	Unit 4	Unit 4
11	Unit 4	Unit 4	Unit 4
12	Test 4	Unit 5	Unit 5
13	Unit 5	Unit 5	Unit 5
14	Unit 5	Unit 5	Test 5
15	Review	Review	Final Exam

SEMESTER II

Week	*Day 1*	*Day 2*	*Day 3*
1	Unit 6	Unit 6	Unit 6
2	Unit 6	Unit 6	Unit 6
3	Unit 6	Test 6	Unit 7
4	Unit 7	Unit 7	Unit 7
5	Unit 7	Unit 7	Unit 7
6	Test 7	Unit 8	Unit 8
7	Unit 8	Unit 8	Unit 8
8	Unit 8	Unit 8	Test 8
9	Review	Midterm (6–8)	Unit 9
10	Unit 9	Unit 9	Unit 9
11	Unit 9	Unit 9	Unit 9
12	Test 9	Unit 10	Unit 10
13	Unit 10	Unit 10	Unit 10
14	Unit 10	Unit 10	Test 10
15	Review	Review	Final Exam

*If you eliminate the midterm exam or alter the unit testing schedule, you will have extra time at the end of the course; or you can spend more time on units and related activities; or you can incorporate the videos into the program.

Option A: 2-Day Schedule; Scheduled Midterm Exam

SEMESTER I

Week	*Day 1*	*Day 2*
1	Unit 1	Unit 1
2	Unit 1	Unit 1
3	Test 1/Start 2	Unit 2
4	Unit 2	Unit 2
5	Unit 2	Test 2/Start 3
6	Unit 3	Unit 3
7	Unit 3	Unit 3
8	Test 3/Review	Midterm (1–3)
9	Unit 4	Unit 4
10	Unit 4	Unit 4
11	Test 4/Start 5	Unit 5
12	Unit 5	Unit 5
13	Unit 5	Unit 5
14	Test 5	Review
15	Review	Final Exam

SEMESTER II

Week	*Day 1*	*Day 2*
1	Unit 6	Unit 6
2	Unit 6	Unit 6
3	Test 6/Start 7	Unit 7
4	Unit 7	Unit 7
5	Unit 7	Test 7/Start 8
6	Unit 8	Unit 8
7	Unit 8	Unit 8
8	Test 8/Review	Midterm (6–8)
9	Unit 9	Unit 9
10	Unit 9	Unit 9
11	Test 9/Start 10	Unit 10
12	Unit 10	Unit 10
13	Unit 10	Unit 10
14	Test 10	Review
15	Review	Final Exam

Suggested Syllabus for Three Ten-Week Trimesters

Option A: Students have solid preparation

First trimester:	Units 1–4 (Since Units 1 and 2 essentially contain a basic review of elementary Spanish, you should be able to move through them quickly and complete four units in the first trimester.)
Second trimester:	Units 5–7
Third trimester:	Units 8–10

Option B: Students require review time

First trimester:	Units 1–3
Second trimester:	Units 4–7
Third trimester:	Units 8–10

Allow approximately seven days per unit if the course meets three days per week and five days per unit for courses meeting two days per week.

Suggested Class Plans: Unit 1

The plans are suggestions for how to cover one unit, using Unit 1 as a sample, based on seven one-hour classes meeting three times per week. Included are suggested times to allot to portions of the lesson, persons involved in each activity, and a description of each activity. Class time is divided in the following order: warm-up, check prepared work, introduce and work with new material, wrap-up, and explanation and assignment. Activities should include a follow-up or check to ensure that students understand the material practiced and to stress accountability in pair and group activities.

Class Plan A: 3 Times per Week, 7 Days per Unit

Day 1

The first day of the course naturally includes the introduction of yourself and students, presentation of the syllabus, discussion of the text, necessary record keeping, and so on. Do as much of this as possible in Spanish.

Players/Time	*Activity*
Instructor/Students 10 min.	Introduction: Explain format of *Personajes,* reasons for and procedure for collaborative activities; review information in Student Guide.

Players/Time	*Activity*
Instructor/Students 8 min.	Introduce and work with new material: Present unit opener; use the map of Mexico to introduce the country. Check: Check comprehension of cultural information.
Players/Time	*Activity*
Instructor/Students 2 min.	Point out and explain unit objectives.
Players/Time	*Activity*
Instructor/Students 5 min.	Present vocabulary (personalized either/or questions, definitions, etc.) Check: Answer any questions related to vocabulary.
Players/Time	*Activity*
Individual students 5 min.	Vocabulary, **Práctica A** Check: Check answers as a class.
Players/Time	*Activity*
Groups of 3–4 8 min.	Vocabulary, **Práctica B** Check: Have each group give two words from each category, words/expressions cannot be repeated.
Players/Time	*Activity*
Instructor/Students 5 min.	Listen to **Cinta 1.** First introduce the **personaje,** Steve Carey, by summarizing the paragraph preceding **Actividad 1.** Then have students read it. Play tape in class; students do **Actividad 1.** Check: Check answers to **Actividad 1** as a class.
Players/Time	*Activity*
Instructor/Students 5 min.	Play tape again; students then do **Actividad 2** and compare answers with a classmate.
Players/Time	*Activity*
Instructor/Students 5 min.	Wrap-up: Review material covered in class.

Assignment

1. Review all material covered in class. (Reviewing material covered in class is a standing assignment.)
2. Listen to **Cinta 1** again and review accompanying activities.
3. Read and study **Vocabulario en contexto: Cómo empezar y mantener una conversación.** Familiarize yourself with **Actividades 3–6,** making notes if necessary, for the next class. Review cardinal numbers.
4. Listen to **Cinta 2** and do **Actividades 7–8.**
5. Study **Vocabulario en contexto: Cómo hacer preguntas.** Preview **Actividades 9–11** for the next class; prepare questions for **Actividad 10** and be prepared to ask and answer questions for **Actividad 11.**

Day 2

Players/Time	*Activity*
Instructor/Students 8 min.	Warm-up: Review opener, vocabulary, cardinal numbers, **Cinta 1.**
Student pairs 10 min.	Check prepared work: Do **Actividades 3–6.** Check: Review the **Vocabulario en contexto** and use of cardinal numbers.
Students 10 min.	Listen to **Cinta 2;** do **Actividades 7–8.** Check: Check activity answers as a class.
Student groups of 3–4. 15 min.	Do **Actividades 9–11.** Check: Circulate among groups and ask individuals questions that they have practiced in groups.
Instructor/Students 5 min.	Wrap-up: Review **Cinta 2** and **Vocabulario en contexto.**

Assignment

1. Listen to **Cinta 2** again and review activities.
2. Read **Intercambio 1.** Familiarize yourself with **Actividades 12–13** for the next class. Write **Actividad 14.**
3. Study **Vocabulario en contexto: Explicar cómo llegar a un lugar.** Become familiar with **Actividades 15–16** for the next class.

Day 3

Players/Time	*Activity*
Instructor/Students 5 min.	Warm-up: Review vocabulary, **Vocabularios en contexto,** Monterrey, Steve Carey, daily routines.

Players/Time	*Activity*
Instructor/Student pairs 5 min.	Check prepared work: Discussion of **Intercambio 1.** Do **Actividad 12.**

Players/Time	*Activity*
Student groups of 3–4 5 min.	Do **Actividad 13.** Peer checking of **Actividad 14.** Students turn in **Actividad 14** sentences for correction.

Players/Time	*Activity*
Student pairs 10 min.	Do **Actividades 15–16.** Check: Set up situations in which students can give and take directions to go from one place to another on campus or in town.

Players/Time	*Activity*
Instructor/Students 18 min.	Introduce and work with new material: Do **Intercambio 2** and **Actividades 17–18.** Check: Review answers to **Actividades 17–18.**

Players/Time	*Activity*
Instructor/Students 5 min.	Wrap-up: Review giving and taking directions. Do **Intercambios 1–2.**

Explain to students how to work with *Estructura* section in the text. Students will study grammar on their own and have the opportunity to ask questions about structures they may not understand when they come to class the following day. They will do some exercises at home and familiarize themselves with group activities that they will do after they have done their individual work outside of class. Tell students to read the explanations carefully, study the examples, learn the forms, and do the exercises after each section. They can also do the *Práctica de estructuras y vocabulario* in the Workbook. Explain that they have already seen many of these structures in *Interacciones*.

Assignment

1. Read and study *Estructura,* all sections. Do **Ejercicios 1, 5–7.** Look at **Ejercicios 2–4** for the next class.

Day 4

Players/Time	*Activity*
Student pairs 5 min.	Warm-up: Have students interview each other about Mexico, the Tech, Steve Carey and his friends, being on time, historical monuments, etc.

Players/Time	*Activity*
Student pairs/Instructor circulating 45 min.	Check prepared work: Do **Ejercicios 1–8** checking prepared work as you come to the exercises. Most of this class will be devoted to work with grammar exercises. Students should study the topics before coming to class. Check: Answer student questions. Sometimes students can help each other, but if necessary, interrupt group work to explain concepts to the whole class or have several pairs work together, etc. You may want to check orally assigned individual exercises or do a few quick drills of your own to be sure students have grasped the concepts.

Players/Time	*Activity*
Instructor/Students 5 min.	Wrap-up: Practice using any of the new structures.

Explain to students how to deal with readings in *Exploraciones,* following directions for pre-reading activities, etc. Remind them to look over the pre- and post-reading activities before they start to read the selection, in order to have an idea of what will be expected of them. Reiterate that they are not expected to memorize glossed words, to look up words in a dictionary, or to know every word or expression in the text. Your aim is to calm any fears students may have about reading longer passages in Spanish.

Assignment

1. Read **Lectura 1.** Do **Actividad 1** and become familiar with **Actividades 2–3** for the next class.
2. Read **Lectura 2.** Do **Actividad 4** and the first part of **Actividad 6.** Preview **Actividad 5** and the second part of **Actividad 6** for the next class.

Day 5

Players/Time	*Activity*
Instructor/Students 10 min.	Warm-up: Review items in *Estructura* in context; oral or written practice.

Players/Time	*Activity*
Student groups of 3–4 5 min.	Have students interview each other about what they have learned so far about Steve Carey in Mexico.

Players/Time	*Activity*
Student pairs and groups of 3–4 15 min.	Check prepared work: Do **Lectura 1;** check answers to **Actividad 1;** do **Actividades 2–3.** Check: Circulate and assist students as needed. Elicit students' opinions on issues related to the reading.

Players/Time	*Activity*
Student pairs and groups of 3–4 15 min.	Discuss **Lectura 2;** check answers to **Actividad 4;** do **Actividades 5–6.** Check: Check **Actividad 5** as a class. Before **Actividad 6** group work, have students identify main ideas in the first two paragraphs. Alternative: Have groups turn in outlines to you.

Players/Time	*Activity*
Instructor/Students 5 min.	Wrap-up: Review **Lecturas 1–2.**

Assignment

1. Read **Lectura 3;** do **Actividades 7, 8–10;** prepare notes for **Actividad 9** for the next class.

Day 6

Players/Time	*Activity*
Instructor/Students 5 min.	Warm-up: Questions/answers related to student life in Mexico.
Student pairs 12 min.	Check prepared work: Check comprehension of Lectura 3; check answers to **Actividades 7–8.**
Students 8 min.	Have individuals take the parts of the characters in **Lectura 3** and read aloud in front of the class or have several groups act out drama among themselves.
Student groups of 3–4 then whole class activity 8 min.	For **Actividad 9,** after small groups work together, the whole class discusses the conflicts presented in **Lectura 3.**
Student pairs 8 min.	Students do peer review of written paragraph for **Actividad 10.** Collect paragraphs for assessment.
Instructor/Students 5 min.	Wrap-up: Review of student life in Mexico and generational differences and conflicts.

Explain to students how to use *Práctica integrada* as a gauge of how well they have mastered the most important items in the unit. Determine which practice activities students should prepare.

Assignment

1. Look at assigned practice activities and prepare notes for the next class. This is the time for students to look back through the unit to be sure they understand everything.

Day 7

Devote the entire class to *Práctica integrada* and review of the unit.

Alternative Class Plan A

This alternative presentation for Unit 1 combines an *Estructura* section with the corresponding text and linguistic function in *Interacciones*.

Alternative Day 1

The first day of the course naturally includes the introduction of yourself and students, presentation of the syllabus, discussion of the text, necessary record keeping, and so forth. Do as much of this as possible in Spanish.

Players/Time	*Activity*
Instructor/Students 10 min.	Introduction: Explain format of *Personajes,* reasons for and procedure for collaborative activities; review information in Student Guide in text.

Players/Time	*Activity*
Instructor/Students 8 min.	Introduce and work with new material: Present unit opener; use the map of Mexico to introduce the country. Check: Ask questions/Elicit key information from students to check comprehension.

Players/Time	*Activity*
Instructor/Students 2 min.	Point out and explain unit objectives.

Players/Time	*Activity*
Instructor/Students 5 min.	Present vocabulary; ask personalized either/or questions, definitions, etc. Check: Answer any questions related to vocabulary.

Players/Time	*Activity*
Individual students 5 min.	Vocabulary, **Práctica A** Check: Check answers as a class.

Players/Time	*Activity*
Groups of 3–4 5 min.	Vocabulary, **Práctica B** Check: Have each group give two words from each category; words or expressions cannot be repeated.

Players/Time	*Activity*
Instructor/Students 8 min.	**Cinta 1.** First introduce the **personaje,** Steve Carey, by summarizing the paragraph preceding **Actividad 1.** Then have students read it. Check comprehension. Explain what students are to do in **Actividad 1;** play tape in class. Students do the while-listening **Actividad 1.** Check: Check answers to **Actividad 1** as a class.

Players/Time	*Activity*
Student pairs 5 min.	Play the tape again; students then do **Actividad 2** and compare answers with a classmate. Check: Discuss **Cinta 1** as a class.

Players/Time	*Activity*
Instructor/Students 5 min.	Wrap-up: Review material covered in class.

Assignment

1. Review all material covered in class. (Reviewing material covered in class is a standing assignment.)
2. Listen to **Cinta 1** again and review the accompanying activities.
3. Read and study **Vocabulario en contexto: Cómo empezar y mantener una conversación.** Familiarize yourself with **Actividades 3–6** for the next class. Review cardinal numbers.
4. Read and study *Estructura,* section I. Do **Actividad 1** and preview **Actividades 2–4** for the next class.

Alternative Day 2

Players/Time	*Activity*
Instructor/Students 5 min.	Warm-up: Review opener, vocabulary, cardinal numbers, and **Cinta 1.**

Players/Time	*Activity*
Student pairs 10 min.	Check prepared work: Do **Actividades 3–6.** Check: Check **Vocabulario en contexto** and use of cardinal numbers.

Players/Time	*Activity*
Student pairs 15 min.	Review *Estructura,* section I and do **Ejercicios 1–4.** Check: Elicit questions using the present tense.

Players/Time	*Activity*
Students 15 min.	Introduce and use new material: Listen to **Cinta 2;** do **Actividad 7.** Listen to tape again; do **Actividad 8.** Check: Check answers as a class.

Players/Time	*Activity*
Instructor/Students 8 min.	Wrap-up: Review use of present tense and **Cinta 2.**

Assignment

1. Listen to **Cinta 2** to be sure you understand it and accompanying activities.
2. Read and study **Vocabulario en contexto: Cómo hacer preguntas** and preview **Actividades 9–11** for the next class.
3. Read and study *Estructura,* sections II, III, and IV. Do **Ejercicios 5–7;** preview **Ejercicio 8** for the next class.

Alternative Day 3

Players/Time	*Activity*
Instructor/Students 5 min.	Warm-up: Review vocabulary, **Vocabularios en contexto,** Monterrey, Steve Carey, and daily routines.

Players/Time	*Activity*
Student pairs 20 min.	Check prepared work: *Estructura,* sections II, III, and IV. Discuss and check answers to **Actividades 5–7.** Do **Actividad 8.** Check: Create situations for students to practice the use of demonstratives, adverbs of place, and interrogatives.

Players/Time	*Activity*
Student pairs 15 min.	**Vocabulario en contexto: Cómo hacer preguntas.** Do **Actividades 9–11.** Check: Circulate and ask questions of individual students.

Players/Time	*Activity*
Instructor/Students 5 min.	Wrap-up: Review asking for and receiving directions and asking questions.

Assignment

1. Read **Intercambio 1.** Write **Actividad 14;** preview **Actividades 15–16.**
2. Read and study **Vocabulario en contexto: Explicar cómo llegar a un lugar.**
3. Read **Intercambio 2.** Do **Actividad 17;** preview **Actividad 18** for the next class.

Alternative Day 4

Players/Time	*Activity*
Student pairs 5 min.	Warm-up: Using campus or city maps, give and receive directions from one designated place to another.

Players/Time	*Activity*
Student pairs and groups of 3–4 10 min.	Check prepared work: **Intercambio 1.** Do **Actividades 12–13.** Check **Actividad 14** with peers. Collect written **Actividad 14.** Check: Discuss opinions related to **Intercambio 1.**

Players/Time	*Activity*
Student pairs 10 min.	**Vocabulario en contexto: Explicar cómo llegar a un lugar.** Do **Actividades 15–16.**

Players/Time	*Activity*
Student pairs 10 min.	**Intercambio 2.** Do **Actividades 17–18.**

Players/Time	*Activity*
Instructor/Students 5 min.	Wrap-up: Review **Intercambios 1–2** and giving and receiving directions to go from one place to another.

Explain to students how to deal with readings in *Exploraciones,* following directions for pre-reading activities, and so on. Remind them to look over the pre- and post-reading activities before they start to read the selection, in order to have an idea of what will be expected of them. Reiterate that they are not expected to memorize glossed words, to look up words in a dictionary, or to know every word or expression in the text. Your aim is to calm any fears students may have about reading longer passages.

Assignment

1. Read **Lectura 1.** Do **Actividad 1** and preview **Actividades 2–3** for the next class.
2. Read **Lectura 2.** Do **Actividad 4** and the first part of **Actividad 6.** Preview **Actividad 5** and the second part of **Actividad 6** for the next class.

Alternative Days 5–7

No change from the original plans for days 5–7.

Class Plan B: 2 Times per Week, 5 Days per Unit

Day 1

The first day of the course naturally includes the introduction of yourself and students, presentation of the syllabus, discussion of the text, necessary record keeping, etc. Do as much of this as possible in Spanish.

Players/Time	*Activity*
Instructor/Students 10 min.	Introduction: Explain format of *Personajes,* reasons for and procedure for collaborative activities; review information in Student Guide in text.

Players/Time	*Activity*
Instructor/Students 8 min.	Introduce and work with new material: Present unit opener; use the map of Mexico to introduce the country. Check: Ask questions/Elicit key information from students to check comprehension.
Players/Time	*Activity*
Instructor/Students 2 min.	Point out and explain unit objectives.
Players/Time	*Activity*
Instructor/Students 5 min.	Present vocabulary; ask personalized either/or questions, definitions, etc. Check: Answer any questions related to vocabulary.
Players/Time	*Activity*
Individual students 5 min.	Vocabulary, **Práctica A** Check: Check answers as a class.
Players/Time	*Activity*
Groups of 3–4 8 min.	Vocabulary, **Práctica B** Check: Have each group give two words from each category; words or expressions cannot be repeated.
Players/Time	*Activity*
Instructor/Students 8 min.	**Cinta 1.** First introduce the **personaje,** Steve Carey, by summarizing the paragraph preceding **Actividad 1.** Then have students read it. Check comprehension. Explain what students are to do in **Actividad 1;** play the tape in class. Students do **Actividad 1.** Check: Check answers to **Actividad 1** as a class.
Players/Time	*Activity*
Instructor/Students 8 min.	Play the tape again; students then do **Actividad 2** and compare answers with a classmate. Check: Students take roles; act out segments of **Cinta 1.**

Players/Time	*Activity*
Student pairs 20 min.	Read and study **Vocabulario en contexto: Cómo empezar y mantener una conversación.** Do **Actividades 3–4.** Review cardinal numbers. Do **Actividades 6–7.** Check: Check **Vocabulario en contexto** and use of cardinal numbers.

Players/Time	*Activity*
Instructor/Students 5 min.	Wrap-up: Review material covered in class.

Assignment

1. Review all material covered in class, and listen to **Cinta 1** again to be sure they understand it. (Reviewing the day's material is a standing assignment.)
2. Listen to **Cinta 2** and do **Actividades 7–8.**
3. Study **Vocabulario en contexto: Cómo hacer preguntas.** Preview **Actividades 9–11** for next class.
4. Read **Intercambio 1** for comprehension. Preview **Actividades 12–13** for the next class. Do **Actividad 14.**

Day 2

Players/Time	*Activity*
Student pairs 5 min.	Warm-up: Have students interview each other; one takes the role of Steve Carey, the other a classmate, to talk about what they know so far about Steve in Mexico.

Players/Time	*Activity*
Students 15 min.	Check prepared work: Listen to **Cinta 2.** Check: Check answers to **Actividades 7–8.**

Players/Time	*Activity*
Student pairs 15 min.	**Vocabulario en contexto: Cómo hacer preguntas.** Review and do **Actividades 9–11.** Check: Have the whole class practice asking and answering questions.

Players/Time	*Activity*
Student pairs 10 min.	**Intercambio 1.** Do **Actividad 12.**

Players/Time	*Activity*
Student groups of 3–4 10 min.	**Intercambio 1:** Do **Actividad 13** and peer checking of **Actividad 14.** Collect the assignments. Check: Discuss **Intercambio 1.**

Players/Time	*Activity*
Student pairs 10 min.	Introduce and work with new material: **Vocabulario en contexto: Explicar cómo llegar a un lugar.** Do **Actividades 15–16.** Check: Set up situations for students to give and receive directions to go from one place to another, either on campus or in town.

Players/Time	*Activity*
Instructor/Students 10 min.	Wrap-up: Review **Cinta 2, Vocabularios en contexto, Intercambio 1.**

Explain to students how to work with the *Estructura* section in the text. Students will study grammar on their own, come to class the following day and have the opportunity to ask questions about structures they do not understand. They should do some practice exercises at home and look over the group activities, which should be assigned after students have done their individual work outside of class. Tell students to read the explanations carefully, study the examples, learn the forms, and do the exercises after each section. Students can also do the *Práctica de estructuras y vocabulario* in the Workbook. Explain that they have already seen many of these structures before in *Interacciones*.

Assignment

1. Read **Intercambio 2.** Do **Actividad 17** and preview **Actividad 18** for next class.
2. Read and study *Estructura,* section I. Do **Actividad 1** and preview **Actividades 2–4** for the next class. Read ahead through the rest of *Estructura* to become familiar with the material.

Day 3

Players/Time	*Activity*
Instructor/Students 10 min.	Warm-up: Review vocabulary, what students have learned about student life in Mexico, being on time, historical monuments, etc.
Players/Time	*Activity*
Student pairs 20 min.	Check prepared work: Read **Intercambio 2** with students taking parts. Check: Check answers to **Actividad 17** and do **Actividad 18.**
Players/Time	*Activity*
Student pairs 20 min.	*Estructura.* Review present tense forms. Check answers to **Ejercicio 1** and do **Ejercicios 2–4.** Check: Create situations in which students can practice using present tense in context.
Players/Time	*Activity*
Student pairs or groups of 3–4 20 min.	Introduce and use new material: *Estructura.* Review demonstrative adjectives and pronouns. Do **Ejercicio 5** and check answers. Check: Practice the use of demonstratives orally.
Players/Time	*Activity*
Instructor/Students 5 min.	Wrap-up: Review **Intercambio 2,** use of present tense, and demonstratives.

Explain to students how to deal with readings in *Exploraciones,* following directions for pre-reading activities, etc. Remind them to look over the pre- and post-reading activities before they start to read the selection, in order to have an idea of what will be expected of them. Reiterate that they are not expected to memorize glossed words, to look up words in a dictionary, or to know every word or expression in the text. Your aim is to calm any fears students may have about reading longer passages.

Assignment

1. Review demonstratives and **Ejercicio 5.** Study *Estructura,* sections III and IV. Do **Ejercicios 6–7.** Preview **Ejercicio 8** for the next class.

2. Read **Lectura 1.** Do **Actividad 1** and look at **Actividades 2–3** for the next class.
3. Read **Lectura 2.** Do **Actividad 4** and the first part of **Actividad 6.** Preview **Actividad 3** and the second part of **Actividad 6** for the next class.

Day 4

Players/Time	*Activity*
Instructor/Students 10 min.	Warm-up: Review items in *Estructura* in context; practice may be oral or written.
Players/Time	*Activity*
Students groups of 3–4 8 min.	Have students interview each other about what they have learned so far about Steve Carey in Mexico.
Players/Time	*Activity*
Student pairs and groups of 3–4 20 min.	Check prepared work: Check comprehension and discuss **Lectura 1;** check answers to **Actividad 1;** do **Actividades 2–3.** Circulate and assist students as needed. Check: Elicit student opinions on punctuality.
Players/Time	*Activity*
Student pairs and groups of 3–4 20 min.	Discuss **Lectura 2;** check answers to **Actividad 4;** do **Actividades 5–6,** having students identify main ideas before group work. Check: Have students turn in outlines to you.
Players/Time	*Activity*
Instructor/Students 10 min.	Wrap-up: Review *Estructura,* last two sections, and **Lecturas 1–2.**

Explain to students how to use *Práctica integrada* as a gauge of how well they have mastered the most important items in the unit. Determine which practice activities students will do.

Assignment

1. Read **Lectura 3;** do **Actividades 7, 8, 10;** preview **Actividad 9** for the next class.

2. Preview assigned practice activities and prepare notes for the next class. This is the time for students to look back through the unit to be sure they understand everything.

Day 5

Players/Time	*Activity*
Instructor/Students 5 min.	Warm-up: Review vocabulary, student life in Mexico, attitudes about punctuality, etc.

Players/Time	*Activity*
Student pairs 15 min.	Check prepared material: Read **Lectura 3.** Check answers to **Actividades 7–8.**

Players/Time	*Activity*
Students 10 min.	Have students take the parts of the characters in **Lectura 3.** Have them read aloud in front of the class or have several groups act out the drama among themselves.

Players/Time	*Activity*
Student groups of 3–4, then whole-class activity 10 min.	**Actividad 9.** After small groups work together, the whole class should discuss the conflicts presented in **Lectura 3.**

Players/Time	*Activity*
Student pairs 5 min.	Do a peer review of written paragraph for **Actividad 10.** Collect the paragraphs for assessment.

Players/Time	*Activity*
Student pairs and groups of 3–4 25 min.	Do as many practice activities in *Práctica integrada* as time permits.

Players/Time	*Activity*
Instructor/Students 5 min.	Wrap-up: Review for test on Unit 1.

Alternative Class Plan B

This alternative presentation for Unit 1 combines the *Estructura* sections with the corresponding text and linguistic functions in *Interacciones.*

Alternative Day 1

The first day of the course naturally includes the introduction of yourself and students, presentation of the syllabus, discussion of the text, necessary record keeping, etc. Do as much of this as possible in Spanish.

Players/Time	*Activity*
Instructor/Students 10 min.	Introduction: Explain the format of *Personajes,* reasons for and procedure for collaborative activities; review information in Student Guide in text.

Players/Time	*Activity*
Instructor/Students 8 min.	Introduce and work with new material: Present unit opener; study map of Mexico to introduce the country. Check: Ask questions/Elicit key information from students to check comprehension.

Players/Time	*Activity*
Instructor/Students 2 min.	Activity: Point out and explain unit objectives.

Players/Time	*Activity*
Instructor/Students 5 min.	Present vocabulary; ask personalized either/or questions, definitions, etc. Check: Answer any questions related to vocabulary.

Players/Time	*Activity*
Individual students 5 min.	Vocabulary, **Práctica A** Check: Check answers as a class.

Players/Time	*Activity*
Groups of 3–4 8 min.	Vocabulary, **Práctica B** Check: Have each group give two words from each category; no words or expressions can be repeated.

Players/Time	*Activity*
Instructor/Students 8 min.	First introduce the **personaje,** Steve Carey, by summarizing paragraph preceding **Actividad 1.** Then have students read it. Check comprehension. Explain what students are to do in

Actividad 1; play **Cinta 1** in class. Students do the while-listening **Actividad 1.**
Check: Check answers to **Actividad 1** as a class.

Players/Time	*Activity*
Instructor/Students 8 min.	Play the tape again; students then do **Actividad 2** and compare answers with a classmate. Check: Elicit information related to **Cinta 1.**

Players/Time	*Activity*
Student pairs 15 min.	Read and study **Vocabulario en contexto: Cómo empezar y mantener una conversación.** Do **Actividades 3–4.** Review cardinal numbers. Do **Actividades 6–7.** Check: Check **Vocabulario en contexto** and use of cardinal numbers.

Players/Time	*Activity*
Instructor/Students 5 min.	Wrap-up: Review material covered in class.

Assignment

1. Review all material covered in class, and listen to **Cinta 1** again to be sure they understand it. (Reviewing the day's material is a standing assignment.)
2. Listen to **Cinta 2** and do **Actividades 7–8.**
3. Study **Vocabulario en contexto: Cómo hacer preguntas.** Preview **Actividades 9–11** for next class.
4. Read **Intercambio 1** for comprehension. Preview **Actividades 12–13** for next class. Do **Actividad 14.**
5. Read and study *Estructura,* section I. Do **Actividad 1** and preview at **Actividades 2–4** for the next class.

Alternative Day 2

Players/Time	*Activity*
Instructor/Students 5 min.	Warm-up: Review opener, vocabulary, cardinal numbers, and **Cinta 1.**

Players/Time	*Activity*
Student pairs 20 min.	Check prepared work: Review *Estructura,* section I, and do **Ejercicios 1–4.** Check: Create situations in which students can practice use of the present tense.

Players/Time	*Activity*
Students (whole class or groups) 20 min.	Listen to **Cinta 2;** do and check answers to **Actividad 7.** Listen to tape again; do **Actividad 8.** Check: Check answers to **Actividades 7–8** as a class.

Players/Time	*Activity*
Student pairs 15 min.	Introduce and use new material: **Vocabulario en contexto: Cómo hacer preguntas.** Do **Actividades 9–11.** Check: Circulate and ask questions of individual students. Have them ask questions of you and of classmates.

Players/Time	*Activity*
Student pairs and groups of 3–4 10 min.	**Intercambio 1:** Do **Actividades 12–13.**

Players/Time	*Activity*
Instructor/Students 5 min.	Wrap-up: Review of student life in Mexico and **Vocabulario en contexto.**

Assignment

1. Review **Intercambio 1.** Do **Actividad 14.**
2. Read and study **Vocabulario en contexto: Explicar cómo llegar a un lugar.** Preview **Actividades 15–16** for the next class.
3. Read **Intercambio 2.** Do **Actividad 17** and preview **Actividad 18.**
4. Read and study *Estructura,* sections II-IV. Do **Ejercicios 5–7;** preview **Ejercicio 8** for the next class.

Alternative Day 4

Players/Time	*Activity*
Instructor/Students 10 min.	Warm-up: Review vocabulary, **Vocabulario en contexto,** Monterrey, Steve Carey, daily routines.

Players/Time	*Activity*
Student pairs 15 min.	Check prepared work: **Vocabulario en contexto: Explicar cómo llegar a un lugar.** Do **Actividades 15–16.** Check: Create situations in which students can practice giving and receiving directions from one place to another, on campus or in town.

Players/Time	*Activity*
Student pairs 20 min.	*Estructura,* sections II, III, and IV. Discuss and check answers to **Actividades 5–7.** Do **Actividad 8.** Check: Practice use of demonstratives, adverbs of place, and interrogatives.

Players/Time	*Activity*
Student pairs 15 min.	**Intercambio 2:** Check answers to **Actividad 17;** do **Actividad 18.** Check: Discuss opinions related to content of **Intercambio 2.**

Players/Time	*Activity*
Instructor/Students 10 min.	Wrap-up: Review **Intercambios 1–2** and demonstratives.

Explain to students how to deal with readings in *Exploraciones,* following directions for pre-reading activities, etc. Remind them to look over the pre- and post-reading activities before they start to read the selection, in order to have an idea of what will be expected of them. Reiterate that they are not expected to memorize glossed words, to look up words in a dictionary, or to know every word or expression in the text. Your aim is to calm any fears students may have about reading longer passages in Spanish.

Assignment

1. Read **Lectura 1.** Do **Actividad 1** and preview **Actividades 2–3** for the next class.
2. Read **Lectura 2.** Do **Actividad 4** and the first part of **Actividad 6.** Preview **Actividad 5** and the second part of **Actividad 6** for the next class.

Alternative Days 4 and 5

No change from the original plans for days 4 and 5.

Personajes

Personajes

Carol Ebersol Klein
Beaver College

Jorge Miguel Guitart
State University of New York at Buffalo

Houghton Mifflin Company • Boston • Toronto
Dallas • Geneva, Illinois • Palo Alto • Princeton, New Jersey

Credits

The authors and editors thank the following persons and publishers for permission to use copyrighted material.

"Don Armando y Pepe," from *La calle de la gran ocasión,* by Luisa Josefina Hernández (Editorial Mexicanos Unidos, © 1985). Reprinted by permission.

"Los madrileños no madrugan," by Arsenio Escolar, *Cambio 16* (No. 919, 10 julio 1989). Reprinted by permission.

Program of cultural activities from 2–4 de julio de 1988, *Marcapasos de cursos internacionales* (julio, agosto y septiembre, 1988). Reprinted by permission of Cursos Internacionales y Extraordinarios, Universidad de Salamanca.

Credits for remaining texts and for photos, illustrations, realia, and simulated realia are found following the index at the end of the book.

Cover illustration by John Martínez.

Senior Sponsoring Editor: F. Isabel Campoy-Coronado
Development Editor: Isabel Picado Sotela
Project Editor: Judith Ravin
Design Coordinator: Martha Drury
Cover Designer: Catherine Hawkes
Production Coordinator: Frances Sharperson
Manufacturing Coordinator: Sharon Pearson
Marketing Manager: George Kane

Printed in the U.S.A.

Student Text ISBN: 0-395-58483-3

Instructor's Edition ISBN: 0-395-58484-1

Library of Congress Catalog Card Number: 91-71979

ABCDEFGHIJ-D-954322

Contents

Student Guide to Personajes

When students are asked what they hope to accomplish by studying Spanish, they usually reply that they want to be able to communicate in the language. And this is precisely the aim of the *Personajes* program. It is student-centered, with opportunities for you to engage in communicative activities, to think in Spanish in a creative way, and to interact and collaborate with your classmates.

Personajes is a comprehensive two-semester or three-quarter intermediate college program that provides practice in listening, speaking, reading, and writing Spanish. It also connects you with people and places in the Spanish-speaking world, as each unit centers on a specific character (**personaje**) and area of the Hispanic world. Two of these characters are Americans who are studying Spanish abroad, one in Mexico and one in Spain. The others are native Spanish speakers in different countries, including Hispanics in the United States. You will get to know characters with different occupations and life experiences and also learn about the history and culture of other countries.

Experience is the key to the approach of the *Personajes* program. The program immerses you in Spanish and emphasizes *applying* your knowledge of Spanish, not just learning about the language. The text material and activities encourage the unconscious learning that takes place as you communicate in Spanish and focus on the message rather than on the form. At the same time, the text addresses form, by providing grammatical information to give you further insight into the language and to help you achieve accuracy.

Unit Organization

Each unit opens with background information on the featured country, which gives clues about issues that will come up as you read about the characters. Next, to prepare you for the unit, you'll find learning objectives and vocabulary practice relevant to the unit themes. Each unit is divided into four sections.

Interacciones: In the first section, you do the following:

- listen to taped conversations between the featured character and friends
- interact with classmates by participating in activities related to the conversations
- express your own ideas in specific situations, following cues from the text
- read and discuss conversations and narratives related to the unit focus

Estructura: This section focuses on key grammatical structures that are used in context in *Interacciones.* In this section you do the following:

- read concise grammar explanations illustrated by examples, to review and expand on fundamental linguistic concepts from your first-year Spanish course
- check your comprehension of the structures by doing a variety of exercises, often in pairs or groups, and often involving communicative interaction

Exploraciones: This section contains cultural and literary readings by prominent writers. These selections are more comprehensive than the texts in *Interacciones.* The activities in this section guide you to read first for the gist, then brainstorm, take notes, write an outline, or summarize, among other activities, in order to help you assimilate what you read, go beyond the standard question-answer framework, and develop your writing skills. The activities are frequently carried out in groups.

Práctica integrada: Each unit concludes with a series of creative activities that bring together much of the cultural and linguistic information in the unit.

Other Components of Personajes

Workbook/Lab Manual: The workbook contains exercises for reinforcement of grammar and vocabulary as well as reading and writing practice and personalized and creative activities that complement the objectives and themes of each unit. The lab manual is correlated with a set of recordings that contains oral practice to improve your intonation, rhythm, and fluency, along with a variety of listening activities for each text unit. Conversations, sometimes featuring the text characters, radio advertisements and announcements, and other recorded material give you the opportunity to hear native speakers in everyday situations. Activities ask you to listen for specific information or main ideas and to respond in writing to what you hear so that you can sharpen your ability to understand spoken Spanish. An answer key at the back of the Workbook/Lab Manual supplies answers to most workbook and tape exercises so that you can correct your own work and check your progress.

Video Workbook: The video program accompanying *Personajes* consists of a video workbook and approximately four hours of varied programs produced by Radio Televisión Española, the national Spanish television station. The videos contain topics ranging from documentaries and informational segments to comedy sketches, music, and a soap opera. The video workbook provides essential vocabulary, varied activities for use before, while, and after viewing the videos, as well as transcripts of the programs. The activities are designed to help you use your knowledge of Spanish and your observational skills to comprehend increasingly more Spanish and, more importantly, to gain a greater understanding of Hispanic peoples and cultures.

Getting the Most Out of Personajes

As you leaf through *Personajes,* you'll notice two icons in the left-hand margin: the hand symbol indicates an activity you can do on your own, often as preparation for a group activity; the earphone symbol signals a taped conversation. Class time will include many pair and group activities to give you a lot of participatory time speaking Spanish in an informal and comfortable setting with your classmates. There will also be whole-class activities, sometimes to get started on a topic, as in brainstorming or planning, or as a follow-up to pair or small-group work.

Many activities combine group and individual work. In some cases, you first work collaboratively and then use what you did in the group setting by yourself. In others, you first work alone to study specific items or to do activities, such as preparing for and writing pieces.

The *Estructura* section is designed for home study, with class time on grammar primarily devoted to practice and clarifying doubts you may have about grammar points. When grammar topics and exercises are assigned, come to class prepared to participate in the pair and group exercises.

Responsibilities

The *Personajes* program is a collaborative effort involving you, your classmates, and your instructor. Your responsibilities as a student are to:

- pay attention and be sure you understand what you are expected to do
- stay on task and work cooperatively with others

- do your share of pair and group activities
- think of your partners as helpmates and discuss points that seem difficult to grasp in order to learn from each other
- be flexible and attentive to others' needs
- contribute to your accuracy by studying vocabulary and grammar on your own

Listening to Taped Conversations

One of the skills that you will improve as you work with *Personajes* is understanding spoken Spanish. The taped conversations are designed to give you practice listening to a variety of Spanish speakers. You will usually be familiar with the words and expressions you hear, but some of the material will be new. You will hear speakers talking at normal speed. Remember that even when you overhear a conversation in your native language, you don't necessarily understand every word—nor do you need to—in order to understand the gist of the conversation.

Using *Personajes,* you'll be guided through the listening process by doing specific activities that will help you get the basic information you need to understand a passage; you won't be expected to understand every word you hear. At first, until you become more skilled at listening, you may want to listen to a conversation several times in order to do the related activities. Read the while-listening and post-listening activities before you hear the conversation to know what to listen for in the conversation. Finally, although the text of the conversation is always provided, you should avoid looking at it so that you can develop your listening skills more quickly. Glance at the text only for confirmation or if a word or phrase is stumping you.

How To Be a Good Reader

Personajes incorporates many different kinds of readings, including charts, paragraphs, recipes, advertisements, poetry, essays, and short stories. Just as in the listening exercises, text activities will show you how to progress from understanding the gist of a passage to capturing the essentials, to summarizing, to talking about and writing pieces related to the readings. As with listening, you aren't expected to understand every word in a selection. The pre- and post-reading activities give you an idea of what to look for in a selection before you read it. Frequent reading and attention to the strategies used in this text will help you become a proficient reader in Spanish.

This program is planned with you, the student, in mind, endeavoring to provide you with opportunities to become immersed in the language and the culture, to communicate with ease and accuracy, to get to know yourself and your classmates, and to have a truly enjoyable experience. ¡Bienvenidos a *Personajes*!

Carol E. Klein
Jorge M. Guitart

Glossary of Terms Used in Activities

The following list is a guide to the instructions in activities and exercises. Plural forms of commands end in **-n;** in most cases only singular forms are given.

Commands

actúe act out
agregue sus propias ideas add your own ideas
añada add
asocie match
averigüe find out
cambie de pareja change partner(s)
circule entre sus compañeros/as circulate among your classmates
colabore en work together to
comente talk about, comment on
comience con begin with
compare compare
comparta share
conjugue los verbos conjugate the verbs
conteste las preguntas answer the questions
continúe continue, keep going
convierta change
corrija correct
cree un diálogo create a dialogue
cuente tell, relate
déle instrucciones give him/her instructions
dense instrucciones give each other instructions
determine determine, decide on
dibuje draw
discuta discuss
échele una ojeada rápida give it a quick glance
entrevístense interview each other
escoja select
escuche (de nuevo) listen (again)
examine examine, look at carefully
explique explain
forme grupos get into groups
formule formulate, express
haga el papel take the role
haga planes make plans
haga un esquema make an outline
haga una cita make a date or appointment

haga una narración colectiva tell a story collectively
háganse preguntas ask each other questions
ilustre describe, give examples
imagínese imagine
incluya include
informe inform, tell
invente make up
justifique sus respuestas justify your answers
llene los blancos fill in the blanks
marque check
mencione mention
mire (el plano) look at (the map)
muestre show
nombre a una persona de su grupo name a person in your group
piense en think about
ponga (la letra, el pronombre) fill in the (letter, pronoun)
pregúntele a su amigo/a ask your friend
prepare (una lista) make (a list)
presente . . . a la clase present . . . to the class
realice un debate en clase have a debate in class
reconstruya reconstruct, recall
relacione match
reproduzca reproduce
responda a las preguntas answer the questions
resuma summarize
señale check, mark with an *x*
siga el modelo follow the model
subraye underline
sugiera suggest
termine la historia finish the story
tome en cuenta take into account, consider
traiga las preguntas escritas a clase bring the written questions to class
trate de adivinar try to guess
túrnense en take turns
use (el vocabulario en contexto, la imaginación) use (the vocabulary in context, your imagination)
utilice use
vote por vote for
vuelva a . . . do . . . again

Other Words and Expressions

la afirmación statement
agregar to add
al desarrollar su tema while developing your theme
la alternativa correcta the correct choice
antes de leer before you read
los apuntes notes
basándose en based on
la clase se divide en dos grupos the class is divided into two groups
el/la compañero/a classmate
completar la información to fill in the information
con sus propias palabras in your own words
contar to tell
los datos facts, information
de acuerdo a in agreement with, according to
la declaración statement
desarrollar una conversación breve to prepare a brief conversation
en bastardilla in italics
en parejas in pairs
entre paréntesis in parentheses
estar de acuerdo con to agree with

falso/a false
la forma apropiada the appropriate/ correct form
la guía siguiente the following guide
la lectura reading
los mandatos afirmativos affirmative commands
los mandatos negativos negative commands
mientras Ud. escucha while you are listening
la oración sentence
el párrafo paragraph
relacionadas con related to
el reportaje report
la respuesta answer
el resto de la clase the rest of the class
los resultados results; findings
según el contexto according to the context
el significado meaning
el título title
turnándose taking turns
utilizando using
verdadero/a true

Acknowledgments

We would like to express our appreciation to the following people for their assistance in the development of this book: Rosalba and Misael Agudelo, Pablo Bollag, Desirée Daletto, Vilma Díaz-Neda, Paul Hinz, Emilio de Miguel Martínez, Carmen Mota, Arthur Neisberg, Isabel Picado, Vilma Guitart Robaina, Fran Schettino, Gabrielle Sivitz, J. Agustín Torrijano, Mitchell Vines, and Mario Yepes.

At Houghton Mifflin Company, we are particularly grateful to Sandra Guadano and Judith Ravin. Many thanks also to Inés Greenberger.

We especially would like to thank our spouses, Richard B. Klein and Sara D. Guitart, for their loving support and their limitless patience, tolerance, and understanding.

Carol Ebersol Klein
Jorge Miguel Guitart

The authors and publisher wish to thank the following reviewers for their many valuable recommendations, which helped guide the development of this book:

Douglas K. Benson, *Kansas State University*
Judy Berry-Bravo, *The Wichita State University*
Teresa Blair, *College of Du Page*
Mercedes Boffill, *Florida International University*
J. Halvor Clegg, *Brigham Young University*
William H. Conrad, *Point Loma Nazarene College*
Austin Dias, *University of Hawaii at Manoa*
Sonia García, *The University of Illinois at Chicago*

Trinidad González, *California State Polytechnic University, Pomona*
Barbara Dale May, *University of Oregon*
Lisa Pasto-Crosby, *Vanderbilt University*
Luis S. Ponce de León, *California State University, Hayward*
Hernán Quiñones, *Whittier College*
Judith Richards, *Rockhurst College*
Francisco Armando Rios, *University of Colorado at Denver*
Ana Roca, *Florida International University*
Montserrat Vilarrubla, *Illinois State University*

The authors and editors wish
to express special thanks to

Ana María Galvin
University of Massachusetts at Amherst

for her detailed review of the
entire manuscript.

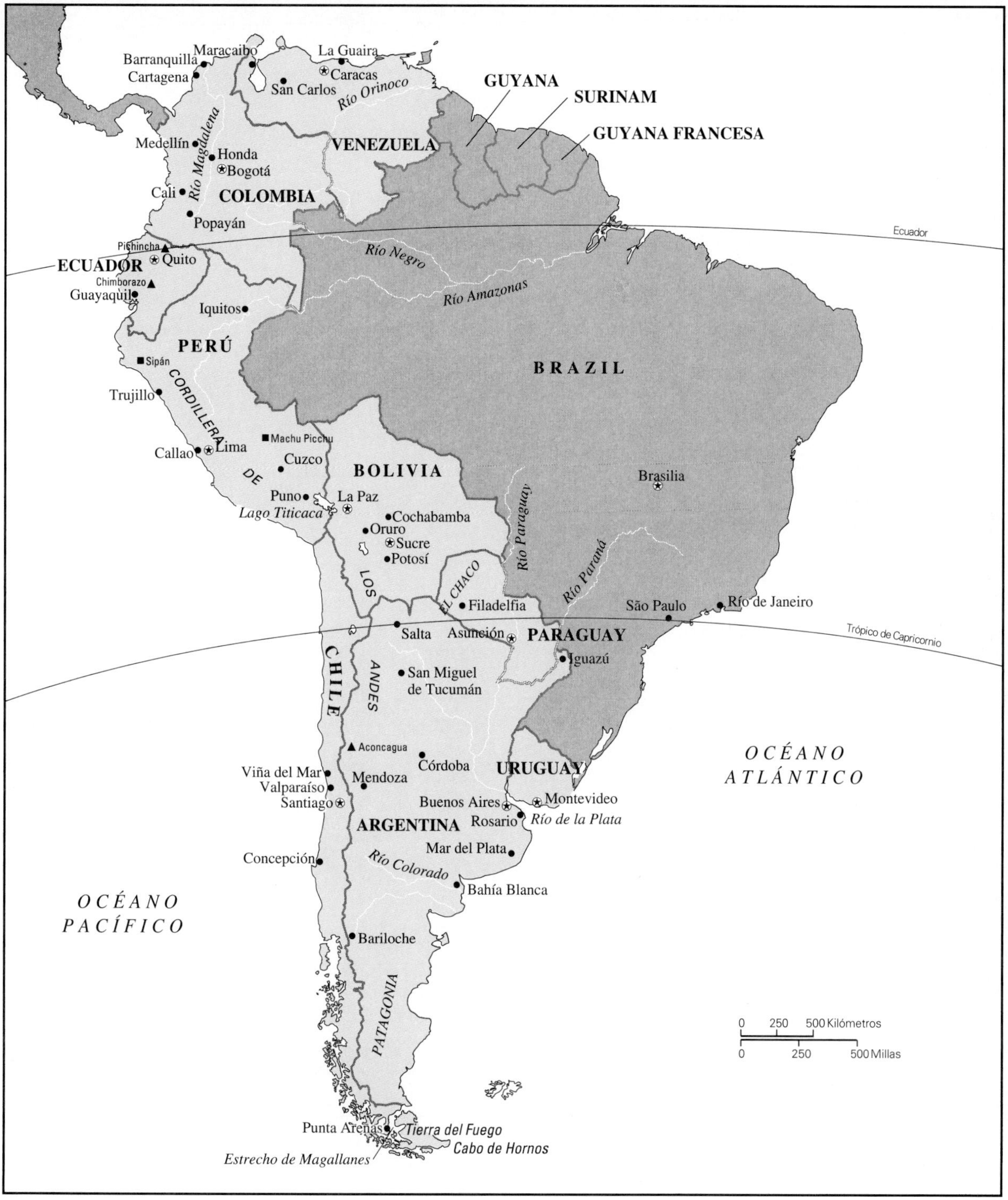

AMÉRICA DEL SUR

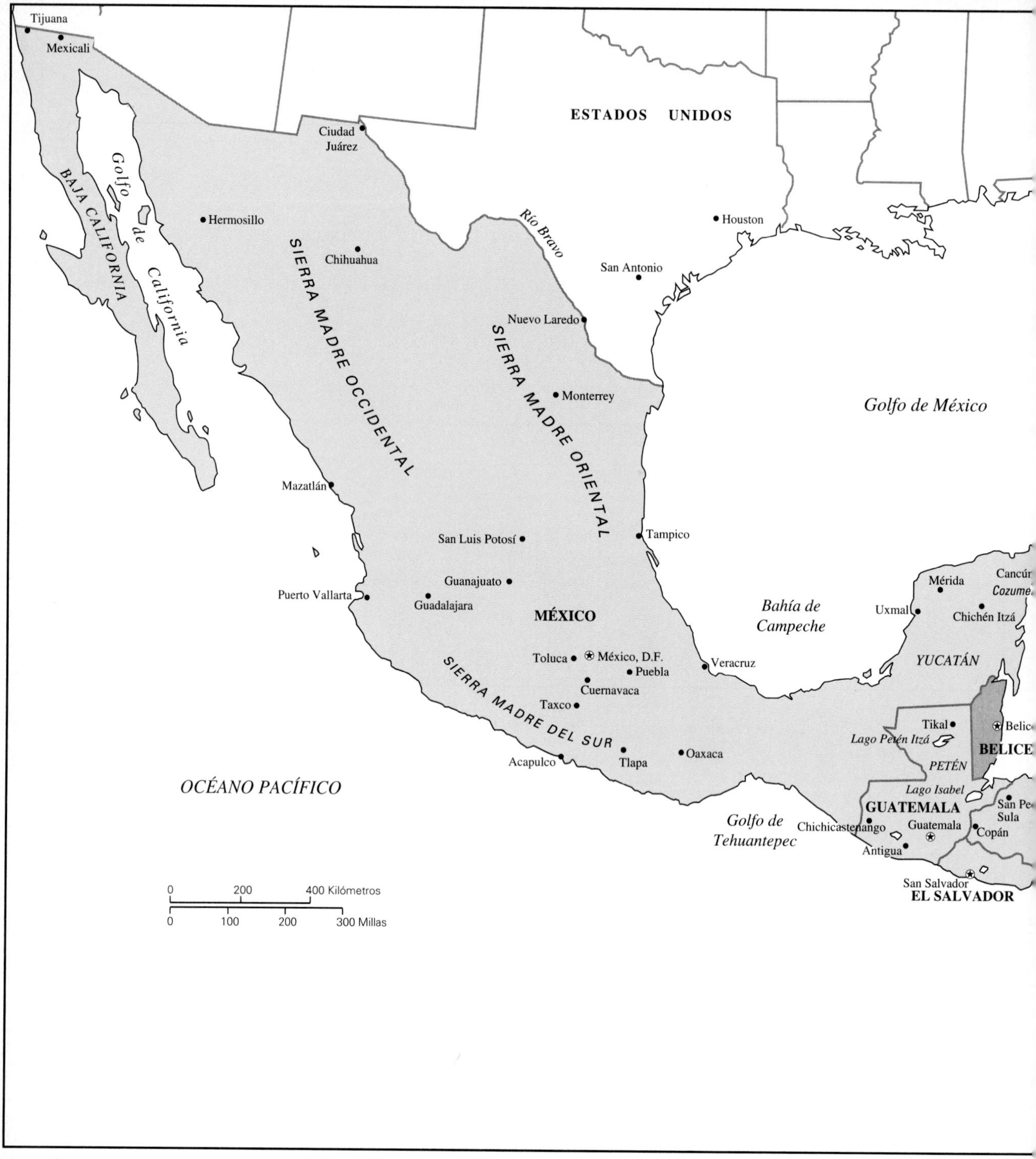

MÉXICO, AMÉRICA CENTRAL Y LAS ANTILLAS

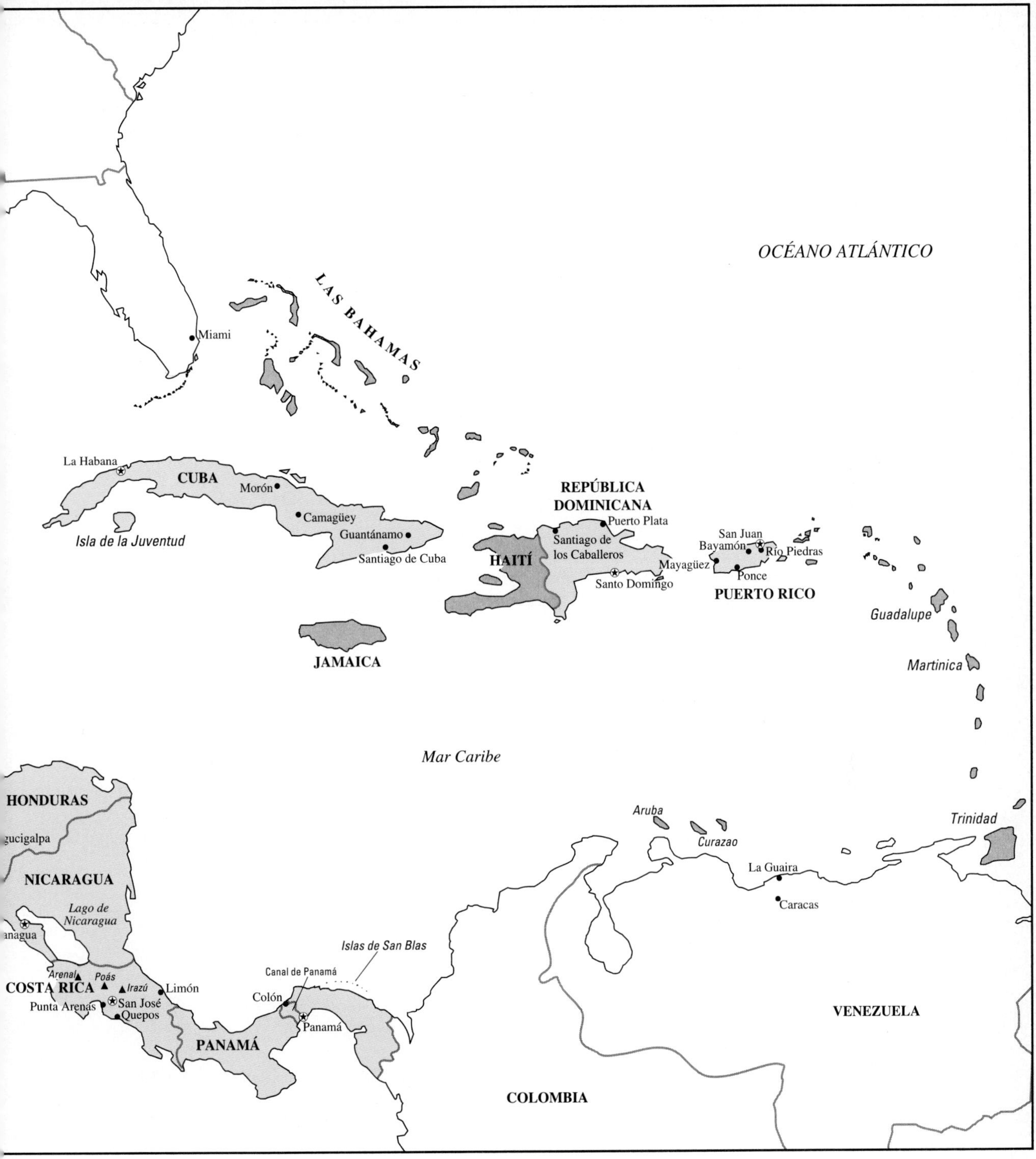
OCÉANO ATLÁNTICO
LAS BAHAMAS
Miami
La Habana
CUBA
Morón
Camagüey
Guantánamo
Santiago de Cuba
Isla de la Juventud
REPÚBLICA
DOMINICANA
Puerto Plata
Santiago de
los Caballeros
Santo Domingo
HAITÍ
JAMAICA
San Juan
Bayamón
Río Piedras
Mayagüez
Ponce
PUERTO RICO
Guadalupe
Martinica
Mar Caribe
Aruba
Curazao
Trinidad
La Guaira
Caracas
VENEZUELA
COLOMBIA
HONDURAS
NICARAGUA
Lago de
Nicaragua
COSTA RICA
Arenal
Poás
Irazú
Limón
San José
Punta Arenas
Quepos
Canal de Panamá
Islas de San Blas
Colón
Panamá
PANAMÁ

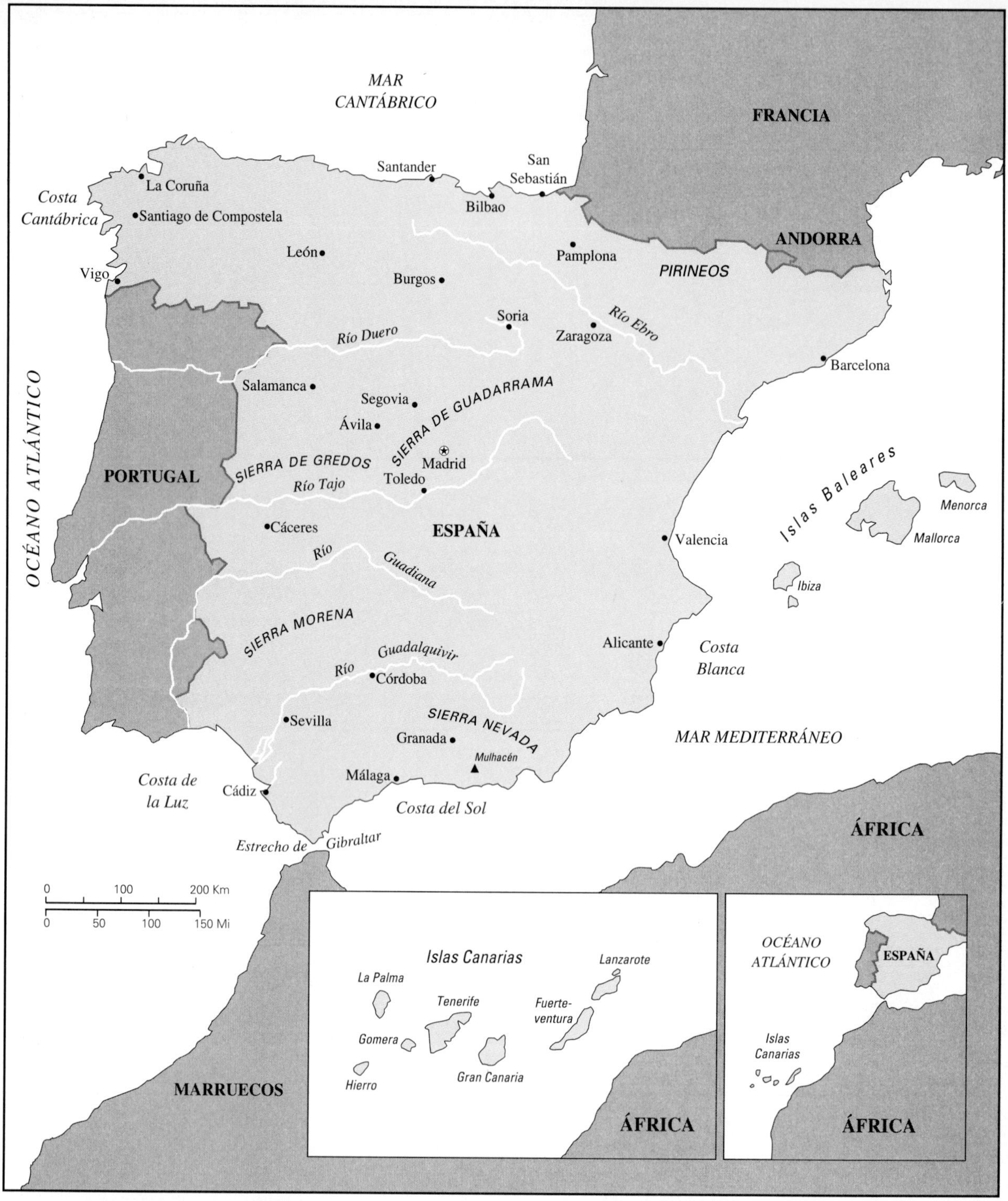
MAR CANTÁBRICO
FRANCIA
ANDORRA
Santander
San Sebastián
Bilbao
La Coruña
Santiago de Compostela
Costa Cantábrica
León
Vigo
Pamplona
Burgos
PIRINEOS
Soria
Zaragoza
Río Ebro
Río Duero
Barcelona
Salamanca
Segovia
Ávila
SIERRA DE GUADARRAMA
SIERRA DE GREDOS
Madrid
Toledo
Río Tajo
OCÉANO ATLÁNTICO
PORTUGAL
Cáceres
ESPAÑA
Valencia
Islas Baleares
Menorca
Mallorca
Ibiza
Río Guadiana
SIERRA MORENA
Alicante
Costa Blanca
Río Guadalquivir
Córdoba
Sevilla
SIERRA NEVADA
Granada
Mulhacén
MAR MEDITERRÁNEO
Málaga
Cádiz
Costa de la Luz
Costa del Sol
Estrecho de Gibraltar
ÁFRICA
0 100 200 Km
0 50 100 150 Mi
MARRUECOS
Islas Canarias
La Palma
Tenerife
Lanzarote
Fuerte-ventura
Gomera
Hierro
Gran Canaria
ÁFRICA
OCÉANO ATLÁNTICO
ESPAÑA
Islas Canarias
ÁFRICA

ESPAÑA

Personajes

México, el tercer país más extenso de Latinoamérica, es el más poblado, con más de ochenta y cinco millones de habitantes. Su población aumenta un millón y medio por año. La mayoría de la gente vive en áreas urbanas, con la concentración más densa en la capital, la ciudad de México o México, D.F. (Distrito Federal), cuya zona metropolitana tiene una población de más de veinticinco millones de personas.

El México de hoy refleja una mezcla de culturas y una historia turbulenta. Entre los años 1000 y 500 a.C., florece en México la civilización olmeca, primera gran civilización de Mesoamérica. Luego viene la cultura maya, que declina por razones misteriosas alrededor de 900 d.C.; es seguida por la tolteca. Finalmente, el imperio azteca llega a dominar desde el siglo XIII hasta la conquista española en el siglo XVI. La conquista trae la destrucción completa de las culturas precolombinas y crea una nueva clase gobernante que excluye a indios y mestizos (gente de sangre mixta). En 1810 los mexicanos toman armas por primera vez contra España, pero no alcanzan su independencia hasta 1821. Se mantienen sin embargo grandes diferencias económicas entre unos pocos ricos y la inmensa masa campesina india, pobre y sin tierra. En 1848 la república mexicana tiene que ceder el cuarenta por ciento de su territorio a los Estados Unidos al perder una guerra contra ese país. De 1864 a 1867, el país es ocupado por fuerzas francesas, que imponen como emperador a un príncipe austríaco, Maximiliano. Este es derrotado por el gran patriota Benito Juárez. Las profundas reformas sociales propuestas por Juárez no llegan a implantarse por la fuerte oposición de los dueños de tierras, continuando así las desigualdades económicas. En 1910 los campesinos se rebelan contra el sistema feudal de fincas grandes que favorece a los ricos y comienza la Revolución Mexicana. Entre sus líderes están Pancho Villa y Emiliano Zapata. Al terminar la revolución oficialmente en 1917, se escribe una nueva constitución más democrática y se establece un sistema económico más justo. Desde entonces, México avanza a pesar de grandes problemas económicos y sociales, gracias en parte al fabuloso desarrollo de su industria petrolera. ▲

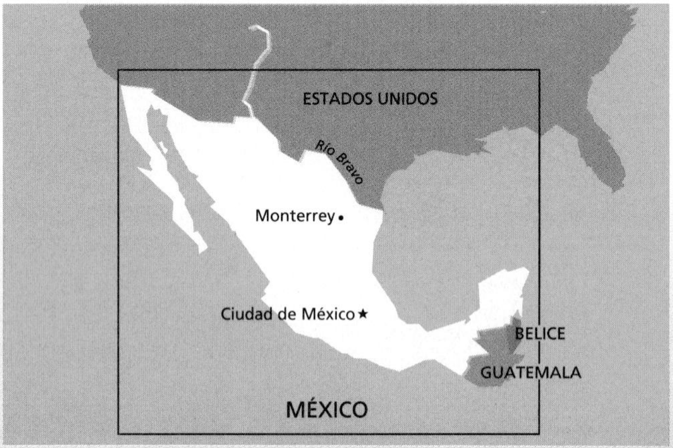

1

UNIDAD

Steve Carey, estudiante norteamericano en México

Entrada a una estación del metro de la Ciudad de México. ¿Dónde ve Ud. el contraste entre lo antiguo y lo moderno; entre la prosperidad y la pobreza?

OBJETIVOS

Objetivos para la Unidad 1

Aprender a . . .

- pedir y dar información
- contar una historia en el presente
- explicar cómo llegar a un lugar

Interacciones

VOCABULARIO

Sustantivos

el alojamiento housing, lodging
el cálculo calculus
el camión bus (Mexico)
el corredor racer
los datos data
el desarrollo development
la emisora broadcasting station
la entrevista interview
el esquema outline
la especialización major (academic)
la facultad school (in a university)
la física nuclear nuclear physics
la matrícula registration; tuition
el presupuesto budget
el propósito purpose
el recinto universitario campus
el requisito requirement
la residencia estudiantil student residence hall
el resumen summary
el retraso delay
el siglo century

Verbos

cobrar to collect, charge
dirigirse a to make one's way toward
entrevistar to interview
especializarse en to major in
excluir to exclude
matricularse to register
transmitir to broadcast

Adjetivos

apropiado/a appropriate
avanzado/a advanced
lejano/a distant, far-off
mensual monthly
poblado/a populated
razonable reasonable

Otras palabras y expresiones

el edificio de administración administration building
el edificio de aulas classroom building
estar enterado/a to be aware
estar fijado/a to be set
hacer una reservación to make a reservation
ojalá hopefully so
pasar la noche to spend the night
el programa de posgrado graduate program
el programa de pregrado undergraduate program
¿qué más da? what difference does it make?
recién empiezo I've just begun
un restaurante de servicio rápido fast-food restaurant
seguir (o llevar) cursos to take courses
sin embargo nevertheless
¿te va bien en . . . ? are you good at . . . ?
todo va saliendo mejor everything's going better

Práctica de vocabulario

Práctica A. Relacione las palabras de la columna A con las de la columna B.

A	*B*
____ cobrar	1. residencia estudiantil
____ corredor	2. edificio de aulas
____ requisito	3. física nuclear
____ retraso	4. cuenta
____ emisora	5. tarde
____ clases universitarias	6. recinto universitario
____ alojamiento	7. propósito
____ entrevistar	8. maratón
____ especialización	9. preguntas
____ edificio de administración	10. población
	11. obligatorio
	12. televisión

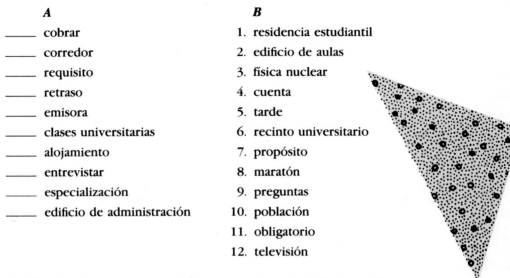

Práctica B. En grupos de 3 ó 4, preparen listas de todas las palabras o expresiones que saben relacionadas con estudiar en la universidad. Comiencen con las del vocabulario en esta unidad y clasifiquen las palabras en estas tres categorías: asignaturas, edificios y lugares, otras.

ESCUCHAR Y CONVERSAR

Steve Carey, estudiante norteamericano de ingeniería, decide matricularse en el Instituto Tecnológico y de Estudios Superiores de Monterrey. El Instituto está en Monterrey, capital del estado de Nuevo León. El "Tec", nombre popular del instituto, es la institución universitaria de tecnología y ciencias más prestigiosa de México. Fundado en 1943 por un grupo de hombres de negocios mexicanos, el instituto tiene como modelo el famoso M.I.T.[1] de los Estados Unidos. Es una institución privada y laica[2] que ofrece programas de pregrado y posgrado. Actualmente tiene veintiséis recintos universitarios en veinticinco ciudades mexicanas, con unos 10.000 estudiantes en el recinto principal en Monterrey. Todos los años numerosos estudiantes de los Estados Unidos asisten a los excelentes cursos de lengua española que allí se ofrecen.

[1] Massachusetts Institute of Technology

[2] non-sectarian

Dos estudiantes se saludan en el recinto del Instituto Tecnológico y de Estudios Superiores de Monterrey, México.

Actividad 1. En la ciudad estadounidense donde vive Steve Carey hay una emisora de televisión que transmite en español. En el programa "Vida estudiantil", la animadora (*host*), Alicia Hinojosa, entrevista a Steve sobre su próximo viaje a México. Mientras Ud. escucha la entrevista, señale en el siguiente ejercicio la información correcta sobre Steve:

1. Su especialización es: la ingeniería _____ la biología _____
2. Tiene: dos hermanos _____ una hermana _____
3. Edad: 16 _____ 17 _____ 19 _____
4. Entiende lo que dice Hinojosa: siempre _____ a veces _____
5. Va a México para estudiar: español y otros cursos _____ sólo español _____
6. Otros intereses: inglés _____ arqueología _____
7. Empieza sus clases en: setiembre _____ agosto _____

Cinta 1. Hablan Alicia Hinojosa y Steve Carey.

AH: Les presento a Steve Carey, joven estudiante de diecinueve años. Dime Steve, ¿qué estudias?

SC: Me especializo en ingeniería.

AH: ¿Vives en la universidad?

SC: No, vivo con mis padres y con mi hermana mayor, Sally, que estudia educación.

AH: Oye, y ¿a qué vas a México?

SC: Perdón, ¿podría repetir, por favor?

AH: Te preguntaba que por qué vas a México.

SC: Es que quiero mejorar mi español en un programa intensivo. Voy al Instituto Tecnológico de Monterrey, y allí también puedo seguir cursos de ciencias y de ingeniería en español.

AH: Vaya, parece que todo va a ser puro estudio. Tienes que dejar un tiempo para divertirte.

SC: Sí, claro, pero el propósito principal del viaje es ...

AH: Mira, aprendes más hablando con la gente que estudiando. Y siendo un chico tan simpático no vas a tener dificultad en conocer muchos mexicanos, ¡y mexicanas sobre todo!

SC: Bueno, ojalá, pero también me interesa la cultura mexicana. Quiero saber más sobre la arqueología de México, las grandes civilizaciones, los olmecas, los mayas, los aztecas ...

AH: Excelente, pero recuerda que también hay un México moderno, igualmente atractivo. ¿Cuándo te vas?

SC: Pronto. Las clases empiezan la segunda semana de agosto. Un poco temprano, ¿no?

AH: Pues allá vas a encontrar muchas cosas más que te van a extrañar. Bueno, te deseamos un buen viaje, Steve, y buena suerte.

SC: Gracias, hablamos a mi regreso.

Actividad 2. Escuche de nuevo la conversación para completar la información de Steve. Compare sus datos con los de un/a compañero/a.

Nombre ________________ Edad ________________________________

Vive con ________________ Ocupación ____________________________

Intereses ________________ Cursos en México ______________________

VOCABULARIO EN CONTEXTO. Cómo empezar y mantener una conversación.

Con gente desconocida:

- **Oiga, disculpe, ¿me puede decir** dónde está la Facultad de Química?
- **Perdón, dígame por favor,** ¿es Ud. la profesora de español?
- **¿Cómo? No entiendo. ¿Podría repetir, por favor?** Mi lengua nativa es el inglés.
- **Discúlpeme, ¿puede explicarme** cómo ir a la biblioteca?

Con familia y amigos:

- **Oye, dime,** ¿por qué vas a especializarte en física nuclear?
- **Disculpa, ¿puedes decirme** a qué hora abren la Oficina de Estudiantes Extranjeros?
- **Repite, por favor.** ¿Puedes hablar un poco más despacio?
- **Mira, otra pregunta:** ¿cómo se viste la gente para ir a clases?

Actividad 3. En parejas y utilizando las expresiones del vocabulario en contexto, entrevístense (*interview each other*) mutuamente para saber cómo se llaman, de dónde son, cuántos años tienen, qué personas hay en su familia, qué estudian aquí, cuál es su especialización, por qué estudian español, dónde viven y cualquier otra información importante.

E1: Dime, ¿cuántos años tienes?
E2: Perdón, repite por favor.

Actividad 4. En parejas, inventen una conversación breve de unas cinco líneas entre un/a turista y un/a empleado/a del aeropuerto de Monterrey, México. El/La turista quiere saber cómo ir del aeropuerto a la ciudad. El/La empleado/a parece estar ocupado/a y además, habla muy rápidamente.

Los números cardinales: repaso

1–10	uno, dos, tres, cuatro, cinco, seis, siete, ocho, nueve, diez
11–19	once, doce, trece, catorce, quince, dieciséis, diecisiete, dieciocho, diecinueve
20–29	veinte, veintiuno, veintidós, veintitrés, veinticuatro, veinticinco, veintiséis, veintisiete, veintiocho, veintinueve
30–	treinta, treinta y uno, treinta y dos, etc.
40–90	cuarenta, cincuenta, sesenta, setenta, ochenta, noventa
100–	cien, ciento uno, ciento dos, ... ciento diez, ... ciento quince, ciento veinte, ciento veintiuno, ... ciento treinta y cinco, etc.
200–900	doscientos, trescientos, cuatrocientos, quinientos, seiscientos, setecientos, ochocientos, novecientos
1000–	mil, dos mil, tres mil, etc.
1.000.000	un millón
2.000.000	dos millones
1.000.000.000	mil millones (= *one billion*)
1.000.000.000.000	un billón = un millón de millones (= *one trillion*)

Actividad 5. En parejas, digan cuánto cuesta en pesos cada una de las cosas que aparecen en los afiches (*posters*) del aeropuerto. (Un dólar americano equivale a unos $3.000 pesos.)

E1: ¿Cuánto cuesta un taxi al centro?
E2: Un taxi cuesta . . .

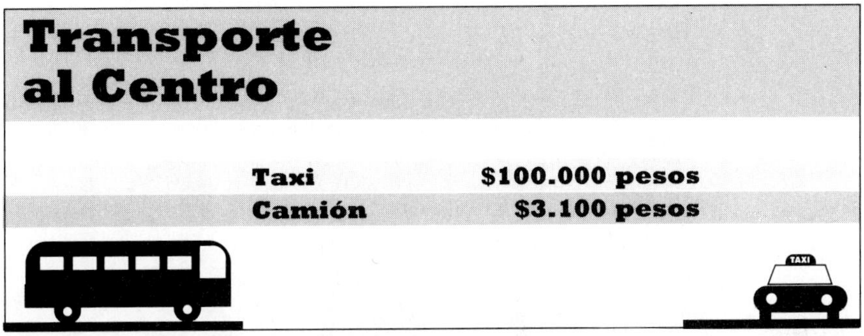
Transporte al Centro
Taxi $100.000 pesos
Camión $3.100 pesos
TAXI

¡Coma barato!
Restaurante Miraflor
Avenida de la República, 14
Tacos $6.750 pesos
Enchiladas $7.500 pesos
Burritos $8.200 pesos

Hotel Flores
Avenida de la República, 12
Habitación individual
$90.905 pesos
Habitación doble
$140.550 pesos

Actividad 6. En parejas, digan cuánto cuestan aproximadamente en los Estados Unidos las siguientes cosas:

1. una comida en un restaurante de servicio rápido
2. la matrícula anual en su universidad
3. un par de pantalones de mezclilla (*jeans*)
4. un par de zapatillas de tenis
5. un automóvil económico
6. la cuenta mensual de teléfono de un estudiante universitario que vive en la universidad

Actividad 7. Steve está en el aeropuerto de Monterrey. Acaba de llegar de los Estados Unidos y llama a la Oficina de Estudiantes Extranjeros del Instituto Tecnológico. Contesta Julio Negrete. Mientras Ud. escucha la conversación, señale únicamente las oraciones correctas.

1. El director no está.
2. Steve tiene que llamar mañana.
3. Hoy es lunes.
4. Steve tiene que ir a un hotel.
5. Va al hotel en camión.

Cinta 2. Hablan Julio Negrete y Steve Carey.

JN: Oficina de Estudiantes Extranjeros.

SC: Buenas tardes. ¿Puedo hablar con el director?

JN: No está. ¿Quiere dejarle algún mensaje?

SC: Eh ... ¿Con quién hablo, por favor?

JN: Con Julio Negrete.

SC: Mire, Sr. Negrete, habla Steve Carey.

JN: Ah, sí. ¿Llama Ud. de los Estados Unidos, Sr. Carey?

SC: No, no, estoy aquí en el aeropuerto de Monterrey. Acabo de llegar.

JN: Ah, muy bien. Pues, oiga, ya vamos a cerrar. ¿Por qué no llama el lunes?

SC: Bueno, bien, pero ...

JN: Mire, todo está bien. No se preocupe. Ud. va a estar en el programa de español intensivo, ¿no?

SC: Sí, y quiero vivir en una residencia estudiantil.

JN: Ya lo sabemos, pero la Oficina de Alojamiento Estudiantil no abre hasta el lunes. ¡Qué lástima que llegó un viernes, y además, tarde!

SC: ¿Dónde puedo quedarme mientras tanto?

JN: Hay un hotel muy barato en la ciudad, el Flores. Yo le hago la reservación antes de irme y Ud. simplemente va allí, a la Avenida de la República, 12.

SC: ¿Cómo llego al hotel?

JN: En taxi. Cuesta unos $100.000 pesos, o $36 dólares.

SC: ¡Qué caro!

JN: Lo siento, Sr. Carey. Mire, vaya el lunes a la Oficina de Alojamiento.

SC: Sí, gracias. Adiós.

Actividad 8. Escuche de nuevo la conversación y complete la información que falta.

1. Cuando Steve llama, la Oficina de Alojamiento Estudiantil ya va a cerrar porque hoy es . . . .
2. Esta noche Steve tiene que dormir en un . . . .
3. El taxi entre el aeropuerto y el hotel cuesta unos . . . pesos.
4. A Steve el precio del taxi le parece . . . .
5. En Monterrey, Steve va a estar en el programa de español . . . .
6. Steve debe ir a la Oficina de Alojamiento Estudiantil el . . . por la mañana.

VOCABULARIO EN CONTEXTO. Cómo hacer preguntas.

- **¿Dónde** hay un restaurante con precios razonables?
- **¿A cuántas** cuadras está el Hotel Colonial?
- **¿Con quién** puedo hablar sobre el horario de transporte público?
- **¿A quién** le puedo pedir información sobre la Catedral?
- **¿A qué hora** abren el Museo Arqueológico?
- **¿De dónde** sale la excursión?

Actividad 9. En parejas, escojan una de estas dos situaciones para desarrollar una conversación breve. Usen los vocabularios en contexto y los afiches del Hotel Flores y el Restaurante Miraflor. Inventen los detalles que faltan.

1. Steve llega al Hotel Flores y se dirige al/a la recepcionista para confirmar su reservación. Quiere saber el precio de una habitación individual con o sin baño, si hay algún restaurante barato cerca del hotel y si hay algún lugar interesante para visitar esa noche.
2. El lunes a las nueve de la mañana Steve habla con Maruja Soto de Morales, la asistente del director de la Oficina de Alojamiento Estudiantil. Ella le explica que todo está bien, que Steve va a vivir en la residencia estudiantil y que puede ocupar la habitación inmediatamente. Steve quiere saber cuándo comienzan las clases y cuáles son los horarios del comedor y la biblioteca.

Actividad 10. En el Hotel Flores, Steve conoce a Angel, un estudiante de Oaxaca que va a ir al Tec. Angel le enseña a Steve fotos de su familia. En parejas, vean las ilustraciones del álbum de Angel y formulen para cada foto todas las preguntas que puedan y también las respuestas. Sigan el modelo.

Foto 1. **S:** ¿Con quién habla tu hermano?
A: Con mi prima y mi tía.

EL ALBUM DE ANGEL
Mi hermano, mi prima y mi tía *Mi sobrino*

Actividad 11. En grupos de 3 ó 4, háganse preguntas sobre su rutina diaria.

¿A qué hora . . . ?
¿Cuántas horas . . . ?

1. la hora de levantarse los días de trabajo
2. la hora de levantarse los sábados y domingos
3. la hora preferida de estudiar
4. el número de horas que estudia por día
5. el número de horas que generalmente estudia para un examen importante
6. la hora preferida de encontrarse con amigos
7. el número de horas que ve televisión cada semana
8. la hora de acostarse normalmente

LEER Y CONVERSAR

INTERCAMBIO 1. La siguiente es una página del diario de Steve Carey. La escribió a su llegada al Tec de Monterrey.

Monterrey, 1ro de agosto: Todavía estoy en el Hotel Flores, pero hoy tengo una entrevista en la Oficina de Alojamiento Estudiantil para encontrar un lugar más apropiado a mi presupuesto. Todo va saliendo bien pero el primer día aquí, ay, ¡qué desastre! El vuelo desde Dallas llegó con un retraso de varias horas porque salimos muy tarde. Al llegar, llamo al Instituto y ya casi van a cerrar. Nadie me puede ayudar. Tengo que tomar un taxi carísimo a la ciudad y pasar la noche en un hotel.

Camino al hotel, observo que en México los choferes de taxi y todos los demás choferes van más rápido que los corredores de Indianápolis.

Una nota positiva: el taxista es un hombre joven muy cordial llamado Ernesto. Tiene veinte años y es casado con tres hijos. Ernesto sabe muchísimo más de los Estados Unidos que yo de México, aunque algunas de sus ideas sobre la sociedad estadounidense aparentemente las saca de las telenovelas que pasan por la televisión mexicana. Cree que todo el mundo se viste muy elegantemente en los Estados Unidos y que casi nadie trabaja. Según él, todos tenemos mucho dinero. ¡Qué sorpresa si va a los Estados Unidos!

Actividad 12. Ahora, en parejas, discutan lo siguiente:

1. Hay dos datos que Uds. ya conocían. ¿Cuáles son?
2. ¿Qué observación hace Steve sobre la cultura mexicana?
3. ¿Qué idea falsa tiene Ernesto sobre la cultura estadounidense? ¿Qué piensa Steve sobre esto? ¿Qué piensan Uds.?

Actividad 13. En grupos de 3 ó 4, vuelvan a contar con sus propias palabras lo que le pasa a Steve después de subir al taxi de Ernesto. Incluyan detalles sobre la forma de manejar de Ernesto y las reacciones de Steve, usando las frases que siguen como guía. Comiencen con estas oraciones:

Es el primer día de Steve en Monterrey. Llega al aeropuerto y . . .

manejar rápida y despreocupadamente

cruzar rápidamente enfrente de otros coches

tener que frenar (*put on the brakes*) de repente

tener miedo

querer gritar

no poder hablar

Actividad 14. Escriba seis oraciones contando cosas que Ud. hace o que le ocurren con frecuencia en su rutina diaria. Siga el modelo y después compare sus oraciones con las de un/a compañero/a.

Mis amigos y yo vamos a la cafetería los jueves por la tarde a conversar un rato.

VOCABULARIO EN CONTEXTO. Explicar cómo llegar a un lugar.

- El Restaurante Miraflor está **a** tres **cuadras** de aquí.
- Al salir del hotel, doblas **a la derecha** y caminas dos **cuadras.**
- En la esquina, tienes que cruzar **a la izquierda.**
- **Al lado del** restaurante hay un banco.
- **Cerca de** ahí hay una farmacia grande.
- **Delante de** la parada de autobuses venden revistas.
- El garaje está **detrás del** hotel.
- Hay una venta de tacos **enfrente del** garaje.
- El correo no está muy **lejos de** aquí.
- **En la próxima cuadra** hay una tienda de ropa deportiva.
- El mercado está **frente a** la tienda de ropa.
- Debe seguir **derecho** hasta llegar al parque.
- Tiene que **pasar por** el parque y **al norte** está la catedral.
- La librería está **al sur** y el correo está **al este.**
- **Al oeste** hay un salón de baile.

Actividad 15. En parejas, miren el plano del Tec y digan dónde están los edificios de cada par en relación el uno con el otro.

estadio y gimnasio
El estadio está frente al gimnasio.

1. correos y edificio principal
2. canchas de tenis y gimnasio
3. Edificio de Aulas I y Edificio de la Administración
4. Cafetería "El Borrego" y Biblioteca central
5. Edificio de Aulas IV y librería
6. piscina y edificio de zootécnica

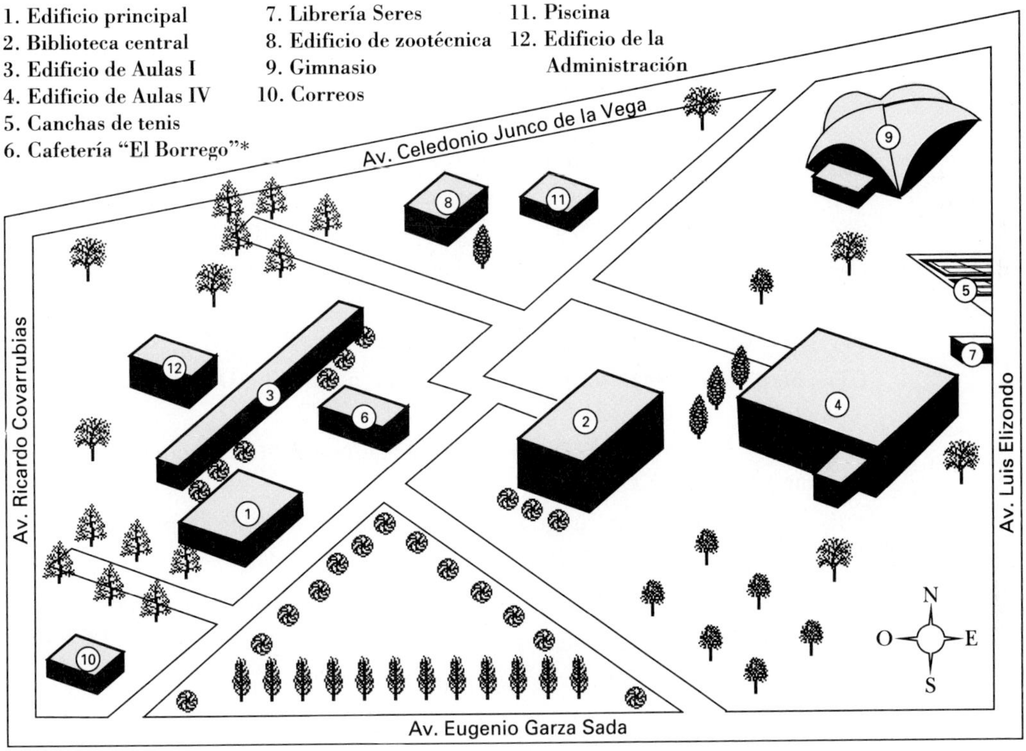

* Los Borregos (*Rams*) es el nombre del equipo de fútbol americano del Tec.

Actividad 16. En parejas y turnándose (*taking turns*), expliquen cómo llegar a varios lugares de su universidad, por ejemplo la biblioteca, la librería y la cafetería. Usen el vocabulario en contexto.

E1: ¿Dónde está la piscina?

E2: Tienes que salir de este edificio y doblar a la izquierda. A tres cuadras de la esquina está el gimnasio. La piscina está enfrente del gimnasio.

INTERCAMBIO 2. Steve se encuentra con una estudiante mexicana llamada Consuelo Vargas en la cafetería de la universidad.

SC: ¡Hola! ¿Qué tal? Soy Steve Carey, de los Estados Unidos.

CV: Mucho gusto. Consuelo Vargas, de Mérida, Yucatán.

SC: Ah, ¿usted no es de Monterrey?

CV: No, aquí hay estudiantes de todas partes de México. Oye, puedes tutearme.[1]

SC: Ay, gracias. ¿Qué estudias?

CV: Física nuclear. Bueno, recién empiezo. ¿Y tú?

SC: Ingeniería en los Estados Unidos, pero aquí estudio español en el programa intensivo. También voy a tratar de asistir a cursos de ciencias.

CV: ¿Qué cursos vas a seguir este semestre?

SC: Voy a llevar composición avanzada; literatura mexicana para extranjeros; cálculo, segundo curso y física, primer curso. ¿Y tú?

CV: Física, primer curso; química; cálculo, primer curso; antropología e historia del arte.

SC: Son muchas ciencias. ¿Te va bien en las ciencias?

CV: Sí, pero le tengo un poquito de miedo al cálculo. Dicen que es muy difícil.

SC: Yo ya he estudiado cálculo en los Estados Unidos. Te puedo ayudar si me ayudas en español.

CV: Muy bien. Bueno, tengo que ir a matricularme. Nos vemos mañana.

SC: ¿Dónde?

CV: Aquí mismo si quieres. ¿Puedes a la hora del almuerzo, como a la una?

SC: Sí, cómo no. Pues hasta mañana, Consuelo.

CV: Hasta mañana, Steve.

[1] Usar **tú** en lugar de **Ud.**

Actividad 17. Señale las oraciones correctas y corrija las incorrectas.

1. Consuelo es buena en cálculo.
2. Steve y Consuelo van a estar en el mismo curso de física.
3. Todas las clases de Consuelo son de ciencias.
4. Steve tiene menos clases que Consuelo.
5. La idea de tutearse es de Steve.
6. A Steve le sorprende que Consuelo no sea de Monterrey.

7. Steve y Consuelo se ponen de acuerdo para ayudarse mutuamente.
8. Consuelo se despide para ir a matricularse.

Actividad 18. En parejas, entrevístense mutuamente para determinar los siguientes datos.

1. Qué otras materias además de español lleva este semestre y por qué.
2. Cuál es o va a ser su especialización.
3. Cuáles de las materias que lleva ahora son requisitos y cuáles no.
4. Cuáles son las tres materias más importantes de todo su programa.

Estructura

¿Por qué llevas tan pocos cursos este semestre?

I. Uses of the Present Indicative

1. In general, Spanish uses the present tense wherever English uses it. This includes:
   a. telling about something habitual or customary.

Mi tío fuma demasiado.	*My uncle smokes way too much.*
En México celebran el Día de los Difuntos.	*In Mexico they celebrate All Souls' Day.*

b. telling a story. This use of the present, often called the historical present, makes a story more vivid.

Esta mañana llamo a la oficina de correos y me dicen que está cerrada.	*So this morning I call the post office, and they tell me that it's closed.*

c. giving directions.

Doblas a la derecha en la Avenida Reforma.	*You turn right on Reforma Avenue.*

2. However, Spanish also uses the present tense where English uses another tense:

a. to refer to an ongoing situation with the verbs **ir**, **venir**, and **llevar.**

¿Para dónde vas?	*Where are you going?*
¿De dónde viene ese avión?	*Where is that plane coming from?*
Consuelo lleva una blusa preciosa.	*Consuelo is wearing a beautiful blouse.*
Llevas demasiados cursos.	*You're taking too many courses.*
¡Cuidado! Lleva una pistola.	*Watch out! He's carrying a gun.*

b. to refer to future actions, including all cases in which English uses the present progressive for future actions, as well as the combination **ir a** + *infinitive.*

Me matriculo mañana.	*I'll register tomorrow.*
Me voy pronto. ¿Y tú? ¿Te vas o te quedas?	*I'm leaving soon. What about you? Are you leaving or staying?*
Voy a llamar al hotel.	*I am going to call the hotel.*

c. to ask for permission or approval to do something.

¿Te soy franco?	*Shall I be honest with you?*
¿Pongo música?	*Should I put on some music?*
¿Me matriculo en ese curso?	*Should I take that course?*

d. to ask someone to join you in an activity, or to ask for ideas for doing things together.

¿Bailamos?	*Shall we dance?*
¿Vamos al cine?	*Shall we go to the movies?*
¿Qué hacemos este fin de semana?	*What shall we do this weekend?*

Forms of the Present Indicative: Review

1. Regular verbs

hablar	**comer**	**vivir**
habl**o**	com**o**	viv**o**
habl**as**	com**es**	viv**es**
habl**a**	com**e**	viv**e**
habl**amos**	com**emos**	viv**imos**
habl**áis**	com**éis**	viv**ís**
habl**an**	com**en**	viv**en**

2. Reflexive verbs

levantarse: me levant**o**, te levant**as,** se levant**a,**
nos levant**amos,** os levant**áis,** se levant**an**

3. Verbs with irregular **yo** forms

caber: **quepo**	poner: **pongo**
caer: **caigo**	saber: **sé**
conducir: **conduzco**	salir: **salgo**
conocer: **conozco**	traer: **traigo**
dar: **doy**	valer: **valgo**
hacer: **hago**	ver: **veo**

4. Stem-changing verbs

o → ue	**contar**	c**ue**nto, c**ue**ntas, c**ue**nta, contamos, contáis, c**ue**ntan
	dormir	d**ue**rmo, d**ue**rmes, d**ue**rme, dormimos, dormís, d**ue**rmen
	poder	p**ue**do, p**ue**des, p**ue**de, podemos, podéis, p**ue**den
e → ie	**cerrar**	c**ie**rro, c**ie**rras, c**ie**rra, cerramos, cerráis, c**ie**rran
	sentir	s**ie**nto, s**ie**ntes, s**ie**nte, sentimos, sentís, s**ie**nten
e → i	**pedir**	p**i**do, p**i**des, p**i**de, pedimos, pedís, p**i**den

5. Stem-changing verbs with irregular **yo** forms

tener: ten**go,** t**ie**nes, t**ie**ne, tenemos, tenéis, t**ie**nen
decir: di**go,** d**i**ces, d**i**ce, decimos, decís, d**i**cen
venir: ven**go,** v**ie**nes, v**ie**ne, venimos, venís, v**ie**nen

6. Frequently used irregular verbs

estar: estoy, estás, está, estamos, estáis, están

haber: he, has, ha, hemos, habéis, han

ir: voy, vas, va, vamos, vais, van

oír: oigo, oyes, oye, oímos, oís, oyen

ser: soy, eres, es, somos, sois, son

Ejercicio 1. Complete los minidiálogos con la forma apropiada de los verbos indicados. No hace falta usar los pronombres.

1. —¿________ conmigo a esquiar? (venir/tú)
   —No, gracias. Es que siempre me ________. (caer/yo)
   —Hombre, te ________ clases. ¡Vamos! (dar/yo)
2. —Si están cansados, ¿por qué no ________ un rato? (dormir/ellos)
   —¡Qué va! No ________; ________ examen mañana. (poder, tener/ellos)
3. —No ________ qué pedir en este restaurante. (saber/yo)
   —¿Por qué no ________ paella? Es muy buena aquí. (pedir/tú)
4. —Si ________ con Alberto, ¿________ con su hermano? (salir/yo, salir/tú)
   —No ________ segura, no lo ________ bien. (estar, conocer/yo)
5. —¿A qué hora ________ el correo aquí? (cerrar/ellos)
   —No ________ la menor idea. (tener/yo)
6. —Oye, Carmen, ________ de Monterrey? (ser/tú)
   —No, ________ de Mérida. (ser/yo)

Ejercicio 2. En parejas, inventen una conversación (cuatro o cinco líneas) entre dos personas que se conocen por primera vez en una fiesta. Si quieren, pueden incorporar algunas de las ideas de la lista que sigue.

Hola, ¿qué tal? Me llamo . . .

a quién conoce en la fiesta
si quiere bailar
si quiere algo de comer o beber
qué estudia o dónde trabaja
qué piensa hacer al día siguiente
si quiere quedarse hasta el final de la fiesta y salir a tomar algo después
por qué se va tan temprano de la fiesta
cuándo sale de vacaciones
si lo/la puede llamar por teléfono mañana

Ejercicio 3. En parejas, entrevístense mutuamente para saber lo que cada uno va a hacer este fin de semana. Empiecen con estas preguntas:

¿Qué vas a hacer el viernes por la noche?
¿Y el sábado?

Ejercicio 4. En parejas, preparen dos minidiálogos de cuatro líneas para representarlos delante de la clase. (1) Pidan permiso o aprobación para hacer una de las acciones del grupo A. (2) Contesten con una de las expresiones del grupo B. (3) Hagan una de las preguntas del grupo C. (4) Inventen la conclusión, usando por lo menos un verbo.

E1: ¿Abro la ventana?
E2: Sí, por favor.
E1: ¿Seguro?
E2: Sí, sí, hace calor.

Grupo A	***Grupo B***	***Grupo C***
cerrar la puerta	Sí, por favor.	¿Por qué no?
volver más tarde	No, gracias.	¿Seguro?
darle tu teléfono a ella/él	¡No, por favor, no!	¿De veras?
traer comida a tu fiesta	¡Claro que sí!	¿En serio?
bajar el volumen del estéreo	No, de ninguna manera.	

II. Demonstrative Adjectives and Pronouns

este libro	this book
ese libro	that book (not far from both speaker and listener)
aquel libro	that book (far from both speaker and listener)

1. Demonstratives that precede nouns are adjectives and must agree in gender and number with the noun.

este hombre	**esta** mujer	**estos** hombres	**estas** mujeres
ese libro	**esa** fruta	**esos** libros	**esas** frutas
aquel niño	**aquella** niña	**aquellos** niños	**aquellas** niñas

2. Demonstratives that occur without the noun are pronouns and they carry a written accent mark over the stressed vowel. Written accents are not required with capital letters, however.

Este disco es barato, pero ése es muy caro.	*This record is cheap, but this (other) one is expensive.*
Aquel edificio está lejos, pero ése está cerca.	*That building is far away, but that one is close.*

¿Qué es aquello?

¿Quién es éste?

3. **Esto, eso,** and **aquello** are the neuter demonstrative pronouns. They do not need accent marks because they do not have counterparts that occur with nouns. They are used to refer to a general idea, concept, or process, or to ask that something unknown be identified.

No quiero hablar de eso.	*I don't want to talk about that.*
¿Qué piensas de todo esto?	*What do you think of all this?*
Aquello fue increíble.	*That was incredible.*
¿Qué es eso?	*What is that?*

4. Use the non-neuter demonstratives to ask who a certain person is.

¿Quién es ése?	*Who is that?*

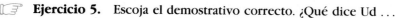

Ejercicio 5. Escoja el demostrativo correcto. ¿Qué dice Ud . . .

1. si admira unas montañas muy lejanas que se ven en el horizonte?
   (Estas/Esas/Aquellas) montañas son muy hermosas.
2. si está sentado/a en el autobús?
   Sí señora, (éste/ése/aquél) es el autobús que va al centro.
3. si quiere saber lo que su amigo, sentado al otro lado de la mesa, tiene en la mano?
   ¿Qué es (esto/eso/aquello)?
4. si quiere saber quién es la mujer que aparece en la foto que Ud. tiene en la mano?
   ¿Quién es (ésta/esto/esta/ésa/aquélla)?
5. si compara la camisa que lleva su amigo/a con la que lleva Ud.?
   (Esta/Esto/Esa) me gusta más que (ésa/aquélla/ésta/esto).

6. si está con una amiga a la entrada de un restaurante?
   Podemos comer en (esto/ese/este/aquél) restaurante.
7. si responde a las explicaciones de un amigo de cómo llegar a un lugar?
   (Esta/Esas/Eso/Ese) es muy complicado. Explícamelo otra vez.
8. si le señala a un turista un edificio lejano?
   (Aquélla/Esto/Aquél) es el edificio de correos.

III. Adverbs of Place

¡**Aquí/Acá** está Consuelo!	*Here is Consuelo!*
¡**Ahí** está Consuelo!	*There is Consuelo! (She is not far away.)*
¡**Allí/Allá** está Consuelo!	*There is Consuelo! (She's way over there.)*

1. Generally, **aquí, allí,** and **ahí** refer to more specific locations while **acá** and **allá** refer to a more general area.
2. Adverbs of place and demonstratives are often used together.

   Este libro aquí. Ese libro ahí. Aquel libro allí.

Ejercicio 6. Ud. le está mostrando el recinto universitario a un/a amigo/a que no estudia aquí y Ud. quiere indicarle el nombre de los diferentes edificios. ¿Qué le dice Ud. a su amigo/a si Uds. dos están en los lugares y las situaciones de la lista abajo? Sigan el modelo.

Están cerca pero no muy cerca de la librería.
Ese edificio ahí es la librería.
Este edificio aquí es . . .
Aquel edificio allá es . . .

1. Están frente a la biblioteca, mirando hacia ella desde el edificio de enfrente.
2. Están en la biblioteca, mirando por una ventana. Ud. señala con el dedo la Facultad de Ciencias que está al lado.
3. Están en la puerta de un edificio. Ud. señala el gimnasio, que está lejos.
4. Están en la Facultad de Bellas Artes y Ud. habla del mismo edificio.
5. Miran por una ventana de la Facultad de Bellas Artes. Ud. señala el edificio de administración al otro lado del recinto universitario.

IV. Interrogatives: Review

1. Notice the Spanish form of the following common questions:

¿Cuántos años tienes?	*How old are you?*
¿Quién es ese señor?	*Who is that gentleman?*
¿Cuántos hermanos tienes?	*How many brothers and sisters do you have?*
¿Cuánto cuesta?	*How much does it cost?*
¿Dónde vives?	*Where do you live?*
¿De dónde eres?	*Where are you from?*
¿Por qué no me llamas?	*Why don't you call me?*
¿Cómo?	*What? (Excuse me?)*
¿Cómo te llamas?	*What's your name?*
¿Cómo es?	*What is he/she like?*
¿Cómo estás?	*How are you?*
¿Cuándo es la fiesta?	*When is the party?*
¿Qué es eso?	*What is that?*
¿Qué es "lloviznar"?	*What is "lloviznar"? (What does "lloviznar" mean?)*
¿Qué es la ecología?	*What is ecology? (Give me a definition of it.)*
¿Cuál es tu dirección?	*What is your address?*
¿Cuál es tu teléfono?	*What is your telephone number?*
¿Cuál es la respuesta?	*What is the answer?*
¿Cuál es más barato, éste o ése?	*Which is cheaper, this one or that one?*

2. Notice the use of **cuál es** in the preceding examples to request a specific piece of information or data such as names, addresses and numbers. Likewise, notice the use of **qué es** when asking what something unknown is, or asking for the meaning of a word or a definition.
3. Use **cuál** every time you use *which* in a question in English.

¿Cuál es mi libro?	*Which one is my book?*

Ejercicio 7. Complete las siguientes preguntas con el interrogativo correcto, **cuál** o **qué.**

1. ¿_________ es la capital de Noruega?
2. ¿_________ es el apellido de tu novia?
3. ¿_________ es la cibernética?
4. ¿_________ es eso (refiriéndose a un objeto desconocido sobre una mesa)?

5. ¿________ es el edificio de correos, ése o aquél?
6. ¿________ es un ordenador?

Ejercicio 8. En parejas, una persona se imagina que es alguien famoso/a (por ejemplo un/a artista de cine o de rock) y la otra persona le hace una entrevista. Hágale a la persona famosa cinco preguntas que empiecen con una palabra interrogativa. Después cambien de papel.

◀◀◀◀ Exploraciones

Joven mexicano, estudiante de una escuela privada en Oaxaca.

India zapoteca de Oaxaca.

LECTURA 1. ¿Es indispensable ser puntual?

Actividad 1. Al regresar Steve a su universidad americana, lo invitan a dar una charla en su clase de conversación. A continuación aparece lo que dice Steve. Antes de leer, conteste las siguientes preguntas:

1. Según el título, ¿cuál es el tema de la charla?
2. En su opinión, ¿es necesario ser puntual en toda ocasión? ¿Cuáles son algunas excepciones?

Al segundo día de estar en Monterrey voy a una reunión para orientar a estudiantes extranjeros nuevos, que va a dirigir° un tal° Jiménez de la Oficina de Estudiantes Extranjeros. La reunión está fijada para las tres, pero yo llego a las menos diez porque no quiero perderme nada. Cuando entro, veo una docena° de estudiantes norteamericanos que ya están allí. Jiménez no está todavía. Me pongo a conversar con los otros estudiantes y al poco rato miro mi reloj. Son las tres. Ah, Jiménez va a venir de un momento a otro.° Pasan quince, veinte minutos. Jiménez sigue sin aparecer. Al fin, a las tres y media hace su entrada triunfal el Sr. Jiménez. Una de las estudiantes, más atrevida° que yo, le dice: "Oiga, perdone, esta reunión era a las tres y llevamos esperando casi media hora." "Jóvenes," dice Jiménez, "eso es parte de la orientación. Uds. deben llegar a tiempo a las clases y las reuniones, pero esta sesión es en parte social y no sólo académica. Estamos en horario mexicano. Tres, tres y media, ¿qué más da? El reloj de Uds. corre; el de nosotros anda.[1] Hay que tomar las cosas con un poquito más de calma. Si no, nos salen úlceras."

Así es en México con la hora. Y, ¿saben una cosa? La vida es más tranquila. ¿Qué prefieren Uds.? En los Estados Unidos tenemos obsesión con la puntualidad. Yo creo que a la larga° prefiero la flexibilidad mexicana.

lead
a certain
a dozen
any minute
daring
in the long run

[1] Compare "El reloj camina o anda" con la versión en inglés, "The clock runs".

Actividad 2. En parejas y en sus propias palabras, resuman lo que le pasa a Steve en la reunión de orientación. ¿Cuál es la opinión inicial de Steve sobre la puntualidad a su llegada a México y qué piensa ahora?

Actividad 3. En grupos de 3 ó 4, hablen de la puntualidad. Usen la siguiente guía y sus propias ideas.

las ocasiones en que Ud. considera que es importante ser puntual: clases / viajes / fiestas / citas con amigos y con otra gente / cine / trabajo, etc.

sus reacciones cuando la gente no es puntual: enojarse / reírse / tomarlo con calma / ponerse frenético / no molestarse / ser rígido, (in)flexible, (in)tolerante, etc.

LECTURA 2. ¿Dónde está el monumento a Hernán Cortés?

Actividad 4. Hernán Cortés, famosísimo en la historia de Hispanoamérica, es uno de los personajes centrales de la historia mexicana. En un tiempo relativamente breve, conquistó a todo México para el trono español. Antes de leer el texto "¿Dónde está el monumento a Hernán Cortés?," conteste estas preguntas: ¿Cuántos monumentos a Cortés imagina Ud. que es posible encontrar en el México de hoy? ¿Muchos? ¿Pocos? ¿Qué indicación le da el título?

Sin duda alguna México es un país hispano. La lengua oficial es el español, la religión predominante es la católica, y muchos aspectos sociales, culturales y políticos reflejan el hecho de que México fue colonia de España durante casi tres siglos. España conquistó a México en el siglo XVI. Claro que México no era entonces un país unido sino una colección de reinos que guerreaban entre sí.° De éstos, el más poderoso era el de los aztecas. Su ciudad principal era Tenochtitlán, de una riqueza y prosperidad increíbles, situada en lo que hoy día es la ciudad de México.

fought among themselves

En marzo de 1519 desembarca° en las costas mexicanas un ejército conquistador de varios centenares° de soldados dirigido por el legendario Hernán Cortés. Sus tropas son pocas comparadas con las decenas° de miles de guerreros indígenas. Sin embargo, los invasores traen una tecnología militar infinitamente superior. Tienen armas de fuego y caballos, dos elementos desconocidos que los indígenas juzgan° sobrenaturales. Cortés conquista fácilmente varios reinos, los hace sus aliados,° y avanza entonces hacia Tenochtitlán. Ya los aztecas están enterados de los triunfos españoles, pero creen, según sus propias leyendas, que Cortés es Quetzalcóatl, un dios blanco que se fue hace mucho tiempo y ahora ha vuelto. En noviembre del mismo año entra Cortés en Tenochtitlán, y el emperador azteca, Moctezuma, víctima de sus propias supersticiones, lo recibe cordialmente.

disembark
hundreds
tens
judge
allies

Cortés trae el proyecto de conquistar a todo México para el rey español y de convertir a los mexicanos a la fe católica. Con ese propósito, desata° una violencia brutal contra los indios. Después de una rebelión azteca en la que muere Moctezuma, Cortés pierde a Tenochtitlán momentáneamente, pero pronto la reconquista, y con ella a todo México. De esta manera, los españoles ponen fin al dominio opresivo que los aztecas tenían sobre otras tribus y a los sacrificios humanos que practicaban. Cortés se ve a sí mismo como el gran civilizador sin reparar en° los grandes estragos° que causa a los indios.

unleashes
noticing / destruction

Pronto en México surge una población de sangre mixta, española e india, que se adapta a los usos° de los conquistadores. El resultado es una mezcla de lo hispano con mucho de la antigua cultura. En el siglo XIX los mexicanos luchan contra España y logran su independencia, reafirmando así una identidad única que se deriva de la fusión de dos culturas

ways

muy distintas. México es hoy un país profundamente hispano pero también profundamente indio, y entre sus héroes no se encuentra Hernán Cortés. Si Ud. va a México, no pregunte dónde está el monumento a Cortés: no hay ninguno en todo el país.

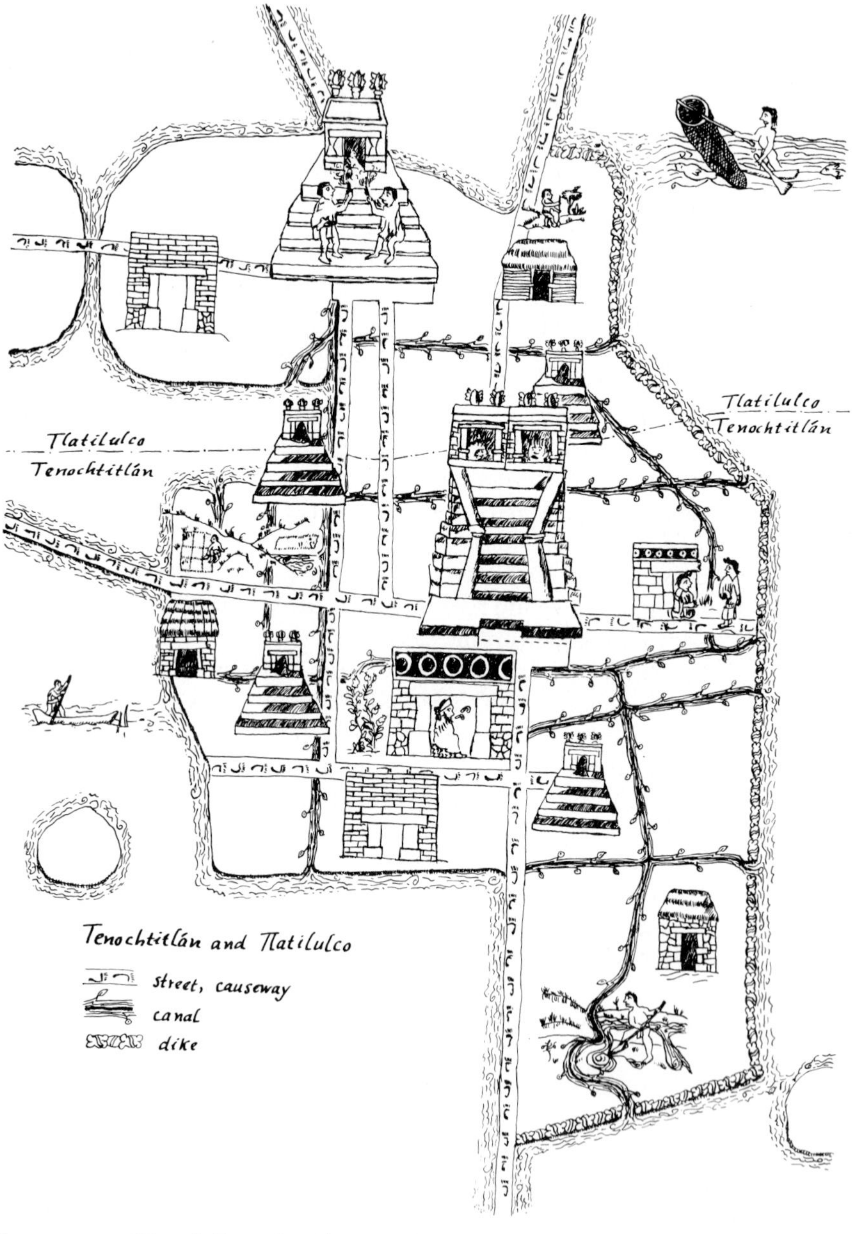

Plano esquemático de Tenochtitlán, basado en el original hecho por el fraile español Bernardino de Sahagún en el siglo XVI.

Actividad 5. Un estudiante descuidado ha escrito el siguiente párrafo basado en "¿Dónde está el monumento a Hernán Cortés?" En parejas, léanlo y corrijan los cinco errores que contiene.

España conquista a México después de 1600. Antes de la conquista, México no es un país unido y no hay ningún grupo dominante. Cortés puede conquistar a los aztecas por la superioridad numérica de los españoles. Además los indios consideran que las armas de fuego y los caballos vienen de otro mundo. Cortés usa los reinos que subyuga para ayudarlo en la conquista de Tenochtitlán. Cortés muere en batalla pero los españoles ganan. Los aztecas ya no pueden hacer sacrificios humanos. Después de la conquista, el pueblo mexicano llega a ser predominantemente mestizo (*crossbred*) y todo el mundo considera un héroe a Hernán Cortés.

Actividad 6. Generalmente, cada párrafo de un texto contiene una o dos ideas principales acompañadas de datos que las apoyan. Vuelva a leer y subraye (*underline*) las dos o tres ideas principales de cada párrafo. Después, en grupos de 3 ó 4, hagan un esquema en sus propias palabras de las ideas principales de la lectura.

LECTURA 3. "Don Armando y Pepe", de Luisa Josefina Hernández.

Actividad 7. El siguiente es un cuento dialogado sobre un conflicto entre padre e hijo. Para hacerse una idea de qué se trata, léalo rápidamente y complete los siguientes datos. Luego, vuelva a leer el cuento con cuidado.

1. Don Armando es el . . . de Pepe.
2. Pepe tiene . . . años.
3. El curso de geometría le cuesta a don Armando . . . pesos mensuales.
4. La profesora de Pepe se llama . . . .
5. Según Pepe, la profesora lo trata como si fuera un . . . .

(Don Armando. Pepe.)

DON ARMANDO. —Y ¿cómo va esa clase?

PEPE. —Bien.

DON ARMANDO. —Bien, bien. No sabes decir otra cosa.

PEPE. —Es lo mejor que puede decirle un hijo a su padre cuando le paga una clase particular de una materia que no le interesa que su hijo sepa.

DON ARMANDO. —Conste° que tú empezaste. *for the record*

PEPE. —No, no empecé. Es que siempre me lo preguntas con ironía. ¿Qué tiene de extraño que me guste la geometría?

DON ARMANDO. —No, si de extraño no tiene nada. En una época querías ser veterinario, inmediatamente después, dijiste que no había nada como la filosofía, luego, que la única forma de estudiar era entrar a un colegio de seminaristas y ahora . . .

PEPE. —Siempre hablando del pasado.

DON ARMANDO. —¿Cuál pasado? Si de todo esto no hace ni dos años.

PEPE. —Claro, si lo que quieres es hablar de la Edad Media. Tengo dieciocho años y crees que nací ayer.

DON ARMANDO. —Lo recuerdo como si fuera ayer. Hacía mucho frío y yo me había ido a . . .

PEPE. —No se puede hablar contigo. ¿Qué tienes en contra de la geometría?

DON ARMANDO. —Trescientos pesos mensuales. Si quieres, te los regalo para que te vayas a pasear con tus amigos.

PEPE. —¡No!

DON ARMANDO. —Como ya tienes dieciocho años.

PEPE. —No.

DON ARMANDO. —¿Cuántos tienes?

PEPE. —Que no, que no quiero. ¡Tú no me entiendes!

DON ARMANDO. —Mira, no te hagas ilusiones. Entiendo perfectamente que a tu edad te interesen muchas cosas y estoy perfectamente preparado para cualquier cambio de programa, pero . . .

PEPE. —¿Qué?

DON ARMANDO. —Francamente lo que no entiendo es cómo puede interesarle a ella . . . a esa . . .

PEPE. —Tiene nombre. ¿No la puedes llamar por su nombre?

DON ARMANDO. —Sí puedo. ¿Cómo dices que se llama?

PEPE. —La doctora Tejeda. María Elena Tejeda. Es doctora en . . .

DON ARMANDO. —Sí, de eso me acuerdo. Y ¿se doctoró en eso?

PEPE. —Papá . . .

DON ARMANDO. —Y ¿por qué? Ha de estar decepcionada de algo.

PEPE. —¿Cómo crees que voy a estarle preguntando esas cosas?

DON ARMANDO. —No sé.

PEPE. —Y ¿para qué quieres saberlo?

DON ARMANDO. —El otro día me la encontré en la puerta y le dije: "No señorita, no soy director de cine, ni administrador de bellezas de ninguna clase; yo nada más soy ingeniero constructor".

PEPE. —¿De veras le dijiste eso?

DON ARMANDO. —No, no le dije nada. ¿Estás enamorado de ella?

PEPE. —¡Papá!

DON ARMANDO. —Bueno, no es para ofenderse. Oye, y ¿por qué no?

PEPE. —Cuando empezamos a hablar estaba pensando que me iba a ir al cine y luego a tomar un refresco con mis amigos y ahora resulta que ya se me hizo tarde por tus . . .

DON ARMANDO. —Ya que no vas a salir podrías decirme por qué no estás enamorado de ella.

PEPE. —Papá, es domingo.

DON ARMANDO. —No te estoy preguntando por qué fuiste a misa. ¿Te parece fea?

PEPE. —¿Cómo va a parecerme fea? Ni que no tuviera ojos. Pero es mayor que yo, y tiene novio y me trata como si fuera un niño.

DON ARMANDO. —¿Por qué no la corres?° *dismiss*

PEPE. —Porque . . . me interesa la geometría.

DON ARMANDO. —¿Sobre todas las cosas?

PEPE. —Sobre algunas cosas.

DON ARMANDO. —¿Sobre cuáles?

PEPE. —Sobre . . . Bueno, no importa. La verdad es que no importa casi nada en el mundo.

DON ARMANDO. —Nada más la geometría.

PEPE. —Si eso es lo que quieres que diga, está bien. Nada más la geometría.

DON ARMANDO. —Y ¿hasta cuándo vas a seguir tomando la clase?

PEPE. —Ya que insistes: hasta que yo crezca.° *grow up*

DON ARMANDO. —Y ¿cuándo será eso?

PEPE. —Eso . . . no puedo decidirlo yo.

DON ARMANDO. —¿Quién, entonces?

PEPE. —Pues ella. No has entendido nada.

Actividad 8. Señale las siguientes afirmaciones con una **V** si son verdaderas o con una **F** si son falsas. Corrija las que son falsas. Compare sus respuestas con las de un/a compañero/a.

1. A don Armando le entusiasma que Pepe estudie geometría.
2. Hace mucho tiempo que Pepe está interesado en la geometría.
3. A don Armando no le importa pagar trescientos pesos por la clase de geometría.
4. Don Armando sospecha que Pepe está enamorado de la doctora Tejeda.
5. La doctora Tejeda no trata a Pepe como adulto.

Actividad 9. En grupos de 3 ó 4, traten de expresar con unas pocas palabras cuál es el conflicto principal entre Pepe y don Armando. ¿Qué quiere don Armando y qué quiere Pepe respecto a la clase y a la Dra. Tejeda? Escriban tres o cuatro oraciones sobre las conclusiones del grupo.

Actividad 10. Escriba un párrafo breve (cinco o seis líneas) expresando si Ud. está de acuerdo o no con la siguiente afirmación y por qué: "Los padres no entienden a los hijos, y por tanto, los padres no deben interferir en la vida de sus hijos."

Práctica integrada

Práctica 1. Ya de vuelta en los Estados Unidos Steve da una pequeña charla a un grupo de estudiantes que van a visitar a México por primera vez. En parejas, preparen un esquema de la charla de Steve, basándose en el texto sobre México en la introducción al capítulo. Mencione tres aspectos: la población, las culturas precolombinas y la historia de México.

Práctica 2. En parejas, discutan si las siguientes declaraciones sobre los Estados Unidos son verdaderas o si son estereotipos. Corrijan las que Uds. creen que son estereotipos.

1. Todo el mundo llega puntualmente a las citas, al trabajo y a las diversiones.
2. La gente copia el estilo de vida de los personajes de las telenovelas.
3. Por lo general los programas de televisión son para la gente de poca inteligencia.
4. Generalmente la gente no está interesada en aprender otros idiomas; creen que el inglés es suficiente.

Práctica 3. Un azteca de la época de la conquista ve por primera vez un hombre montado a caballo y disparando (*firing*) una pistola. Cree que hombre y caballo son una sola cosa. En grupos de 3 ó 4, escriban un pequeño párrafo describiendo la escena según la perspectiva del azteca. Pueden empezar con las siguientes frases:

Acabo de ver un animal muy raro que . . . . Tiene en la mano una cosa que de repente . . .

Práctica 4. En grupos de 3 ó 4, terminen la historia sobre Steve y Consuelo. Usen la imaginación.

Un romance relámpago

3 de agosto.	Steve y Consuelo se conocen en la cafetería del Tec.
7 de septiembre.	Consuelo y Steve deciden estudiar juntos todos los días.
17 de septiembre.	Steve y Consuelo se besan por primera vez.

1ro de noviembre.	Consuelo y Steve van a Mérida a pasar un fin de semana largo en casa de Consuelo. Steve conoce a los padres de la joven.
12 de febrero.	Steve y Consuelo deciden hacerse novios "serios" y lo anuncian a sus respectivas familias.
19 de febrero.	El padre y el hermano de Consuelo van a Monterrey a entrevistar a Steve sobre sus intenciones.
12 de marzo.	Susan, que era novia de Steve en los Estados Unidos, llega a Monterrey a visitarlo sin avisarle (*without telling him first*).
15 de marzo.	???
12 de abril.	???
1ro de junio.	Fin de curso. Steve regresa a los Estados Unidos.
15 de agosto.	???
(Un año más tarde.)	
12 de febrero.	Steve y . . . se casan en . . . y . . .

Por esta calle de Taxco se viaja entre el presente y el pasado. Aquí se mezclan, como en otras partes de México, lo indígena, lo colonial y lo moderno.

Práctica 5. En parejas y turnándose, expliquen cómo ir desde el Zócalo a los siguientes sitios en Taxco. ¡Ojo! No todas las calles en el mapa tienen nombres. Por eso, deben usar las calles principales para dar instrucciones.

la Casa Humboldt

Plaza San Juan

el Museo Guillermo Spratling

el Mercado

la Oficina de Teléfonos

Posada de los Castillo

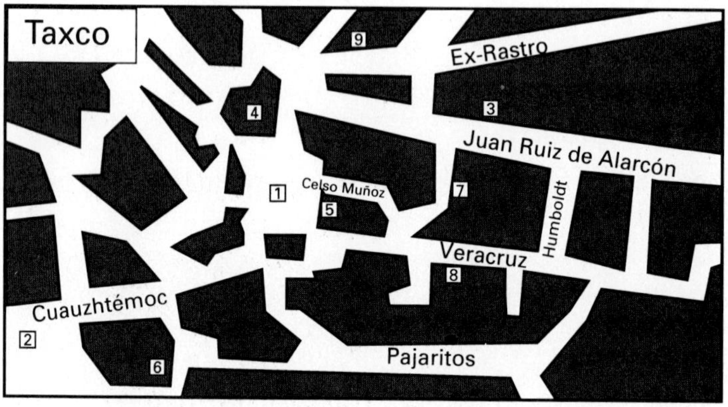

1 Zócalo
2 Plaza San Juan
3 Casa Humboldt
4 Plazuela Bernal
5 Santa Prisca
6 Mercado
7 Museo Guillermo Spratling
8 Oficina de teléfonos
9 Posada de los Castillo

Práctica 6. En parejas, hagan los papeles de un/a turista y un/a recepcionista de un hotel en Taxco.

El/La turista: Llama por teléfono al hotel para reservar habitación. Quiere saber los precios y la hora que tiene que estar en el hotel para no perder la reservación. También necesita saber cómo llegar desde la estación de autobuses al hotel.

El/La recepcionista: Necesita saber el nombre del/de la turista, qué clase de habitación quiere y cuántos días va a estar.

Práctica 7. En parejas, hagan los papeles de un/a consejero/a académico/a y un/a estudiante que no sabe cuál va a ser su especialización. El/La consejero/a entrevista al/a la estudiante y después informa a la clase cuál en su opinión es una especialización apropiada para la persona entrevistada y por qué.

Información que trata de determinar el/la consejero/a:

preferencias académicas

habilidades especiales

el tipo de trabajo que quiere en el futuro

cuánto quiere ganar

cuántos años piensa estudiar

otros datos importantes

España surge como nación en el siglo XV bajo los Reyes Católicos, Fernando e Isabel, que unen en sus personas los dos reinos dominantes: Castilla ella, y Aragón él. Como se sabe, en 1492 los Reyes financian la famosa expedición de Cristóbal Colón que cambia radicalmente el curso de la historia y añade vastos territorios al imperio español. En el siglo XVI, España llega a ser el país más rico y poderoso del mundo. Su rey, Carlos V, es emperador de un vasto territorio que incluye lo que hoy son Alemania, Austria, Holanda y Bélgica, además de las colonias españolas de América. Pero ya a fines de ese siglo España comienza a declinar, empobrecida por las guerras. La decadencia política y económica continúa en el siglo XVII, que sin embargo es una época de gran esplendor en la literatura y el arte. Conocido como el Siglo de Oro, sus figuras principales son Miguel de Cervantes, autor de *Don Quijote de la Mancha* y el gran Velázquez, pintor oficial de la corte. En el siglo XVIII, España ya no es una nación poderosa. En el siglo XIX el país es devastado por una invasión francesa y numerosas guerras civiles, y sufre la pérdida de todas sus colonias americanas. A pesar de todos estos problemas, España continúa siendo un país de grandes escritores y artistas.

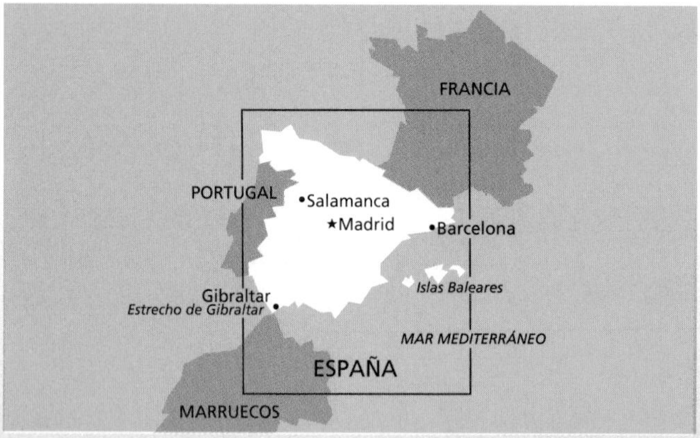

La fuerte tradición intelectual y artística continúa en el siglo XX, pero de 1936 a 1939 España sufre una horrenda guerra civil entre la izquierda y la derecha. Las fuerzas de la derecha, bajo el mando del General Francisco Franco, ganan la guerra.

La muerte de Franco en noviembre de 1975 pone fin a un período de treinta y seis años de dictadura y el país comienza la evolución hacia una monarquía parlamentaria al estilo de la de Inglaterra. España es hoy un país democrático, con un gobierno elegido por el pueblo y un rey querido y popular, Juan Carlos I. Es también una nación industrializada, moderna y próspera. En 1985 España pasa a formar parte de la Comunidad Económica Europea, y pronto alcanza un nivel económico comparable al de los otros países de la Europa Occidental. Madrid, la capital, tiene ahora más de cuatro millones de habitantes. Es una ciudad cosmopolita pero de gran encanto, lo que la distingue de otras ciudades grandes. ▲

2

UNIDAD

Jennifer Rosatti, estudiante estadounidense en España

Estudiantes universitarios en la Plaza Mayor de Salamanca.

OBJETIVOS

Objetivos para la Unidad 2
Aprender a . . .
- dar información personal
- hacer descripciones
- hacer planes
- hablar de gustos y aversiones

Interacciones

VOCABULARIO

Sustantivos

la aversión dislike
el/la barcelonés/esa person from Barcelona
la corte (royal) court
el cuadro painting
el/la dormilón/ona sleepyhead
la encuesta poll; survey
la época period
la estadía stay
la ficha personal file
el horario schedule
el informe report
el/la madrileño/a person from Madrid
el nacimiento birth
la obra work (of art)
el personaje character
el piso apartment; floor
la prueba de clasificación placement exam
el retrato portrait
el/la salmantino/a person from Salamanca
la sospecha suspicion
el tamaño size
las tapas Spanish appetizers
la viuda widow

Verbos

adaptarse to become accustomed
aguantar to stand, endure
destacarse to stand out
encontrarse (ue) to meet (at a place)
madrugar to get up early
perfeccionar to perfect
reunirse to get together
soportar to bear, endure

Adjetivos

agresivo/a aggressive
animado/a lively
ansioso/a anxious
bordeado/a de bordered by
cariñoso/a affectionate
estupendo/a wonderful
excepcional exceptional
extrovertido/a outgoing
flexible flexible
genial very pleasant; brilliant
gracioso/a funny
grandote/a big, husky
impresionante impressive
incansable untiring
optimista optimistic
particular private, own
pesimista pessimistic
real royal; real

Otras palabras y expresiones

aburrirse como una momia to be bored stiff
caerle bien/mal a alguien to like/dislike someone
comérselo/la to eat it (all) up
divertirse un horror to have a great time
fastidiarle a uno/a (algo) to be bothered (by something)
llevarse bien/mal con alguien to get along/not get along with someone

Práctica de vocabulario

Práctica A. Vea el vocabulario y escoja la palabra o expresión adecuada para completar estas oraciones.

1. Un cuadro que representa a una persona es un ... (personaje / retrato / barcelonés).
2. A un dormilón no le gusta ... (aburrirse / madrugar / reunirse).
3. Los reyes y la familia real son parte ... (del horario / de la corte / del nacimiento).
4. Al apartamento en España lo llaman el ... (horario / cuadro / piso).
5. Para obtener estadísticas del público es común hacer una ... (encuesta / obra / sospecha).
6. Antes de matricularse en un curso avanzado de lenguas, es común tomar una ... (aversión / prueba de clasificación / estadía).
7. Una persona que siempre está contando chistes es ... (idealista / real / graciosa).
8. El vino con frecuencia se acompaña con ... (tapas / viudas / obras).
9. Una persona que raramente está cansada es por naturaleza ... (incansable / conservadora / cariñosa).
10. Cuando una persona lo está pasando muy bien, está ... (madrugando / aburriéndose como una momia / divirtiéndose un horror).

Práctica B. En grupos de 3 ó 4, hagan una lista de palabras y expresiones relacionadas con los temas siguientes. Empiecen con la lista de vocabulario y luego expándanla con otras palabras o expresiones conocidas. Compartan su lista con sus compañeros.

cómo pasar el tiempo
habitantes de ciudades españolas
descripciones de personas
el trabajo
la universidad

ESCUCHAR Y CONVERSAR

Estatua del poeta y místico del siglo XVII, Fray Luis de León, frente a la fachada del siglo XV de la Universidad de Salamanca.

Salamanca, capital de la provincia de Salamanca, queda al noroeste de Madrid, a unas tres horas en autobús. La Universidad de Salamanca, fundada en 1218, es la más antigua de España. Es conocida, entre otras cosas, por el gran poeta y místico del siglo XVI, Fray Luis de León, quien fue profesor de la Universidad.

Jennifer Rosatti, estudiante estadounidense, se matricula en el programa de Cursos Internacionales de la Universidad de Salamanca, atraída por el prestigio de la universidad, sus cursos para extranjeros y la belleza de la ciudad. Salamanca ofrece una gran variedad de sitios históricos entre los que se destaca la Plaza Mayor, una de las más hermosas de Europa, bordeada de atractivos bares y cafés que contribuyen a una alegre vida estudiantil.

Actividad 1. Para matricularse en la Universidad de Salamanca, Jennifer tiene que entrevistarse con un profesor como parte de su prueba de clasificación. Lea la ficha de información de Jennifer y después escuche la descripción de sí misma que ella le hace al profesor. Mientras escucha, señale los cuatro errores que hay en la ficha y corríjalos.

Cinta 1. Habla Jennifer Rosatti.

Me llamo Jennifer Rosatti. Soy una estudiante estadounidense de origen italiano. Mi cumpleaños es en julio y ahora tengo veinte años. Nací en Filadelfia, Pensilvania, pero ahora vivo con mi madre y dos hermanos en Alexandria, Virginia. Voy a estar en Salamanca un año. Estoy viviendo en casa de una señora estupenda, doña María Teresa Alvarez. Todo el mundo la llama Maritere. Es viuda; su esposo murió hace cinco años. Su hija Berta, de veintiún años y doña Eulalia, la abuela, viven con ella. Tienen un piso, como llaman a los apartamentos aquí, grande y muy cómodo. Está en la Avenida Villamayor número 30, cerca de la Avenida de Alemania. Nuestro teléfono es el 22–27–44. Llevo seis años estudiando español y lo que más me interesa es perfeccionar la lengua. Por eso me matriculé en el Curso de Lengua Española de la Universidad de Salamanca. También pienso estudiar sicología.

Actividad 2. En parejas y turnándose, tapen la columna a la derecha de la ficha y complétenla oralmente usando los detalles de la cinta. Sigan el modelo.

E1: ¿Cómo se llama . . . ?
E2: Jennifer Rosatti.

E2: ¿Cuántos años tiene?
E1: . . .

Ficha de información

Nombre:	*Jennifer Rosatti*
Edad:	*19 años*
Fecha y lugar de nacimiento:	*3 de octubre, Filadelfia, Pensilvania*
Residencia en los EE.UU.:	*Alexandria, Virginia*
Profesión:	*estudiante*
Familia, EE.UU.:	*2 hermanos, madre*
Residencia, Salamanca:	*Villamayor 30, 3ro C*
Familia, España:	*madre, hija, tío*
Estudios, España:	*español y filosofía*
Teléfono:	*22-27-44*

Actividad 3. (a) En parejas, entrevístense para preparar la ficha de su compañero/a. (b) Después, cambien de pareja y cuéntenle a su nuevo/a compañero/a sobre su primer/a compañero/a.

(a) **E1:** ¿Cómo te llamas?
E2: Me llamo ...
E1: ¿Cuántos años tienes?
E2: Tengo ...

(b) Se llama ...
Tiene ...

Actividad 4. Jennifer llama a un amigo, Federico Télvez, en Madrid, para contarle qué tal le va en Salamanca. Mientras escucha su conversación, señale con una **J** las cosas que según el diálogo se asocian a Jennifer, con una **F**, las que se asocian a Federico y con una **A** las que se asocian a ambos.

fiesta en la universidad
vino de Rioja
paseos por la Plaza Mayor
tres mujeres
comer mucho y dormir poco
teatro
ver gente en la calle a todas horas
museos
vacaciones de Navidad

Son las ocho de la tarde: hora punta (rush hour) *en la Puerta del Sol, una intersección famosa de Madrid.*

Cinta 2. Hablan Jennifer Rosatti y Federico Télvez.

FT: Te estás divirtiendo, ¿no?

JR: Hombre, sí. Salamanca es genial. ¡Me fascina este sitio! Hay tanto que hacer. ¡Imagínate! Anoche fui a una fiesta en la universidad. ¡Me encanta el vino de Rioja! ¡Es excelente! ¡Y las tapas! Aquí sí saben divertirse. Las calles están llenas de vida hasta muy tarde y la gente pasea a todas horas por la Plaza Mayor.

FT: ¿Y qué tal el sitio donde vives?

JR: Hasta ahora, muy bien. Vivo con una familia estupenda. Son tres mujeres: abuela, madre e hija, y me llevo muy bien con las tres. La abuela siempre me ayuda con mi tarea y Maritere, la madre, me lava la ropa.

FT: A ver, cuéntame qué haces, cómo te organizas la vida.

JR: Pues, clases, estudio, diversiones. Lo más difícil es adaptarme a los horarios y las comidas. Paso todo el día comiendo. Y aquí no se duerme nunca. Es una vida muy activa.

FT: Pues aquí en Madrid hay mucho más que hacer. Hay teatro, museos, discotecas y gente en la calle a todas horas. Oye, ¿cuándo vienes a visitarme?

JR: Uy, me encantaría. ¿Qué tal en las vacaciones de Navidad?

FT: ¡Estupendo! Haremos planes.

JR: ¡Vale! Te llamo pronto.

Actividad 5. En grupos de 3 ó 4 hablen de las ideas principales de la conversación.

1. Nombren cinco cosas que le gustan a Jennifer.
2. Describan a su familia española.
3. ¿Hay algo a lo que Jennifer encuentre difícil de adaptarse?
4. ¿Qué dice Federico de Madrid?
5. ¿Cuándo piensan reunirse Federico y Jennifer?

Actividad 6. En parejas, hagan los papeles de Jennifer y Federico comparando sus vidas en Salamanca y Madrid. Usen la información de ambas ciudades y el modelo como guía.

FT: Y, ¿qué tal el sitio dónde vives?
JR: Pues, vivo con una familia estupenda . . .
¿Y tú? A ver, cuéntame lo que haces.

Salamanca (Jennifer)	***Madrid (Federico)***
va a fiestas	da clases de inglés
bebe vino de Rioja	tiene piso particular
vive con una familia estupenda	vive cerca del Rastro (*a flea market*)
va a discotecas	estudia baile flamenco
camina mucho	toma el metro
estudia en la universidad	visita museos

Actividad 7. En parejas, miren el dibujo y pónganle un nombre hispano a cada persona. Luego, describan a cada persona, usando un adjetivo apropiado de la lista. Sigan el modelo.

Pedro es muy conservador. Siempre se pone traje y corbata.

agresivo/a	elegante	grandote/a
ansioso/a	extrovertido/a	optimista
conservador/a	flexible	pesimista
dinámico/a	gracioso/a	tímido/a

Actividad 8. En parejas, miren el anuncio del perfume Zinnia y hagan lo siguiente:

1. Digan qué adjetivos usa la agencia de publicidad para promocionar el producto.
2. Describan el tipo de persona a quien va dirigido este anuncio.
3. Hagan una lista de adjetivos para usar en su propio anuncio para un perfume. Los adjetivos deben reflejar el tipo de persona, hombre o mujer, a quien va dirigido el anuncio.

Zinnia. Decidida, sensual, independiente, culta, urbana, fuerte, encantadora, inteligente, muy femenina.
En los 90.

Actividad 9. Muestre a la clase una foto de un grupo de personas. Después describa a una de las personas en la foto para que la clase adivine a cuál persona se refiere.

LEER Y CONVERSAR

INTERCAMBIO 1. La Guía Turística de Salamanca describe los sitios históricos y culturales más importantes de esta bella ciudad.

Actividad 10. En parejas, estudien la Guía Turística de Salamanca en la página 46 y discutan adónde puede ir uno en las siguientes ocasiones:

1. si quiere descansar un rato, tomar café o comer algo
2. si le interesa la arquitectura gótica
3. si desea leer en una biblioteca pública
4. si desea visitar un centro cultural del siglo XVI que todavía funciona como centro cultural
5. si quieren ver joyas auténticas
6. si le interesa meditar en un lugar plácido y tranquilo
7. si le interesa el arte de estilo barroco
8. si quiere estudiar el arte mudéjar

Guía Turística de Salamanca

Plaza Mayor.
La más bella de España, estilo barroco del siglo XVII. El centro de la vida y de la actividad de la población. Cafeterías en los cuatro lados con mesas y sillas multicolores. A un lado está el Ayuntamiento,[1] donde se reúne el Municipio.[2] Abierta de 8:30 a 24:00.

Catedral de Salamanca.
Estilo gótico. Entre sus muchos tesoros tiene auténticas joyas del arte español y excepcionales vidrieras.[3] Abierta de 10:00 a 13:00 y de 15:30 a 18:00.

La Casa de las Conchas.
Magnífico palacio del siglo XV de estilo gótico, con detalles renacentistas[4] y mudéjares.[5] Se llama así por los adornos de conchas [6] en su fachada.[7] Actualmente es la Casa de la Cultura de Salamanca y tiene una importante biblioteca pública. Abierta de 9:00 a 13:30 y de 16:00 a 20:00.

Colegio Mayor de Arzobispo Fonseca.
Importante centro cultural del siglo XVI de impresionante belleza arquitectónica. En su capilla[8] se conserva el excepcional sepulcro de su fundador, el Arzobispo Fonseca. Hoy en día, además de centro cultural, es residencia de profesores, conservando así el propósito cultural de sus fundadores. Durante el verano se presentan conciertos y obras de teatro en el patio conocido como el Patio Fonseca. Abierto de 9:00 a 14:00 y de 16:00 a 20:00, noches de concierto a 24:00.

Convento de San Esteban y Convento de las Dueñas.
Hermosos claustros[9] pertenecientes respectivamente a los padres dominicos y a las madres dominicas, popularmente llamadas **Dueñas**. Arquitectura y escultura interesante. A la entrada del Convento de las Dueñas venden unos pasteles muy buenos. Abiertos de 10:00 a 13:00 y de 16:00 a 19:00.

1 Town hall
2 City council
3 stained-glass windows
4 Renaissance style
5 in the Spanish Islamic style
6 shell decorations
7 façade
8 chapel
9 cloisters

Actividad 11. Usted está haciendo planes con un/a amigo/a. En parejas, estudien la Guía del Ocio del periódico y contesten las siguientes preguntas.

1. ¿Qué se puede hacer el día 5 por la noche?
2. ¿En qué teatro dan *Pervertimento*?
3. ¿A qué hora es el Ballet de Víctor Ullate?
4. ¿Cuántas pesetas cuesta ver la película *¡Ay, Carmela!*?
5. ¿Dónde dan *Vuélvela a tocar, Sam*?
6. ¿Con quién va a cantar Enrique Morente?
7. ¿Qué tipo de música va a tocar la Orquesta Teatre Lliure?
8. ¿Dónde es el concierto de Llorenç Barber?

Guía del Ocio

Día 5: *Fantasía de cante jondo para voz flamenca y orquesta, Enrique Morente y Orquesta Ciudad de Córdoba.* Hora: 23.00. Lugar: Patio de Fonseca. Precio: 600 pesetas.

Día 5: *Concierto de campanas, Llorenç Barber.* Hora: 22.00. Lugar: Catedral Vieja.

Día 6: *Pervertimento. Grupo: Teatro Fronterizo.* Hora: 23.00. Lugar: Teatro Liceo. Precio: 600 pesetas.

Día 6: *Ballet de Víctor Ullate.* Hora 23.00. Lugar: Patio del Fonseca. Precio: 600 pesetas.

Día 7: *Vuélvela a tocar, Sam. Grupo: Teatro Curial.* Hora: 23.00. Lugar: Patio del Fonseca. Precio: 600 pesetas.

Día 8: *Cine español. Ay, Carmela! Director: Carlos Saura.* Horas: 17.30, 20.15 y 22.45. Lugar: Cine Van Dyck. Precio: 450 pesetas.

Día 9: *El jazz en la música de concierto. Orquesta Teatre Lliure.* Hora: 23.00. Lugar: Patio del Fonseca. Precio: 600 pesetas.

Actividad 12. En parejas, usen la Guía del Ocio y el vocabulario en contexto para hacer planes para un fin de semana en Salamanca. Decidan por lo menos tres cosas que van a hacer cada día.

¿Vamos a ver . . . ?
¿Nos da tiempo para . . . ?
¿Dónde nos encontramos . . . ?

VOCABULARIO EN CONTEXTO. Hacer planes.

- **¿Qué hacemos este fin de semana?**
- **¿Vamos a** ver el Ballet Folclórico?
- **¿Nos da tiempo para** tomar antes un café?
- **¿Puedes** llegar a las nueve?
- **¿Por qué no** invitamos a Irma?
- **¿Cuándo y dónde nos encontramos?**
- **¿Te gustaría** ver una película?
- **¿A qué hora** empieza?
- **¿Quieres** cenar después en El Esturión?
- **Sí, me gustaría** ir a ese restaurante.
- **Preferiría** ir mañana.
- **Tengo que estar en casa a** las doce.
- **Vamos andando** entonces.

Actividad 13. En grupos de 3 ó 4, preparen un plan de actividades para una estadía de cuatro días en Salamanca durante el verano. Miren la Guía Turística de Salamanca y la Guía del Ocio del periódico. Luego presenten el plan a la clase.

Vamos a estar en Salamanca del . . . al . . . de . . .
El primer día . . .
Nos gustaría . . .

Actividad 14. En parejas, escríbanle una nota a un/a amigo/a diciéndole dónde van a estar Uds. la primera noche de su estadía en Salamanca, según lo planeado en la Actividad 13. Pregúntenle a su amigo/a si quiere ir con Uds. y sugieran un lugar para encontrarse.

Estatuas monumentales de Don Quijote de la Mancha y Sancho Panza, al pie del monumento a Miguel de Cervantes en la Plaza de España de Madrid.

INTERCAMBIO 2. Scott Johnson, un compañero estadounidense de Jennifer Rosatti en Cursos Internacionales, le escribe una carta a su amigo puertorriqueño, Conrado Torres, a Columbus, Ohio. Conrado estudia comercio internacional y le interesa ir a España el año próximo.

Salamanca, 15 de noviembre
Querido Conrado:

Me fastidia saber que te aburres como una momia en los Estados Unidos mientras yo me divierto un horror en España. Las españolas me parecen increíbles, por lo menos las chicas con las que salgo. Son independientes, atractivas, elegantes, cariñosas e incansables para la fiesta y el baile.

Me impresiona mucho la nueva España. No es el país tradicional que yo me imaginaba. Aquí a la gente joven le interesa todo: música, ropa, deportes . . . y saben muchísimo de los Estados Unidos. Lo que quizás te va a sonar tradicional, es que duermo la siesta. ¡Qué gran invento! Todos los días de tres a cuatro, después de la comida, me voy un rato a la cama. Aquí se come a las dos y se cena a las once. Este horario al principio me volvía loco pero ahora me gusta. Vivo con una familia, y la señora me sirve montones de comida. ¡Y me los como! Luego uno sale y hay gente por la calle y lugares abiertos (cines, discotecas, clubs) hasta tardísimo. Y claro, hay que ir a bailar para quemar todas esas calorías. ¿Cuándo estudio? A todas horas, chico, a todas horas; estudio las costumbres sociales de esta cultura increíble. Pues te dejo. Que estés bien. Escríbeme pronto.

Tu amigo,
Scott.

Actividad 15. Después de recibir la carta de Scott, Conrado llama a la familia Johnson. En parejas, reconstruyan lo que Conrado les cuenta sobre los siguientes detalles de la carta:

1. lo que más le gusta a Scott
2. la descripción que hace de la gente joven
3. su vida familiar
4. su horario típico

Actividad 16. Conrado llama a Scott a España. Son las seis de la tarde en Ohio y las doce de la noche en España. Manchú, la hermana española de Scott, contesta el teléfono y trata de responder a las preguntas de Conrado. Scott no está en casa. En parejas, reconstruyan la conversación entre Conrado y Manchú, incluyendo los siguientes datos:

1. qué hora es en España
2. según la carta, lo que Scott debe estar haciendo a esa hora
3. la hora más conveniente para llamar a Scott

Actividad 17. Los amigos españoles de Scott siempre le hacen preguntas sobre los Estados Unidos. Prepare unos apuntes sobre la vida en los Estados Unidos. Tome en cuenta elementos como la juventud, los horarios, la comida, la siesta o la vida nocturna. Luego, en clase, en grupos de 3 ó 4, hagan los papeles de Scott y sus amigos. Estos le hacen preguntas y Scott les contesta.

VOCABULARIO EN CONTEXTO. Hablar de gustos y aversiones.

- El horario español **me fascina.**
- **Me fastidia** saber que te aburres como una momia.
- **Nos impresiona** mucho la nueva España.
- Los españoles **le parecen** increíbles.
- A la gente joven **le interesa** todo.
- **Me encanta** ir en el teatro en el Patio del Fonseca.
- **¿Te agradan** los conciertos de jazz?
- El director de Cursos Internacionales **nos cae** muy **bien.**
- Esta vida agitada **me vuelve loco/a.**
- No **me molesta** compartir el piso con otras personas.
- **Me cansa** ir a las discotecas todas las noches.

Actividad 18. Escriba cinco oraciones sobre cosas y tipos de personas que le gustan y otras cinco sobre cosas y tipos de personas que no le gustan. Después, comparta su lista con un/una compañero/a.

Me encantan los hombres animados.

No soporto a las personas pesimistas.

Actividad 19. En grupos de tres, imagínense que son estudiantes que van a comer en el Restaurante Medieval. Uno de ustedes no tiene mucha hambre, el otro odia el pescado, y la tercera persona quiere comer algo que no engorde. Lean el menú, hablen de sus preferencias y aversiones y decidan lo que van a comer.

Me encantan los mariscos. Voy a pedir sopa de mariscos con . . .

Me gustaría . . .

Los mariscos me caen mal; por eso voy a pedir . . .

Restaurante Medieval

Entrantes	**Pts.**	
Espárragos• gigantes a dos salsas	1.200	asparagus
Ensalada de gambas• y aguacate•	1.690	shrimp / avocado
Gazpacho• de la casa	945	cold tomato soup
Sopa de mariscos•	1.235	shellfish
Fondos de alcachofas rellenas• de mariscos	1.920	stuffed artichoke hearts
Pescados		
Lenguado• de Roca	2.730	sole; flounder
Salmón fresco a la parrilla•	2.380	grilled
Bacalao• a la riojana	2.400	cod
Carne		
Chuletas de cordero•	2.150	lamb chops
Entrecot de buey• a la pimienta•	2.570	ox steak / black pepper
Cochinillo asado• con patatas	2.590	roast suckling pig
Postres		
Perlas de melón •	585	melon balls
Peras• naturales al vino con crema Chantilli	520	pears
Leche frita• con salsa de frambuesas•	550	fried milk pudding / raspberries
Crepe con helado y salsa de chocolate caliente	615	

Sugerencias diarias de Berta• — daily suggestions by Berta

Estructura

I. Use and Omission of *Un/Una* after *Ser*

1. Use **un/una** after **ser** if you are providing information in order to identify someone, and the noun used is modified by an adjective or a phrase.

   ¿Quién es Jennifer? Jennifer es una estudiante estadounidense que está en Cursos Internacionales.

2. Also use **un/una** after **ser** when the modifying adjective gives a positive or negative evaluation of the person as a member of a particular class or category.

   Mi papá es un cocinero fatal.

   El es un católico muy devoto.

Mi padre es corredor de bolsa (stockbroker).

3. However, never use **un/una** after **ser** when you are simply putting a person in a category and you are not adding a positive or negative judgment about that person, no matter how many words you use to categorize the person.

   Mi padre es cocinero y mi madre es trabajadora social.

   Julio es ciudadano de un país sudamericano pero no me acuerdo cuál.

   El era demócrata cristiano antes pero ahora es social demócrata.

   Yo soy amigo personal del rey.

Ejercicio 1. Entrevístense en parejas para obtener información sobre la otra persona. Después, cada uno/a de Uds. haga una oración que incluya cuatro categorías a las que pertenece la otra persona. Preséntenle los resultados al resto de la clase.

John es estudiante de primer año, es estudiante de ingeniería, es católico y es jugador de voleibol.

Ejercicio 2. Prepare una lista de cinco personas famosas. Diga cuál es la ocupación de esas personas y haga un comentario evaluativo referente a esa ocupación. Compare sus observaciones con las del resto de la clase.

(Nombre de la persona) es cantante de rock; es un/a cantante mediocre . . .

II. *Ser* and *Estar*: An Overview

A. *Main contrasts between* **ser** *and* **estar**

1. Before a word or phrase indicating place, use **estar** to express location of people, things, or geographical places. Use **ser** to tell where an event or occurrence is taking place.

Ana está en Salamanca.	*Ana is in Salamanca.*
El cine está cerca del bar.	*The movie theater is near the bar.*
Lima está en Perú.	*Lima is in Peru.*
La fiesta es en mi casa.	*The party is at my house.*
La clase es aquí.	*The class is (held) here.*
El accidente fue en esa esquina.	*The accident was at that corner.*

2. Before the same descriptive adjective, use **ser** for asking or telling what a person, animal, or thing is generally like, and **estar** for asking or telling about how someone or something is, based on a direct experience.

La prueba de clasificación es difícil.	*The placement test is hard. (That's what it's like.)*
La prueba de clasificación está difícil.	*The placement test is hard. (I am taking it now and I find it hard.)*
¿Cómo es la comida en España?	*What's the food like in Spain? (in general)*
Esta comida está deliciosa.	*This food (that I am eating now) is delicious.*
Marta es una mujer muy guapa.	*Marta is a very pretty woman. (She's always been pretty.)*
Diana, ¡qué guapa estás!	*Diana, how pretty you look! (at this moment)*

B. ***Estar*** *and the result of change*

Estar, placed before a descriptive adjective, is also used to express the result of a change in state or condition. The change may or may not be reversible.

Elena siempre está agotada después de sus clases.	*Elena is always exhausted after her classes.*
La tele está rota.	*The TV is broken.*
Mis abuelos están muertos.	*My grandparents are dead.*

There are pairs of adjectives that are identical in form but have different meanings. One adjective refers to a characteristic, so **ser** must be used. The other refers to a state, condition, or result, so **estar** must be used.

Mi hermano **es** vivo.	*My brother is quick-witted (astute).*
Mi abuelo **está** vivo.	*My grandfather is alive.*
La chica **es** lista.	*The girl is smart.*
La chica **está** lista.	*The girl is ready.*
Pablo **es** aburrido.	*Pablo is boring.*
Pablo **está** aburrido.	*Pablo is bored.*
Pilar **es** callada.	*Pilar is quiet (personality).*
Pilar **está** callada.	*Pilar is silent (at the moment).*
Esas manzanas **son** verdes.	*Those apples are green.*
Esas manzanas **están** verdes.	*Those apples are unripe.*

C. Other uses of ***ser***

1. to identify people, animals, and things:

—¿Qué es eso?	*What is that?*
—Es un tocadiscos compacto.	*It's a compact disc player.*
—¿Quién es ése?	*Who is that?*
—Es mi hermano.	*He's my brother.*
—¿Quién es?	*Who is it?*
—Soy yo.	*It is I. (Informal: It's me.)*
—¡Ah, eres tú!	*Oh, it's you!*

Notice that in expressions such as *it is I, it's you,* etc., the verb changes to agree with **yo, tú,** etc.

2. to ask and tell where people, animals, and things are from:

—¿De dónde eres?	*Where are you from?*
—Soy de los Estados Unidos.	*I'm from the United States.*

3. to ask and tell what time it is and when events take place:

—¿Qué hora es?	*What time is it?*
—Son las cinco.	*It's five o'clock.*
—¿A qué hora es la fiesta?	*What time is the party?*
—La fiesta es a las ocho.	*The party is at eight.*

4. to ask and tell what something is made of:

Eso es de plata.	*That is made of silver.*

Ejercicio 3. Complete los siguientes minidiálogos con las formas apropiadas de **ser** o **estar.**

1. —¿Quién . . . ahí? ¿Carlos?

   —No, . . . mi primo Juan. El . . . mexicano. Como . . . estudiante de UCLA, vive en California, pero ahora . . . de visita. Va a . . . con nosotros hasta la semana que viene.
2. —La película . . . a las nueve y media.

   —Sí, pero debemos . . . allí a las nueve para comprar las entradas.
3. —¡Qué tarde . . . ! Debes . . . muy cansado.

   —Sí, ya . . . listo para irme a la cama, pero Luisa no me ha llamado.

   —. . . extraño. Siempre te llama temprano.

   —Sí, por eso . . . un poco preocupado.

Ejercicio 4. Llene los blancos con la forma apropiada de **ser** o **estar.**

1. El concierto de rock . . . en el gimnasio, a las nueve.
2. ¿Dónde . . . la fiesta de Carmen? No tengo la dirección.
3. Dicen que la física por lo general . . . muy difícil. Por eso no quiero tomar ningún curso de física.
4. Cuando leí la primera pregunta del examen me dije a mí mismo, "Este examen . . . demasiado difícil. No voy a poder pasarlo."
5. ¡Qué buena . . . la ensalada! ¿Me puedes servir un poco más?
6. Oye, Nicolás, ¿por qué . . . siempre tan cansado. Debe ser porque no duermes mucho y trabajas demasiado.
7. Lo siento, pero el vidrio de mi coche . . . roto y va a llover. Tenemos que ir a la fiesta en autobús.
8. Mi esposa y yo . . . de Perú, pero . . . en los Estados Unidos desde hace muchos años y ya . . . ciudadanos estadounidenses.

Ejercicio 5. Llene los blancos con la forma apropiada de **ser** o **estar.**

1. Ese profesor . . . muy aburrido. Cada vez que da una conferencia la gente se duerme.
2. Lourdes, tú que siempre intervienes en las discusiones, ¿por qué . . . tan callada hoy? ¿Te sientes mal?
3. Carlos . . . vivo de milagro. Tuvo un accidente muy serio.
4. Esas frutas no tienen mucho jugo porque todavía . . . verdes.
5. Alberto . . . muy callado; nunca dice nada, ni en clase, ni fuera de clase.

6. . . . muy aburrido porque no tengo nada que hacer y no hay nada bueno en televisión y ya he visto todas las películas nuevas.
7. La nueva asistente . . . lista. Capta todo rápidamente.
8. Hija, ¿ . . . lista? Te espero en el coche.

III. The Past Participle

1. The past participle is the verb form that ends in **-ado** for **-ar** verbs and **-ido** for **-er** and **-ir** verbs.

comprar	**comprado**	*bought*
comer	**comido**	*eaten*
vivir	**vivido**	*lived*

2. There are a few irregular past participles.

abrir	**abierto**	*open*
cubrir	**cubierto**	*covered*
decir	**dicho**	*said*
escribir	**escrito**	*written*
hacer	**hecho**	*done*
morir	**muerto**	*dead*
poner	**puesto**	*put*
romper	**roto**	*broken*
ver	**visto**	*seen*
volver	**vuelto**	*returned*

3. Use the past participle as an adjective with **estar** to refer to the end result of a process. The past participle must agree in number and gender with the subject.

La comida está servida.	*Dinner is served.*
Los museos están cerrados ahora.	*The museums are closed now.*
Las canchas de tenis están abiertas.	*The tennis courts are open.*
Los turistas están sentados a la sombra.	*The tourists are sitting in the shade.*

Notice in the last two examples that a Spanish past participle does not always correspond to an English past participle.

Ejercicio 6. Complete las oraciones con el participio pasado del verbo apropiado, según el contexto.

abrir	cubrir	escribir	romper
cansar	dormir	hacer	sentar

1. Alberto está ________ porque no se siente bien.
2. ¿Por qué no vamos en tu coche? El mío está ________.
3. Las chicas que estaban ________ detrás de nosotros en el concierto son primas de Ana.
4. Puedes entrar: la puerta está ________.
5. En los Estados Unidos la mayoría de las casas están ________ de madera.
6. Nevó muchísimo anoche y todos los campos están ________ de nieve.
7. El libro está ________ para un público que no sabe nada de historia.
8. A las nueve de la noche, los niños ya están ________.

IV. Expressing Likes and Dislikes with the *Gustar* Construction

1. To express likes and dislikes, use the pattern *indirect object pronoun* + **gustar** followed by the noun, pronoun, or phrase that expresses what is liked or disliked. The indirect object pronoun refers to the person or persons doing the liking. If what is liked is a single thing, use the singular form **gusta;** if it refers to more than one thing, use the plural form **gustan.** If what is liked is an activity, use **gusta** even if it refers to more than one activity.

Me gusta la música.	*I like music (literally, "Music is pleasing to me").*
Nos gustan esas canciones.	*We like those songs (literally, "Those songs are pleasing to us").*
No te gusta eso.	*You don't like that.*
Les gusta ir a los cafés.	*They like going to cafes.*
Me gusta esquiar y nadar.	*I like skiing and swimming.*

Notice that you must use the definite article (**el, la, los, las**) before the noun when you like something in general.

Me gusta la música rock.	*I like rock music.*

2. To name, clarify, or contrast the person or persons doing the liking, add the preposition **a** followed by a noun or a prepositional pronoun.

Prepositional Pronouns

mí	nosotros/nosotras
ti	vosotros/vosotras
Ud.	Uds.
él/ella	ellos/ellas

A Conrado le gusta recibir cartas de Scott.	*Conrado likes getting letters from Scott.*
A Federico y Jennifer les gusta bailar.	*Federico and Jennifer like dancing.*
A ti te gustan las verduras, pero a mí no.	*You like vegetables, but I don't.*
A nosotros nos gusta el jazz, pero a ellas no.	*We like jazz, but they don't.*

Notice that there is no Spanish word for *it* or *them* when you are saying the equivalent of *I like it* or *I like them* in Spanish.

¿El rock? Ah, sí, me gusta mucho.	*Rock music? Oh, yes, I like it a lot.*
¿Las fiestas? ¡Claro que me gustan!	*Parties? Of course I like them!*

3. Other verbs that function just like **gustar** are **agradar, caer bien/mal, cansar, disgustar, encantar, faltar, fascinar, fastidiar, importar, interesar, molestar, parecer, quedar,** and **sorprender.**

Ejercicio 7. En grupos de 5 ó 6 y sentados en un círculo, una persona comienza a hablar de un grupo musical o un programa de televisión que le gusta. Luego le pregunta a la persona de al lado si también le gusta. Esta persona dice que sí, que no o que le gusta más otro grupo/programa y le pregunta a la próxima persona en el círculo. Continúen hasta completar el círculo. Sigan el modelo.

E1: A mí me gusta(n) . . . ¿y a ti?
E2: A mí también, pero me gusta(n) más . . . / No, a mí no, pero sí me gusta . . . (Volviéndose a otro/a compañero/a) ¿Y a ti?

Ejercicio 8. Entrevístense en parejas para determinar cuáles son las dos actividades de la vida académica y fuera de la universidad que a la otra persona le gustan menos. Informen al resto de la clase utilizando el modelo.

A (nombre) no le gusta . . .
Tampoco le gusta . . .

Ejercicio 9. Entrevístense en parejas y escriban una lista de las actitudes de la otra persona. Sigan la guía.

A (nombre)	le molesta . . .
le encanta . . .	le parece ridículo . . .
le fascina . . .	le fastidia mucho . . .
le interesa . . .	le sorprende . . .
no le importa . . .	

Ejercicio 10. Esta es una carta que Conrado le escribe a Scott. En parejas, pongan el pronombre de complemento indirecto (*indirect object pronoun*) apropiado en los espacios en blanco y conjugue los verbos en paréntesis.

¿Qué ________ (parecer) la vida en Madrid?
¿Qué te parece la vida en Madrid?

Columbus, 15 de diciembre
Querido Scott:

¿Qué ________ (parecer) la vida en Madrid? Veo que estás muy ocupado y que probablemente ________ (faltar) tiempo para estudiar. Según me cuentas, a los madrileños ________ (encantar) las fiestas. ¿A ti no ________ (fastidiar) tener que madrugar después de bailar toda la noche? Le leí tu carta a Roberto. A nosotros ________ (sorprender) ver qué rapido te adaptaste a la vida madrileña. Parece que a ti este ritmo de vida ________ (caer) muy bien.

Dime, ¿qué grupos de rock ________ (gustar) a los españoles? ¿Qué otras cosas de nuestro país ________ (interesar) a ellos? Bueno, te dejo. Escríbeme pronto porque a todos nosotros ________ (fascinar) tus descripciones de esa maravillosa ciudad.

Un abrazo,
Conrado

Exploraciones

LECTURA 1. "Los madrileños no madrugan"

Actividad 1. Antes de leer este artículo de la revista *Cambio 16,* piense en las siguientes cosas.

1. ¿Por qué mucha gente encuentra difícil levantarse temprano por la mañana?
2. ¿Le gusta a Ud. madrugar?
3. ¿Qué indicación nos da el título sobre el contenido del artículo?

Sospechábamos° que los barceloneses, gente laboriosa,° son madrugadores, y que a los madrileños les cuesta tirarse de la cama.° El Instituto DYM y esta revista han venido a ponerle datos y argumentos a esas y a otras sospechas.

we suspected / hardworking
get out of bed

Una encuesta realizada del 18 de abril al 3 de mayo entre 2.000 españoles de 16 a 65 años de edad ha llegado a la conclusión de que uno de cada tres españoles se levanta de la cama los días laborables entre las 7 y las 8 de la mañana y de que uno de cada cuatro lo hace entre las 8 y las 9. Hay

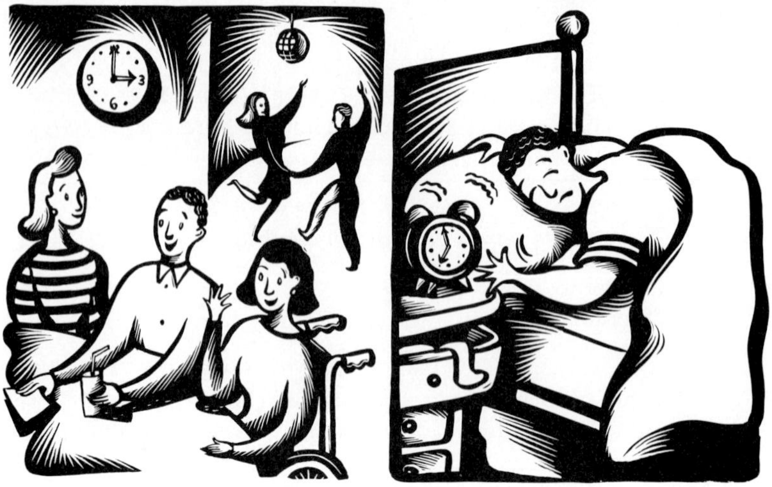

quien madruga menos: a dos de cada cien habitantes de este país se les pegan° tanto las sábanas° que les dan las once de la mañana en la cama.

stick to them / sheets

Las pocas prisas° por levantarse son causa y consecuencia de las ningunas° por acostarse. El 44,7 por ciento de los españoles se acuesta más tarde de las 12 de la noche los días laborables. Sólo el 3 por ciento lo hace antes de las 10.

little hurry
no hurry at all

Pero las relaciones de los españoles con sus lechos° varían mucho según dónde se viva. Un 38,8 de los barceloneses se levanta a diario antes de las 7 de la mañana, hora a la que sólo lo han hecho un 24,6 por ciento de los madrileños. Para dormilones; los vascos, navarros, riojanos, cántabros, palentinos y burgaleses.[1] Sólo un 14,8 por ciento de ellos se despega del colchón° antes de las 7.

beds
get out of bed

Si es cierto que a quien madruga Dios le ayuda,[2] las mujeres lo tienen mal, ya que según la encuesta se levantan mucho más tarde que los hombres.

[1] Gente de la región vasca (San Sebastián, etc.), de Navarra (Pamplona, etc.), de Rioja (Logroño, etc.), de Cantabria (Santander, etc.), de Palencia y de Burgos, respectivamente.

[2] Equivalente a "The early bird catches the worm" o "Early to bed, early to rise, makes a man happy, wealthy, and wise".

Actividad 2. En parejas, según el artículo determinen . . .

1. cuántos españoles de cada cien se levantan a las 11 de la mañana.
2. a qué hora se levanta una tercera parte de los españoles.
3. la hora más común de acostarse para los españoles.
4. las regiones españolas donde la gente es muy dormilona.
5. si la expresión "a quien madruga Dios le ayuda" refleja un prejuicio del autor en contra de las mujeres.
6. si la sospecha inicial del escritor del artículo era correcta o no; expliquen.

Actividad 3. Escriba un párrafo de 5 ó 6 líneas, contrastando la costumbre de levantarse y acostarse de los españoles con la suya. Escoja una de las siguientes posibilidades para empezar su párrafo. Luego en grupos de 3 ó 4, escojan el mejor párrafo para leerlo frente a la clase.

1. Sería (*I would be*) feliz en España porque ...
2. Soy como los barceloneses ...
3. Estoy de acuerdo con el dicho "A quien madruga Dios le ayuda" y por eso ...
4. Para mí no hay peor castigo (*punishment*) que tener que levantarme temprano ...

LECTURA 2. *Las meninas* de Velázquez

Actividad 4. Una imagen visual nos puede ayudar a anticipar el contenido de una lectura. Antes de leer "*Las meninas* de Velázquez", mire bien ese famoso cuadro en la página 62 y escoja la alternativa correcta.

1. La mayor parte de los personajes representados son probablemente (miembros de la corte / campesinos / actores de cine).
2. Están en (un jardín / una iglesia / el estudio del pintor).
3. Hay mucha luz (en todas partes / en algunas partes / únicamente en la cara del pintor).
4. En el cuadro no aparece (ningún perro / ninguna niña / ningún gato).
5. Hay (tres / cuatro / cinco) personas, además del pintor, que están mirando hacia donde mira él.

Diego Rodríguez de Silva y Velázquez (1599–1660), genial pintor español, es uno de los grandes maestros de todos los tiempos. Cuando pintó *Las meninas,* ya era el pintor oficial de la corte del rey Felipe IV y había pintado muchas veces al rey y a otras personas de la familia real.

Es interesante preguntarnos, ¿cuál es la figura más importante del cuadro? *Meninas* quiere decir "niñas" en portugués y era el nombre que daban a las damas de honor° de la corte. En el cuadro, las meninas son las dos chicas, una arrodillada° y la otra de pie, que están a cada lado de la Infanta° Margarita, la niña que aparece en primer plano.° ¿Es ella acaso la persona más importante del cuadro? Margarita era la hija del rey. Este también aparece en el cuadro y tiene a su lado a su esposa, la reina María Teresa, madrastra° de Margarita. Pero, ¿dónde están los reyes? ¿Ve Ud. al fondo° en la puerta a un hombre que mira la escena? A la izquierda de la puerta abierta hay algo que parece un retrato. Pero no, es un espejo,° y ahí vemos reflejados a los reyes. El propio

damas de honor: maids of honor
arrodillada: kneeling
Infanta: Princesa
primer plano: foreground
madrastra: stepmother
al fondo: in the back
espejo: mirror

Las meninas, *de Velázquez, Museo del Prado, Madrid.*

Velázquez aparece en el cuadro; se ha pintado a sí mismo° con un pincel° en la mano frente a un gran lienzo.° ¿Qué o a quién está pintando Velázquez? Probablemente no a los reyes, porque el lienzo es muy grande. ¿Está pintando Velázquez la misma escena que vemos? ¿Qué hacen los reyes en el estudio? ¿Están simplemente de visita? Y de nuevo volvemos a la pregunta: ¿Quién es la persona más importante del cuadro?

himself
paint brush / canvas

Además de Velázquez, de las meninas, de los reyes y del hombre al fondo, aparecen cuatro personas que no son de la familia real; dos son enanos° y están en primer plano. ¿Son tan importantes como los otros? Velázquez sentía gran respeto por la familia real, pero también por los seres humanos° en general. ¿Se refleja eso en esta maravillosa creación del gran Velázquez?

dwarfs
human beings

Actividad 5. En parejas, determinen si las siguientes declaraciones son verdaderas o falsas y expliquen cada respuesta. Luego, comparen sus respuestas con las de sus compañeros de clase.

1. Sabiendo que el hombre al fondo es un empleado de la corte, podemos decir que en el cuadro hay cuatro personas de la familia real.
2. En tamaño, Velázquez le da más importancia en el cuadro a la familia real que a los sirvientes.

3. Los reyes no pueden ver la misma escena que vemos nosotros.
4. En el cuadro aparecen nueve personas y un animal.
5. Velázquez no está mirando a la Infanta Margarita.
6. Ninguna de las dos meninas está mirando a la Infanta Margarita.

Actividad 6. Vuelva a leer con cuidado la lectura y responda a las preguntas que se hacen en ella. Compare sus respuestas con las del resto de la clase.

Actividad 7. En grupos de 3 ó 4, discutan el título del cuadro de Velázquez. ¿Les parece adecuado *Las meninas*? ¿Qué título le pondrían Uds.? Preséntenle sus observaciones al resto de la clase explicando su decisión.

Otro título para el cuadro puede ser . . .
Pensamos así porque . . .

Actividad 8. En grupos de 3 ó 4, examinen bien *Las meninas* de Picasso y contesten las siguientes preguntas. Comparen sus observaciones y opiniones con las de otros grupos.

1. ¿Qué se ve exactamente?
2. ¿Qué tiene en común con *Las meninas* de Velázquez?
3. Aparte del estilo y de la época en que fueron pintadas, ¿cuáles son algunas de las diferencias entre las dos obras?

Una visión muy distinta: Las meninas, *de Pablo Picasso, Museo Picasso, Barcelona.*

Actividad 9. Escriba un párrafo sobre los dos cuadros de las meninas. ¿Le gusta más el de Velázquez o el de Picasso? ¿Le gustan los dos por igual? ¿No le gusta ninguno de los dos? Defienda su opinión dando detalles de los dos cuadros.

Me gusta más . . . por la forma en que trata . . .

LECTURA 3. "El recuerdo"

Actividad 10. La siguiente lectura es un artículo de Maruja Torres aparecido en el periódico *El País* de España, unos días después del comienzo de la guerra del Golfo Pérsico. En el artículo, la autora asocia la realidad española en enero de 1991 con la de otra terrible guerra, la Guerra Civil española de 1936. En forma humorística, la autora describe los efectos de la guerra en la población civil. Antes de leerlo, contesten en parejas las siguientes preguntas.

1. ¿Por qué hay colas muy largas en los supermercados cuando anuncian que va a haber una gran tormenta de nieve, un huracán o cualquier otro desastre natural?
2. ¿Cómo se prepara la gente cuando se anticipa el comienzo de una guerra en el país?
3. ¿Qué historias de familia relacionadas con una guerra conocen Uds.? ¿Muestra algún pariente efectos de esa guerra en sus costumbres o comportamiento (*behavior*)?

Salí de casa corriendo detrás de mi perro . . . . Al final de la calle, se perfilaba° una dama, nueva en el barrio, con un caniche° a su alrededor. Mi compañero y yo continuamos el itinerario de siempre, y a medio camino nos encontramos. La mujer llevaba en una mano la correa,° y con la otra sujetaba° una cesta° inmensa.

—He aprovechado° para comprar más—me explicó—. Cada vez que salgo, aunque sea con el perro, voy al supermercado y acaparo° arroz y azúcar. Por si la guerra del Golfo.

Fue entonces cuando surgió el recuerdo y el entorno° desapareció, borrado° por el conjuro° mágico de dos palabras que no escuchaba juntas desde hacía mucho tiempo: guerra y acaparar. Y me vi de pequeña, muy pequeña—aunque creo que por entonces ya debía andar por los 10 años—, mirando a la tía Pilar que todos los días se bañaba de pie, metida en un barreño° enorme. Mejor dicho: se hacía bañar. Una criadita° gallega y yo, la sobrina pobre, fregábamos° su cuerpo y luego la enjuagábamos° echándole cubos° de agua caliente encima. Mientras, ella contaba historias de la guerra y de acaparar alimentos por si las moscas.°

showed her profile / dog
leash / carried
basket
used my time wisely
hoard
my (present) surroundings / erased / spell
tub
young maid / washed / rinsed / pails
just in case

Como en casa nos lavábamos por partes en el fregadero,° con el agua fría, aquel artilugio° me impresionaba, y nunca me pregunté por qué la tía Pilar, que tenía piano, no se mandaba hacer un baño como Dios manda.°

No obstante, la tía Pilar era la rica de la familia. La rica del barrio. En aquel pobre vecindario° de posguerra, sólo había dos emporios° con los que los niños podíamos soñar. El almacén de tebeos° infantiles y la casa de compraventa,° que pertenecía al marido de la tía Pilar, y por la que desfilaban° los vencidos° portando° joyas de familia y todo lo que se podía vender para sobrevivir.° Sentada en una especie de trono, en el piso donde estaba el negocio, la tía Pilar me permitía contemplar la maravilla de los nuevos tesoros llegados a sus arcas. Con sus manos poderosas cuajadas° de anillos que otros habían malvendido,° la tía Pilar revolvía entre los preciosos objetos y elegía lo mejor. Me lo mostraba y sonreía: "Algún día, si te portas bien,° esto será para ti. Cuando me muera."°

La tía Pilar se llevaba a su casa todo lo que quería, porque lo que a ella le gustaba era tener el piso más barroco, ostentoso y prepotente° del barrio. Hasta un piano llegó a tener, y estaba bien orgullosa, aunque nadie sabía tocarlo.

Pasó el tiempo y abandoné el barrio. Crecí y creo que olvidé. Un día me enteré° de que había muerto, y no quise creerlo. Naturalmente, no me dejó nada, y no se lo reproché.°

Pero este último día, paseando a mi perro, escuchando a la desconocida que hablaba de esconderse detrás de una pared de arroz y azúcar, el recuerdo me alcanzó como una vieja duda, me pinchó° el corazón, y pensé que a aquella mujer desmesurada y mezquina° la quise de verdad, sin ningún interés. ¿Por qué no se lo dije, por qué no le pedí que me dejara en herencia° el barreño?

kitchen sink
contraption
like regular people
neighborhood
stores
comic books / pawn shop
passed by / people who lost in the war / bringing / survive
adorned excessively / poorly sold / behave well
die
conspicuous
I learned
reproach
pierced
excessive and miserly
to leave me

Actividad 11. Complete la siguiente información basada en la lectura. Luego, compare su información con la de un/a compañero/a.

1. las personas que se encuentran en la calle
2. lo que lleva la señora en la mano
3. palabras que son como un conjuro mágico
4. la razón por la cual la señora compra arroz y azúcar
5. cómo se bañan la tía Pilar y la narradora
6. los emporios del barrio

Actividad 12. Cuando la narradora de "El recuerdo" saca a pasear a su perro, conoce a una nueva vecina del barrio. En parejas, comenten si Uds. creen que pasear al perro es una buena forma de conocer a gente nueva. ¿Por qué sí o no? ¿Qué opinan sobre la posesión de un perro en un apartamento o en la ciudad? ¿Cuáles son las ventajas y desventajas?

A mí (no) me gusta tener perro en un apartamento porque . . .

Actividad 13. En parejas, hagan una lista de las frases y adjetivos que describen a la tía Pilar. Después, dibujen (*draw*) a la tía Pilar tal como la imaginan. Luego, comparen su dibujo con el de otra pareja.

Actividad 14. En parejas, expliquen cómo la acción de acaparar comida al comienzo de la guerra del Golfo está relacionada con las experiencias de otras guerras. Tomen en cuenta las siguientes preguntas, aunque no es necesario que las contesten específicamente.

1. ¿Cómo sobrevive la población en una guerra?
2. ¿Qué servicios dejan de funcionar primero?
3. ¿Hay comida? ¿Servicios públicos? ¿Bancos abiertos?
4. Ante la amenaza de guerra, ¿reaccionan de la misma manera las personas que estuvieron en una guerra y las que nunca estuvieron?
5. Durante la guerra del Golfo, ¿oyeron Uds. noticias sobre acaparamientos de comida en los Estados Unidos o en algún otro país?

Actividad 15. Ud. y el resto de la clase hablen de los recuerdos que tienen del momento cuando anunciaron el comienzo de la guerra del Golfo en 1991. Discutan y expliquen en el presente, las siguientes cosas:

dónde están cuando les llega la noticia

cómo reaccionan

qué hacen primero, con quiénes hablan, qué dicen

cómo pueden afectarlos a Uds. en el futuro esos recuerdos

cómo se van a sentir contando esos eventos a sus propios hijos en un futuro distante

◀◀◀◀ Práctica integrada

Práctica 1. Haga un esquema de los momentos importantes en la historia de España. Después, escoja el evento histórico que según Ud. es el que mejor explica el cambio de España de un país aislado y pobre a un país democrático que pertenece a la comunidad europea.

Práctica 2. Dos personas se encuentran por primera vez en un café y hacen planes para el fin de semana siguiente. En parejas, denles nombres a estas personas y creen un diálogo entre ellas usando la siguiente información:

Persona A	*Persona B*
es estudiante	es muy deportista
tiene piso particular	le gusta hacer camping
es barcelonés/esa	es estadounidense
estudia derecho	estudia sicología
tiene veintisiete años	acaba de cumplir veintiún años
es muy serio/a	le gusta salir mucho por la noche

Práctica 3. Ud. y un/a amigo/a están en Salamanca y ven en el periódico de la universidad este anuncio para el Comedor Universitario. Hagan planes para comer algo allí, teniendo en cuenta que Ud. tiene clases hasta las 5.30 de la tarde y él/ella tiene cita con un profesor a las 6.00. También quieren ir al cine a las 9.30. Hagan una cita y decidan lo que van a pedir de comer.

Menú del Comedor Universitario

Comida:	**1**	**Ensalada de verano**
	2	**Pollo al horno con delicias de merluza y ensalada mixta o escalope con delicias de merluza y ensalada mixta**
	3	**Postre: Fruta del tiempo, helado o crema de chocolate**
Cena:	**1**	**Zanahorias estofadas**
	2	**Merluza escabechada con ensalada mixta**
	3	**Postre: Vaso de leche con galletas o helado**
Horario:		**Comida: 13.00 a 15.00 horas** **Cena: 21.00 a 22.00 horas**
Precio:		**Comida: 600 Ptas.** **Cena: 450 Ptas.**

delicias	pieces
merluza	white fish
escalope	cutlet
zanahorias	carrots
estofadas	stewed
escabechada	marinated

Práctica 4. Ud. está viviendo en Madrid con una familia española. Su casa queda en la Avenida de la Paz (Línea 4). Un/a amigo/a de los Estados Unidos lo/la llama por teléfono. Está cerca de la Plaza de España (Línea 3) y quiere venir a visitarlo/la. Mire el plano del metro de Madrid y explíquele cómo llegar a su casa.

Debes tomar la Línea . . . y bajarte en . . .

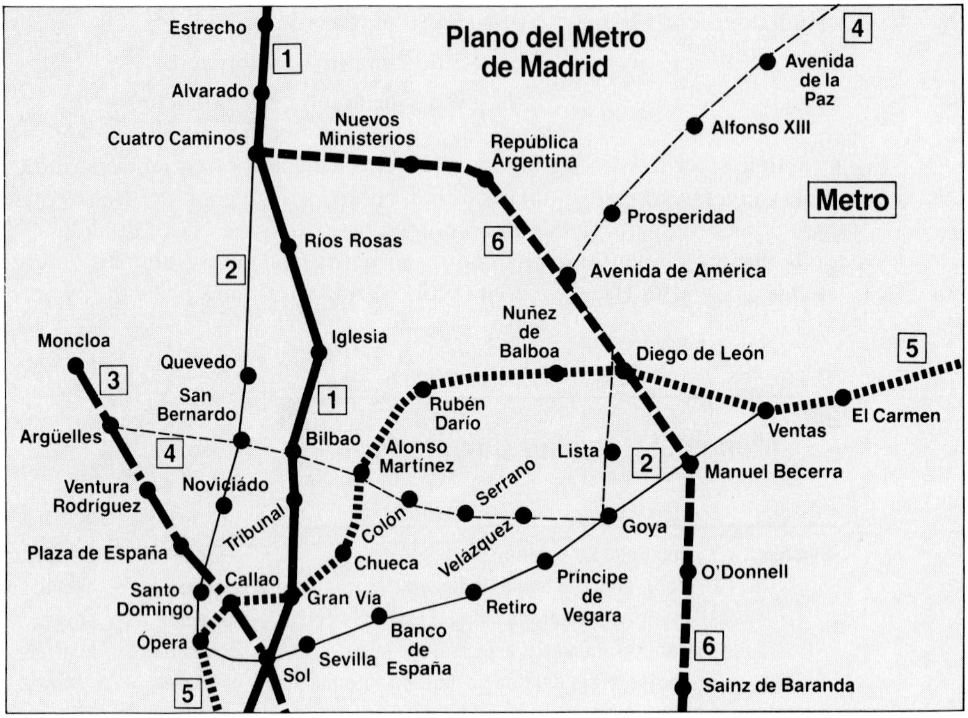

Práctica 5. En parejas, determinen la ruta del metro que debe seguir una persona que . . .

1. está en Alfonso XIII (Línea 4) y quiere ir a su hotel cerca de la Puerta del Sol (Líneas 1, 2 y 3).
2. llega en autobús del aeropuerto a Colón (Línea 4) y quiere visitar la universidad en Moncloa (Línea 3).
3. vive cerca de la Plaza de España (Línea 3) y quiere ir de compras a Goya (Líneas 2 y 4).
4. trabaja cerca de Nuevos Ministerios (Línea 6) y quiere cenar cerca del Parque del Retiro (Línea 2).

Práctica 6. Ud. tiene la noche libre y quiere ir al cine con un/a amigo/a. En parejas, hagan planes por teléfono para salir juntos. Hablen de los tipos de película que les gustan o no les gustan, decidan qué van a ver, dónde está el cine, y a qué hora es la película.

CINES

BRETON 1

5:30, 8:10 y 10:45 ESTRENO
La nueva aventura de James Bond (Timothy Dalton). Está solo y quiere vengarse.
Vuelve de la manera más intensa que nunca
"007 LICENCIA PARA MATAR".

BRETON 2

5:30, 8:10 y 10:45. Ultimos días
Escrita y dirigida por la tripulación de "Aterriza como puedas".
"AGARRALO COMO PUEDAS"
Próximo estreno: "LAS ALUCINANTES AVENTURAS DE BILL Y TED".

BRETON 3

5:30, 8:10 y 10:45 ESTRENO
Basada en una novela y escrita por Stephen King. Nº 1 en USA
EL CEMENTERIO VIVIENTE
A veces es mejor estar muerto

MULTICINES SALAMANCA 1

Nuevo horario: 5:30, 8:10 y 10:45
Lucas/Spielberg nos presentan una aventura en el mundo de los dinosaurios
LA BUSCA DEL VALLE ENCANTADO
"Piecito" y sus amigos están a punto de emprender el viaje de su vida.

MULTICINES SALAMANCA 2

Nuevo horario: 5:30, 8:10 y 10:45
Excéntrico, rebelde e incontrolable...
EL ASESINO DEL CALENDARIO
Kevin Kline, ganador de un Oscar. Premio del jurado juvenil del Festival de Gijón

MULTICINES SALAMANCA 3

Nuevo horario: 5:30, 8:10 y 10:45
Más divertidos que nunca, llegan nuestros amigos de
LOCA ACADEMIA DE POLICIA 6
Actúan secretamente en la ciudad para desenmascarar a un genio del crimen
(Ciudad Sitiada)

MULTICINES SALAMANCA 4

Nuevo horario: 5:30, 8:10 y 10:45
A un millón de años luz de su planeta, ella ha encontrado un esposo
MI NOVIA ES UNA EXTRATERRESTRE
El hombre nunca tuvo un encuentro más cerano
Kim Basinger

Práctica 7. Ud. está matriculado/a en un curso de español en Salamanca para el verano que viene, y acaba de recibir el nombre de la familia con quien va a vivir. Escríbale una carta a la señora de la casa, presentándose y dándole una idea clara de cómo es Ud.: datos personales, algo de su familia y su casa, sus gustos e intereses y cualquier otro detalle que facilite las relaciones con ella en el futuro. Empiece la carta con "Estimada señora" y termínela con "Muy cordialmente".

Colombia, el único país de Sudamérica con costas en el Mar Caribe y el Océano Pacífico, es tropical, montañoso y desértico, con selvas de clima tórrido, picos andinos coronados de nieve y páramos inhabitables. Son de gran fama sus fabulosas esmeraldas y su delicioso café. Menos conocida es su riqueza petrolera.

Los conquistadores españoles llegaron a lo que es hoy Colombia en busca del legendario reino de El Dorado, donde supuestamente vivía un rey con el cuerpo cubierto de oro. La leyenda tenía cierta base en la realidad: los muiscas, que poblaban la Cordillera Oriental, cubrían a su jefe de polvo dorado en una ceremonia anual. Aunque Jiménez de Quesada nunca encontró El Dorado, sí fundó lo que hoy es Bogotá en 1538.

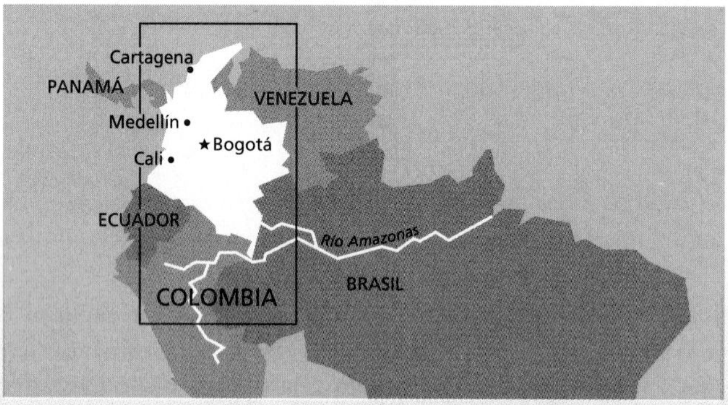

En la época colonial Bogotá fue el centro de un virreinato que incluía a Colombia, Panamá y Venezuela. Colombia se independizó de España en 1819. Ese mismo año, el gran libertador Simón Bolívar estableció la República de Gran Colombia, que incluía Colombia, Venezuela, Panamá y Ecuador. La unión duró muy poco: en 1830 Venezuela y Ecuador se independizaron y en 1903 Panamá se separó de Colombia con ayuda de los Estados Unidos.

La búsqueda de estabilidad democrática en Colombia fue frustrada muchas veces por guerras civiles entre liberales y conservadores. En 1948 comenzó un período conocido como "La Violencia", que terminó en 1957 con una tregua entre el Partido Liberal y el Conservador. Desde entonces, Colombia ha tenido gobiernos elegidos democráticamente.

Cada una de las ciudades principales de Colombia tiene su propio carácter. Cartagena es la ciudad colonial más grande y mejor conservada de Sudamérica. Medellín, capital mundial de las orquídeas, se llama la "ciudad de las flores, la amistad y la primavera eterna". Originalmente poblada por judíos exiliados de España, Medellín es un importantísimo centro industrial y, lamentablemente, también la sede del notorio cartel de narcotraficantes. Bogotá, la capital, con cerca de seis millones de habitantes, goza de un clima primaveral todo el año por estar a 2.650 metros sobre el nivel del mar. Desde el siglo XIX, cuando era considerada la Atenas de Sudamérica, Bogotá ha sido un refinado centro de cultura, pero hoy en día la ciudad manifiesta los profundos contrastes económicos y sociales de las sociedades hispanoamericanas: es a la vez tradicional y moderna, próspera y pobre, violenta y deseosa de paz y tranquilidad. ▲

3

UNIDAD

Jorge Uribe, periodista colombiano

En el Teatro Popular La Media Torta, en Bogotá, se ofrecen conciertos de música al aire libre y otros espectáculos.

OBJETIVOS

Objetivos para la Unidad 3

Aprender a ...

- reaccionar a acontecimientos dramáticos
- narrar en tiempo pasado
- hacer llamadas de larga distancia

◀◀◀◀ Interacciones

VOCABULARIO

Sustantivos

el afiche poster
la amenaza threat
el atentado criminal attempt (on someone's life or property)
la bandera flag
los bomberos firefighters
la campaña campaign
el carro-bomba car bomb
el/la ciudadano/a citizen
la dinamita dynamite
la extradición extradition
el/la herido/a injured person
el humo smoke
el incendio fire
las instalaciones facilities
el lema slogan
la manifestación demonstration
los medios de comunicación mass media
el/la muerto/a dead person
el narcotraficante drug dealer
la prensa press
el presidente-director editor & publisher (newspaper)
la protesta protest
el rechazo rejection
el/la reportero/a reporter
el sacerdote priest
la sede headquarters
el/la socio/a member; partner (law firm)
el suceso incident, event
el/la testigo witness
los titulares headlines (newspaper)
la tregua truce
el/la víctima victim

Verbos

apoyar to support (a cause, party, candidate)
atropellar to run over
chocar to collide
destruir to destroy
disminuir to decrease
golpearse to bruise oneself
impedir (i) to block (the way); prevent
inundar to flood; overwhelm
invertir (ie) to invest
izar to raise (a flag)
marcar to dial

Adjetivos

andino/a from the Andes Mountains
duradero/a lasting

Otras palabras y expresiones

a la larga in the long run
en el extranjero abroad
en lugar de instead of
estar acostumbrado/a a to be used to
hacerse amigos to make friends
llevar a cabo to carry out
pasarlo bien/mal to have a good/bad time

Práctica de vocabulario

☞ **Práctica A.** Escoja una palabra o expresión parecida para cada una de las palabras en bastardilla (*italics*).

1. Un *miembro* del Club Rotario va a hablar en la radio por la tarde. (socio/lema)
2. En el cuadro *La familia presidencial* de Fernando Botero, hay un *cura* incluido en la familia. (político/sacerdote)
3. Parte de la campaña consiste en *poner alta* la bandera colombiana. (marcar/izar)
4. Los bomberos luchan ferozmente para apagar el *fuego.* (incendio/atentado)
5. *Las personas que ven un accidente* pueden darnos mucha información. (Los testigos/Los muertos)
6. Durante una guerra a veces se declara *una tregua.* (un alto al fuego/un lema)
7. La ambulancia llega y se lleva a *las víctimas.* (los bomberos/los heridos)
8. Las *instalaciones* de la revista *Palabra Libre* fueron *destrozadas* por un carro-bomba. (protestas/oficinas) (inundadas/destruidas)

☞ **Práctica B.** Complete la historia que sigue con las palabras apropiadas de la lista.

afiches	destruyendo	izar
a la larga	instalaciones	medios de comunicación
campaña	inundó	sacerdote
ciudadanos	invertir	titulares

Primero no lo creía, pero ¡era cierto! El río ________ el valle y el pueblo, ________ casi toda la cosecha de café y las ________ de la cámara de comercio. Ayer lo dijeron por la radio, y los ________ de los periódicos lo confirmaron esta mañana. Ahora el gobierno tiene que ________ mucho dinero para rehabilitar la zona de emergencia.

Hoy anunciaron por todos los ________ una ________ para conseguir fondos. En las calles van a poner ________ pidiendo a la gente que ayude. El ________ del pueblo va a dar una misa. El gobierno va a ________ banderas en todos los edificios públicos. Los socios del Club Rotario se han ofrecido de voluntarios. Con el esfuerzo de todos los ________, vamos a poder superar ________ esta crisis.

ESCUCHAR Y CONVERSAR

En esta vista de Cartagena la arquitectura colonial en primer plano contrasta con los modernos rascacielos al fondo.

Colombia tiene una rica tradición periodística desde comienzos del siglo XIX. Actualmente hay unos treinta periódicos en Colombia de los cuales los más importantes son *El Tiempo* y *El Espectador* de Bogotá. También proliferan las revistas. Jorge Uribe es un periodista colombiano que trabaja para *Palabra Libre,* una revista de Bogotá. Debido a los problemas con el terrorismo, su profesión, así como toda la sociedad colombiana, vive con la amenaza de la violencia. *Palabra Libre,* como la mayoría de los medios de comunicación, apoya el rechazo a la violencia.

Actividad 1. Carlos Uribe llama de Nueva York a su primo Jorge Uribe a su casa en Bogotá. Mientras escucha la conversación, señale la alternativa correcta.

1. la llamada: urgente / normal / comercial
2. Carlos: nervioso / tranquilo / gracioso
3. noticias de: una bomba / un accidente / una fiesta
4. muertos: muchos / varios / ninguno
5. Jorge: ansioso / muy contento / tranquilo

Cinta 1. Hablan la operadora, Carlos Uribe y Jorge Uribe.

OP: Aquí la operadora. ¿En qué puedo servirle?

CU: Oiga, esto es urgente. Quiero hacer una llamada de larga distancia a Bogotá, Colombia, al Sr. Jorge Uribe. Mi número de tarjeta es 212–876–7542–5339. Traté de llamar tres veces y daba ocupado ... Es muy urgente ..., señorita ...

OP: Sí, señor, ahora mismo lo comunico. (*Pausa*) Llamada de persona a persona para el Sr. Jorge Uribe. ¿Se encuentra él?

JU: Habla Jorge Uribe.

CU: ¿Aló, Jorge? ¡Qué bueno oír tu voz!

JU: ¡Qué sorpresa, Carlos! ¿Supiste lo de la explosión?

CU: ¡Sí, por eso te llamo! ¿Qué pasó exactamente?

JU: Pusieron un carro-bomba frente al edificio de *Palabra Libre* y lo destruyeron completamente. Imagínate, quinientos kilos de dinamita.

CU: ¡Qué horror! ¿Hubo muertos?

JU: No, por suerte no, porque era domingo y no había nadie.

CU: ¿Y quién hizo esa barbaridad?

JU: Pues, ¿quién crees? Estamos casi seguros de que fueron los narcotraficantes porque, como sabes, la revista está a favor de la extradición.

CU: ¡Qué violencia! Por eso me fui de Colombia, y tú debes hacer lo mismo.

JU: ¿Y dejarles el país a estos criminales? ¡Qué va! ¡La revista tiene que continuar!

CU: Pero es muy peligroso.

JU: Primo, no exageres. Tú sabes bien que a pesar de todo, en Bogotá hay menos peligro que en Nueva York.

Actividad 2. En parejas, resuman en oraciones completas la conversación que acaban de escuchar. Empiecen cada oración con una de las alternativas de la Columna A y termínenla con una de las alternativas de la Columna B.

A	*B*
1. Carlos no podía comunicarse con Jorge porque	a. dejarles el país a los narcotraficantes.
2. La explosión destruyó	b. daba ocupado.
3. El carro-bomba llevaba	c. quiénes son los responsables de la explosión.
4. Como era domingo, no hubo	d. quinientos kilos de dinamita.
5. Los periodistas están casi seguros que saben	e. de mandar a los narcotraficantes a los Estados Unidos.
6. La revista está a favor	f. ni heridos ni muertos.
7. Jorge no quiere	g. continuar publicándose.
8. *Palabra Libre* va a	h. que Nueva York.
9. Bogotá es menos peligrosa	i. las oficinas de *Palabra Libre.*

VOCABULARIO EN CONTEXTO. Reaccionar a acontecimientos dramáticos.

Irene: **¿Supiste lo del** accidente?

Mario: No. **¿Qué sucedió?**

Irene: Seis carros chocaron en el puente.

Mario: **¿De veras?** Y, **¿quiénes son los responsables?**

Irene: No sé. **¡Imagínate!,** seis coches al mismo tiempo.

Mario: **¡Qué horror! ¿Y hubo** muertos o heridos?

Irene: No. **¡Es increíble!,** pero a nadie le pasó nada.

Mario: **¿En serio? ¡No lo puedo creer!**

Irene: Sólo a una persona la llevaron en ambulancia.

Mario: **¿Quién fue?**

Irene: Una señora que estaba muy asustada, pero no estaba herida. La sacaron del carro.

Mario: **¿Quién lo hizo?**

Irene: La policía que llegó inmediatamente a la escena del accidente y cerró el puente.

Mario: **¿Quiere decir que** ahora no puedo cruzar el puente? Ah, ¡caramba! ¿Cómo voy a llegar a casa?

Actividad 3. Traiga a clase apuntes de un artículo sobre un suceso reciente. Luego en parejas, por medio de preguntas y respuestas, describan ese suceso. Si es necesario, hagan una lista del vocabulario nuevo del artículo para ayudar a su compañero/a.

E1: ¿Supiste de . . . ?
E2: Sí, pero, ¿qué sucedió exactamente?
E1: . . .

Actividad 4. Hoy es viernes por la tarde. Ud. está en Bogotá y oye el siguiente anuncio por la radio. Mientras escucha, señale la alternativa correcta.

1. El anuncio es . . . . a. propaganda de una tienda b. un anuncio público
2. Con las banderas se dice . . . . a. SI a la extradición b. SI a los que trabajan por la paz
3. La radioemisora . . . . a. apoya la campaña antiterrorista b. opina a favor de la extradición
4. El símbolo de protesta es . . . . a. un afiche b. la bandera colombiana
5. La campaña va a ser el . . . . a. sábado b. domingo
6. El teléfono de la emisora es el . . . . a. 25 45 66 b. 23 45 66

Cinta 2. Anuncio público en la radio.

Atención ciudadanos. Esta radioemisora se une a la campaña de protesta en contra del atentado terrorista que destruyó las instalaciones de *Palabra Libre.* El próximo domingo, en rechazo a la violencia, todos debemos izar en nuestra casa la bandera colombiana y decir de este modo NO a los terroristas que destruyen a Colombia y SI a nuestros líderes que trabajan por la paz. Colombia entera, una sola bandera. Para mayor información, llame al 23 45 66.

Actividad 5. Ud. acaba de escuchar el anuncio en la radio y llama a un/a amigo/a para decirle lo que oyó. En parejas, preparen y actúen una conversación telefónica que incluya los siguientes puntos.

1. un comentario sobre el anuncio de la radio
2. lo que dijeron sobre las instalaciones de *Palabra Libre*
3. los planes para el domingo siguiente
4. algo sobre el lema: "Colombia entera, una sola bandera"

Actividad 6. Lea el afiche contra el terrorismo. ¿Le parece efectivo? En parejas, determinen las siguientes cosas. Recuerden el lema: "Colombia entera, una sola bandera".

1. ¿A quién va dirigido el afiche?
2. ¿Hace falta información? Si contesta que sí, ¿cuál es esa información?
3. ¿Se puede mejorar el afiche? ¿Cómo?
4. ¿Qué relación hay entre el afiche y el anuncio de la radio?

Actividad 7. Mire con el resto de la clase el dibujo y hagan juntos una lista de palabras y expresiones relacionadas con la manifestación. Luego, en grupos de 3 ó 4, escriban un reportaje (10 ó 12 líneas) para una radioemisora sobre la manifestación. Usen su imaginación y la siguiente guía. Comiencen el reportaje con las siguientes oraciones.

- Atención ciudadanos. Ayer por la mañana . . .

cuándo ocurrió y quiénes participaron

dónde se llevó a cabo

cuánto tiempo duró

contra qué o a favor de qué protestaban

qué decían los carteles que llevaba la gente

si hubo algún tipo de problema

LEER Y CONVERSAR

INTERCAMBIO 1. La siguiente carta fue escrita por el presidente-director de *El Tiempo.* Se dirige al presidente de la revista española *Cambio 16,* Juan Tomás de Salas, quien en su juventud, en los años sesenta, se exilió en Bogotá durante la dictadura española de Francisco Franco.[1]

Cómo me llevó a tiempos pasados el excelente editorial sobre Colombia de Juan Tomás de Salas. Regresé, en la memoria, a esos días juveniles de tu arribo° al país. Venías *arrival*

[1] Francisco Franco (1892–1975), vencedor en la Guerra Civil Española (1936–39), dictador de España, 1939–1975.

Kiosco de periódicos y revistas de Bogotá, donde se vende una selección variada de publicaciones nacionales y extranjeras.

perseguido por Franco, y en pequeña escala se repitió la tradición colombiana de asilo.

Te veo juvenil, muy bien plantado,° delgado, con mirada romántica, cuando trabajabas en la sección Internacional de *El Tiempo* y cubrías la crítica de cine. En Colombia aprendiste dos cosas: el periodismo y algo de tauromaquia.° Eran tiempos idílicos, de paz y tranquilidad, aunque siempre con sobresaltos° por la violencia política anterior a esta del terrorismo y narcotraficantes.

well established
bullfighting
frights

En verdad vivimos tiempos muy difíciles. La sangre corre a rodos,° la violencia a veces se suspende, pero se reanuda° con vigor. Sin embargo, hay algo superior a todas estas calamidades: la vitalidad de mi Colombia, que en parte es la tuya. Estoy cierto de que guardas un buen recuerdo de este terruño.° Aquí se elaboró mentalmente *Cambio 16,* conociste a quienes iban a ser tus socios, casi te casas con una colombiana.

torrent-like / begins again
country

Te sorprendería volver a Colombia. El país crece en forma increíble. Económicamente se nota esa pujanza;° de tu Bogotá, o tu Medellín, o tu Cali, o esas ciudades que parecían más bien aldeas,° resta muy poco. Son urbes° muy importantes e incorporadas al mundo moderno. La vitalidad colombiana es algo que sorprende y admira al mundo entero . . . A Colombia no la han derrotado° ni la van a derrotar los criminales. La guerra no ha conseguido desestabilizar la democracia, a las instituciones republicanas las ha golpeado,° pero no en vano, y hoy están "vivitas y coleando"°.

vigor / *villages* / *large cities* / *ruined* / *hurt* / *alive and kicking*

No es sólo el campo económico el que crece, igual el cultural. Sin exagerar, Bogotá es hoy la sede cultural latinoamericana. Casi que ahora sí merecemos el título de Atenas.° La vida normal, pese a las malas noticias, transcurre tranquilamente. Cines, restaurantes, exposiciones y sitios de recreo se ven colmados.° De manera que el turista español puede venir y los industriales invertir. No es una exageración, es la manera de ayudar a la lucha que libran los colombianos.

Athens / *full*

En nuestro país se está viviendo con ardor, con pasión, con riesgo.° Todo ello le ha impreso° al colombiano una nueva personalidad. No nos gusta que nos compadezcan.° Pedimos, no compasión sino comprensión. Sabemos que la salvación está en nosotros mismos. Necesitamos, con urgencia, la ayuda extranjera para la lucha contra el narcotráfico, una mayor colaboración de los Estados Unidos, y de Europa también. Pero a la larga son los colombianos los que van a salvar la tierra que los vio nacer.

risk / *stamped* / *feel sorry for*

Nada más Juanito; cuánto quisiera° verte otra vez—y gracias a Dios no exiliado—por las oficinas de *El Tiempo.* Me encantaría adelantarte una invitación. Así podrías valorar exactamente y con entera libertad, lo que somos y para dónde vamos.

would like to

Hernando Santos Castillo
Presidente-director Casa Editoral
El Tiempo
Bogotá (Colombia)

Actividad 8. En parejas, expliquen con sus propias palabras . . .

cómo y cuándo se hicieron amigos estos dos periodistas

por qué estaba exiliado en Colombia el presidente de *Cambio 16*

cómo era Colombia en esa época

cómo es Colombia ahora

por qué escribe Santos Castillo la carta

Actividad 9. En parejas y turnándose, cuéntenle a la otra persona su vida en cierto período de la niñez. Sigan la guía e inventen sus propios detalles.

Cuando yo tenía diez años, vivía en Santa Marta.

dónde y con quiénes vivía

cómo era la casa/el apartamento

cómo era el pueblo/la ciudad

cómo era la escuela y en qué grado estaba

qué hacía en su tiempo libre (lectura / televisión / deportes / amigos / música / juegos / responsabilidades)

qué tipo de fiestas se celebraban

quién era su mejor amigo/a y por qué

VOCABULARIO EN CONTEXTO. Narrar en tiempo pasado.

Al principio era un restaurante pequeño, humilde y muy barato, ¡pero qué comida! **En esa época** no tenía muchos clientes; **todos los días** preparaban un pan muy rico que nosotros comprábamos **varias veces a la semana** para llevar a la casa. **De vez en cuando** hacían un pan dulce delicioso que a todos nos gustaba muchísimo.

Una vez decidieron vender también postres. ¡Qué delicia! **En aquel momento** todo comenzó a cambiar. **Antes de** comer, nosotros le pedíamos **con frecuencia** al camarero pan o algún postre para llevar. Lo preparaban **mientras** uno comía. Los domingos **siempre** íbamos a comer ahí, **luego** íbamos al cine, y **después,** nos comíamos el postre en la casa.

Más tarde, el restaurante se volvió muy popular. **De repente,** cambió totalmente. Llegaba gente de todas partes. **A todas horas** había una multitud. **El mes pasado** fuimos y no había mesas vacías. **La vez siguiente** ocurrió lo mismo. Finalmente **ayer** fuimos **otra vez.** La comida ya no es tan buena, ya no venden pan ni postre para llevar, y peor aún, ahora es carísimo. **Anoche** decidimos que no íbamos a volver.

Actividad 10. Escriba diez oraciones en el pasado usando expresiones del vocabulario en contexto.

Actividad 11. En parejas y turnándose, expliquen qué tuvieron que hacer para matricularse en esta universidad, y en qué orden hicieron estas cosas. Pueden mencionar la siguiente información.

Primero visité . . .
Luego . . .
Después . . .

si visitaron la universidad
si tuvieron que enviar cartas de recomendación y de quiénes
si alguien los entrevistó
si tuvieron que asistir a algún tipo de orientación
si tuvieron que llenar una solicitud

Actividad 12. En parejas, digan lo que pasó en algunas de las siguientes ocasiones. Pueden agregar sus propias ideas.

La primera vez que fui al cine, me senté en un chicle (*chewing gum*).

la primera vez que condujo un coche
la última vez que vio una película de horror
la primera vez que fue al dentista
la primera vez que bailó con un/a chico/a
la última vez que compró algo muy interesante o especial
la primera vez que usó una computadora o algún aparato sofisticado

Actividad 13. Escriba un párrafo contando una pequeña anécdota sobre algo que le ocurrió la semana pasada o en algún otro momento. Use expresiones del vocabulario en contexto para conectar sus oraciones.

La semana pasada conocí a Pedro. Al principio no sabía que era tu hermano, pero después, . . .

Actividad 14. Ahora, en parejas, túrnense para contar, sin leer, la anécdota que escribieron para la Actividad 13. Mientras una persona cuenta su anécdota, la otra toma apuntes.

Actividad 15. Después, en grupos de 3 ó 4, cuenten la anécdota de su pareja sin leer las notas que prepararon como guía.

INTERCAMBIO 2. En la página 84 hay un anuncio de la compañía AT&T sobre su servicio llamado AT&T Español. Es una opción que la compañía les ofrece a los hispanohablantes en los Estados Unidos.

Actividad 16. En parejas, vean el anuncio de AT&T y digan qué hay que hacer para hacer una llamada de larga distancia con la ayuda de AT&T Español.

"¿Sólo dijiste AT&T Español?..."

"Sí, y me ayudaron en español."

Tan sencillo como eso. Porque AT&T tiene muchas opciones para hacer sus llamadas de larga distancia y AT&T Español es una de ellas.

Con AT&T Español usted obtiene asistencia para completar sus llamadas de persona a persona, por cobrar, hechas con la tarjeta "AT&T Card" y llamadas cobradas a un tercer número, así como crédito inmediato por llamadas a números equivocados y muchos beneficios más.

Para hacer sus llamadas de larga distancia con asistencia de operadora, si desea ayuda inmediata y efectiva en español. . . sólo marque "0" más el número al que desea llamar y diga "AT&T Español" a la operadora.

Disfrute la opción de utilizar AT&T Español.

AT&T
La mejor decisión.

VOCABULARIO EN CONTEXTO. Hacer llamadas de larga distancia.

Ana: Necesito hablar con Flora en Colombia. Primero llamé y **estaba ocupado.** Cuando volví a llamar, ella ya no estaba.

Ema: ¿Por qué no la llamas a su oficina?

Ana: Porque Flora a menudo conecta el módem a su teléfono, y entonces **da ocupado** todo el tiempo.

Ema: Pues llama al número central y, para estar segura, llama **de persona a persona** y **por cobrar.**

Ana: ¿Y si no **acepta la llamada?** Mejor llamo **con mi tarjeta** y para no molestar a nadie **la cargo a un tercer número,** al de mi casa.

Ana: Operadora, me dio un **número equivocado.**

OP: No se preocupe señora. Con este servicio Ud. puede recibir **crédito inmediato.** Ahora la conecto.

Ana: ¡Flory! ¡Qué gusto oírte, mujer!

Actividad 17. En grupos de 3 ó 4, examinen las situaciones siguientes y digan qué tipo de llamada conviene hacer en cada caso.

1. Ud. está en casa de unos amigos en Filadelfia. Quiere llamar a sus padres que viven en Medellín para contarles cómo lo está pasando en los Estados Unidos. Pero Ud. no quiere que le cobren la llamada a sus amigos. El teléfono en Medellín es 318–5617.
2. Ud. está en un viaje de negocios en un hotel en Miami, y quiere reservar habitación en un hotel en Bogotá para la semana próxima. Ud. quiere pagar la llamada al regreso del viaje. El número del hotel en Bogotá es 218–9301.
3. Ud. quiere llamar desde Los Angeles a José Luis Rojas, director de una escuela bilingüe en Cartagena, para averiguar las posibilidades de dar allí un curso de inglés. Ud. no sabe las horas de trabajo de Rojas, pero sabe que la llamada a Cartagena es cara. El número de la escuela es 536–41392.
4. Ud. está en un viaje de negocios de diez días y le gusta hablar con su esposo/a cada dos o tres días.

Actividad 18. En grupos de 3 ó 4, escriban minidramas sobre dos de las situaciones descritas en la Actividad 17. Usen como guía la descripción de cada situación y el vocabulario en contexto. Para llamar a Colombia de los Estados Unidos, (a) marque el 011, (b) dé el código de Colombia, (c) el código de la ciudad, y (d) el número de teléfono. Códigos: Internacional 011; Colombia 57; Bogotá 1; Cartagena 59; Cali 23; Medellín 4. Preséntenle sus minidramas a la clase.

◀ ◀ ◀ ◀ Estructura

Ella tenía mucho dinero.

Ella tuvo mucho dinero.

I. Forms of the Preterit and Imperfect: A Review

Preterit Indicative

A. Regular verbs

1. **-ar** verbs:

   tomar: tom**é**, tom**aste**, tom**ó**, tom**amos**, tom**asteis**, tom**aron**

2. **-er** and **-ir** verbs:

   comer: com**í**, com**iste**, com**ió**, com**imos**, com**isteis**, com**ieron**

   vivir: viv**í**, viv**iste**, viv**ió**, viv**imos**, viv**isteis**, viv**ieron**

3. stem-changing **-ir** verbs, **e>i** and **o>u** in the third-person singular and plural:

   sentir: s**i**ntió, s**i**ntieron; d**o**rmir: d**u**rmió, d**u**rmieron

   Others: pedir, reír, freír, morir

4. spelling-changing-verbs in the first person singular:

   to**car:** to**qué**; lle**gar:** lle**gué**; empe**zar:** empe**cé**

5. spelling-changing-verbs in the third person singular and plural:

   creer: cre**yó**, cre**yeron**; leer: le**yó**, le**yeron**;
   oír: o**yó**, o**yeron**

B. Irregular verbs

1. dar: d**i**, d**iste**, d**io**, d**imos**, d**isteis**, d**ieron**

2. ser/ir: fu**i**, fu**iste**, fu**e**, fu**imos**, fu**isteis**, fu**eron**

3. stems ending in **j:**

   decir **(dij-):** dije, dijiste, dijo, dijimos, dijisteis, dijeron

   Others: traer **(traj-)**, traducir **(traduj-)**, conducir **(conduj-)**

4. stems ending in other than **j:**

   hacer **(hic-, hiz-):** hice, hiciste, hizo, hicimos, hicisteis, hicieron

   estar **(estuv-):** estuve, estuviste, estuvo, estuvimos, estuvisteis, estuvieron

   Others: andar **(anduv-)**, haber **(hub-)**, poder **(pud-)**, poner **(pus-)**, querer **(quis-)**, saber **(sup-)**, tener **(tuv-)**, venir **(vin-)**

Imperfect Indicative

A. Regular verbs
comprar: compr**aba**, compr**abas**, compr**aba**, compr**ábamos**, compr**abais**, compr**aban**

comer: com**ía**, com**ías**, com**ía**, com**íamos**, com**íais**, com**ían**

vivir: viv**ía**, viv**ías**, viv**ía**, viv**íamos**, viv**íais**, viv**ían**

B. Irregular verbs
ir: iba, ibas, iba, íbamos, ibais, iban

ser: era, eras, era, éramos, erais, eran

ver: veía, veías, veía, veíamos, veíais, veían

Ejercicio 1. Conjugue los verbos en bastardilla en el tiempo indicado entre paréntesis al final de la oración. I = imperfecto y P = pretérito.

1. Cuando yo *salir* de mi casa *ver* un perro pequinés. (I, P)
2. Ayer Tomás y yo *tomar* café juntos y *hablar* largo rato. (P, P)
3. Cuando tú *entrar,* Mario *ver* la televisión y Julieta *oír* las noticias en la radio. (P, I, I)
4. Cristóbal Colón *hacer* un viaje fantástico y *descubrir* América. (P, P)
5. Los chicos *decir* que *venir* más tarde. (P, I)
6. Nosotros *ir* al centro en autobús mientras Uds. *llevar* el coche a arreglar. (P, I)

Ejercicio 2. El siguiente es un informe para el periódico sobre el atentado contra *Palabra Libre.* Conjugue los verbos en bastardilla. Use el pretérito en la parte A y el imperfecto en la parte B.

A

1. El cartel de Medellín *poner* una bomba que *hacer* explosión.
2. La bomba *destruir* las instalaciones de *Palabra Libre.* La oficina del director *desaparecer* por completo.
3. La explosión *causar* un incendio. El aire *oscurecerse* debido al humo.

B

4. Los bomberos *correr.* La policía *bloquear* las calles y le *impedir* el paso a la gente. La gente le *hacer* el trabajo difícil a las autoridades. Todo *ser* muy confuso.
5. Las sirenas *hacer* mucho ruido. *Haber* vidrios rotos por todas partes. Una gran cantidad de papel *volar* por el aire.

6. Es una gran pérdida, porque aunque el edificio *ser* viejo, *estar* en muy buenas condiciones.
7. La oficina del director *estar* en la parte de adelante del edificio.
8. Las autoridades *estar* muy preocupadas porque el director no *aparecer.* No *saber* si *haber* alguien trabajando en el edificio, aunque *parecer* cerrado.
9. Por suerte para los bomberos *llover* mucho.
10. Y afortunadamente *ser* domingo y temprano. *Ser* las siete de la mañana.

II. Preterit and Imperfect: A Contrast

A. Actions and events

1. Spanish has two simple past forms, the preterit **(pretérito)** and the imperfect **(imperfecto).** The preterit tells that an action or event *happened.* The imperfect tells that an action or event *was happening.*
2. Think of the past as a movie, where each frame represents a specific moment in the past. If the frame you are looking at shows an action or event that did not start in the previous frame, use the preterit. If it shows an action or event that had already started in the previous frame and is now in progress, use the imperfect.

Sonaba el teléfono y abrí la puerta para contestarlo.

Abría la puerta (Estaba abriendo la puerta) y sonó el teléfono.

3. Since the imperfect refers to an ongoing action or happening, in most cases you can also use the imperfect progressive to express the same idea.

¿Dormías?/¿Estabas durmiendo?	*Were you sleeping?*

Exception: do not use the present progressive or the imperfect progressive with **ir, venir, traer,** and **llevar.**

Jorge venía de la oficina cuando ocurrió la explosión.	*Jorge was coming from the office when the explosion occurred.*
Los terroristas llevaban pistolas.	*The terrorists were carrying pistols.*

B. Qualities, characteristics, conditions, and states

1. When you are focusing on a particular moment in the past and want to describe the qualities, characteristics, conditions, or states existing at that time, use the imperfect.

No fui al cine porque estaba muy cansada.	*I didn't go to the movies because (at the time) I was very tired.*
Mi tía Eulalia tenía mucho dinero.	*My aunt Eulalia had lots of money. (She was rich in the movie frame you are looking at.)*
El periodista que me entrevistó era colombiano.	*The journalist who interviewed me was from Colombia. (That is his nationality in the movie frame you are looking at.)*

Note: When telling a story, always use the imperfect to give background information referring to qualities, characteristics, conditions, and states. You are setting the scene as it existed at that time.

Ayer al mediodía estaba en casa y tenía mucha hambre, pero lamentablemente, no había nada interesante de comer.	*Yesterday at noon I was at home and I was hungry, but unfortunately there was nothing interesting to eat.*
Ya era primavera. Las flores comenzaban a salir. Eran las diez de la mañana ...	*It was spring already. Flowers were beginning to bloom. It was ten in the morning. (You are setting the scene, reliving something that was happening at that time.)*
Yo creía que eran casados, pero eran hermanos.	*I thought they were married, but they were brother and sister. (That was my perception at the time.)*

2. In contrast, when you want to describe qualities, characteristics, conditions, or states that existed in the past, but no longer exist at the present time, use the preterit. You are not looking at any past frame. Your viewpoint is that of the present.

Julio estuvo muy enfermo.	*Julio was very ill. (He is no longer ill.)*
Mi tía tuvo mucho dinero.	*My aunt had a lot of money (at one point, but now she doesn't).*

3. You can also use the preterit to refer to a specific period in the past.

El invierno pasado fue muy largo.	*The past winter was very long. (It's all over. You are just commenting on it, not reliving it.)*
Fueron socios por tres años.	*They were partners for three years (but are no longer).*
Tuve muchos problemas en mi primer año en la universidad.	*I had lots of problems my first year at the university (but I no longer do).*

C. Recurrences

1. Use the imperfect to refer to past recurrences.

Los domingos no había nadie en la oficina.	*There was no one at the office on Sundays.*
Los veranos íbamos a la playa.	*In the summer we used to go to the beach.*
De noche siempre estaba muy cansado.	*At night I was always very tired.*
Mi padre viajaba mucho y por eso nunca lo veíamos.	*My father used to travel a lot and for that reason we never saw him.*

2. However, if you refer to the total number or to a specific number of instances that a particular recurrent action or event took place, use the preterit. Notice the contrast in meaning of the following pair of sentences.

Ella nunca venía a las prácticas de voleibol.	*She never came to volleyball practice. (Refers to a habit she had of frequently being absent.)*
Ella nunca vino a las prácticas de voleibol.	*She never came to volleyball practice. (Refers to her absolute absence from practice.)*

D. Reactions

1. Always use the preterit to describe a reaction to a single situation in the past. In fact, the question, "What was your reaction?", if referring to a single reaction (as opposed to a recurring one), is always in the preterit.

—Así que ella te insultó. ¿Cuál fue tu reacción?	*So she insulted you. What was your reaction?*
—Bueno, me enojé muchísimo.	*Well, I got very angry.*

2. This use of the preterit is frequent with verbs like **gustar** and **molestar.**

Oí ese grupo de rock y me gustó muchísimo.	*I heard that rock group and I liked it a lot.*
Lo que Lola dijo me molestó.	*What Lola said bothered me.*

3. However, use the imperfect to refer to a recurrent reaction in the past and to describe a position or attitude arrived at over a period of time. Notice the contrast in meaning of the following pairs of sentences.

De niña, siempre me alegraba cuando veía a mis primos.	*When I was a girl, it always made me happy to see my cousins.*
Me alegré de ver a mis primos ayer.	*It made me happy to see my cousins yesterday.*
Me gustaba Colombia y decidí quedarme más tiempo allí.	*I liked Colombia and I decided to stay there longer. (You had already spent time in Colombia and liked it.)*
Me gustó Colombia y decidí quedarme más tiempo allí.	*I liked Colombia and I decided to stay there longer. (You had no previous opinion about Colombia, but you reacted favorably once you got there.)*

4. If a reflexive construction in the past that expresses the idea of "to become," such as **se puso** and **se volvió,** is used in a reaction, the related state will be expressed by **estar** in the imperfect plus an adjective.

Se puso muy contenta.	*She became very happy.*
Estaba muy contenta.	*She was very happy.*

E. Some special cases

Certain verbs or phrases have different meanings, depending on whether they are used in the preterit or the imperfect.

Preterit: it happened once	**Imperfect: ongoing situation**
conocer	
Conocí a tu hermano.	Ya conocía a tu hermano.
I met your brother.	*I already knew your brother.*
costar	
Costó demasiado.	Costaba demasiado.
It cost too much. (Someone bought it.)	*It cost too much. (It had not been bought yet).*
poder	
Pude arreglarlo.	Podía arreglarlo.
I managed to fix it.	*I had the ability to fix it.*
querer	
Quiso entrar.	Quería entrar.
He tried to come in.	*He wanted to come in.*
no querer	
No quiso comer.	No quería comer.
He refused to eat.	*He did not want to eat.*
saber	
Supe lo del accidente.	Sabía lo del accidente.
I found out about the accident.	*I knew about the accident.*
tener que	
Tuvo que estudiar.	Tenía que estudiar.
He had to study (and did).	*He had to study (but had not done it yet.)*

☞ **Ejercicio 3.** Complete esta minihistoria escogiendo entre el pretérito y el imperfecto:

1. (Eran/Fueron) las ocho de la mañana y Ana todavía (estuvo/estaba) en la cama.
2. (Tuvo/Tenía) mucho sueño pero (decidió/decidía) levantarse para no llegar tarde a clase.

3. (Corrió/Corría) a ducharse pero la puerta del baño (estuvo/estaba) cerrada.
4. (Tocó/Tocaba) la puerta y (oyó/oía) la voz de su hermano Alfredo diciendo, "¡Salgo en seguida!"
5. Por suerte Alfredo (terminó/terminaba) pronto.
6. Ana se (duchó/duchaba) rápidamente.
7. Se (vistió/vestía) con igual rapidez y se (fue/iba) a la universidad.
8. Al llegar no (hubo/había) nadie. ¡(Fue/Era) domingo!

Ejercicio 4. Complete los siguientes comentarios sobre la explosión con la forma correcta del pretérito o del imperfecto de los verbos en bastardilla.

1. Como las instalaciones de la revista *estar* en el centro, los bomberos *poder* llegar muy rápidamente.
2. El director no *estar* en Bogotá cuando *ocurrir* el atentado. Por eso, la policía *llamar* al subdirector.
3. No *haber* ni heridos ni muertos, pero mucha gente *sorprenderse* y *asustarse.*
4. Como *llover* tanto, el fuego no *extenderse.*
5. Ya *haber* mucha gente cuando la prensa *llegar.*
6. Yo *estar* en mi casa durmiendo cuando *sonar* el teléfono como a las diez de la mañana.
7. *Ser* Gabriela que me *llamar* para comunicarme lo de la explosión.
8. Yo *salir* corriendo como un loco. Mientras *vestirme,* los niños me *mirar* sin entender qué *pasar.* Después mi esposa les *explicar.*
9. No me *dar* cuenta que *llover. Mojarme* mucho pero no me *importar.*
10. Cuando *llegar* al lugar, ya todo *estar* bajo control.

Ejercicio 5. Sandra fue testigo de un accidente en una carretera y se lo cuenta a Marlene. En parejas, uno/a hace el papel de Sandra y el/la otro/a el papel de Marlene. En la página 94, cubran con la mano la columna que corresponde a la otra persona y reconstruyan el diálogo conjugando los verbos entre paréntesis. Luego cambien de papeles y vuelvan a reconstruir el diálogo. Comienza Sandra.

Sandra

1. ¿Qué (pasar)?
2. ¿Qué hora (ser)?
3. Y tú, ¿dónde (estar)?
4. ¿Qué (hacer) la señora?
5. Y, ¿el taxi la (atropellar)?
6. ¿Entonces no (haber) heridos ni muertos?
7. Y a ti, ¿no te (pasar) nada?
8. ¿Se (llenar) de gente la escena del accidente?

Marlene

1. (Haber) un accidente.
2. (Ser) las nueve de la mañana.
3. Yo (ir) en taxi por la Avenida Bolívar cuando (oír) los gritos del taxista y (ver) a una señora con un coche de bebé.
4. (Cruzar) la calle.
5. No, (atropellar) el cochecito, pero (estar) vacío. El bebé (ir) en la espalda de la mamá.
6. No, por suerte. (Ser) un verdadero milagro.
7. Bueno, (sentir) un miedo terrible, pero sólo me (golpear) un poco.
8. Como (ser) domingo, no (haber) mucha gente en la calle.

Ejercicio 6. Entrevístense en parejas para averiguar lo siguiente sobre la otra persona.

1. Cuando estabas en la escuela secundaria, ¿qué hacías regularmente que no haces ahora?
2. ¿Recuerdas tu clase favorita de la escuela secundaria? ¿Qué hacían en esa clase?
3. Piensa en tres personas que veías mucho en tu niñez. Pueden ser amigos o familiares. Describe un hábito o costumbre característica de cada una de esas personas.

Ejercicio 7. Complete esta narración, conjugando los verbos entre paréntesis con la forma correcta del imperfecto o el pretérito.

Cuando mi hermano Pedro (tener) doce años y yo diez, mamá nos (poner) en clases de francés. Nuestros abuelos (ser) de Canadá, y mamá (querer) conservar viva la lengua. Las clases (ser) después del colegio. A mí me (fascinar), pero a Pedro le (fastidiar). El (inventar) mil excusas para no ir y con frecuencia (escaparse). Como era mayor que yo, yo lo (proteger) y no les (decir) nada a mis padres. Yo creo que en total (ir) a sólo doce clases. Un día, cuando los abuelos (venir) a visitarnos, Pedro no (saber) dónde meterse. Yo (hablar) francés con cierta facilidad y él no (poder) decir ni una palabra. Mamá y papá entonces se (dar) cuenta de lo que (pasar) y nos (castigar). Pedro (prometer) tomar el curso de nuevo, y ahora habla francés mejor que todos.

Ejercicio 8. Entrevístense en parejas y averigüen los siguientes datos, haciendo las preguntas correspondientes.

su juego favorito cuando eran niños
E1: ¿Cuál era tu juego favorito cuando eras niño?
E2: Mi juego favorito . . .

1. la última película que vieron y su reacción a la misma
2. la nota que sacaron en el examen más reciente y su reacción a la misma
3. los tres grupos de rock que les gustaban más cuando estaban en la escuela secundaria
4. las tres cosas que les molestaban más cuando estaban en la escuela secundaria
5. dos situaciones positivas y dos negativas en las que Uds. estaban cuando eran más jóvenes y cómo reaccionaron Uds. a las mismas

Ejercicio 9. Entrevístense en parejas para averiguar lo siguiente sobre la otra persona.

1. dos cosas que tenía que hacer hoy pero no pudo y explicar por qué
2. dos cosas que tuvo que hacer la semana pasada aunque no tenía ganas
3. a cuántas personas de esta clase ya conocía y a cuántas conoció aquí
4. cuánto costaba algo que quería comprar (y qué era), pero que no pudo comprar porque no tenía suficiente dinero
5. cuánto costó la prenda de ropa que le gusta más
6. cuánto español sabía al empezar esta clase
7. cómo supo dónde era la fiesta más reciente a la que asistió y si sabía quiénes iban a ir a la fiesta

Ejercicio 10. En grupos de 3 ó 4, escriban una anécdota en el pasado.

Mis padres vinieron de Amarillo para mi cumpleaños. Cuando venían en el avión, se acordaron que habían dejado mi regalo en la casa.

III. Present Perfect and Pluperfect Tenses

1. Use the present perfect **(pretérito perfecto compuesto)** to refer to what has taken place. To form it, combine the present of **haber (he, has, ha, hemos, habéis, han)** with the past participle of the main verb. No words can come between the **haber** form and the past participle. The past participle always ends in **-o,** regardless of the number and gender of the subject.

Siempre he sido muy feliz contigo.	*I have always been very happy with you.*
Ellas no han visto todavía a Juan.	*They haven't seen Juan yet.*

2. Use the pluperfect **(pretérito pluscuamperfecto)** to refer to what had taken place. To form it, combine the imperfect of **haber (había, habías, había, habíamos, habíais, habían)** with the past participle.

Julia nunca había estado en Salamanca.	*Julia had never been in Salamanca.*

Ejercicio 11. Haga oraciones conjugando los verbos entre paréntesis con la forma correcta del pretérito perfecto. Después, cambie las oraciones al pretérito pluscuamperfecto. No use el pronombre personal. Siga el modelo.

Nosotros (ir) a Segovia.
Hemos ido a Segovia. Habíamos ido a Segovia.

1. Ellos (ver) muchas películas de Woody Allen.
2. ¿(Oír) Uds. esa canción por la radio?
3. Ella (tener) mucha suerte.
4. Tú no (hacer) nada.
5. ¿(Terminar) el examen vosotros?
6. Yo no (decir) eso.
7. Alfredo (vivir) siempre con sus padres.
8. Yo (romper) con mi novio/a.

IV. The Indirect Report of Past Speech

1. Instead of quoting exactly what others say, you can report their speech indirectly. In Spanish, if you are reporting in the past, the verb used to mention or introduce the other person's speech is followed by **que.** The tense of the reported speech depends on the tense used originally by the person you are quoting. Study the following chart.

Tense of Original Sentence	Tense of Reported Sentence
Present	*Imperfect*
Estoy muy cansada.	Dijo que estaba muy cansada.
Voy a ir a Medellín.	Dijo que iba a ir a Medellín.
Present progressive	*Imperfect Progressive*
Estamos comiendo.	Dijo que estaban comiendo.
Imperfect	*Imperfect*
Yo tenía hambre.	Dijo que tenía hambre.
Preterit	*Pluperfect (or preterit)*
Me levanté muy tarde.	Dijo que se había levantado (que se levantó) muy tarde.
Present Perfect	*Pluperfect*
No lo he visto.	Dijo que no lo había visto.

2. Verbs preceding **que** do not always have to be in the preterit.

Ella decía que no quería comer mucho ahora.	*She was saying that she did not want to eat a lot now.*
El presidente ha declarado que ya se ha firmado el nuevo tratado comercial con México.	*The president has declared that the new commercial treaty with Mexico has already been signed.*
El doctor nos había asegurado que la medicina había tenido muy buen resultado en otros pacientes.	*The doctor had assured us that the medicine had been effective with other patients.*

3. When reporting questions, use the conjunction **si** for yes-or-no questions and **que** for information questions. **Que** can be omitted when the interrogative **qué** is used. If the answer is a single word, for example **sí** or **no, que** precedes it and cannot be omitted.

Julia decía que había una fiesta en casa de Paco y me preguntó que cuándo era su cumpleaños.	*Julia was saying that there was a party at Paco's house tonight and she asked me when his birthday was.*
Le pregunté a Paco si era hoy y me dijo que sí.	*I asked Paco if it was today and he said yes.*
Paco me estaba preguntando si quería bailar cuando tocaron mi canción favorita. Le contesté que sí.	*Paco had just asked me if I wanted to dance when they played my favorite song. I said yes.*

Ejercicio 12. Transforme las oraciones siguientes para informar sobre lo que dijeron las personas mencionadas entre paréntesis. Siga el modelo.

Recuerdo a mi amigo juvenil y delgado. (El periodista, decir)
El periodista dijo que recordaba a su amigo español juvenil y delgado.

1. En esa época en Colombia los tiempos eran idílicos. (yo, añadir)
2. A pesar de la violencia, la vitalidad de Colombia no disminuye. (varias personas, opinar)
3. El país crece increíblemente. (tú, comentar)
4. De las ciudades que parecen aldeas queda muy poco. (dos periodistas, decir)
5. A Colombia no la van a derrotar los criminales. (la prensa, declarar)
6. Las instituciones republicanas están "vivitas y coleando". (los periódicos, asegurar)
7. Los industriales españoles pueden invertir en Colombia sin miedo. (La cámara de comercio, concluir)
8. Todos los medios de comunicación apoyan la campaña contra el terrorismo. (ellos, decir)

Ejercicio 13. En parejas, reproduzcan los siguientes minidiálogos. Utilicen **preguntó, contestó** y **le,** como en el modelo.

Marta: ¿Quieres ir al centro?
Luis: Lo siento pero no puedo.
Marta le preguntó a Luis si quería ir al centro y él le contestó que lo sentía, pero que no podía.

1. *Daniel:* ¿A qué hora empieza la película?
   Manolo: No estoy seguro.
2. *Jorge:* ¿Has leído mi artículo sobre el terrorismo?
   Alicia: Francamente no he tenido tiempo.
3. *Elsa:* ¿Fuiste a Bogotá el año pasado?
   Paco: No.
4. *Carlos:* ¿Tu hermano está durmiendo?
   Pedro: Sí.

Ejercicio 14. En parejas, averigüen tres cosas que va a hacer su compañero/a el próximo fin de semana. Luego, cambien de pareja e informen a la nueva persona sobre los planes de la persona anterior.

Susan dijo que iba a ir a comprar libros.

Ejercicio 15. En grupos de 3 ó 4 y turnándose, una persona dice una frase, la segunda pregunta "¿qué dijo?", y la tercera repite en forma indirecta lo que dijo la primera.

E1: Hace calor. Voy a abrir la ventana.
E2: ¿Qué dijo?
E3: Dijo que hacía calor y que iba a abrir la ventana.

Exploraciones

LECTURA 1. *La familia presidencial,* cuadro de Fernando Botero

Actividad 1. Examine con detenimiento el cuadro de Botero titulado *La familia presidencial* y conteste las siguientes preguntas.

1. ¿Qué le sugiere el título del cuadro?
2. ¿Qué personas aparecen?
3. ¿Qué animales y objetos hay?
4. ¿Cómo es el paisaje?
5. ¿Qué característica tienen en común todas las figuras?
6. ¿Le recuerda a otro cuadro de este libro?

La familia presidencial, *del pintor colombiano Fernando Botero, Museo de Arte Moderno, Nueva York. ¿Deformación irrespetuosa o crítica aguda de la realidad política y social?*

Colombia se ha destacado° en el arte desde la época colonial. En el siglo XX, los pintores colombianos han explorado métodos de expresión propios que los han distinguido de otros movimientos artísticos latinoamericanos. Entre los más originales está Fernando Botero (1932–), cuyos cuadros se caracterizan por un alto grado de ironía y sátira social. Su genio e inventiva lo han llevado a los niveles más altos de la pintura mundial. Sus cuadros pueden verse en las más prestigiosas galerías de arte moderno de Europa y América.

has been outstanding

La familia presidencial incluye como parte de la familia a un militar y un sacerdote, lo que refleja el gran poder que la iglesia y las fuerzas armadas ejercen° sobre la sociedad hispanoamericana. La intención es obviamente satírica. El país gobernado por este grupo bien puede ser Colombia, donde abundan las montañas como las que se ven en el cuadro. Hay

exert

un gato, animal doméstico y una serpiente, animal salvaje. ¿Simbolizan acaso° la dualidad colombiana de civilización y violencia?

La gente aparece inflada, y esto es característico de Botero; en sus cuadros todo el mundo es así. En una entrevista, alguien le preguntó a Botero por qué pintaba siempre personas gordas, y él respondió que las veía flacas. A Botero le gusta bromear.° En *La familia presidencial,* al fondo a la izquierda, se ha retratado a sí mismo° inflado como a los demás, aunque en la vida real no es gordo. Su postura frente al lienzo° es como una parodia del Velázquez de *Las meninas.* Obsérvese que el pintor no está mirando a los miembros de la familia sino al lienzo. Tal vez Botero quiere decirnos que lo verdaderamente importante no es el poder político sino el arte, eterno y duradero.

perhaps
to poke fun
painted himself
canvas

Actividad 2. Complete las siguientes oraciones de acuerdo a la lectura y compare sus respuestas con las de un/a compañero/a.

1. En el cuadro, las fuerzas armadas y la iglesia están representadas en las figuras de . . .
2. Quizás el gato y la serpiente simbolizan la dualidad colombiana . . .
3. Una característica de Botero es . . .
4. La figura del pintor aparece . . .
5. Hay una conexión entre los cuadros *La familia presidencial* de Botero y . . .
6. Quizás Botero quiere expresar a través de su cuadro que el arte . . .

Actividad 3. En parejas, examinen con cuidado el cuadro de Botero y sin mirar el texto de la lectura anterior, descríbanlo con sus propias palabras. Incluyan en la descripción los siguientes elementos.

1. el aspecto físico de personas y animales
2. el paisaje
3. el pintor pintándose a sí mismo
4. las personas que componen la familia
5. el simbolismo del gato y la serpiente

Actividad 4. Prepare un esquema para un ensayo que compare *Las meninas* de Velázquez y *La familia presidencial* de Botero. Para hacer la comparación, use la siguiente guía y las lecturas que corresponden a los cuadros. Compare su esquema con el de un/a compañero/a.

el título y su significado

la época en la cual se pintó

la gente y los animales que aparecen en el cuadro y cómo los presenta el pintor

la escena o el paisaje en que aparecen los personajes

el autorretrato del pintor en la obra

la importancia artística de la obra

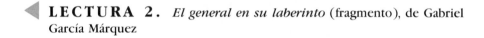

Actividad 5. Ahora, en grupos de 3 ó 4, escriban un ensayo de dos párrafos comparando los dos cuadros. Digan cuál de los dos cuadros les gusta más y por qué.

LECTURA 2. *El general en su laberinto* (fragmento), de Gabriel García Márquez

Actividad 6. En el siguiente pasaje, el general Simón Bolívar está por marcharse de Bogotá al exilio en Europa. Su sueño de unir a Suramérica en una sola nación poderosa ha fracasado. Hay un aire de sospecha, porque entre los que vienen a despedirse de Bolívar puede haber enemigos del general.

Para comprender una lectura, no es preciso saber el significado de cada palabra. Haga una lectura rápida para obtener una idea del sentido general. Después, trate de adivinar la categoría de las palabras en bastardilla, según el contexto.

1. *cargo* (diversión / trabajo / persona)
2. *carcajada* (reacción emotiva / regalo / mirada)
3. *comitiva* (ejército / grupo de personas / carta)
4. *leguas* (comida / lugar / medida de distancia)
5. *urbanidad* (grosería / protesta / cortesía)
6. *pliego* (tela / documento / aparato)
7. *poltrona* (mueble / comida / dinero)
8. *jornada* (comida / viaje / dinero)

El escritor colombiano Gabriel García Márquez saluda efusivamente al público en Estocolmo, Suecia, el día que recibió el Premio Nobel de Literatura de 1982.

El nuevo presidente no estaba allí, pues el congreso lo había elegido en ausencia y le haría falta más de un mes para llegar desde Popayán.[1] En su nombre y lugar estaba el general Domingo Caycedo, vicepresidente electo, del cual se había dicho que cualquier cargo de la república le quedaba estrecho,° porque tenía el porte y la prestancia° de un rey. El general lo saludó con una gran deferencia, y le dijo en un tono de burla:°

was too small for him / demeanor and excellence
mockery

"¿Usted sabe que no tengo permiso para salir del país?"

La frase fue recibida con una carcajada de todos, aunque todos sabían que no era una broma. El general Caycedo le

[1] Ciudad al sur de Colombia, en la región de los Andes.

MEXICO Y ZONAS HISPANAS DE LOS ESTADOS UNIDOS

Vendedor de naranjas, Yucatán, México.

Clase de música tradicional puertorriqueña en el South Bronx, Nueva York.

Concierto de música popular en la Calle Ocho de la Pequeña Habana, Miami, Florida.

El Mercado Libertad en Guadalajara, México.

El pintor chicano Frank Romero trabaja en su mural Yendo a las Olimpiadas, *Los Angeles, California.*

Vaqueras en una charreada (horseback-riding festival) *en San Antonio, Texas.*

Viernes Santo en un mercado mexicano.

Vista de Guanajuato, México.

Turistas en las ruinas mayas de Palenque, estado de Chiapas, México.

Detalle de un mural del pintor mexicano David Alfaro Siqueiros en la Universidad Nacional Autónoma de México, México, D.F.

En un pozo petrolero de Villahermosa, México.

prometió enviar a Honda[2] en el correo siguiente un pasaporte en regla.

La comitiva oficial estaba formada por el arzobispo de la ciudad, hermano del presidente encargado, y otros hombres notables y funcionarios de alto rango con sus esposas. Los civiles llevaban zamarros° y los militares llevaban botas de montar,° pues se disponían a acompañar varias leguas al proscrito° ilustre. El general besó el anillo del arzobispo y las manos de las señoras, y estrechó° sin efusión° las de los caballeros, maestro absoluto del ceremonial untuoso,° pero ajeno° por completo a la índole° de aquella ciudad equívoca,° de la cual había dicho en más de una ocasión: "Este no es mi teatro". Los saludó a todos en el orden en que los fue encontrando en el recorrido de la sala, y para cada uno tuvo una frase aprendida con toda deliberación en los manuales de urbanidad, pero no miró a nadie a los ojos. Su voz era metálica y con grietas° de fiebre, y su acento caribe, que tantos años de viajes y cambios de guerras no habían logrado amansar,° se sentía más crudo° frente a la dicción viciosa° de los andinos.

chaps
riding boots
exile
shook (hand) / emotion / unctuous / detached / type / two-faced, deceptive
cracks
soften / harsher
faulty

Cuando terminó los saludos, recibió del presidente interino un pliego firmado por numerosos granadinos° notables que le expresaban el reconocimiento del país por sus tantos años de servicios. Fingió° leerlo ante el silencio de todos, como un tributo más al formalismo local, pues no hubiera podido ver sin lentes ni una caligrafía aun más grande. No obstante, cuando fingió haber terminado dirigió a la comitiva unas breves palabras de gratitud, tan pertinentes para la ocasión que nadie hubiera podido decir que no había leído el documento. . . .

from Granada (Colombia)
he pretended

En el comedor contiguo, la mesa estaba servida para el espléndido desayuno criollo. . . . doña Amalia cumplió con invitarlo a ocupar la poltrona que le habían reservado en la cabecera,° pero él declinó el honor y se dirigió a todos con una sonrisa formal.

head of the table

"Mi camino es largo", dijo. "Buen provecho".°

Enjoy your meal

Se empinó° para despedirse del presidente interino, y éste le correspondió con un abrazo enorme, que les permitió a todos comprobar qué pequeño era el cuerpo del general, y qué desamparado e inerme° se veía a la hora de los adioses. Después volvió a estrechar las manos de todos y a besar las de las señoras. Doña Amalia trató de retenerlo hasta que

he stood up on tiptoe
forsaken and defenseless

[2] Ciudad a orillas (*on the banks*) del río Magdalena.

escampara,° aunque sabía tan bien como él que no iba a escampar en lo que faltaba del siglo. Además, se le notaba tanto el deseo de irse cuanto antes, que tratar de demorarlo° le pareció una impertinencia. El dueño de casa lo condujo hasta las caballerizas° bajo la llovizna° invisible del jardín. Había tratado de ayudarlo llevándolo del brazo con la punta de los dedos, como si fuera de vidrio, y lo sorprendió la tensión de la energía que circulaba debajo de la piel, como un torrente secreto sin ninguna relación con la indigencia° del cuerpo. Delegados del gobierno, de la diplomacia y de las fuerzas militares, con el barro hasta los tobillos y las capas ensopadas° por la lluvia, lo esperaban para acompañarlo en su primera jornada. Nadie sabía a ciencia cierta, sin embargo, quiénes lo acompañaban por amistad, quiénes para protegerlo, y quiénes para estar seguros de que en verdad se iba.

stop raining / *delay him* / *stables* / *drizzle* / *impoverishment* / *soaked*

La mula que le estaba reservada era la mejor de una recua de cien que un comerciante español le había dado al gobierno a cambio de la destrucción de su sumario de cuatrero.° El general tenía ya la bota en el estribo° que le ofreció el palafrenero,° cuando el ministro de guerra y marina lo llamó: "Excelencia". Él permaneció inmóvil, con el pie en el estribo, y agarrado de la silla con las dos manos.

indictment for horse thievery / *stirrup* / *groom*

"Quédese", le dijo el ministro, "y haga un último sacrificio por salvar la patria".

"No, Herrán", replicó él, "ya no tengo patria por la cual sacrificarme".

Era el fin. El general Simón José Antonio de la Santísima Trinidad Bolívar y Palacios se iba para siempre. Había arrebatado° al dominio español un imperio cinco veces más vasto que las Europas, había dirigido veinte años de guerras para mantenerlo libre y unido, y lo había gobernado con pulso firme hasta la semana anterior, pero a la hora de irse no se llevaba ni siquiera el consuelo° de que se lo creyeran. El único que tuvo bastante lucidez para saber que en realidad se iba, y para dónde se iba, fue el diplomático inglés que escribió en un informe oficial a su gobierno: "El tiempo que le queda le alcanzará a duras penas° para llegar a la tumba".

seized / *consolation* / *hardly*

Actividad 7. Complete las oraciones que siguen con la alternativa correcta. Compare sus respuestas con las de un/a compañero/a.

1. Las personas que fueron a despedir a Bolívar eran (diplomáticos y líderes militares / campesinos / periodistas).
2. A Bolívar todavía le faltaba (dinero / el pasaporte oficial / el título de General).

3. Respondió al pliego de reconocimiento que le dio el presidente interino con (entusiasmo / palabras de gratitud / enojo).
4. La actividad principal de Bolívar antes de salir consistió en (comer mucho / besar el anillo del arzobispo / cumplir con los formalismos).
5. A la hora de salir, (estaba lloviendo / hacía mucho calor / era un día estupendo).
6. No se sabía quiénes iban con él para protegerlo y quiénes iban (por obligación / por divertirse / porque ya no lo querían como líder).
7. El libertador había luchado para mantener el imperio (libre y unido / en su poder / bajo el dominio español).
8. Bolívar parecía (saludable / débil y enfermo / muy contento).

Actividad 8. En grupos de 3 ó 4, hagan una lista de elementos en el cuento que pronostican que algo malo le va a pasar al General Bolívar.

Actividad 9. En parejas, apunten ideas sobre lo que es ser héroe o heroína. ¿Cuáles son sus características? ¿Cómo se diferencian de los demás? ¿Qué clase de gente atraen? Luego, en grupos de 3 ó 4, escojan a una persona que consideren heroica y expliquen por qué y en qué consiste su particular heroísmo.

Actividad 10. En grupos de 3 ó 4, escriban en sus propias palabras una carta de dos párrafos de una persona que estaba presente en la despedida de Bolívar, a alguien que no estaba. Expliquen lo que pasó y cómo estaba Bolívar. Comiencen con: Querido/a ...

◀ ◀ ◀ *Práctica integrada*

Práctica 1. En grupos de 3 ó 4, preparen un folleto para la Oficina de Turismo de Colombia dirigido a los estadounidenses. Señalen los aspectos más importantes del país como el clima, la fama de algunos de sus productos, los principales centros urbanos, y su importancia como centro cultural latinoamericano.

Práctica 2. En grupos de 3 ó 4, identifiquen un problema que necesita resolverse en su universidad. Preparen un anuncio público para la radio y un afiche sobre el asunto. Preséntenle su propaganda a la clase.

Exhibición de artefactos precolombinos en el Museo del Oro de Bogotá.

Práctica 3. Ud. acaba de llegar de Colombia y no sabe hacer llamadas de larga distancia en los Estados Unidos. En parejas y turnándose, hagan los papeles de la persona colombiana y la operadora. Ud. tiene que hacer varias clases de llamadas y la operadora lo/la ayuda. Incluyan información como la siguiente.

dónde y a quién va a llamar

el código y número de teléfono

qué tipo de llamada quiere hacer

cómo va a pagar la llamada

Práctica 4. En grupos de 3 ó 4, expliquen cuál es la opinión que tiene el público de los periodistas. ¿Dicen siempre la verdad? ¿Es justa su opinión? ¿Qué opinan Uds. de la carrera de periodismo? ¿La consideran atractiva? ¿Por qué?

Práctica 5. En parejas y turnándose, cuéntense los recuerdos que tiene cada uno del mejor momento o acontecimiento de su vida. Descríbanlo e incluyan detalles como los siguientes.

cuál fue el acontecimiento

qué pasó o qué pasaba en su vida

cómo se sentían con los otros estudiantes

por qué le gustó tanto

Práctica 6. Con el resto de la clase, hagan una narración colectiva sobre un misterio. Una persona comienza la historia con una oración; la segunda añade algo; la tercera algo más, y así sucesivamente. Sean imaginativos. Al final, alguien debe hacer el papel de reportero/a y leer la historia a la clase.

☞ **Práctica 7.** Prepare una historia ficticia muy exagerada que explique por qué Ud. no pudo preparar la lección para la clase de hoy. Diga algo extraordinario que le pasó, algo grave en casa, etc., todo con detalles para convencer al/a la profesor/a de que Ud. es inocente. Compare su historia con un/una compañero/a y guárdela para un día que la necesite.

La isla de Puerto Rico es la más pequeña y más oriental de las Antillas Mayores y goza de un clima tropical moderado. Más de la mitad de la población de 3,3 millones de personas vive en zonas urbanas. De su territorio sólo el uno por ciento es selva tropical. La región central es montañosa. En las costas abundan hermosas playas de arena fina.

La isla era llamada Borinquen por los taínos, gente pacífica que la habitaba a la llegada de Colón en 1493. Por esa razón, los puertorriqueños usan el término **boricua** para referirse a sí mismos y a lo puertorriqueño. Puerto Rico fue colonia española hasta 1898, cuando pasó a manos de los Estados Unidos a consecuencia de la derrota de España en la Guerra Hispanoamericana. En 1917, ante la necesidad de aumentar el número de soldados debido a la Primera Guerra Mundial, el gobierno de los Estados Unidos les concedió la ciudadanía a los puertorriqueños, privilegio que éstos no habían solicitado. Durante la primera parte del siglo XX, el control de los Estados Unidos sobre la isla fue total. El gobernador era estadounidense y era nombrado por los Estados Unidos.

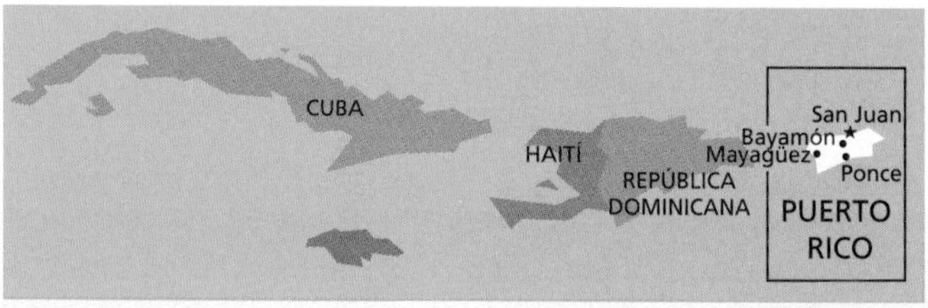

En 1952 Puerto Rico se convirtió en Estado Libre Asociado, todavía parte de los Estados Unidos, pero con derecho a elegir su propio gobernador, senado y cámara de representantes. La mayoría de los boricuas ha manifestado en varios referendos su deseo de mantener el sistema político actual, pero también hay partidarios de la idea de un Puerto Rico independiente así como partidarios de la incorporación de Puerto Rico a los Estados Unidos como estado. Actualmente, los puertorriqueños no pagan impuestos federales, pero tampoco pueden votar en las elecciones presidenciales. Numerosos puertorriqueños han emigrado al continente sobre todo a Nueva York y a otras ciudades del este durante las épocas de alto desempleo en Puerto Rico. Las oportunidades de trabajo en los Estados Unidos y su condición de ciudadanos les facilitan el traslado. En las zonas metropolitanas de Nueva York y Nueva Jersey viven ahora cerca de 2 millones de boricuas.

La vida de la isla es una combinación de lo moderno americano y lo tradicional hispánico. Un elemento cultural importante lo constituye la inmigración al revés: los puertorriqueños del continente que vuelven a Puerto Rico llevando influencias positivas y negativas de la cultura norteamericana urbana. Pero el puertorriqueño de la isla es por lo general profundamente hispanoamericano en sus costumbres. Muchos puertorriqueños saben inglés, pero el idioma oficial es el español. ▲

4

UNIDAD

Pedro Mercado, sicólogo puertorriqueño

Los vendedores de flores hacen buen negocio todo el año en Ponce, Puerto Rico.

OBJETIVOS

Objetivos para la Unidad 4

Aprender a . . .

- hacer entrevistas
- dar consejos y sugerencias
- dar instrucciones

Interacciones

VOCABULARIO

Sustantivos

los ahorros savings
el/la anciano/a elderly person
el/la animador/a host/hostess (television)
la ansiedad anxiety
la cazuela casserole (serving dish; food)
la cebolla onion
el congelador freezer
la cucharada tablespoonful
la depresión depression
el desempleo unemployment
el estrés stress
el flan custard
el horno oven
la libra pound
la olla pot
la receta recipe
el sabor the flavor
la sartén frying pan
la soledad loneliness
la tasa rate
el traslado move
el trastorno disturbance
el trozo piece

Verbos

advertir (ie, i) to warn
batir to beat
cocer (ue) to cook; boil
comprobar (ue) to check
cuidar a to take care of
deprimirse to get depressed
enfriar to cool; chill
freír (i, i) to fry
mezclar to mix
moler (ue) to grind up
pelar to peel
picar to chop
probar (ue) to taste; try doing something
rociar to baste
rodear to surround
rogar (ue) to ask, request
secar to dry
sufrir to suffer
tapar to cover
triunfar to win
untar to spread
volcar (ue) to turn over

Otras palabras y expresiones

a fuego lento over a low flame
a punto de about to
tener palanca to have connections

Práctica de vocabulario

Práctica A. Escoja la alternativa correcta para completar estas oraciones.

1. En el supermercado la carne se vende por (libra/trozo).
2. Necesito una (sartén/olla) para freír los huevos.
3. Es muy común (enfriar/tapar) una cazuela antes de ponerla al horno.
4. En un partido de fútbol los equipos tienen que (competir/triunfar) el uno contra el otro.
5. El estrés es un (traslado/trastorno) muy serio para muchas personas.
6. Voy a (cocer/pelar) las manzanas para hacer la ensalada de frutas.
7. Tu hermanita va a (cuidar/comprobar) a los niños.
8. Una tasa alta de (desempleo/soledad) indica que hay mucha gente sin trabajo.
9. Dicen que para triunfar en política hace falta tener (palanca/ansiedad).
10. La receta dice que hay que rociar el pescado con una (cucharada/libra) de jugo de limón.

Práctica B. Complete las siguientes oraciones con uno de los verbos de la lista.

cocer cortar enfriar freír mezclar pelar probar
rociar volcar

1. Aquí está el cuchillo para ________ el pan.
2. Pedro puso el vino en la nevera para ________lo.
3. ¿Me pasas el cuchillo por favor? Tengo que ________ las papas.
4. ¿Vas a ________ las cebollas en la sartén?
5. Prefiero un poco de limón para ________ la ensalada.
6. Usemos la olla grande para ________ la carne a fuego lento.
7. Todos los ingredientes están listos para ________los, ponerlos en la cazuela y meterlos al horno.
8. La torta está fría. Ya podemos ________la en el plato de servir.
9. Voy a ________ la sopa: tú nunca le pones suficiente sal.

ESCUCHAR Y CONVERSAR

Pedro Mercado es un sicólogo puertorriqueño, conocido por sus escritos sobre los problemas de los jóvenes de edad universitaria. Hasta hace poco era profesor de la Universidad Católica de Ponce, ciudad donde vive, en la costa sur de la isla. Ahora, sin embargo, se dedica a la práctica privada y a sus investigaciones sobre los efectos del estrés en los jóvenes. Por ser una autoridad en su campo, lo invitan mucho a programas de televisión. En su tiempo libre se dedica a la cocina, haciéndole honor a su fama de gastrónomo.

Café al aire libre en el Viejo San Juan.

Actividad 1. Graciela Sánchez, animadora del programa semanal "Hablando Claro" de Televisión Ponce, entrevista al Dr. Pedro Mercado. Lea las oraciones antes de escuchar la entrevista. Mientras escucha, señale la respuesta correcta según el diálogo.

1. El tema general del programa es .... a. el estrés b. las drogas c. la adolescencia
2. En Puerto Rico se mezcla .... a. lo moderno y lo europeo b. el español y el francés c. lo tradicional y lo moderno
3. El deseo de ... causa ansiedad y depresión. a. triunfar y competir b. hacer dinero c. emigrar

4. Los problemas de los ancianos y los adolescentes son .... a. diferentes b. fáciles c. parecidos
5. El Dr. Mercado trabaja más con .... a. las madres b. los ancianos c. los jóvenes

Cinta 1. Hablan Graciela Sánchez y el Dr. Pedro Mercado.

GS: Buenas tardes. Bienvenidos al programa "Hablando Claro". Permítanme presentarles a nuestro distinguido invitado, el Dr. Pedro Mercado, sicólogo muy conocido en Ponce. Bienvenido, doctor.

PM: Es un placer estar con Uds.

GS: Dr. Mercado, Ud. tiene mucha experiencia con los estudiantes y hasta hace poco trabajaba como profesor en la Universidad Católica. ¿No es cierto?

PM: Efectivamente, así es, Graciela. Me encanta tratar con gente joven. No es una vida fácil para ellos. A veces sufren de mucha tensión.

GS: Bueno, hoy día, ¿quién no sufre de estrés? Y díganos, Dr. Mercado, según su experiencia, ¿cuáles son los trastornos mentales más comunes en la sociedad puertorriqueña actual?

PM: Se sabe que el estrés es un trastorno muy serio y muy común. Los problemas de nuestro país son muy parecidos a los de otros lugares, pero quizás en Puerto Rico parecen más intensos porque vivimos en un mundo muy rápido y muy americanizado y al mismo tiempo muy tradicional y conservador. Los trastornos principales, en mi opinión, son la ansiedad y la depresión.

GS: ¿Y qué las causa, doctor?

PM: Se considera que la ansiedad viene de la necesidad constante de triunfar y de competir, y de querer hacerlo todo muy rápidamente. Tenemos siempre mucha prisa. Muchas personas hacen grandes esfuerzos y no triunfan como esperaban; entonces viene la depresión.

GS: Sí, claro.

PM: Algunos se deprimen por problemas personales o familiares, o a causa de una mala situación económica.

GS: Sí, y también las personas de edad avanzada a veces sienten mucha soledad.

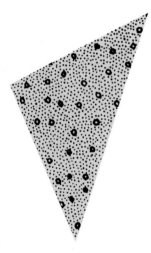

PM: Es verdad. Aunque los ancianos tienen sus propios problemas, muchos de esos problemas son parecidos a los de los jóvenes. Por ejemplo, el desempleo, la soledad, la falta de comprensión. En mi caso, trabajo más con jóvenes y adolescentes, grupos que con frecuencia sufren de depresión y ansiedad. En realidad, los jóvenes son nuestro futuro, así que sus problemas son muy importantes para la sociedad.

GS: Gracias por sus comentarios, Dr. Mercado. Ahora le vamos a pedir al público que nos llame por teléfono para charlar.

Actividad 2. En parejas, reproduzcan con sus propias palabras la entrevista de Graciela Sánchez con el Dr. Pedro Mercado. Sigan la guía y añadan sus propias ideas.

1. dar la bienvenida y presentar al público
2. hablar de la experiencia del Dr. Mercado con estudiantes en la Universidad Católica
3. preguntarle sobre tipos de trastornos sicológicos comunes
4. preguntarle la causa de estos trastornos
5. hablar de los grupos que sufren con frecuencia de depresión y ansiedad
6. invitar al público a participar

Actividad 3. Un reportero está preparando un artículo sobre la juventud actual. Para obtener opiniones directas de los jóvenes, va a visitar varios recintos universitarios y negocios de distintos tipos. En parejas, preparen las preguntas que el reportero les va a hacer a los jóvenes. Tomen en cuenta los siguientes temas, si quieren, y contribuyan otros.

1. ¿Quiénes estudian, por qué y cuáles son las carreras más populares?
2. ¿Quiénes trabajan, por qué y qué tipos de trabajo son los más comunes?
3. ¿Qué papel tienen los deportes en la vida de los jóvenes?
4. ¿Cómo resuelven los jóvenes sus problemas de estrés?
5. ¿Cuáles son sus deseos y sus frustraciones?
6. ¿Qué hacen para divertirse?

VOCABULARIO EN CONTEXTO. Hacer entrevistas.

Hablan la animadora de un programa de televisión y la Dra. Lozano.

AN: Dra. Lozano, **¿está** Ud. **de acuerdo** con el programa? **¿Sería tan amable de** explicarme el propósito de la reunión?

DL: **Desde luego.** La idea principal es informar al público sobre el nuevo programa para la comunidad.

AN: **Según Ud.**, ¿este tipo de programa ha dado buenos resultados anteriormente?

DL: **Efectivamente,** el plan piloto tuvo un éxito tremendo.

AN: **¿Podría decirme** en qué va a consistir la colaboración de la universidad con la clínica?

DL: **Con mucho gusto.** Nuestros estudiantes van a . . .

AN: **Disculpe que la interrumpa,** pero . . . . **Hágame el favor** de continuar. **¿Qué decía?** . . . . ¿Entonces Ud. **considera que** es una oportunidad excepcional para sus estudiantes?

DL: **Cómo no,** y se van a beneficiar la clínica y la universidad.

AN: **Ha sido un gusto** conversar con Ud.

Actividad 4. En grupos de 3 ó 4, usen las preguntas que prepararon para la Actividad 3 y el vocabulario en contexto para inventar la entrevista que un/a animador/a de un programa de televisión les hace a tres estudiantes. Inventen el nombre del programa y de los participantes. Usen nombres hispanos.

Actividad 5. Ahora, prepárense para hacer la siguiente actividad en forma rápida y dinámica. Circulen entre sus compañeros/as y entrevístense brevemente para averiguar cuál es hoy en día, entre los jóvenes, la forma más popular de divertirse los sábados por la noche. Regresen a sus grupos y comparen notas. ¿Hay un consenso respecto a cuáles son las formas más comunes de divertirse?

Disculpa, ¿podrías decirme . . . ?

Permíteme que interrumpa, ...

Según tú, ...

Actividad 6. Noemí Avilés, una joven de Mayagüez, llama desde su casa al programa "Hablando Claro" de Televisión Ponce para discutir sus problemas. Mientras escucha, escoja la alternativa correcta entre paréntesis para completar cada oración.

1. Noemí tiene (quince/dieciséis) años.
2. Es la (menor/mayor) de cinco hijos.

3. La madre sale (temprano/tarde) para el trabajo.
4. Noemí no tiene tiempo para estudiar porque (trabaja/cuida a sus hermanitos).
5. La madre regresa del trabajo (por la noche/por la tarde).
6. Los parientes de Noemí viven (cerca/lejos).
7. Noemí (sabe/no sabe) si la tía y sus primos la pueden ayudar.
8. El Dr. Mercado le recomienda a Noemí que busque (un sicólogo/un programa recreativo o educativo).

¿Se comprenden siempre perfectamente madre e hija?

Cinta 2. Hablan Graciela Sánchez, el Dr. Pedro Mercado y Noemí Avilés.

GS: ¿Aló? Bienvenida a "Hablando Claro". ¿Qué nos cuenta esta tarde?

NA: Me llamo Noemí Avilés y veo mucho su programa. Tengo quince años, soy la mayor de cinco hermanos, y me va mal en los estudios. Vivimos en Mayagüez. El problema es que mi mamá tiene que trabajar fuera de la casa, como a una hora de Mayagüez.

GS: ¿Puedes explicarnos un poco más?

NA: Bueno, Mami sale temprano para su trabajo y yo cuido a mis hermanitos. Tengo miedo de dejarlos salir a jugar por los peligros de la calle. Generalmente, Mami regresa del trabajo a las ocho de la noche muy cansada, y yo nunca tengo tiempo para mis cosas.

GS: Doctor, ¿qué le puede decir Ud. a esta joven para ayudarla?

PM: Me parece que Noemí necesita investigar varias posibilidades para mejorar su vida. Noemí, ¿tienes parientes que vivan cerca?

NA: Sí, afortunamente tengo una tía y tres primos cerca.

PM: Entonces, debes hablar con ellos para ver si alguno de ellos puede cuidar a los niños, digamos, tres tardes por semana. Así te da tiempo para estudiar y hacer tu vida.

NA: Doctor, es una buena idea, pero no sé si me pueden ayudar porque todos trabajan por la tarde.

PM: Entonces, debes buscar un programa recreativo o educativo para tus hermanos, por lo menos dos tardes a la semana. Eso te ayudará. ¿Por qué no organizas un par de horas de estudio en la casa? Los que están en la escuela pueden hacer la tarea, y los más chiquitos pueden ver la televisión o dormir la siesta mientras Uds. estudian. ¿Qué te parece?

NA: Voy a probar eso. Muchísimas gracias, doctor.

Actividad 7. Combine un elemento de la columna A con un elemento apropiado de la columna B para formar oraciones que resuman lo esencial del diálogo. Después, diga quién puede haberlas dicho, si el Dr. Mercado o Noemí.

A

1. Tengo que cuidarlos porque Mamá siempre
2. Me da miedo dejarlos salir a jugar
3. Averigua si alguien puede cuidar a los niños,
4. Mis parientes no me pueden ayudar porque
5. Necesitas algún tipo de programa para organizar

B

a. llega cansada del trabajo.
b. a los chicos mientras tú estudias.
c. trabajan por la tarde.
d. debido a los peligros de la calle.
e. digamos, tres veces por semana.

Actividad 8. En parejas, un/a estudiante es el Dr. Mercado y otro/a es Noemí. El/La estudiante que hace el papel del doctor, tapa con la mano la columna de Noemí y viceversa. Comienza el doctor, escogiendo una de las alternativas del primer punto. Contesta Noemí con la alternativa apropiada y así sucesivamente hasta acabar el diálogo. Al terminar, cambien de papeles y vuelvan a hacer la actividad. Hay dos conversaciones posibles.

Dr. Mercado

1a. ¿Entonces tú eres la mayor?
 b. Tienes quince años y cuidas a tus hermanitos, ¿no?

2a. ¡Ah, muchas felicidades! Dime, ¿tu mamá trabaja cerca o lejos?
 b. ¿El desayuno? ¿Ah, entonces eres una buena cocinera?

3a. Sí, el trabajo doméstico quita tiempo. ¿Hay alguien en la familia que pueda ayudarte?
 b. Entonces viaja en autobús dos horas al día. Es mucho. ¿No tienes algunos parientes cerca?

4a. Y por la tarde es exactamente cuando más ayuda necesitas. Te recomiendo entonces que pongas horas de estudio cada día.
 b. Pues si todos trabajan, lo mejor es que busques un programa recreativo o educativo para tus hermanitos.

5a. Sí, es mejor comenzar con pocas horas al principio. Buena suerte para ti.
 b. No sólo en la escuela. En la iglesia, el gimnasio y el centro comunal también. Que tengas mucho éxito.

Noemí

1a. Sí, mi cumpleaños fue la semana pasada.
 b. Sí, me siguen dos hermanas y dos hermanos. En la mañana no puedo estudiar porque tengo que prepararles el desayuno a todos.

2a. Pues, como a una hora de Mayagüez en autobús.
 b. Bueno, hambre no pasamos, pero como somos muchos, paso mucho rato cocinando.

3a. Cerca sólo a mi tía y mis primos, pero están ocupados por la tarde.
 b. No, no hay nadie. Tengo familia cerca, pero todos trabajan.

4a. Es una buena idea. En la escuela ofrecen varios programas. Llamaré hoy mismo.
 b. Me gusta la idea. Hoy comenzaré por poner una hora de estudio.

5a. Lo tendré gracias a Ud. Llamaré a esos lugares. Mil gracias.
 b. Muchas gracias. Con el plan de estudios estoy segura que mi situación va a cambiar.

Niños puertorriqueños compitiendo en un evento de campo y pista (track and field).
¿Le deprime a Ud. perder o no le importa?

VOCABULARIO EN CONTEXTO. Dar consejos y sugerencias.

- La asistente **le recomienda** al Dr. Mercado que acepte la invitación al programa "Hablando Claro".
- Graciela **le sugiere** que no prepare muchas notas porque el programa es muy informal.
- Yo **le ruego** que llegue temprano para que no se ponga nervioso y tenga tiempo de acostumbrarse a las luces y a la gente.
- **Es necesario** que practiquen un poco frente a las cámaras.
- **Te aconsejo** que le dediques más tiempo a las llamadas telefónicas del público.
- **Prefiero** que no nos interrumpan demasiado, pero **insisto en que** tomemos en cuenta la participación del público.
- **Le advierto** que esté listo porque ya estamos a punto de comenzar.

Actividad 9. En parejas y usando el vocabulario en contexto, escriban diez consejos a Noemí para mejorar su situación. Pueden usar ideas del diálogo o sus propias ideas.

Te recomiendo que hables con tus parientes.
Es necesario que organices tus horas de estudio y de juego.

Actividad 10. Escriba algunas notas sobre un problema personal, real o ficticio, que Ud. no sabe cómo resolver. Luego, formen grupos de 3 ó 4 y túrnense en la presentación del problema para que el grupo les dé sugerencias o consejos sobre cómo resolverlo. Usen el modelo de guía.

Te recomendamos que ....
En ese caso te sugerimos que ....

LEER Y CONVERSAR

INTERCAMBIO 1. La comida es uno de los placeres universales del ser humano. Las siguientes son dos recetas que le darán una idea de los ricos platos de la cocina hispana. ¡Pruébelas! Son muy sabrosas.

Flan de manzana

INGREDIENTES

Para 6 personas
1 y 1/2 kg de manzanas reinetas
150 g de azúcar
6 huevos
1 limón
1 palo de canela
25 g de mantequilla

CARAMELO
3 cucharadas de azúcar
2 cucharadas de agua

PREPARACION
1 hora y cuarto

DIFICULTAD
Para principiantes

PRESENTACION
*En plato de servir rodeado de nata**

CONSERVACION
2 días en la nevera, 1 mes en el congelador

MODO DE HACERLO

■ En cazuela poner las manzanas peladas y cortadas en trozos.
■ Rociar* con el zumo* del limón, espolvorear con el azúcar y poner a cocer con el palo de canela* hasta que estén bien desechas, moviéndolas de vez en cuando.
■ Cuando esté la compota fría sacar la canela y escurrir* poniéndola en un colador para que quede bien seca.
■ Batir los huevos como para tortilla, mezclar bien con la compota y verter* en flanera* previamente acaramelada*.
■ Cocer al baño de maría* en el horno 40 minutos con la flanera tapada o con la olla express 12 minutos.
■ Comprobar con aguja* el punto de coción*.
■ Dejar enfriar un poco y volcar en plato de servir.

to sprinkle
juice
cinnamon
to drain
to pour
custard mold
caramelized
double boiler
needle
thickening point
whipped cream

NUESTRO TRUCO: Se puede acompañar con una natilla o crema líquida servida aparte.

163* Realiza: NENA FERNANDEZ DE LA RIVA
Foto: ROSI UGARTE Y CAROLA BEAMONTE
TELVA

Actividad 11. Asocie las instrucciones de la lista, según la receta para el flan de manzana, con alguno de los siguientes ingredientes.

Ingredientes

la canela la compota los huevos las manzanas

Instrucciones

pele y corte en trozos
ponga en la cazuela
rocíe con el zumo de limón
espolvoree con azúcar
ponga a cocer con la canela
muévalas de vez en cuando
sáquela cuando la compota esté fría
escúrrala en un colador hasta que esté seca
bata
mezcle bien con la compota
vierta en la flanera
vuelque en un plato de servir

S A B O R

Hamburguesitas latinas

Fritas

16 Fritas

3 libras de carne molida (3/4 res y 1/4 cerdo)
1/2 taza de migas de pan o pan molido (*bread crumbs*)
1/2 taza de leche
1 huevo batido
1 cucharada de cebolla bien picadita
1 cucharada de salsa de tomate (*ketchup*)
2 cucharaditas de sal
1/2 cucharadita de pimentón (paprika)
1/2 cucharadita de salsa inglesa (*Worcestershire sauce*)
1/4 cucharadita de pimienta
2-3 papas cortadas a la juliana
mostaza
panecillos pequeños para hamburguesas o de mesa (*dinner rolls*)
1/2 cebolla, bien picadita

Combine la carne, el pan molido que ha sido humedecido en la leche, el huevo batido, la cebolla picada, salsa de tomate, sal, pimentón, la salsa inglesa y la pimienta. Se mezcla todo bien y se forma en 16 bolitas pequeñas. Cubra las bolitas y póngalas en el refrigerador por un par de horas para que la carne se impregne de la sazón. Cuando esté listo para cocinar, haga tortitas pequeñas (como hamburguesas). Cocínelas en una sartén engrasada hasta que estén hechas, volteándolas una vez.

Antes de servir, fría las papas hasta que estén doraditas. Séquelas en papel absorbente. Para armar las fritas, unte mostaza en un lado del panecillo abierto, ponga la carne frita, una cucharada de cebolla picadita y papitas fritas. Unte la otra mitad del panecillo con salsa de tomate y ponga encima de las papitas.

ground beef
mustard
moistened
flavor
greased
flipping them
golden

Actividad 12. Lea la receta de las hamburguesitas latinas y conteste las siguientes preguntas.

1. ¿Qué proteínas hay en la receta?
2. ¿Hay vegetales?
3. ¿Hay carbohidratos?
4. ¿Qué especias hay que usar?
5. ¿Qué se debe humedecer en la leche antes de mezclarse con la carne?
6. ¿Qué se necesita hacer para que la carne tome el sabor de los demás ingredientes?

Actividad 13. En parejas, vean la receta de las hamburguesitas y preparen una lista de diez instrucciones siguiendo el modelo.

la carne y el pan molido
combinar la carne y el pan molido

el pan en la leche
16 bolitas pequeñas
tortitas pequeñas
las papas
el panecillo

Actividad 14. En parejas, hablen de cómo les gusta comer o preparar las hamburguesas. ¿Se parecen a las hamburguesitas latinas?

A mí me gustan con mucha cebolla bien picadita.

Actividad 15. En grupos de 3 ó 4, usen el vocabulario de las recetas para inventar instrucciones para hacer "Manzanas locas". Luego, lean su receta a la clase, representando con movimientos de las manos cada una de las instrucciones. Escojan la manzana más loca.

El maestro siempre
supo amar la vida,
estimarla y respetarla.
Como prueba de su amor
y de la fe
que tuvo en el prójimo,
hoy podemos
disfrutar en vida
de la herencia
de su música.
GOYA

Anuncio del Festival Pablo Casals, Puerto Rico.

INTERCAMBIO 2. Los tíos de Ana Rodríguez, que viven en San Juan, la invitaron a pasar una semana con ellos. Es la primera visita de Ana a la tierra donde nacieron sus padres. Lo que sigue es un fragmento de la carta que Ana le escribió a una amiga.

San Juan, Puerto Rico

10 de junio

Querida Rosa:

¡Recomiendo que todo el mundo venga a este lugar tan precioso! ¡Ay, qué playas! Los folletos turísticos no exageran. Te digo que esto es un paraíso de arena y de sol. Y todo tan moderno, con hoteles, restaurantes y casinos, pero hay muchísimo más. Mis tíos viven fuera de la ciudad, en un apartamento bastante alto, con una maravillosa vista del mar. Ayer fuimos al Viejo San Juan, la parte colonial de la capital. La restauraron para que quedara como en los viejos tiempos: arquitectura colonial lindísima y calles muy estrechas, pero con mucha animación. Hay tiendas y mercados pequeños, restaurantes típicos e iglesias históricas. Comimos en un restaurante que una vez fue, imagínate, ¡un convento de monjas! Luego fuimos al Museo de Pablo Casals,[1] el famoso violoncelista español, y esa noche, en un patio al lado de la Iglesia de San Juan, frente al museo, fuimos a un concierto maravilloso que era parte de un festival de música que dan todos los años. Fue una experiencia increíble estar sentada bajo las estrellas escuchando música en un lugar tan hermoso.

Es una pena que no pueda quedarme otra semana. Mis tíos quieren que visite la universidad de Puerto Rico en Río Piedras, que queda muy cerca. A lo mejor, me animo y voy a estudiar allí. Voy a pedirles que me lleven a El Yunque, un parque nacional que es una selva tropical. Está llena de árboles y pájaros tropicales—tú sabes que me encantan—y no está muy lejos de la ciudad.

Al lado de mis tíos viven dos hermanos, Germán y Oscar, que tienen más o menos mi edad y me caen de maravilla. El sábado vamos a . . . .

[1] Casals (1876–1973), considerado uno de los mejores violoncelistas del siglo XX, fue también compositor y un notable director de orquesta. Exiliado de la España de Franco, vivió en Puerto Rico hasta su muerte. El museo refleja la gloriosa carrera de este gran maestro que, además de la música, se dedicó a promover la paz mundial.

Actividad 16. Complete la información sobre Puerto Rico, según la descripción que Ana hace en su carta.

1. Puerto Rico tiene mucho que atrae al turista como . . . .
2. El Viejo San Juan es muy lindo debido a . . . .
3. Enfrente de la Iglesia de San Juan está el museo de . . . .
4. Durante el festival de música anual dan conciertos en . . . .
5. Otros lugares de interés incluyen la Universidad de Puerto Rico en . . . y la selva tropical llamada . . . .

Actividad 17. En grupos de 3 ó 4, terminen la carta de Ana. Escriban por lo menos media página.

Actividad 18. A su regreso a los Estados Unidos, Ana recibe una llamada telefónica de doña Carmen, una amiga de sus padres que quiere visitar Puerto Rico con su marido. En parejas, creen una conversación telefónica en la que doña Carmen le pide a Ana que les sugiera, a ella y a su marido, cosas interesantes que hacer en Puerto Rico.

◀◀◀◀ Estructura

Alquiler de veraneo:
Se alquila casa amueblada de 2 niveles,
3 dormitorios, 2 baños,
estacionamiento para 3 carros.
Tel. 786 29 38

I. Impersonal Constructions

A. *The passive voice*

The passive voice emphasizes the object of the action rather than the person(s) who perform(s) the action. To form the passive voice in Spanish, use the construction **ser** + *past participle.*

La carta fue enviada ayer.	*The letter was sent yesterday.*

B. *The passive **se***

1. More frequent is the passive construction called the passive **se. Se** always precedes the verb, which is in the third-person singular when the object of the action is singular and in the third-person plural when the object is plural.

La carta se envió ayer.	*The letter was sent yesterday.*
Las cartas se enviaron ayer.	*The letters were sent yesterday.*

2. The passive **se** and the passive voice are not always interchangeable. The verbs **necesitar** and **requerir,** for example, always require the use of the passive **se.**

Se necesita más tiempo.	*More time is needed.*
Se requiere el pasaporte.	*A passport is required.*

3. The object of the verb in a passive **se** construction may be an infinitive or a clause. In either case the verb is in the third-person singular.

Se prohibe fumar aquí.	*Smoking is not allowed here.*
Se piensa que el estrés causa todo tipo de enfermedades.	*Stress is believed to cause all kinds of sicknesses.*

4. Some frequent passive **se** expressions correspond to the impersonal "you" constructions in English.

¿Cómo se dice eso en español?	*How do you say that in Spanish?*
¿Cómo se hace el flan?	*How do you make custard?*
No se puede.	*You can't do it (it can't be done).*

5. The passive **se** is often used to write instructions such as those found in recipes and want ads.

Se agrega un poco de sal.	*Add a bit of salt.*
Primero se cocinan los camarones.	*Cook the shrimp first.*
Se solicitan programadores.	*Programmers wanted.*
Se venden condominios.	*Condos for sale.*

II. Impersonal *Se*

1. The impersonal **se** also emphasizes the object of an action instead of the person or persons carrying out the action, but the object is always a person. Unlike the passive **se,** the verb remains in the third-person singular, even if the object is plural. Notice that the English equivalent is also in the passive voice.

Se castigó al niño.	*The child was punished.*
No se castigó a los adultos.	*The adults were not punished.*

Notice, however, that want-ad verb constructions such as **Se solicitan vendedores** (*Salespeople wanted*), considered cases of the passive **se,** are exceptions to the rule that calls for the impersonal **se** when the object is a person.

2. An object pronoun can replace the object of an action in an impersonal **se** construction. Use **le** and **les** in this construction when the direct object is masculine.

—¿En este país se admira a los atletas?	*Are athletes admired in this country?*
—Sí, se les admira muchísimo.	*Yes, they are greatly admired.*
—Y, ¿a las atletas?	*And female athletes?*
—También se las admira, por supuesto.	*They too are admired, of course.*

3. The impersonal **se** is also used when the verb has no object, in which case the English equivalent may be a construction with the impersonal "you" or "one."

Se come bien en esa cafetería.	*You/One can eat well in that cafeteria.*
Con tanto ruido, no se duerme mucho.	*With so much noise, you don't sleep a lot.*

4. The impersonal **se,** like the passive **se,** may also be used in instructions.

Se va hasta la esquina y se dobla a la izquierda.	*Go to the corner and turn left.*

Ejercicio 1. En parejas, imagínense que Uds. conocen a una persona de otro planeta que les muestra varias fotos de comidas típicas terrestres y les pregunta cómo se preparan. Escriban instrucciones de tono humorístico usando exclusivamente el **se pasivo** para cada una de las siguientes comidas.

una hamburguesa

un sandwich de mantequilla de maní (*peanut butter*) y jalea

una ensalada Waldorf con manzanas, nueces (*nuts*), apio (*celery*) y mayonesa

Ejercicio 2. Un/a amigo/a de otro país quiere sacar la licencia de conducir y le pregunta a Ud. lo que hay que hacer. En parejas, escriban las instrucciones para el/la amigo/a. Sigan el modelo. Usen la guía y/o añadan sus propias ideas.

Se va a . . . .

ir a la Dirección de Tránsito (*Registry of Motor Vehicles*)

pedir información sobre el procedimiento

llenar una solicitud

comprar una estampilla especial en una ventanilla

presentar la solicitud para que le pongan el sello (*seal*)

pagar en otra ventanilla

hacer el examen escrito

pedir una fecha para el examen práctico

Ejercicio 3. En grupos de 3 ó 4, hagan una lista de diez afirmaciones usando únicamente el **se pasivo** o el **se impersonal.** Deben ser afirmaciones que reflejen la vida estudiantil en su universidad.

En esta universidad se trabaja demasiado.
Se va a muy pocas fiestas.

III. Some Uses of the Infinitive

1. Use the infinitive in Spanish whenever English uses the gerund (the *-ing* verb form) as a noun. Never use the **-ndo** form **(hablando, comiendo, viviendo)** as a noun in Spanish. The infinitive in Spanish can be:

   a. a subject.

Esquiar es divertido.	*Skiing is fun.*

   b. a direct object.

Ella no quiere salir.	*She doesn't want to go out.*

   c. an object of a preposition.

Estoy cansado de estudiar.	*I'm tired of studying.*

2. Always use the infinitive after a preposition. You cannot use any other verb form (and this includes the **-ndo** form) after a preposition.

Gracias por aconsejarme.	*Thanks for advising me.*
Lo acusaron de tomar drogas.	*They accused him of taking drugs.*
Lo hice sin pensar.	*I did it without thinking.*

   Do not use the infinitive in Spanish when English uses *by* + the *-ing* form to express how something is or is not done. In that case, use the **-ndo** form and omit the preposition **por** (*by*), since Spanish never uses a preposition with the **-ndo** construction.

Evito problemas evitando el alcohol.	*I avoid problems by avoiding alcohol.*
No vas a resolver nada tomando drogas.	*You are not going to solve anything by taking drugs.*

3. The infinitive can have the force of a command and is frequently used as such in written instructions.

No fumar.	*No smoking.*
No pisar la hierba.	*Keep off the grass.*
Encender la computadora.	*Turn on the computer.*
Poner los huevos en la sartén y freírlos en aceite.	*Put the eggs in the frying pan and fry them in oil.*

Ejercicio 4. En parejas y turnándose, dense instrucciones sobre cómo hacer las siguientes cosas. Usen el infinitivo.

preparar una ensalada de fruta
pelar la fruta, cortarla, rociarla con jugo de naranja

engrasar (*grease*) una cazuela

volcar un flan en un plato de servir

freír papas en mantequilla

preparar la carne para hacer hamburguesas

Ejercicio 5. En parejas, completen las siguientes oraciones de modo original y creativo usando infinitivos. Si quieren, el infinitivo puede ir acompañado de una o más palabras como en el modelo.

Vamos a . . .
Vamos a jugar tenis esta tarde.

1. Sin . . . uno no puede . . . .
2. Cuando yo era niño, me castigaban por . . . .
3. Aquí todo el mundo insiste en . . . .
4. Siempre antes de . . . es absolutamente necesario . . . .
5. Quiero graduarme pronto para . . . .
6. Por favor, ¿podría . . . ?
7. . . . temprano es algo que siempre me parece difícil.
8. Ha sido un gusto . . . con Ud.
9. . . . es muy peligroso, pero me gusta.
10. Hágame el favor de . . . .

IV. Commands

Consejos útiles: Acostúmbrese a leer toda la receta antes de comenzar a prepararla.

A. *Types of commands*

There are three types of commands:

1. Formal: to address people with whom you use **usted** or **ustedes**
2. Familiar: to address people with whom you use **tú** or **vosotros**
3. First person plural: to include yourself in a group whose behavior you want to influence. This command is equivalent to the *Let's . . .* expression in English. This chapter deals in formal commands only; familiar and first person plural commands will be presented later.

B. *Formal command forms*

	-ar verbs	**-er** verbs	**-ir** verbs
Ud.	habl**e**	com**a**	viv**a**
Uds.	habl**en**	com**an**	viv**an**

1. Command endings have the "opposite" vowel from that of the infinitive: **-ar** verb commands end in **e/en**, and **-er** and **-ir** verb commands end in **a/an.**

   cantar: cant**e**/cant**en**; correr: corr**a**/corr**an**; abrir: abr**a**/abr**an**

2. Command stems are the same as the stem of the first person singular of the present indicative ending in **-o.** Any irregularity that occurs in that form also occurs in all commands.

   (yo) teng**o:** teng**a**, teng**an**; piens**o:** piens**e**, piens**en**

3. The five verbs whose **yo** form does not end in **-o** in the present indicative have the following command forms:

   dar: dé, den

   estar: esté, estén

   ir: vaya, vayan

   saber: sepa, sepan

   ser: sea, sean

4. Notice the spelling changes that occur when going from the **yo** form of **-ar** verbs that end in **-co, -go,** and **-zo,** to the command form.

   -co **-que:** explico > explique; busco > busque

   -go **-gue:** pago > pague; llego > llegue

   -zo **-ce:** realizo > realice; rezo > rece

5. Subject pronouns follow commands. Use them for:

   a. politeness. (The subject pronoun softens the command.)

Entre Ud.	*Do come in.*

   b. contrast. (The pronoun *must* be used.)

Vayan Uds.; yo no puedo ir.	*You go ahead; I can't go.*

6. Object pronouns and reflexive pronouns are attached to the end of affirmative commands, forming a single word. The command portion of the word carries a written accent on the next-to-last syllable.

Explíqueme su problema. (Explíquemelo.)	*Explain your problem to me. (Explain it to me.)*
Levántense.	*Get up.*

7. When the command is negative, pronouns come before the verb and are written as separate words.

No me explique su problema. (No me lo explique.)	*Don't explain your problem to me. (Don't explain it to me.)*
No se levanten.	*Don't get up.*

Ejercicio 6. Convierta los infinitivos, primero en mandatos afirmativos y luego en mandatos negativos como en el modelo.

Comprarlo.
Cómprelo. No, no lo compre.

1. Llamarme.
2. Explicárselo a todos.
3. Dormirse.
4. Buscarle un trabajo a mi hijo.
5. Irse de aquí.
6. Acostarse temprano.
7. ¿El dinero? Pagárselo.

Ejercicio 7. En grupos de 3 ó 4 y usando mandatos, preparen una serie de instrucciones para personas que entran por primera vez a su universidad. Incluyan cinco cosas que deben hacer y cinco cosas que no deben hacer. Usen la siguiente lista; también pueden agregar otros verbos y expresiones si lo desean.

Lleguen siempre temprano a la clase del profesor Juárez.
No vayan a muchas fiestas.

acostarse	hacer deportes
buscar	ir a fiestas
conducir con cuidado	ir a la biblioteca
dar fiestas	levantarse
dejarlo todo para última hora	llegar
dormir	salir
hablarles a los compañeros en clase	volver al dormitorio

V. Introduction to the Subjunctive Mood

A. What is mood?

Mood refers to the relationship between the intention of the speaker and the set of verb endings used. Simple statements are expressed in the indicative mood; commands in the imperative mood. The third mood, the subjunctive, has many uses.

B. Main and dependent clauses

1. Familiarity with dependent clauses is essential to fully understand the subjunctive. A dependent clause is a sentence-like construction that has its own conjugated verb and is part of a larger sentence. It is connected to the rest of the sentence by a conjunction, usually **que.** Often the verb in the main clause determines the mood of the verb in the dependent clause. Compare:

Main Clause	***Conjunction***	***Dependent Clause with verb in the indicative***
Ella dice	que	Ana va con ella a la fiesta.
Main Clause	***Conjunction***	***Dependent Clause with verb in the subjunctive***
Julia pide	que	Ana vaya con ella a la fiesta.

Notice that the **Ud.** subjunctive form and the formal command are identical. In the last example, Julia is trying to influence Ana's behavior with her request. Requests, advice, etc., are indirect ways of commanding others to do something, hence the connection between commands and the subjunctive.

2. To influence others' behavior by ordering, suggesting, advising, requesting, approving, disapproving, etc., use verbs such as the following:

aconsejar	esperar	ordenar	querer
advertir	fastidiar	pedir	recomendar
decir	gustar	preferir	rogar
desear	insistir	prohibir	sugerir
encantar	molestar		

Te ordeno que vengas conmigo.	*I order you to come with me.*
Así que quieres que yo te ayude.	*So you want me to help you.*
Os pedimos que no os vayáis tan pronto.	*We are asking you not to go so soon.*
Mamá me ruega que limpie el cuarto.	*Mom begs me to clean my room.*
Les aconsejo que estudien más.	*I advise you to study more.*
Ella quiere que la beses.	*She wants you to kiss her.*
No me gusta que seas tímido.	*I don't like you to be shy.*
Me fastidia que no llames nunca.	*It bothers me that you never call.*

Notice that in most cases English uses the infinitive instead of a dependent clause.

C. Present subjunctive forms

1. If you know Spanish formal commands, you know most present subjunctive forms. The forms for **yo, Ud., él,** and **ella** are the same as the **Ud.** command form; those for **ellos, ellas,** and **Uds.** are the same as the **Uds.** command form. The **tú** form adds **-s** and the **nosotros** form adds **-mos** to the **Ud.** command form.

hable**s**	coma**s**	viva**s**
hable**mos**	coma**mos**	viva**mos**

2. The **vosotros** form adds **-éis** to the stem of **-ar** verbs and **-áis** to the stem of **-er** and **-ir** verbs.

habl**éis** com**áis** viv**áis**

(que yo)	habl**e**	com**a**	viv**a**
(que tú)	habl**es**	com**as**	viv**as**
(que él, ella, Ud.)	habl**e**	com**a**	viv**a**
(que nosotros)	habl**emos**	com**amos**	viv**amos**
(que vosotros)	habl**éis**	com**áis**	viv**áis**
(que ellos, ellas, Uds.)	habl**en**	com**an**	viv**an**

3. In the subjunctive, stem-changing **-ar** and **-er** verbs do not have a stem change in the **nosotros** and **vosotros** forms. However, **-ir** verbs with **e > ie, o > ue** stem changes drop the **e** of the stem in the **nosotros** and **vosotros** forms: **ie → e; ue → u.**

-ar:	**(e > ie)**	(pensar → p**ie**nse)	p**e**nsemos, p**e**nséis
-er:	**(o > ue)**	(volver → v**ue**lva)	v**o**lvamos, v**o**lváis
-ir:	**(e > ie)**	(sentir → s**ie**nta)	s**i**ntamos, s**i**ntáis
	(o > ue)	(dormir → d**ue**rma)	d**u**rmamos, d**u**rmáis

Ejercicio 8. Complete las oraciones usando la forma apropiada del subjuntivo del verbo que aparece entre paréntesis. No hace falta usar el pronombre como sujeto.

Te ruego (levantarte temprano / tú).
Te ruego que te levantes temprano.

1. Te aconsejo (hacer la tarea todos los días / tú).
2. Me gusta (comer siempre juntos / nosotros).
3. Me molesta (no querer ir con nosotros / ellos).
4. Señores, les pido (pensar más sobre el asunto / Uds.).
5. Espero (no sentirse ofendida por mi acción / ella).
6. Amigos, no quiero (tener problemas / vosotros).
7. El maestro nos pide (llegar más temprano / nosotros).
8. Espero (recordar nuestra cita / tú).
9. Señora, le sugiero (volver dentro de una hora / Ud.).
10. Mamá no quiere (dormir hasta tarde / nosotros).

Ejercicio 9. Ud. tiene un robot que, para cosas sencillas basta con decirle "Te ordeno que ....", pero para cosas complicadas hay que rogarle un poco. Déle un nombre hispano al robot y prepárele una lista de instrucciones del día (mínimo diez).

Robotín, te pido que cortes la hierba del jardín.
Te ruego que ....

Ejercicio 10. En parejas, preparen una lista de tres consejos que Uds. quieren darle a su mejor amigo/a para que se mantenga en buen estado físico y tres para que conserve su bienestar emocional. Usen los verbos del modelo.

Te aconsejo que ....
Te sugiero que ....

Ejercicio 11. En parejas, sugiéranle a su profesor/a de español qué hacer para ganar el premio "Profesor/a o del año". Usen los verbos del modelo.

Le recomiendo que . . . .
Le sugiero que . . . .

Ejercicio 12. El presidente de los Estados Unidos invita a un grupo de ciudadanos notables a Washington. Les pide que sean totalmente francos con él y que hablen sobre lo que no les gusta de su actual gobierno y sobre los cambios que le recomiendan para el futuro. En grupos de 3 ó 4, escriban una serie de quejas (*complaints*) y recomendaciones para el presidente.

Sr. Presidente, nos molesta que . . . .
Le recomendamos respetuosamente que . . . .

Exploraciones

Esta joven puertorriqueña, empleada de un negocio de Nueva York, debe utilizar la computadora a diario. ¿Es monótono su trabajo? ¿Le causa estrés?

CENTROAMERICA

En el recinto de la Universidad Nacional, Tegucigalpa, Honduras.

Estatua del poeta nicaragüense Rubén Darío en el centro de arte que lleva su nombre, Managua, Nicaragua.

Bailando el tamborito (a traditional dance) *en Panamá.*

Dando los últimos toques a una carreta típica, Sarchí, Costa Rica.

Ofrendas (Offerings) *de Semana Santa en Guatemala.*

Pesando algodón en Nicaragua.

Indias cunas de las islas de San Blas, Panamá.

En una finca de café, Copán, Honduras.

Partido de fútbol en una zona rural de Guatemala.

Tarde de domingo en la ciudad de Guatemala. Al fondo el Palacio Nacional.

LECTURA 1. Entre la isla y el continente

EMPLEO POR SECTORES (en miles)		
Sector	**1974**	**1987**
Agricultura	52	33
Manufacturas	141	152
Construcción	77	41
Comercio	141	159
Finanzas	17	30
Transporte	30	26
Comunicaciones	7	11
Servicio Público	14	15
Otros servicios	123	160
Administración Pública	144	197

Fuente: Informe Económico al Gobernador, 1987.

Actividad 1. La siguiente lectura habla de por qué el campesino puertorriqueño viaja tanto entre los Estados Unidos y Puerto Rico. Antes de leer, considere las siguientes preguntas.

1. ¿Qué tipo de trabajo cree Ud. que puede hacer un campesino puertorriqueño que llega a una ciudad de los Estados Unidos sin ninguna destreza (*skill*) especial?
2. Si en la isla no hay trabajo en el campo, ¿qué opciones tiene un campesino?

¿Por qué viajan tanto los puertorriqueños entre Puerto Rico y los Estados Unidos? La respuesta tiene que ver en parte con el desarrollo económico de la isla en los últimos años. Puerto Rico, un país principalmente agrícola, se ha convertido en una sociedad industrializada. Según la tabla de empleo por sectores (4.13), los tres sectores que sufrieron una reducción en el número de empleos son la agricultura, la construcción y el transporte. La agricultura sufrió una gran pérdida de empleos, lo que significa que si un campesino no puede labrar° la tierra, tiene que trasladarse a un lugar donde haya trabajo. El desplazamiento° ocurre cuando el campesino emigra a la ciudad en busca de mejores oportunidades.

¿Adónde ir? Primero a San Juan o quizá a Bayamón o a Ponce. Ese traslado requiere que lleve a su esposa e hijos o que los deje en el campo con los abuelos u otros parientes. En ambos casos, los lazos° familiares se rompen.

cultivate
displacement
ties

Observando de nuevo la tabla de empleo por sectores, se ve que donde más empleo hay en Puerto Rico es en manufactura, comercio, servicios y administración pública. ¿Qué indican estas cifras? En primer lugar, demuestran que la tecnología ha mejorado los sistemas de producción. Desafortunadamente, para conseguir trabajo en las fábricas casi siempre hace falta tener alguna destreza especial. Por lo tanto, un campesino recién llegado a la ciudad no tiene la capacidad de desempeñar un trabajo técnico. Gracias a la tecnología, la industria de la construcción ha evolucionado, pero no en beneficio del campesino porque ahora hay menos trabajo manual.

La tabla indica que el sector con el mayor número de empleos es la administración pública. En parte esto se debe a una política gubernamental orientada a reducir la tasa de desempleo. Sin embargo, la administración pública requiere un nivel básico de educación que el campesino raras veces posee, y además, muy a menudo es preciso tener palanca. Es dudoso que el campesino recién emigrado conozca a alguien que lo pueda colocar en un trabajo de ese tipo.

Queda la posibilidad de encontrar trabajo en aquellos sectores en los que, como en los Estados Unidos, ha habido un alza° de empleo. Es decir, el campesino puede colocarse en un Wendy's, un Burger King o quizás en un hotel de una de las grandes cadenas, pero lo que gana difícilmente es suficiente para mantener a la familia.

rise

El resultado es que el campesino que no puede encontrar trabajo en su propia isla comienza a soñar con la idea de trasladarse a Nueva York. Del continente le llegan rumores de una vida mejor. Cansado de buscar lo que no hay en Puerto Rico saca del banco los escasos ahorros familiares, compra un billete de avión y parte hacia la Gran Manzana.

Llega con grandes ilusiones de encontrar mejores oportunidades económicas, para pronto descubrir que la vida en el norte también ofrece soledad, frío, desorientación y problemas con el idioma. Le cuesta adaptarse. Por eso algunos vuelven a la isla desanimados, mientras que otros aceptan el reto° y deciden quedarse en Nueva York. Para los que regresan, las posibilidades de trabajo siguen siendo limitadas. Para los que se quedan en los Estados Unidos, la lucha es ardua, pero la esperanza es lo último que se pierde.

challenge, threat

Actividad 2. Lea las siguientes oraciones y trate de separar los detalles objetivos de los que se pueden inferir de lo que dice el autor. Ponga una H si se trata de un hecho (*fact*), y una I si es algo que se puede inferir del artículo.

1. Puerto Rico es una sociedad industrializada.
2. La construcción es el sector con el menor número de empleos.

3. El sector que más empleos tiene es la administración pública.
4. Tres ciudades importantes de Puerto Rico son San Juan, Bayamón y Ponce.
5. La emigración puede traer problemas familiares.
6. La tecnología ha traído grandes mejoras, pero no para el campesino.
7. El gobierno trata de reducir el desempleo mediante la creación de puestos administrativos.
8. Hay muchos mitos sobre las grandes oportunidades en la Gran Manzana.

Actividad 3. En grupos de 3 ó 4, compartan las experiencias que tuvieron la primera vez que hicieron un viaje importante solos o que se fueron de la casa de sus padres. Describan la situación con detalles. Usen las siguientes preguntas de guía y tomen apuntes. Los van a necesitar.

1. ¿Adónde fueron?
2. ¿Por cuánto tiempo?
3. ¿Cómo se sentían?
4. ¿Qué les pasó?

Actividad 4. Ahora, escriba un párrafo breve sobre algo memorable que haya contado alguien del grupo. Use los apuntes de la Actividad 3 para organizar su párrafo.

LECTURA 2. "Caparra estuvo perdido por casi cuatrocientos años"

Actividad 5. Esta es una actividad para aprender a extraer de un texto información basada en hechos. No es preciso detenerse en cada palabra para averiguar ciertos detalles. Lea por encima (*lightly*) el artículo sobre el poblado de Caparra que apareció en la revista *Imagen,* y luego complete las siguientes oraciones.

1. El conquistador ... fundó el primer poblado de Puerto Rico en 1508.
2. Como no era conveniente para la navegación, se abandonó ... años después.
3. El primer plano del área se hizo en el año ....
4. La hacienda en la que se creyó encontrar las ruinas de Caparra era del siglo ....
5. El ... aniversario de la llegada de Ponce de León se celebró en 1908.
6. En el año 1917 se construyó la carretera ... sobre las ruinas de Caparra.

Caparra, el primer poblado que se fundó en Puerto Rico por Juan Ponce de León en 1508, fue abandonado once años después dado a que su ubicación no facilitaba el mercado marítimo. El poblado entero se trasladó a la isleta donde se fundó San Juan y desde entonces se perdió todo rastro de Caparra a tal grado que para 1776, cuando se hizo el primer plano del área, no se pudo precisar su localización.

La confusión continuó a través de los siglos. En 1898 se identificaron las ruinas de una hacienda del siglo XVIII como las de Caparra, para el libro *Our Islands and Their People.* Luego, en 1908, cuando se conmemoró el 400 aniversario de la llegada de Juan Ponce de León a la Isla, la celebración se llevó a cabo en esas ruinas.

Ya en el siglo XX, específicamente en 1917, se construyó la carretera PR2 sobre las verdaderas ruinas de Caparra, que no fueron descubiertas hasta 1938 mediante una excavación arqueológica.

Actividad 6. Ponga en orden cronológico los siguientes acontecimientos.

- el 400 aniversario de la fundación del poblado de Caparra
- el descubrimiento de las verdaderas ruinas de Caparra
- la publicación del libro *Our Islands and Their People*
- la fundación de San Juan

Actividad 7. Ud. es el/la reportero/a de la revista *Imagen* que entrevistó al/a la profesor/a de historia acerca de sus investigaciones sobre Caparra. En parejas, escriban las preguntas de esa entrevista. Luego, en parejas, hagan y contesten las preguntas. Sigan el modelo.

¿En que año se fundó . . . ?

LECTURA 3. "Días de niebla", de Natividad Verdejo

Actividad 8. El siguiente cuento trata de explicar los efectos de una emoción que no ha sido expresada por muchos años y que de repente se manifiesta de una manera inesperada. Es una variante sobre el tema del crimen perfecto. Hay dos personajes, marido y mujer, y una venganza (*revenge*). Al leer, concentre su atención en las siguientes preguntas.

1. ¿Quién tiene un motivo para matar?
2. ¿Cuál es el arma (*weapon*) del crimen?
3. ¿Cuántas víctimas hay?

Era una tarde brumosa,° gris en demasía.° Una tarde de nimbos y cirros.° De esos días que con el pasar del tiempo uno olvida la fecha y hasta el lugar, pero nunca lo brumoso de la tarde. De esas largas horas que a uno le da por desempolvar° los recuerdos fantasmagóricos ya mustios. Tal vez por eso recordó las pérfidas° imprecaciones de aquel domingo a las cuatro cuando, con un estilo singular, él enunció aquellas palabras procaces° dejándole el amargo sabor de la insolencia por lustros,° lustros y otros lustros. Y volvió a colar° otro poco de café cargado y amargo, como le gustó a su marido de toda la vida. Le solía° echar un poco de zumo

foggy / excess
clouds
to revive
treacherous
shameless
five-year periods / strain
used to

de albarranilla° que extraía con sus manos de ninfa, siempre tan blancas, conservando la albura° de los años de su virginidad.

—¡Oye, Bartolo! ¿Te acuerdas que el día en que nació Talito le dijiste a todo el mundo que no era tuyo?

—Nena, ¿y tú te acuerdas de eso?

—Claro, si borracho como un perro pregonaste° tus dudas a los cuatro vientos.°

—Si ya hace más de veinte años, ¿por qué recuerdas eso ahora?—dijo saboreando el penúltimo sorbo° de café amargo como la retama,° como siempre le gustó, con la sazón° especial de todos los días durante los últimos veinte años, pero esta vez casi imperceptiblemente un poco más amargo.

—¿Te acuerdas?

—Sí, me recuerdo.

—¿Y recuerdas que te dije que me iba a vengar?° Que te mataría.—Y siguió esta vez lavando los platos con las mismas albas manos de ninfa.

—No seas tonta. ¿Por qué te empeñas° en revolver° las aguas turbias?° No podrás negar que hemos sido felices a pesar de ello. ¿O me dirás acaso que no me has perdonado? . . .

Ella alzó° los ojos y él se convenció° de que aún era hermosa y su mirada conservaba la inocencia y su piel la tersura° de veinte años atrás. Esto hacía que le gustara más a pesar del tiempo, de los celos,° de las dudas y del rencor° que de ella afloró.°

—. . . dime, ¿ahora me vas a matar? ¿Vas a ponerme una bala° entre las sienes?°—y sonrió con la sonrisa universal de un marido de muchos años.

—Mmmm, ¡no!—casi respondió mientras con un tenue y

squill, a bulbous plant / *whiteness*

shouted out

fig. "from the rooftops"

sip

shrub called broom / *flavor*

avenge myself

insist / *stir up*

muddy

raised / *became convinced* / *smoothness*

jealousy / *rancor* / *surged*

bullet / *temples*

ligero movimiento de caderas retiró los pantis de entre sus nalgas° a la vez que él se apuró° el último sorbo de café.

—¿Me vas a clavar un puñal° en el costado?°

—No.

—¿Vas a asfixiarme mientras duermo?

—No, . . . el café.

—¿Qué?

—El café . . . Puse un tanto de veneno° en el café.

Por la forma inquieta° en que él miró la taza, ella comprendió que ahora había otro malentendido° en la vida común. Siempre se lo dijo su madre, que la vida marital se componía de poco amor, algunos malos entendidos y muchos malos ratos, por eso quiso aclarar el asunto. Y repitió con su dulce voz de ninfa las mismas palabras, esta vez un poco más pausada.

—. . . Puse un tanto de veneno en el café. En el tuyo no, en el mío, y le hice saber a la vecina que temía° por mi vida porque otra vez me estabas celando° y habías jurado° que me ibas a matar.

buttocks / finished off / dagger / side

poison

agitated

misunderstanding

feared

keeping an eye on / sworn

Actividad 9. En parejas, contesten las siguientes preguntas.

1. ¿Dónde están Bartolo y su mujer?
2. ¿Qué pasó cuando nació Talito?
3. ¿Qué promesa le hizo la esposa a su marido?
4. ¿Cuántos años han pasado desde el incidente?
5. ¿En qué consiste la venganza?

Actividad 10. En el cuento, la autora establece el ambiente describiendo las distintas emociones de sus personajes. Esta actividad es para ayudarlo/la a entender esas emociones. En parejas, asocien una frase de la columna A con una reacción de la columna B.

A

1. la tarde
2. las palabras de Bartolo al nacer Talito
3. aspecto físico de la mujer según Bartolo
4. el café
5. los recuerdos del pasado
6. la reacción de Bartolo cuando su mujer le habla de venganza por primera vez
7. la reacción de Bartolo cuando ella le menciona el café
8. las palabras de la mujer cuando le aclara lo del café

B

a. incredulidad
b. virginal
c. imperceptiblemente amargo
d. dulces y pausadas
e. nublada
f. mirada inquieta
g. furiosos y rencorosos
h. injustas e insultantes

Actividad 11. Escriba dos párrafos que le den al cuento un final distinto. Aclare si la mujer muere o no, cómo reacciona Bartolo y el efecto que esta crisis tiene en Talito. Luego en grupos de 3 ó 4, compartan sus finales y escojan el mejor para leerlo frente a la clase.

Actividad 12. Bartolo y su mujer visitan un sicólogo antes de la crisis. En parejas, escriban un diálogo sobre la visita. Sigan la guía.

saludos y presentaciones
acusaciones del marido
defensa de la mujer
recomendaciones del sicólogo

Práctica integrada

Práctica 1. Prepare un diálogo entre Ud. y una persona que sabe muy poco sobre Puerto Rico, pero quiere aprender más. Use el párrafo cultural al principio del capítulo y los diversos textos de esta unidad para obtener ideas. Incluya los siguientes temas.

atracciones turísticas de la isla
relaciones entre la isla y los Estados Unidos
la identidad cultural de Puerto Rico
preocupaciones de los puertorriqueños

Práctica 2. En parejas, escriban prohibiciones absurdas para poner en las paredes de algunos lugares públicos de su universidad, tales como el centro estudiantil y la biblioteca. Léanlas a la clase y escojan la más interesante y la más divertida. Vean el ejemplo en la página 142.

Práctica 3. En grupos de 3 ó 4, preparen un anuncio para una venta de artículos de segunda mano. Hagan una lista de las cosas para vender y una descripción breve de los artículos más interesantes. Usen de modelo el anuncio de la venta de apartamentos.

En Zona Norte

LA VAGUADA - AVDA. ILUSTRACION

SE VENDEN APARTAMENTOS

LLAVE EN MANO

3-4 DORMITORIOS

con piscina y garaje

hipoteca 10 años

Información: Tlfno 433 25 67

(horas oficina)

Práctica 4. Lea el anuncio del Banco de Santander y conteste las siguientes preguntas.

1. ¿A qué clientes se dirige este anuncio?
2. ¿Qué dice el anuncio sobre las prácticas financieras del banco, por las cuales afirma que, "A Ud. le conviene (*it's in your interest*) ser cliente del Santander"?
3. ¿Cuáles son los cuatro mandatos del anuncio?

Construya con el Santander.

El **BANCO SANTANDER**, con su accesible y rápida política de préstamos para la construcción, pone a su disposición el dinero necesario para CONDOMINIOS, URBANIZACIONES, OFICINAS PROFESIONALES, CENTROS COMERCIALES, ETC.

No pida mañana lo que le puedan prestar hoy.

Para más información llame a los teléfonos: 753-9180/753-0499/766-0585/753-9175 o visite nuestras oficinas y sucursales.

A USTED LE CONVIENE SER CLIENTE DEL SANTANDER

Miembro F.D.I.C.

Banco
Santander Puerto Rico

Práctica 5. En grupos de 3 ó 4 y turnándose, digan cuál ha sido hasta ahora el día más feliz de su vida y expliquen brevemente por qué. Tomen apuntes y hagan un breve resumen escrito del día más feliz de cada uno/a.

Práctica 6. La siguiente es una carta escrita por una joven a la Doctora Corazón, autora de una columna para gente joven de un periódico. Después de leerla, en parejas escriban la respuesta que la Doctora Corazón le da a la joven.

10 de octubre

Querida Doctora Corazón:

Es la primera vez que no vivo con mi familia y mi compañera de cuarto me está volviendo loca. Siempre tiene todo en orden: la ropa, los zapatos, sus libros y papeles e inclusive los cosméticos. Lleva un calendario en el que apunta cada cosa que tiene que hacer y a qué hora. Yo, en cambio, vivo muy tranquila y no pierdo tiempo con esos detalles insignificantes. Su insistencia en hacerlo todo a la perfección me molesta muchísimo.

Ella es un año menor que yo, pero actúa como si fuera mi madre. Siempre me está diciendo que ordene mi vida, que no deje cosas por todas partes y que aprenda a pensar en los demás. Para colmo, lleva matemáticas, y como yo soy buena en ciencias, todas las noches quiere que la ayude con la tarea. Es buena persona, pero me aburro como una momia con ella. ¿Qué me aconseja que haga?

Costa Rica, pequeña nación de Centroamérica, está situada entre Nicaragua y Panamá y tiene costa en dos océanos. La costa del Atlántico es muy húmeda, con montañas cubiertas de bosques lluviosos. La costa del Pacífico es más seca, con hermosas playas. La meseta central, a la sombra de volcanes, goza de clima primaveral el año entero.

A pesar de ser un país agrícola en vías de desarrollo, alrededor del ocho por ciento de la tierra ha sido destinado a parques y reservas naturales. Protegidos por el Servicio de Parques Nacionales, éstos ofrecen refugio a una gran variedad de plantas y animales, entre ellos, novecientas especies de pájaros y ochocientas de mariposas. La política ecológica de Costa Rica ha logrado atraer al país importantes organismos científicos internacionales y el interés por la conservación ha hecho del "ecoturismo" una fuente adicional de ingresos.

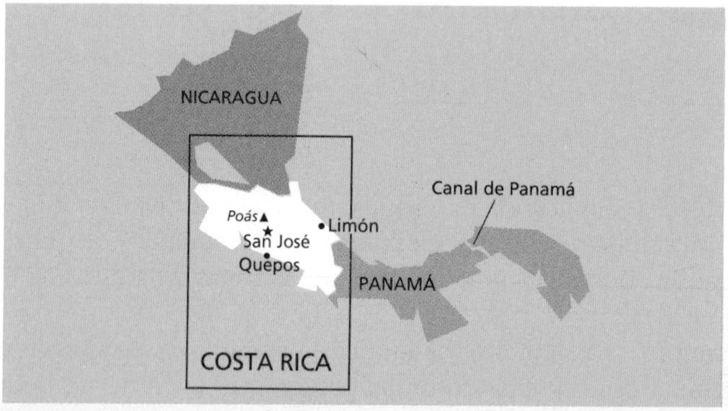

Costa Rica fue descubierta por Colón en 1502, pero no empezó a colonizarse hasta 1563. Los españoles creían equivocadamente que en la zona abundaba el oro y por eso le dieron el nombre de "Costa Rica". La época colonial de Costa Rica, sin embargo, se caracterizó por la pobreza y el aislamiento, y por eso su desarrollo histórico ha sido diferente al de otros países de la zona. En 1821 se independizó de España. San José se estableció como capital en 1823.

En el siglo XIX surgió una próspera clase media rural debido a que el gobierno les dio tierra a los campesinos que la cultivaban y les facilitó el transporte de sus cosechas. A diferencia de otras naciones latinoamericanas, una constante en Costa Rica ha sido la prosperidad de su clase media y el predominio del poder civil sobre el militar. El resultado es una larga tradición democrática. En 1949 se eliminó el ejército, y los recursos asignados al sector militar se transfirieron a la educación.

El pueblo de Costa Rica goza actualmente de un alto grado de alfabetismo y del nivel de vida más alto de Centroamérica. Los costarricenses se enorgullecen de su prosperidad y de tener la democracia más avanzada de Latinoamérica. Costa Rica se ha destacado también como país promotor de la paz, sobre todo en Centroamérica. En 1989 Oscar Arias, que era entonces el presidente de Costa Rica, ganó el Premio Nobel de la Paz en reconocimiento a sus esfuerzos por poner fin a la guerra en la vecina Nicaragua. ▲

5

UNIDAD

Isa Reyes, conservacionista costarricense

El volcán Arenal, Costa Rica.

OBJETIVOS

Objetivos para la Unidad 5

Aprender a . . .

- solicitar y dar opiniones
- describir lugares
- discutir la rutina matutina
- persuadir

◀◀◀◀ Interacciones

VOCABULARIO

Sustantivos

la conservación conservation
la ecología ecology
la gravedad seriousness
la humanidad humankind
el lío mess; jam
la mariposa butterfly
el medio ambiente environment
el organismo agency; organism
los pulmones lungs
la rama branch
el reciclaje recycling
el recurso resource
la tala felling (of trees)
el tráfico traffic
la vigilancia security (service)

Verbos

acostumbrarse to get used to
apurarse to hurry up
arreglarse to get ready
avanzar to advance
dedicarse a to dedicate oneself to
detener to stop
distribuir to distribute
encargarse de to be in charge of
gozar de to enjoy
maquillarse to put on make-up
mojarse to get wet
negarse (ie) to refuse to do something
reciclar to recycle

Adjetivos

antiguo/a former; ancient; old
empobrecido/a impoverished
forestal related to the forest
lluvioso/a rainy
matutino/a of the morning
propio/a own

Otras palabras y expresiones

crear conciencia create awareness
el crecimiento demográfico population increase
el efecto invernadero greenhouse effect
en la actualidad at the present time
en vías de in the process of
estar cargado/a de trabajo to be loaded with work
estar en el mismo bando to be on the same side
estar enterado/a de to be informed about
la lluvia ácida acid rain
mediante by means of, with the help of
seguir adelante to go ahead
tener éxito to be successful

Práctica de vocabulario

Práctica A. Complete las siguientes definiciones con palabras y expresiones de la lista de vocabulario.

1. Se habla de una persona ________ cuando tiene muy pocos recursos económicos.
2. Una manera de detener la deforestación es no permitir la ________ de árboles.
3. Cuando un conflicto es muy serio se habla de un problema de mucha ________.
4. Cuando dos personas trabajan para una misma causa se dice que están en ________ ________ ________.
5. La palabra que se usa para referirse a toda la gente del mundo es la ________.
6. Un país donde llueve mucho se encuentra en una región muy ________.
7. Una persona que tiene trabajo en exceso está ________ ________ ________.
8. El petróleo es uno de los ________ naturales más importantes de México y Venezuela.
9. El proceso de volver a usar latas, papel y otros materiales repetidamente se llama ________.
10. El adjetivo que se usa para referirse a algo relacionado con la mañana es ________.
11. Un país que progresa hacia el modelo de los países industriales más avanzados, es un país ________ ________ ________ desarrollo.
12. Cuando una persona es dueña de un negocio, se dice que tiene su negocio ________.

Práctica B. Usando los verbos en la lista de vocabulario, dé un antónimo para cada frase de la columna A y un sinónimo para cada frase de la columna B.

Columna A	***Columna B***
no invertir mucho tiempo en algo	ponerse cosméticos
ir despacio	estar a cargo de
aceptar hacer algo	estar habituado
avanzar	disfrutar

ESCUCHAR Y CONVERSAR

En San José, como en muchas otras ciudades del mundo, el tráfico de vehículos contribuye mucho a la contaminación de la atmósfera.

Isa Reyes es representativa de la generación costarricense joven que participa activamente en los esfuerzos por proteger y conservar la tierra. Vive en San José, capital de medio millón de habitantes, y trabaja para la Dirección General del Servicio de Parques Nacionales. Entre otras cosas, Isa coordina los esfuerzos del Servicio de Parques con los de otros organismos interesados en la conservación, como el Instituto Costarricense de Turismo y numerosos organismos internacionales. También se preocupa por crear conciencia en la población sobre los problemas del medio ambiente.

Actividad 1. Isa Reyes y Eduardo Alonso, antiguos compañeros de colegio, están en un congreso de conservacionistas y se encuentran en una recepción. Mientras escucha su conversación, complete las siguientes oraciones con la palabra apropiada.

1. El negocio de Eduardo se relaciona con el reciclaje de ________.
2. Isa es conocida en su país por sus esfuerzos por proteger el ________.
3. Isa dirige la campaña del gobierno para salvar las ________ forestales.
4. Según la campaña del gobierno, los bosques y las selvas son los ________ de la tierra.
5. La gente no tiene idea de la ________ de los problemas del ambiente.
6. Isa quiere hacer otra campaña contra la contaminación producida por el ________ en San José.

Aunque muy identificado con la vecina Guatemala, el quetzal—pájaro tan raro como hermoso—vive también en Costa Rica.

Cinta 1. Hablan Eduardo Alonso e Isa Reyes.

EA: Isa, ¡qué bueno verte!

IR: Hombre, Eduardo, hace muchísimo que no te veo, desde que nos graduamos del colegio. ¿Qué haces en el congreso de conservacionistas?

EA: Bueno, estoy aquí porque me dedico al reciclaje de papel. Es mi propio negocio, y al mismo tiempo hago algo por el planeta.

IR: ¡Qué bien! Me gusta ver hombres de negocios tan responsables. Estamos en el mismo bando. Yo trabajo para el gobierno, en la Dirección General del Servicio de Parques Nacionales.

EA: Sí, ya lo sé, siempre te veo en los periódicos. Sigo muy de cerca tus esfuerzos por proteger el medio ambiente, en especial la nueva campaña del gobierno para salvar las zonas forestales.

IR: ¡Qué bien enterado estás! Te felicito. Y, ¿qué te parece nuestra campaña?

EA: Muy buena. Me encanta el eslogan, ¡qué poético! ¿Cómo es que dice? Los pulmones . . .

IR: "Los bosques y las selvas son los pulmones de la tierra. ¡Cuídelos! Son también los pulmones de usted."

EA: Buenísimo. Creo que va a tener mucho éxito. ¿No te parece?

IR: Sí, es un comienzo. Pero hace falta una campaña contra la contaminación producida por el tráfico en San José. El aire de la ciudad está cada día más sucio. Y ¿quién protesta? ¡Nadie! La gente no tiene idea de la gravedad del problema.

EA: Es cierto. ¡Qué difícil es crear conciencia!, ¿no?

IR: Sí, es una gran lucha, pero vamos a seguir adelante.

Actividad 2. Escoja la palabra correcta para completar las oraciones de acuerdo con la conversación entre Eduardo e Isa.

1. Isa y Eduardo ya se conocían porque fueron compañeros en .... (el colegio/el trabajo)
2. Eduardo está enterado de la campaña del gobierno porque ve a Isa en .... (una revista/los periódicos)
3. A Eduardo ... el eslogan de la campaña. (le gusta/no le gusta)
4. Eduardo cree que el eslogan y la campaña ... a tener éxito. (van/no van)
5. Eduardo e Isa están de acuerdo en que es difícil .... (crear conciencia/ estar en el mismo bando)

VOCABULARIO EN CONTEXTO. Solicitar y dar opiniones.

Solicitar opiniones

- **¿Qué te parece** el eslogan para salvar los bosques?
- **¿Cuál es tu opinión** sobre el reciclaje obligatorio?
- **¿Están Uds. de acuerdo** con la opinión editorial del periódico *La Nación?*
- **¿Qué piensa Ud. de** la energía nuclear?
- **¿Creen Uds. que** la deforestación es inevitable?

Dar opiniones

- **Me parece que** tenemos que controlar la lluvia ácida.
- **En mi opinión,** los fluorocarbonos son la causa principal del efecto invernadero.
- **(No) Estoy de acuerdo** con la campaña del gobierno.
- **(No) Estoy a favor de/estoy en contra de** la nueva campaña.
- **Creo/pienso/opino que** nunca es tarde para empezar.
- **Es esencial** impedir la tala irresponsable de árboles.

☞ **Actividad 3.** Escriba ocho preguntas solicitando una opinión sobre algún tema controversial o interesante. Use el vocabulario en contexto. Siga la guía y agregue sus propios temas. Traiga las preguntas escritas a clase.

¿Qué te parece trabajar fuera de la universidad mientras eres estudiante?

- preparar su propia comida en comparación con comer en la universidad
- hablar francamente vs. mentir para no ofender a una persona
- detener el crecimiento demográfico

- después de graduarse, continuar con estudios graduados en comparación con trabajar inmediatamente
- apoyar la conservación (salvar las zonas forestales / estimular el reciclaje del papel / proteger las especies en vías de extinción / supervisar la energía nuclear)

Actividad 4. En parejas y turnándose, hagan y contesten las preguntas que prepararon en casa. Usen el vocabulario en contexto.

E1: ¿Qué opinas de . . . ?

E2: Me parece que . . . .

Actividad 5. Isa Reyes está hablando por teléfono con su colega conservacionista mexicana, Maribel Campuzano, que está de vacaciones en Costa Rica. Mientras escucha, escriba **Isa** o **Maribel** para identificar a la persona que dice cada oración.

1. Estoy cargadísima de trabajo. ________
2. Costa Rica tiene una gran riqueza visual. ________
3. Se puede ir el mismo día de un volcán a una playa desierta. ________
4. Costa Rica tiene el 10 por ciento de las mariposas del mundo. ________
5. Hay mil docientos tipos de orquídeas. ________
6. Te espero para almorzar. ________

Cinta 2. Hablan Maribel Campuzano e Isa Reyes.

MC: Isa, ¿cómo te va?

IR: Pues, estoy cargadísima de trabajo; por la campaña, tú sabes. Me acuesto todos los días a las dos o tres de la mañana y me levanto a las siete.

MC: ¡No duermes, mujer! No sé cómo puedes. No te envidio.

IR: Claro, desde que terminó el congreso, tú estás de turista. ¿Qué has visto hasta ahora?

MC: Toda clase de paisajes bellísimos. Oye, Uds. tienen problemas como todo el mundo, pero qué país más hermoso éste. Con razón lo llaman Costa Rica, ¡la riqueza es visual!

IR: Me encanta que te guste tanto.

MC: ¿Me puedes decir en qué país del mundo se puede ir el mismo día de la ciudad a un volcán y a una playa desierta, o de un bosque lluvioso a la selva tropical? ¡Qué maravilla!

IR: Bueno, es un país chiquito.

MC: Sí, chiquito, pero caben en él muchas mariposas. Ayer leí que Uds. tienen el diez por ciento de todas las mariposas del mundo. Y mil doscientos tipos de orquídeas, y más especies de pájaros que en toda Norteamérica. ¡Qué increíble!

IR: Para nosotros la ecología es muy importante. Por eso trabajamos, para proteger nuestros recursos naturales.

MC: Oye, ¿por qué no almorzamos juntas? ¡Fíjate que acabo de despertarme! Me ducho, me visto y voy a buscarte para tomarnos una sopa negra con tortillas.

IR: Sabes mucho de nuestro país. Te vamos a hacer costarricense honoraria. Bueno, te espero para almorzar.

Playa del Parque Nacional Manuel Antonio en la costa del Pacífico de Costa Rica.

Actividad 6. Para obtener un resumen de la conversación entre Isa y Maribel, señale la información correcta según el diálogo. En algunas oraciones puede haber más de una opción correcta.

1. Maribel está en Costa Rica . . . .
   a. de turista   b. por negocios   c. como diplomática
2. El nombre de Costa Rica es apropiado debido . . . .
   a. al oro de sus costas   b. a la belleza del paisaje   c. al petróleo

3. Se puede ir en un solo día de la ciudad . . . .
   a. al desierto   b. a un volcán   c. a una playa
4. Costa Rica tiene una extraordinaria variedad de . . . .
   a. mariposas   b. pájaros   c. orquídeas
5. Antes de reunirse con Isa, Maribel se va a . . . .
   a. duchar   b. vestir   c. desayunar
6. Para el almuerzo Maribel tiene ganas de comer . . . .
   a. sopa negra con tortillas   b. arroz con pollo
   c. una hamburguesa latina

Actividad 7. En parejas, con sus propias palabras, expliquen por qué Maribel está en Costa Rica, qué le parece el país y cómo lo describe.

Actividad 8. En parejas y turnándose, describan el lugar de donde vienen, su ciudad o su pueblo. Mencionen el tamaño, el paisaje y si les gusta o no y por qué.

Soy de Barba, Heredia. Es un pueblo pequeño, rural, con hermosos valles verdes. La gente . . .

Actividad 9. Estudie los apuntes que hizo Maribel en su diario sobre tres lugares que visitó en Costa Rica. Luego, en grupos de 3 ó 4, escriban un trozo de la carta que Maribel le escribió a su amiga Elena, en México, contándole de esos lugares. Agreguen sus propias ideas y usen la imaginación.

<u>8 de enero</u> Parque Nacional de Manuel Antonio, costa del Pacífico: bosque; flores tropicales exóticas; variedad de animales (mariposas, pájaros, iguanas, monos); pequeñas bahías rodeadas de bosque con playas blancas.

<u>14 de enero</u> Parque Nacional Volcán Poás, Heredia: hermosas vistas del Valle Central, de San José, del Océano Pacífico y del cráter; bosque lluvioso con laguna, pinos y orquídeas; frío, lluvia y aire limpio.

<u>15 de enero</u> Ciudad de Puerto Limón, costa Atlántica; mucha población negra de origen jamaicano; se habla inglés y español; música reggae; salones de baile; vida alegre de los puertos; selva tropical; muy húmedo.

LEER Y CONVERSAR

INTERCAMBIO 1. La rutina matutina es distinta en cada familia, pero en la de Isa es un lío horrible porque, mientras construyen otro baño, cinco personas tienen que compartir el único baño de la casa. Esta es la rutina matutina de la familia Reyes.

Cada uno de los miembros de la familia se ducha por la mañana y todos tienen que salir antes de las siete y media: don Federico a su consultorio de dentista, doña Mireya a una clase de arte, Isa a la Dirección del Servicio de Parques Nacionales, Norma a sus clases en la Universidad de Costa Rica y Mario al colegio, que comienza a las siete como todos los colegios públicos de Costa Rica.

Entre las cinco y las siete y media se turnan para desayunarse, bañarse y prepararse para salir. La competencia por el baño es feroz. Para complicar la cosa, don Federico es muy lento para afeitarse, doña Mireya ni loca sale de la casa sin maquillarse, y Mario, el adolescente, se pasa horas y horas mirándose en el espejo y peinándose. Sus dos hermanas se ponen de un humor negro con él, pero de nada sirve: el chico no se apura.

—¿Por qué no se duchan unos por la noche y otros por la mañana?— pregunta Ud. —Porque no se acostumbra— le responden. En Costa Rica la gente se ducha por la mañana, no importa cuántas veces más se duchen el resto del día. No hacerlo se considera sucio y nadie lo admitiría. No importa que a veces haga frío o que muchas casas no tengan agua caliente. Tampoco hay muchas bañeras, sólo duchas, razón por la cual en Costa Rica "bañarse" significa lo mismo que "ducharse". De manera que si Ud. va a Costa Rica y dice que quiere bañarse, no se sorprenda si no hay agua caliente ni bañera.

Actividad 10. Complete la información basada en la lectura.

1. El mayor problema que tiene la familia Reyes es el uso del ________.
2. En la rutina matutina, cada uno tiene que ________ y ________ para estar listo para salir antes de las ________.
3. Todos menos ________ y ________ van a algún tipo de clase.
4. Las tres personas que aparentemente pasan más tiempo en el baño son ________, ________ y ________.
5. Isa y ________ se ponen de mal humor porque Federico pasa demasiado tiempo ________ y ________.
6. En toda Costa Rica la gente acostumbra a bañarse por la ________ aun si hace frío o si no hay ________.

Actividad 11. En grupos de 3 ó 4, preparen el horario de la rutina matutina de la familia de Isa. Comiencen la rutina a las 5.00 de la mañana, como es costumbre en muchas casas. Usen como guía algunos de los verbos del vocabulario en contexto y el modelo.

	Federico	***Mireya***	***Isa***	***Norma***	***Mario***
5.00	se baña	...	...	duerme	duerme
5.15	...	...	...	...	...

VOCABULARIO EN CONTEXTO. La rutina matutina de María del Rosario.

Me levanto a las cuatro de la mañana, **me ducho, me cepillo** los dientes, **me peino** y **me visto** rapidito. En seguida **me pongo** a preparar el desayuno y el almuerzo que Pedro, mi marido, **se lleva** al campo. Mientras preparo las tortillas y el café, Pedro **se baña** y **se arregla.** No **se afeita** por la mañana, excepto los domingos, cuando todos **nos vestimos** con la mejor ropa.

También los niños **se levantan** al amanecer, pues dura media hora ir a pie a la escuela que comienza a las siete. En invierno, **se acuestan** y **se despiertan** más tarde porque con las lluvias, el papá los lleva a caballo. Cuando llueve poco no **nos ponemos** impermeables, por el calor, sino que **nos cubrimos** con una bolsa plástica. Si la ropa **se moja,** pronto **se seca.** Tampoco **nos secamos** el pelo. La naturaleza **se encarga** de que **se seque** y sin gastar electricidad.

Actividad 12. En parejas y turnándose, usen el vocabulario en contexto para describir su rutina matutina durante (a) los días de semana y (b) los fines de semana. Tomen apuntes. Luego, cambien de pareja y cuéntenle a la persona nueva la rutina de la persona anterior.

Dice que se levanta a las ocho de la mañana, que no desayuna y ...

Niñas costarricenses en un desfile el día de las elecciones.

INTERCAMBIO 2. Con los cambios dramáticos que constantemente ocurren en esta aldea global que es el mundo, es necesario preguntarse, qué es la democracia. De la respuesta dependerá la solución que se busque para resolver los complejos problemas del mundo contemporáneo.

La palabra **democracia** viene del griego y significa "gobierno por el pueblo". En Grecia, todo el pueblo podía participar en las decisiones importantes, pero en la actualidad, por supuesto, es imposible consultar a cada ciudadano. Y sin embargo, llamamos democracia al sistema en el que el pueblo se expresa periódicamente mediante elecciones libres.

En teoría, el poder está en manos del pueblo, aunque son los gobernantes los que toman las decisiones y éstos a veces se preocupan más por su reelección que por el bienestar del país. Para que haya democracia no basta con celebrar elecciones porque las elecciones pueden no ser limpias. En la historia de Latinoamérica hay numerosos casos de elecciones "arregladas" para reelegir a un dictador. Además, aun el proceso electoral más honrado se debilita cuando una parte significativa de la población no puede o se niega a participar en él.

Es que la fuerza y solidez de una democracia dependen, por un lado, del nivel de educación del pueblo y por otro, del grado de libertad y justicia de la sociedad. A pesar de que las masas empobrecidas pueden votar, a menudo no lo hacen, y cuando sí participan, a veces no tienen la suficiente educación para defender sus propios intereses. En el caso de Latinoamérica, conforme avanza hacia formas de gobierno más democráticas, existe el temor de que las frágiles democracias sucumban ante los enormes problemas económicos y que vuelva la dictadura. Por eso, al hablar de democracia, es preciso incluir no sólo la idea de libertad y derechos políticos, sino también la de derechos económicos y humanos, tales como el derecho a la educación, el trabajo y la salud.

Actividad 13. En parejas, relacionen cada elemento de la columna A con el correspondiente de la columna B, según la lectura.

Columna A

1. el sentido griego de **la democracia**
2. la práctica actual de la democracia
3. tiene el poder en teoría
4. en la práctica toman todas las decisiones
5. caso de elecciones "arregladas"
6. debilidades comunes del pueblo
7. grave preocupación actual en Latinoamérica

Columna B

a. elecciones libres periódicamente
b. el pueblo
c. educación insuficiente y pobreza
d. gobierno por el pueblo
e. los gobernantes
f. la reelección de un dictador
g. el problema económico

Actividad 14. En parejas, decidan si las siguientes oraciones son verdaderas o falsas según el artículo. Corrijan las falsas.

1. **Democracia** en Grecia significaba "gobierno por el pueblo".
2. Democracia y proceso electoral son lo mismo.
3. Puede haber elecciones sin democracia, pero no democracia sin elecciones.
4. En la práctica, el poder está en manos del pueblo.
5. En Latinoamérica nunca se ha reelegido a un dictador.
6. En una democracia sólida, poca gente participa en el proceso electoral.
7. En general, las masas tienen suficiente educación para defender sus intereses.
8. Tres elementos importantes en una verdadera democracia son los derechos políticos, humanos y económicos.

Actividad 15. Dé tres razones por las cuales Ud. cree que es difícil mantener una democracia en Latinoamérica. En clase, comparta sus ideas con los demás.

VOCABULARIO EN CONTEXTO. Persuadir.

Para apoyar, explicar y dar ejemplos

- **En primer lugar,** necesitamos definir qué es democracia.
- **Además,** necesitamos pensar en el balance de poder.
- **Por eso** seguimos luchando, **porque** no queremos otra dictadura.
- **En todo caso,** la democracia es el mejor sistema de gobierno.
- Venezuela, **por ejemplo,** es una democracia.
- **Por último,** lo más importante ahora es la educación.
- **Por tanto,** debemos invertir más en la juventud.

Para contrastar

- Las elecciones fueron apasionadas **pero** limpias.
- **Aunque** perdimos las elecciones presidenciales, ganamos las congresionales.
- Siguen los problemas; el electorado, **sin embargo,** está satisfecho.
- **A pesar de que** el nuevo partido tiene un programa menos ambicioso, el público lo favorece.
- Con los partidos antiguos, **en cambio,** nadie está satisfecho.
- **No obstante** sus esfuerzos, la gente no lo apoya.
- **Por un lado,** dicen que López tiene demasiado poder; **por otro,** que no hace nada.

Actividad 16. En parejas, propongan cuatro contrastes entre vivir en una residencia estudiantil y vivir en un apartamento fuera del campus.

Aunque un apartamento es más caro, uno/a tiene más libertad.

Actividad 17. La clase se divide en dos grupos. El grupo A se prepara para defender la idea de que en los Estados Unidos existe una verdadera democracia; el grupo B se prepara para atacar esa idea, pensando que es falsa. Realicen un debate en clase.

Actividad 18. Escriba un artículo de una página para el periódico local o para la universidad. En el artículo explique sus ideas sobre el futuro de la democracia en los Estados Unidos o en Latinoamérica. Al desarrollar su tema, trate de utilizar expresiones para persuadir y contrastar.

◀◀◀ Estructura

I. Direct Object Nouns and Pronouns

me	*me*	**nos**	*us*
te	*you*	**os**	*you* (pl.)
lo	*him, it, you*	**los**	*them, you* (pl.)
la	*her, it, you*	**las**	*them, you* (pl.)

In Spain and certain countries in Spanish America **le/les** is used instead of **lo/los** when the direct object refers to male persons: **Le vi** (*I saw him*) instead of **Lo vi.**

1. The direct object is the noun, pronoun, phrase, or clause that is either the target or result of an action.

Abrí el libro.	*I opened the book. (The book is the target of my action.)*
Escribí un libro.	*I wrote a book. (The book is the result of my action.)*

2. Always use the personal **a** before a direct object noun when it refers to a specific person or when the direct object is **alguien** or **nadie.** Never use it to refer to an unspecified person.

Busco a un médico que me vió el año pasado. No recuerdo su nombre.	*I am looking for a doctor that saw me last year. I don't remember his name.*
Busco un médico: me siento mal.	*I am looking for a doctor (any doctor): I don't feel well.*
—¿Conoces a alguien de San José?	*Do you know anybody from San José?*
—No, no conozco a nadie.	*No, I don't know anybody.*

3. Use direct object pronouns instead of direct object nouns to avoid repetition.

—¿Quieres a Manuel Enrique?	*Do you love Manuel Enrique?*
—Sí, lo quiero, pero como amigo solamente.	*Yes, I do love him, but only as a friend.*

If a direct object noun appears in a sentence before the verb, however, you must also use the corresponding direct object pronoun. Compare:

Quiero mucho a Luis. / A Luis lo quiero mucho.	*I love Luis very much.*
Ana trae el vino. / El vino lo trae Ana.	*Ana is bringing the wine.*

4. Place direct object pronouns:

   a. before conjugated verbs. (In perfect tenses, place before **haber.**)

—¿Y el volcán? ¿Ya lo viste?	*And the volcano? Did you already see it?*
—No, no lo he visto todavía.	*No, I haven't seen it yet.*

   b. before negative direct commands, but after and attached to affirmative commands. (If the affirmative command has two or more syllables, add an accent mark to the next-to-last vowel of the command to indicate that the stress still falls on that syllable.)

—¿Dejo el vino en el congelador?	*Should I leave the wine in the freezer?*
—Sí, déjelo. Digo, no, no lo deje porque se congela. Mejor póngalo en la mesa.	*Yes, leave it. I mean, no, don't leave it because it will freeze. You'd better put it on the table.*

   c. either before a conjugated verb that is followed by an infinitive or a present participle, or after and attached to the end of an infinitive or a present participle. (When attaching a direct object pronoun to a present participle, add an accent mark to the next-to-last vowel of the present participle in order to indicate that the stress still falls on that syllable.)

—Y la campaña, ¿quién la quiere dirigir y quién la quiere organizar?	*And the campaign, who wants to direct it and who wants to organize it?*
—Bueno, Isa ya está organizándola y Sonia va a dirigirla.	*Well, Isa is already organizing it and Sonia is going to direct it.*

Ejercicio 1. Complete el siguiente diálogo entre dos personas con la forma correcta del pronombre de complemento directo (*direct object pronoun*).

E1: En Costa Rica, ¿quién vigila las casas en las ciudades?

E2: Toda la familia __________ vigila. Nadie puede dejar __________ solas porque hay muchos robos.

E1: ¿No hay servicios de vigilancia modernos?

E2: Sí, hay servicios modernos y motorizados. En algunos barrios, los vecinos __________ contratan, pero a veces el resultado es peor. En lugar de intimidar a los ladrones (*thieves*), __________ ayudan. A mi vecina __________ asaltaron y los guardias no estaban por ninguna parte. Llegaron horas después de llamar __________.

E1: Entonces no es un buen servicio.

E2: A veces sí, pero los guardias no siempre están cerca cuando uno ________ necesita. Por eso mi tío que es loco, pero no tonto, tiene un amigo ladrón que le cuida la casa.

E1: ¡Un ladrón! ¿Y ________ mete en su casa?

E2: Sí, ________ deja entrar a ver televisión. Es el mejor guarda. Jamás le han robado.

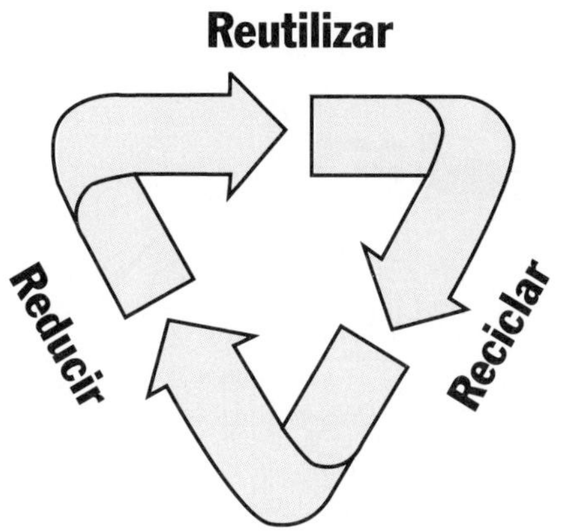

Ejercicio 2. En parejas y turnándose, háganse las siguientes preguntas y contesten usando pronombres de complemento directo. Sigan el modelo.

E1: ¿Apoyas el movimiento conservacionista?
E2: Sí, (No, no) lo apoyo.

1. ¿Apagas las luces cuando te vas de la casa?
2. ¿Tratas de economizar agua cuando te duchas?
3. ¿Dejas el aire acondicionado al máximo todo el día?
4. ¿Reciclas las latas de refrescos?
5. Si vas al mercado, ¿pides bolsas de papel?
6. ¿Botas las botellas en lugar de reciclarlas?
7. ¿Abres las ventanas cuando la calefacción está puesta?
8. ¿Te gustaría elegir a un candidato conservacionista para presidente de los Estados Unidos?

Ejercicio 3. En parejas, lean el anuncio del Instituto Costarricence de Electricidad (ICE). Escriban todas las preguntas que puedan siguiendo el modelo. Después, turnándose, hagan y contesten las preguntas oralmente usando pronombres de complemento directo.

E1: ¿Cierro el refrigerador?
E2: Sí, ciérralo.

¡Cierre bien su refrigeradora!
• Abra las puertas sólo lo necesario y durante el tiempo preciso para reducir el consumo de electricidad.
• No guarde alimentos calientes.
• Gradúe correctamente la temperatura del refrigerador.
• Descongele el aparato antes de que la capa de hielo sea muy gruesa; esto evita el trabajo excesivo del compresor.
• Tape bien los líquidos que guarde en el refrigerador para que la humedad no afecte la circulación del aire frío, lo que haría que el compresor trabaje más.
• Si va a salir de la casa por un período largo, consuma los alimentos de corta duración, desconecte y limpie el refrigerador y deje abierta la puerta. Nunca la deje cerrada, pues se reproducirían las bacterias.
AHORRE ENERGIA Y DINERO
USE LA CORRIENTE RACIONALMENTE
ICE
CNFL
Solicite más consejos sobre ahorro de energía en el ICE o FUERZA y LUZ.

II. Indirect Object Nouns and Pronouns

me	*me*		**nos**	*us*
te	*you*		**os**	*you* (pl.)
le	*you, him, her*	**(se)**	**les**	*you* (pl.), *them*

1. Indirect object pronouns are identical to direct object pronouns except for the third-person singular and plural **le** and **les.** Use indirect object pronouns to refer to the person, animal, or thing you (a) speak to, (b) give something to, (c) send something to, (d) do something for, or (e) ask something of/address a question to.

La máquina le da dinero.

Le quitan el dinero.

Eduardo, ahí está Isa. ¿Por qué no le hablas?	*Eduardo, there is Isa. Why don't you speak to her?*
Regina no me dijo la verdad.	*Regina did not tell me the truth.*
Señor, ¿ya le dieron los datos sobre la contaminación?	*Sir, did they already give you the facts about pollution?*
Amigos, os envié una postal desde Costa Rica.	*Friends, I sent you a postcard from Costa Rica.*
La directora nos hizo un gran favor.	*The director did us a great favor.*
Te pedí el informe hace dos semanas.	*I asked you for the report two weeks ago.*
Vi a Maribel y le pregunté si iba a ir al volcán.	*I saw Maribel and I asked her if she was going to go to the volcano.*

2. Use the indirect object *noun* for clarification and contrast; always use the preposition **a** before it. Include the corresponding indirect object pronoun in the sentence also.

Les escribí a mis representantes en el congreso.	*I wrote to my representatives in Congress.*
Le di el informe a Isa, no a Alfredo.	*I gave the report to Isa, not to Alfredo.*

3. Use the indirect object to refer to a person or an animal:
   a. deprived of something. (This usage applies to things, as well.)

La policía le quitó el pasaporte a Maribel.	*The police took Maribel's passport.*
Nos robaron la cámara en la playa.	*They stole our camera at the beach.*
Le corté las mangas al vestido.	*I cut the sleeves off the dress.*

b. affected positively or negatively by an action or a process.

Les mostré la laguna del volcán a los turistas.	*I showed the volcano's lagoon to the tourists.*
Ese taxista les cobra demasiado a los extranjeros.	*That taxi driver charges foreigners too much.*

c. pleased or not pleased by something. (This also applies to verbs that follow the **gustar** pattern such as **importar** and **interesar.**)

Me gustan las mariposas.	*I like butterflies.*
¿Te importa si fumo?	*Do you mind if I smoke?*
¿Os interesa caminar por el parque?	*Are you interested in walking in the park?*

d. that triggers in the subject an emotion or belief. (This usage applies to things, as well.)

Le tengo miedo a la oscuridad.	*I am afraid of the dark.*
Le creo, señor.	*I believe you, sir.*

e. whose body or clothing is the object of another's action.

Le toqué la frente al niño para ver si tenía fiebre.	*I touched the boy's forehead to see if he had a fever.*
Le puse el abrigo a la niña.	*I put the coat on the girl.*
Le tomé la temperatura al gato.	*I took the cat's temperature.*

4. Place indirect object pronouns, like direct object pronouns,

a. before negative direct commands, but after and attached to affirmative direct commands. (Add an accent mark to the next-to-last vowel of the command when the affirmative command has two or more syllables.)

Hábleles a ellas en español, porque lo entienden.	*Speak to them in Spanish, because they understand it.*

b. before a conjugated verb, including the auxiliary verb **haber** in perfect tenses.

No me han escrito todavía.	*They haven't written me yet.*

c. either before a conjugated verb that is followed by an infinitive or a present participle, or after and attached to the infinitive or present participle. (In this last case, add an accent mark to the next-to-last vowel of the present participle.)

¿Qué me vas a traer de Panamá?	*What are you going to bring me from Panama?*
Voy a regalarte algo muy especial.	*I'm going to give you something very special.*
Estoy tomándole cariño a Isa.	*I am growing fond of Isa.*

Ejercicio 4. En parejas, completen el mensaje de Maritza a Chabela con el pronombre de complemento indirecto (*indirect object pronoun*) adecuado, según la clave entre paréntesis, y pónganlo en la posición correcta en relación con el verbo o los verbos que siguen a la clave. No se olviden de los acentos. Sigan el modelo.

¿(a ella) estás preparando la comida a Paula?

¿Le estás preparando la comida a Paula? / ¿Estás preparándole la comida a Paula?

1. Hola Chabela. Es Maritza. (a él) hablé a mi jefe de ti y (a mí) dijo que te conocía y a tus padres también.
2. La semana pasada, (a ellos) estuvo hablando un buen rato en el teatro.
3. Mi jefe está muy contento de que (a él) quieras pedir trabajo, porque como (a ti) dije, quiere mucho a tus papás.
4. ¡Qué casualidad! ¿no? Hoy (a mí) dijo que (a ti) quería dar una entrevista mañana. Todavía no (a mí) ha dicho a qué hora.
5. Si (a nosotros) quieres preguntar algo antes de la entrevista, llama a casa esta noche.

Ejercicio 5. Pancho y Moncho son amigos, pero nunca se ponen de acuerdo en política y a menudo acaban enojándose. Reescriba las oraciones del diálogo agregando el pronombre de complemento indirecto adecuado y poniéndolo en la posición correcta. Recuerde los acentos.

A los senadores (gusta) dar discursos.

A los senadores les gusta dar discursos.

P: A tu candidato nunca (ha interesado) conservar el petróleo o desarrollar la energía solar.

M: ¿A mi candidato? ¿Por qué (tiene que interesar) si para eso tenemos la energía nuclear?

P: Y a ti, ¿quién (dijo) que la tenemos? Además es muy peligrosa. Y sobre la contaminación del agua, ¿qué (ha dicho) él a Uds., sus fieles partidarios?

M: Pues (asegura) que no tenemos por qué alarmarnos.

P: ¡Qué horror! Y a ti seguro que no (importa) que eso ponga en peligro a muchas especies.

M: Pancho, por favor, ¿a quién (sirven) todos esos animales? Unicamente a los sentimentales como tú.

P: ¡Eres un cretino! ¿A ti no (da vergüenza) esa actitud?

M: ¡Basta! A mí no (digas) nada más porque no pienso escucharte.

P: Está bien, no digo nada más, pero algún día (va a doler) a todos Uds. su falta de visión.

III. Sequence of Object Pronouns

Proteja a sus niños de un accidente:
vístalos con colores llamativos...
y enséñeles a respetar
las señales de tránsito
CONSEJO DE SEGURIDAD VIAL

1. The indirect object pronoun always precedes the direct object pronoun when both are used together.

¿El dinero? Me lo dio mi madre.	*The money? My mother gave it to me.*
¿Y tus problemas? ¿Quién te los va a resolver?	*And your problems? Who is going to solve them for you?*

2. The pronoun **se** replaces both **le** and **les** before **lo/la/los/las.**

Me pidieron mi dirección y se la di.	*They asked me for my address and I gave it to them.*
Irma nos prestó dinero, pero ya se lo devolvimos.	*Irma lent us money, but we already gave it back to her.*

3. Whenever you attach two object pronouns to an infinitive, add an accent mark to the last vowel of the infinitive to indicate that the stress still falls on that syllable.

¿El pastel? Voy a comérmelo.	*The pie? I'm going to eat it.*
¿El documento? Carlos va a traérselo.	*The document? Carlos will bring it to you.*

VENEZUELA Y EL CARIBE

En el barrio de Sabana Grande de la ciudad de Caracas, Venezuela.

Obra solar, *escultura del venezolano Alejandro Otero, Caracas.*

En la playa de Sosúa, República Dominicana.

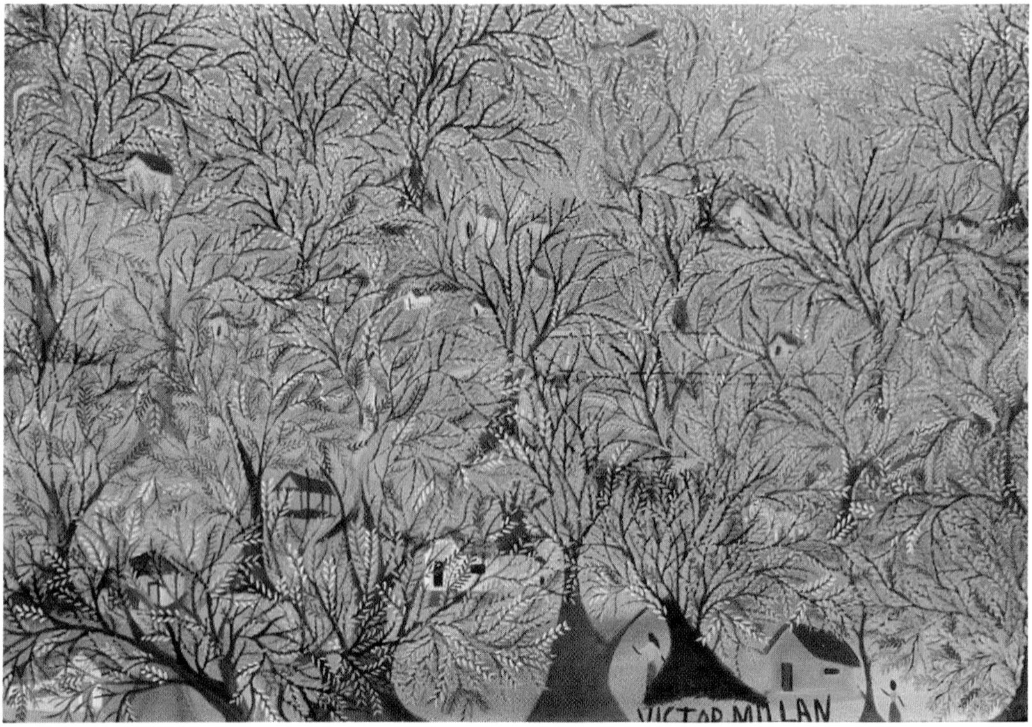

La selva, *cuadro del venezolano Víctor Millán.*

Arreando el ganado (driving cattle) *en el estado del Zulia, Venezuela.*

Boda en el Palacio del Matrimonio, La Habana.

Vista del barrio del Vedado, La Habana, Cuba.

Casita en la provincia de Samaná, República Dominicana.

El redactor (editor) *cubano Enrique Oliva en su oficina de La Habana.*

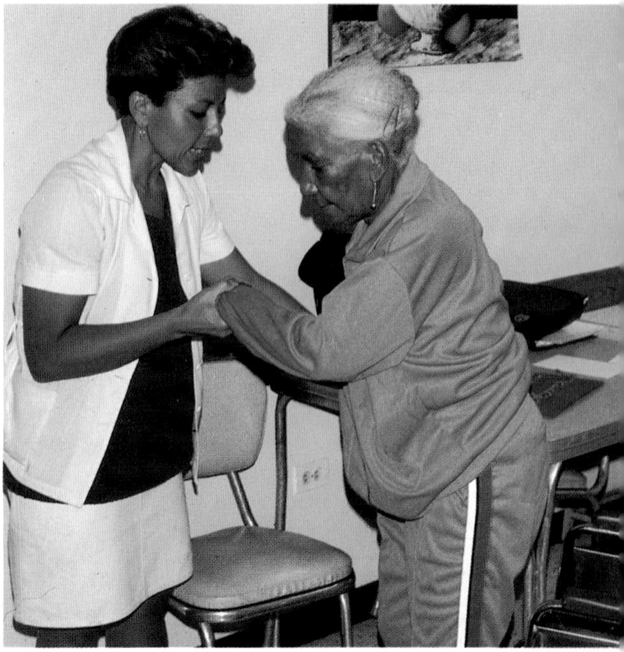

Dando terapia física en Caracas, Venezuela.

La hora de la comida en un hogar dominicano.

Ejercicio 6. Complete los siguientes minidiálogos poniendo el pronombre de complemento directo o de complemento indirecto adecuado en la posición correcta. En algunos casos, las dos posiciones pueden ser correctas.

1. —Dice Jorge que Madonna ________ escribió ________ una carta.

   —Ay, no ________ creas ________ nada a Jorge; es muy mentiroso.

2. —Hoy no ________ he hablado ________ a Isa ni a Sonia, pero ayer ________ vi ________ y ________ dijeron ________ que el informe ya ________ habían terminado ________.

   —Ah, bueno. Cuando ________ vea ________ otra vez, por favor ________díga________ que ________ envíen ________ una copia a los senadores mañana. Ah, y que no ________ manden ________ por correo; que ________ manden ________ por fax.

3. —Paco, ________hábla________ a esas chicas. ________ están mirando ________ a ti, no a mí. No ________ tengas ________ miedo.

   —Es que no ________ conozco ________, pero tienes razón. ________ voy a hablar________. ¡Mira! ________ están invitando________ a los dos a su mesa.

4. —¿Pudiste hablar con Lola? Dijo que ________ quería ver________. ¿Por qué no ________ llamas ________?

   —Mejor no. Yo ________ tengo ________ mucho cariño a Lola, pero ________ prefiero hablar________ cuando tenga más tiempo. No ________ he visto ________ desde hace más de un mes.

5. —Necesito tu teléfono; ________apúnta________ aquí.

   —Sí, pero ________prométe________ que no ________ vas a dar________ mi número a nadie.

Ejercicio 7. Las siguientes oraciones tratan de las visitas a los abuelos los domingos. En parejas, escriban oraciones usando pronombres de complemento directo e indirecto en la posición correcta.

Papá / traía café de la finca / a los abuelos.
Papá se los traía.

1. El abuelo / estaba contando anécdotas / a nosotros.
2. La abuela / ha preparado un festín / a la familia.
3. Maruja / quiere hacer empanadas de queso / a todos.
4. Lucy, / por favor prepare un té de hierbas / al abuelo.
5. Virginia / no sirva refrescos todavía / a los chicos.
6. Mamá / daba leche / a mí.
7. Tío Memo / tomaba fotos en el patio / a nosotros.
8. Rafael / ha contado esos chistes / a ti.
9. Ligia / traía chocolates / a los niños.
10. Teresa / daba un helado / a vosotros.

Ejercicio 8. En parejas, cada persona se imagina uno o dos objetos de valor que le regaló alguien famoso. La otra persona apunta los regalos y los nombres de la gente famosa y luego informa al resto de la clase. Sigan el modelo.

E1: Tengo un convertible rojo y una guitarra; me los regaló Bruce Willis.

E2: (Nombre) tiene un convertible rojo y una guitarra; se los regaló Bruce Willis.

IV. Constructions with Reflexive Pronouns

Subject (Stated or Implied)	*Reflexive Pronoun*
yo	**me**
tú	**te**
Ud./él/ella	**se**
nosotros	**nos**
vosotros	**os**
Uds./ellos/ellas	**se**

All constructions with reflexive pronouns contain an object pronoun that refers back to the same subject (stated or implied). Reflexive pronouns are identical to direct and indirect object pronouns, except for **se,** which is used with **Ud., él, ella, Uds., ellos** and **ellas.** There are five types of constructions with reflexive pronouns. Notice that most types do *not* refer to an action that the subject performs upon himself or herself (or itself).

1. The true reflexive: The subject and either the direct object or the indirect object are the same person.

Me miré en el espejo.	*I looked at myself in the mirror.*
Me enderezo la corbata.	*I straighten my tie.*
A veces me pregunto si me quieres.	*Sometimes I ask myself if you love me.*

Notice that the true reflexive adds **a + sí mismo/a** for clarification.

Olga se nombró a sí misma directora del consejo.	*Olga named herself Council Director.*

2. The change reflexive: Someone or something undergoes a physical, social, or mental change.

Me levanto y me visto.	*I get up and get dressed. (Change in posture and appearance.)*
Nos casamos en 1969.	*We got married in 1969. (Change in marital status.)*
Me enojé con Moncho.	*I got mad at Moncho. (Change in mood.)*
La Tierra se ha calentado demasiado.	*The earth has warmed up too much. (Change in temperature.)*

Notice that the change reflexive uses the sequence *subject pronoun* + **mismo/a** or **solo/a** for contrast and clarification.

—¿Quiere que lo peine?	*Do you want me to comb your hair?*
—No, gracias, me peino yo mismo.	*No, thanks, I'll comb my hair myself.*

3. The incorporative reflexive: Something has become actually or figuratively part of the subject. Use the incorporative reflexive with verbs of eating and drinking when indicating total consumption of something specific.

Me comí el arroz con gusto.	*I ate all the rice with pleasure.*
Se tragó la píldora.	*He swallowed the pill.*
Bébete la leche.	*Drink up your milk.*
Pilar se fumó veinte cigarrillos.	*Pilar smoked twenty cigarettes.*

Consumption may also refer to an intellectual activity or state. With verbs of learning and knowledge, use the reflexive pronoun to indicate that something has been learned or is known by heart.

Me conozco San José de memoria.	*I know San José by heart.*
¿Ya te aprendiste los verbos?	*Did you learn the verbs yet?*
Lelia se leyó el *Quijote* en el verano.	*Lelia read* Don Quijote *from cover to cover during the summer.*

4. The empty reflexive: The reflexive pronoun does not add a specific meaning; it is simply part of the verb, and its presence distinguishes the verb from its nonreflexive counterpart. Notice the differences in meaning in the following table:

acordar = to agree	**acordarse de** = to remember
dormir = to sleep	**dormirse** = to fall asleep
encontrar = to find	**encontrarse** = to meet
fijar = to set	**fijarse en** = to notice
hacer = to do, make	**hacerse** = to become
ir = to go	**irse** = to leave
levantar = to lift	**levantarse** = to get up
llamar = to call	**llamarse** = to be named
poner = to put	**ponerse** = to become
quedar = to be left	**quedarse** = to stay

Notice that **atreverse** (*to dare*), and **quejarse** (*to complain*), do not have non-reflexive counterparts.

5. The reciprocal: The plural reflexive pronouns **nos, os** and **se** are also used to express mutual or reciprocal actions or experiences.

Nos besamos.	*We kissed.*
Nos hablamos por teléfono dos veces al mes.	*We talk on the phone twice a month.*

To clarify that the reciprocal is intended, not the true reflexive, add **uno/a a otro/a** or **unos/as a otros/as.** Use the masculine form unless all subjects involved are female.

Se miraron unos a otros.	*They looked at one another.*

Ejercicio 9. Complete estas oraciones con los reflexivos apropiados, pero únicamente si hacen falta.

1. El juguete ________ rompió cuando fuimos a la playa.
2. Anoche ________ dormí rápidamente porque estaba muy cansado y ________ dormí casi diez horas.
3. Lola, no seas narcisista, no ________ mires tanto en el espejo.
4. Me gusta comer________ pescado. Ayer ________ comí un pescado entero, delicioso.
5. Uds. dos no ________ conocen, ¿verdad? Sra. Dámato, le presento al Sr. Ramos.
6. ________ vamos a encontrar en el Café Sol a las tres.
7. Ya ________ queda muy poca gente en la fiesta y no hay música. ¿Por qué no ________ vamos? ¿Tú quieres quedar________?
8. El ________ sabe mucha geografía: ________ sabe de memoria los nombres de todas las capitales del mundo.
9. Mamá, no tienes que ayudarme. ________ puedo vestir yo sola.
10. Al final de la boda los novios ________ besaron.

Ejercicio 10. Reescriba las siguientes oraciones de manera que transmitan el mismo mensaje. Use construcciones reflexivas para crear las nuevas oraciones.

El niño no dejó ni una gota de leche en el vaso.
El niño se tomó la leche.

1. ¿Por qué no dejas la cama? Ya son las doce.
2. Abandonaron el concierto porque no les gustaba la música.
3. Voy a permanecer en el dormitorio durante las vacaciones.
4. ¿Por qué miras tanto tu propia imagen en esa foto?
5. Experimentamos mucha alegría cuando te vimos.
6. Pablo me odia a mí y yo lo odio a él.
7. El divorcio de tus padres fue hace dos años, ¿no?
8. He memorizado los nombres de todas las personas de esta clase.
9. ¿Así que tu nombre es Dolores Fuertes?
10. ¡Qué fresca (*shameless*) es Olga Heredia! Mencionó a Olga Heredia como la mejor candidata.

◀◀◀◀ Exploraciones

Frida, Flor de México, *retrato de la pintora mexicana Frida Kahlo; obra de la pintora nicaragüense Celia Lacayo, residente en Costa Rica.*

LECTURA 1. "Esas vidas extrañas, vegetales", de Carlos Rafael Duverrán

Actividad 1. En este cuento no ocurre casi nada. Lo importante son las dos hermanas y su relación especial con las plantas de la casa. Esta relación revela una fe o esperanza en la reencarnación y en la idea de que la naturaleza es un continuo. La separación entre el reino vegetal y el humano, por tanto, se considera artificial. Haga el ejercicio para que lo ayude a entender bien el cuento. Los números entre paréntesis se refieren al párrafo en el que se debe buscar la información.

1. ¿Se refieren estas frases a la casa, a las plantas o a las hermanas?
   a. "una moviente extensión natural" y "esa densa presencia" (1)
   b. "fue creando . . . una especie de inofensiva pero potente fuerza" (2)
   c. "dejaron que esa confusión de vidas se fuera estableciendo" (3)
   d. "era ella la que atendía a los huéspedes" (4)

2. Encuentre en cada párrafo una idea principal que responda a las preguntas que siguen.
   a. ¿Qué era lo que le daba vida a las plantas? (1)
   b. ¿Cómo era la atmósfera de la casa? (2)
   c. ¿Qué comprendieron las hermanas al hacerse viejas? (3)
   d. ¿Qué papel jugaba la casa cuando llegaban visitas? (4)
   e. ¿Qué se podía sentir en la casa si uno tenía la suficiente sensibilidad? (5)
   f. ¿Cuál era el centro de actividades de la casa? (6)
   g. ¿Cómo se comunicaban las plantas con la hermana menor y qué le hacían ver? (7)
   h. ¿Qué llegó a entender con el tiempo la menor sobre su hermana muerta? (8)
   i. ¿Qué pasó cuando la anciana decidió no moverse más? (9)
   j. ¿Qué comprendió el narrador sobre la muerte de la anciana? (10)

Las plantas eran la vida de la casa. Las dos hermanas que la habitaban, solteras y añosas,° eran también como una moviente extensión natural de esa densa presencia. Se conservaban en una indefinida y pulcra° transparencia vegetal verdosa y húmeda, olorosa a montaña. No había allí otra forma de existencia: una tranquila inmovilidad y un silencio profundo creaban un clima de tiempo adormecido,° propicio a la reflexión y al renacimiento de lo ido.

aged / *clean* / *drowsy*

Los años pasaron sobre las begonias y las violetas con cierta levedad,° como sobre una alfombra de pasos idos.° Tan espesa° fue aquella atmósfera de claustro delicado y limpio, abierto sólo por la parte trasera° del jardín interior, que la casa fue creando una intimidad propia, un cierto sentido evidente, una especie de inofensiva pero potente fuerza que se sentía a poco de permanecer° allí.

lightness / *gone* / *thick* / *back* / *staying*

Ellas dejaron pasar allí sus vidas. Cuando se hicieron viejas comprendieron de pronto que de tanto ocuparse de la vieja casa y sus matas,° se olvidaron para siempre de ellas mismas. O a sabiendas,° dejaron que esa confusión de vidas se fuera

plants / *knowingly*

estableciendo. Una —la menor— se había dedicado siempre a la administración de los escasos asuntos de relación con el mundo, con el otro, el de afuera. La otra, central y muy terrestre, se había sumergido en las labores domésticas y el cuidado de las plantas. Complementarias, unidas y diferentes. Izquierda y derecha, sur y norte, razón y sentimiento, principio vital masculino y principio vital femenino. Marta y María. Pero una entidad lisa,° sin grietas,° como las paredes de la casa.

smooth / cracks

Cuando llegaban visitas, parientes o amigos, lo que ocurría raramente, la casa se veía obligada a despertar. En realidad era ella la que atendía° a los huéspedes, conduciéndolos,° y las hermanas se ocupaban con gesto° tranquilo de detalles complementarios. La casa iba hablando despacio, aposento° por aposento, con tono y sentido distintos. Pero lo fundamental era el sonido agudo y constante de las plantas, con el que daba la bienvenida —que en ciertas ocasiones raras podía ser más o menos hostil— e imponía al final su sello, su secreta influencia, a la conversación y aún a la vida de los hablantes, y conducía los acontecimientos hacia un final preparado y ritual, siempre el mismo, parecido a su naturaleza: lento, inmóvil, sin sentido del tiempo de los hombres.

was taking care of / leading them / gesture / room

Los helechos,° por ejemplo, eran muy importantes. Tal vez eran ellos los que más vibraciones distintas transmitían y tenían una mayor influencia sobre los actos rituales de las dos mujeres. Había un secreto entendimiento,° una extraña comunicación entre dos mundos que iba y venía, una corriente eléctrica que podía a veces captarse —si estabas en medio y eras sensible a esas ondas°— y que daba la extraña sensación de provenir° de una vida doble, vicaria, y como de existencia en hechizo,° vivida en otro. (Todo lo concerniente al cuidado, al riego° y a la conversación con las plantas, constituía una verdadera ceremonia secreta, que las mujeres no efectuaban nunca en presencia de extraños.)

ferns
understanding
waves
coming from
charmed
watering

Estos actos eran en realidad el verdadero centro de las actividades en la casa: todo lo demás era secundario y aparecía subordinado a ese principio fundamental. Por lo demás, allí no pasaba nunca nada. Todo era igual, idéntico a sí mismo, y existía en una especie de monótona eternidad. Sólo los lentos y difícilmente perceptibles movimientos vegetales,° que a pesar de todo eran esperados, celebrados y sufridos por ellas, podían conmover° aquel limbo de humedad y frescura verde.

of plants
to move

Cuando una de las hermanas decidió al fin morir de muerte vegetal, sin llamar la atención ni opinar sobre ello, sin ninguna filosofía, la otra hermana —la menor— tuvo que asumir° las labores domésticas y además las ceremonias vegetales. El primoroso° cuidado de las petunias, de los anturios,° de las susurrantes° violetas. Las plantas de algún modo le hablaban y la consolaban de su viudez° formal inconsolable. Por medio de cambios de matiz° en su coloración y de la forma de inclinar sus hojas se comunicaban con ella y le hacían ver cómo percibían el espíritu de la hermana difunta° que deambulaba° por la casa ejecutando inútilmente los repetidos actos de siempre, sin ninguna eficacia. Sin embargo, llegó a acostumbrarse y a contar con esa presencia y hasta le pareció con el tiempo útil y necesaria. Sólo que le costaba mucho conciliar° su rostro° para lo interior, atento° a las vibraciones que percibía en la casa, con un rostro adecuado a la dispersión mental de los visitantes. ¿Cómo iban ellos a entender los pormenores° de su oficio, la delicada ciencia que se veía obligada a practicar todos los días y a cada instante, para poder desempeñar un papel adecuado a las circunstancias, que estuviera siempre al nivel de la misión que le había sido encomendada? Si hubiera tratado de explicarlo, hubiera sido demasiado complejo. Habría tenido que entrar en explicaciones de intuitiva psicología botánica, y de razonamientos sobre la densidad de la soledad en espacios cerrados. Así que renunció a ello. Le bastó aceptar con naturalidad las triviales conversaciones sobre enfermedades, el tiempo y los problemas de la economía en una democracia rural. Hasta tenía valor para mostrarse interesada en las cuestiones políticas del momento: todos comentaban la idea del Presidente de crear un Museo Internacional de la Guerra, con el objeto de que allí pudiera estudiarse con profundidad la causa de los conflictos bélicos, a fin de evitarlos. A ella, que siempre le pareció la paz el estado natural de la vida —como lo absorbía de su propio mundo— todo eso le parecía absurdo e innecesario. Pero hacía todo lo posible para que sus amistades no sospecharan nada.

Con el tiempo llegó a entender, por extraños signos, que su hermana se había por fin incorporado de algún modo a la vida de las plantas. Sucesivamente la sentía aparecer (algo de su mirada, de su piel, de su manera de sentir) en las macetas.° La veía reverdecer,° echar brotes,° y hasta insinuar una sonrisa en una florecilla. Todo lo que ella era o había sido estaba allí, sólo que transformado en otras sustancias delicadas y verdes, en el aroma de la humedad, en el estremecimiento° casi

take over
exquisite
anthuriums / *whispering* / *widowhood* / *hue*
dead, late / *walked around*
to match, reconcile / *countenance, face* / *watchful* / *details*
flower pots
to grow green again / *shoots, buds*
quiver

imperceptible de las hojas. La gente, que no entendía nada de esto, creía que hablaba sola y que había enloquecido. La verdad es que ella sabía muy bien cómo eran las cosas y lo que debía hacer.

Por esto, un buen día decidió quedarse inmóvil, junto a sus matas. Apenas se la sentía respirar suavemente, y sólo se levantaba dos veces al día siempre a las mismas horas para beber unos sorbitos° de agua. Si se le hablaba no respondía más que con ciertos estremecimientos o rápidos movimientos temblorosos de las manos. A todo esto, como dentro de un bosque, la casa había sido ocupada en todos sus rincones habitables por las plantas, que se entrelazaban en las verdosas paredes y en el techo, cruzaban las salas y pasillos, subían a las sillas y a las mesas, decoraban las camas y salían de los sitios más inesperados. La anciana, que permanecía en la oscuridad cerca de una ventana, había empezado a ser presa° de algunas enredaderas° que sujetaban sus piernas y brazos a la mecedora.°

Aunque nadie decía nada, yo comprendí que aquella forma de morir era una manera de encontrar una nueva vida, de signo diferente. Prueba de ello eran las extrañas flores que le salían por todas partes del cuerpo, algunas de las cuales fueron cortadas con crueldad y puestas en floreros por toda la casa, el día que se la llevaron, y también esa afición por las vidas del bosque —algo mórbida— que nos quedó a todos los que la conocimos, y que es tal vez en el fondo lo que explica mi declarada pasión por los asedios° a la montaña.

little sips
the prey
clinging vines
rocking chair
sieges

Actividad 2. Señale las oraciones verdaderas y corrija las falsas, según el cuento.

1. Cuando llegaban visitas, las hermanas atendían a los huéspedes.
2. El sonido constante de las plantas a veces era hostil.
3. Había algo secreto en la casa, como una comunicación entre dos mundos.
4. Salvo los perceptibles movimientos vegetales, todo era una monótona eternidad.
5. La hermana menor no sentía el espíritu de la hermana muerta.
6. La sobreviviente compartía con sus amistades la delicada ciencia a la que dedicaba su vida.
7. Un buen día la sobreviviente decidió no moverse más.
8. Al narrador le parece que esa forma de morir es una forma de encontrar una nueva vida.

Actividad 3. En parejas, vuelvan a leer los párrafos del cuento señalados entre paréntesis y hagan una lista de palabras y expresiones usadas por el autor para . . .

1. hablar de la monotonía del tiempo en la casa. (1, 2, 6)
2. describir cómo las hermanas se confundían con la existencia de las plantas. (3, 8, 9)
3. hablar de la casa como si fuera una persona. (4)
4. decir que la vida de las hermanas era extraña. (5)

Actividad 4. En grupos de 3 ó 4, colaboren para escribir una minicomposición (máximo una página) sobre uno de los temas siguientes. Pueden usar los apuntes de la actividad anterior.

1. Interpreten el significado del título del cuento. ¿Hasta qué punto son vidas extrañas? Y, ¿qué es una vida vegetal?
2. En el último párrafo, el narrador dice que la forma de morir de la hermana menor es una manera de encontrar una nueva vida de signo diferente. Encuentren ejemplos en el cuento que apoyan este punto de vista.
3. Traten de explicar la actitud hacia la montaña que el narrador menciona al final del cuento.

◀◀◀ *Práctica integrada*

Práctica 1. Ud. lleva seis meses trabajando como voluntario en uno de los Parques Nacionales de Costa Rica. Quiere quedarse seis meses más. Escriba una carta breve a sus padres o amigos explicando la razón de su entusiasmo por el país. Luego, en grupos de 3 ó 4, escojan la mejor carta para leerla a la clase.

Práctica 2. En grupos de 3 ó 4, escriban un diálogo entre un extraterrestre de un planeta ecológicamente más avanzado y un habitante de la Tierra, comparando el trato que los habitantes de cada planeta les dan a sus respectivos recursos naturales.

T: ¿Permiten la tala indiscriminada de árboles?

E: No, de ninguna manera. Está prohibido cortar árboles excepto . . . ¿Y Uds.?

Práctica 3. En parejas, inventen una llamada telefónica entre dos personas: un/a agente de viajes y su cliente. El/La agente quiere convencer a su cliente a que viaje a Costa Rica. El/La cliente contesta que no tiene ni mucho dinero ni mucho tiempo, pero que le interesa la idea. El/La agente le habla de las bellezas naturales del país para convencerlo/la de que el viaje vale la pena (*is worth it*).

Práctica 4. En grupos de 3 ó 4, piensen en películas o programas de televisión en los que se presenten conflictos entre los seres humanos y la naturaleza. ¿A favor de quién se resuelven los conflictos? ¿De qué manera? ¿Hay una tendencia a favorecer a la naturaleza o a los humanos? Cuenten a la clase los detalles del conflicto y su solución.

Práctica 5. Con el resto de la clase, haga esta encuesta para medir las actitudes hacia el medio ambiente de la clase. Una persona hace la pregunta y los que contestan que sí levantan la mano. Otra persona cuenta las manos y apunta el número en la pizarra.

¿Está Ud. dispuesto a . . .

1. usar mucho menos su automóvil e ir al trabajo o a la universidad en transporte público, bicicleta, patines o a pie?
2. no ir solo/a en su automóvil si tiene la oportunidad de llevar a otros pasajeros?
3. utilizar siempre productos biodegradables?
4. ahorrar electricidad?
5. utilizar en la cocina únicamente envases y envolturas totalmente reciclables?
6. deshacerse de cualquier producto tóxico con el mayor cuidado posible, tomando en cuenta la protección del ambiente?

Práctica 6. En grupos de 3 ó 4, escriban un horario matutino para cada miembro de la familia presentada a continuación. Den la siguiente información: (a) hora de levantarse, ducharse y otras actividades del baño; (b) hora de desayunarse y de salir de la casa; (c) medio de transporte al trabajo, universidad, o escuela. Inventen la información que falta.

Residencia: Cartago (a 45 min. de San José en microbús).

Doña Ofelia: madre, empleada de la Librería Lehmann en San José. Entra al trabajo a las 8.00 de la mañana. Prepara el desayuno.

Don Armando: padre, empleado de la Oficina de Planificación de la Vivienda en San José. Entra a las 7.00. Es el único que tiene coche.

Enrique: hijo mayor, administrador del Hospital de Cartago (a 15 min. de la casa a pie). Entra a las 8.30. Tiene barba.

Rita: secretaria bilingüe, oficina de abogados en San José. Entra a las 7.30. Ayuda con el desayuno. Tiene el pelo largo y le gusta maquillarse.

Marcos: estudiante, Instituto Tecnológico de Cartago (a 20 min. en microbús). Primera clase a las 9.00.

Aurelio: estudiante de sexto grado, escuela pública (a 25 min. en autobús público). Entra a las 7.00.

Perú es un país de grandes contrastes económicos y culturales y de una enorme riqueza histórica y arqueológica. Florecieron en su territorio grandes civilizaciones, de las cuales sobreviven ruinas importantes, como las del templo de Chavín y las ciudades de Chan Chan y Nazca. La última gran civilización precolombina fue la de los incas, conquistada por Francisco Pizarro en 1532. El imperio inca abarcaba Perú, Bolivia y parte de lo que hoy son Ecuador y Argentina. Su capital era Cuzco. Hoy en día en las calles de Cuzco, se escucha aún el quechua, que era la lengua oficial del imperio.

La capital actual de Perú es Lima, fundada por Pizarro en 1535. Es una hermosa y vibrante ciudad que presenta la interesante mezcla de lo moderno y lo colonial, característica de muchas ciudades sudamericanas. Sin embargo, Cuzco sigue siendo un elemento importante de la identidad peruana. Cerca de ella se encuentran las misteriosas ruinas incas de Machu Picchu en los picos andinos a más de 2.500 metros de altura.

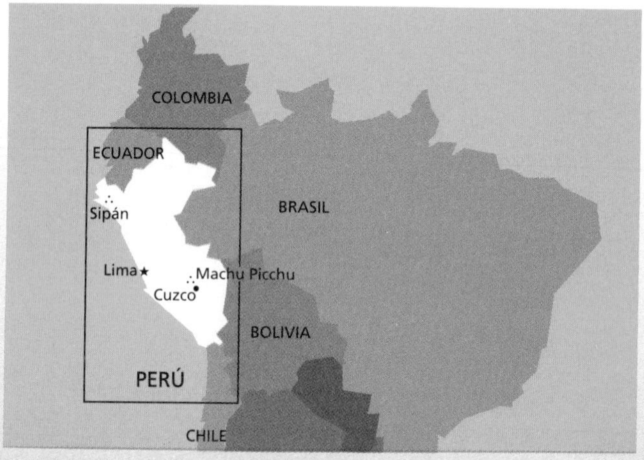

La influencia indígena es notable en el arte, la cultura y la imaginación popular. Se venera el esplendor del pasado inca y se tiene de héroes a figuras indígenas como Manco Cápac que lucharon contra el dominio español. Por otra parte Perú es hoy en día una nación multiétnica integrada por descendientes tanto de la población indígena original como de los inmigrantes posteriores de origen europeo, africano y asiático.

Perú fue un centro importante del imperio colonial español hasta alcanzar su independencia a principios del siglo XIX, con la ayuda de los libertadores Simón Bolívar y José de San Martín. Fue precisamente cerca de Ayacucho, ciudad peruana, donde se libró la batalla decisiva de la independencia de Sudamérica. Aunque en el siglo XX ha habido numerosas intervenciones de los militares en la vida política, Perú goza actualmente de un régimen democrático. Quedan sin embargo numerosos problemas sociales y económicos por resolver, entre ellos una enorme deuda exterior y grandes desigualdades en la distribución de la riqueza. Las comunidades indígenas de las sierras andinas son muy pobres y están marginadas de la vida moderna. Además, es en esas regiones donde opera principalmente la guerrilla maoísta Sendero Luminoso, que trata de imponer el comunismo en Perú. La mayoría del pueblo, no obstante, rechaza las soluciones violentas y ha optado por encontrarle soluciones democráticas a la crisis actual. ▲

6

UNIDAD

Julio Onomoto, arqueólogo peruano

Las misteriosas ruinas de Machu Picchu. ¿Qué eran estos edificios?

OBJETIVOS

Objetivos para la Unidad 6

Aprender a . . .

- expresar certeza y duda
- expresar posibilidad e imposibilidad
- expresar suposición, probabilidad e intención
- expresar emociones y sentimientos

◀◀◀◀ *Interacciones*

VOCABULARIO

Sustantivos

el acueducto aqueduct
el altar altar
el aporte contribution
el apoyo support
el/la arqueólogo/a archaeologist
el artefacto artifact
la búsqueda search
el/la conservador/a curator (in a museum)
el discurso speech
el diseño design
el esqueleto skeleton
la excavación excavation
la fortaleza fortress
el guardián guardian
el/la guía guide (person)
el hallazgo finding; discovery
el lujo luxury
la meta goal
la momia mummy
la pala shovel
el peldaño step (of a staircase)
la piqueta pick
el quechua Quechua language
la pirámide pyramid
las ruinas ruins
el/la saqueador/a looter
el templo temple
la tumba tomb

Verbos

recobrar recover
rescatar to recover; to get back
soportar to stand; to hold up
subir to carry up; to climb
suceder to happen

Adjetivos

cotidiano/a everyday
incaico/a Incan
precolombino/a pre-Columbian

Otras palabras y expresiones

cuesta arriba/abajo uphill/downhill
dar inicio to initiate
dar pie a to give rise to
en lo más hondo at the deepest level

Práctica de vocabulario

Práctica A. Complete las siguientes oraciones con una palabra o expresión de la lista de vocabulario.

1. El/la ________ explica los lugares históricos a los turistas.
2. Ahora todo el mundo sabe lo que les ________ a los saqueadores de tumbas porque lo anunciaron por televisión.
3. Los huesos del cuerpo forman el ________.
4. La ________ de un/a arqueólogo/a es descubrir y llegar a comprender las civilizaciones desaparecidas.
5. ¡No ________ este calor! Enciende el aire acondicionado, ¿quieres?
6. Frente a la puerta había un ________ que protegía al presidente.
7. El arqueólogo es responsable de la búsqueda y la ________ de tumbas y templos de civilizaciones antiguas.
8. El ________ más importante de la excavación fue el descubrimiento de una momia.
9. Se puede subir esa pirámide porque tiene ________.
10. Los incas construyeron ________ para proteger su imperio.

Práctica B. En parejas, una persona es guía y la otra es turista. El/La turista hace preguntas sobre lo que ve y el/la guía le explica. Usen palabras de la lista de vocabulario.

ESCUCHAR Y CONVERSAR

Julio Onomoto, joven arqueólogo peruano de origen japonés, es conservador de la colección precolombina del museo de Cuzco. Frecuentemente da charlas sobre arqueología y también sirve de guía a grupos que visitan el museo. También es autor de varios artículos sobre hallazgos y excavaciones importantes.

Actividad 1. Julio Onomoto está en la entrada de un hotel en Cuzco. Se le acerca Deborah Chang, una joven turista de los Estados Unidos. Antes de escuchar la conversación entre ellos, lea las siguientes oraciones. Luego, mientras escucha, indique si la información es cierta o falsa.

Julio

1. Nació en Japón.
2. Aprendió japonés en la escuela.
3. Dice que Perú es una sociedad multiétnica.
4. Habla cuatro idiomas.

Deborah

1. Sabía que muchos indios en Perú no hablaban bien el español.
2. Vino a Perú a estudiar español.
3. Le sorprende que Julio Onomoto sea peruano.
4. Piensa que en Cuzco hay mucha influencia inca.

El pasado indígena de Perú se refleja en los vestidos de los participantes de un festival.

Cinta 1. Hablan Julio Onomoto y Deborah Chang.

DC: Perdón, me dicen que Ud. es del grupo que va a ir a Machu Picchu mañana.

JO: Sí, señorita. Soy Julio Onomoto, el arqueólogo peruano que les va a servir de guía.

DC: Ah, encantada, Deborah Chang, de los Estados Unidos. Oiga, pero Ud. no parece peruano.

JO: Ni Ud. estadounidense. ¡Ja, ja!

DC: Bueno, mis padres son chinos.

JO: Y los míos japoneses. Perú es una sociedad multiétnica, como la de Uds. Yo nací aquí, soy ciudadano peruano y me considero, ante todo, peruano.

DC: Pues yo estaba segura que todo el mundo aquí era de origen español o indio. ¿Y Ud. habla japonés?

JO: Sí, claro. Lo aprendí de mis padres, pero el español es la lengua que hablo mejor. Es el idioma oficial de Perú. También hablo inglés porque para ser guía lo necesito. Además sé quechua por mi trabajo con las comunidades indígenas.

DC: ¿Quiere Ud. decir que todavía hay indios que no hablan español?

JO: Efectivamente. Para muchos peruanos la lengua nativa es el quechua. Por eso es tan importante saberlo.

DC: ¡Qué poco sé de Perú! Vine a aprender arqueología, pero dada mi ignorancia, dudo que Ud. me tome en serio.

JO: ¡Al contrario! Ud. ha venido al sitio ideal. Cuzco, con Machu Picchu tan cerca, es una de las capitales arqueológicas del mundo. Estoy seguro que va a aprender muchísimo.

DC: Bueno, por lo menos sabía que Machu Picchu son ruinas incas y que Cuzco fue la capital del imperio. Todavía se nota en Cuzco la influencia inca, ¿no?

JO: Tiene Ud. razón. Y ahora discúlpeme, pero tengo que terminar mis preparativos.

DC: Sí, cómo no; yo también. A lo mejor nos vemos más tarde.

Actividad 2. Marque toda la información correcta según el diálogo. Compare sus respuestas con las de un/a compañero/a.

1. Julio trabaja como . . . . a. arqueólogo b. ingeniero c. guía
2. Julio es . . . . a. español b. japonés c. peruano
3. La lengua oficial del Perú es el español, pero también se habla mucho el . . . . a. guaraní b. japonés c. quechua
4. Como guía, a Julio le conviene hablar . . . .
   a. español b. japonés c. quechua d. inglés
5. Como arqueólogo peruano, Julio necesita hablar . . . .
   a. español b. japonés c. inglés d. quechua
6. Cuzco está cerca de . . . . a. Lima b. Machu Picchu c. Ayacucho

VOCABULARIO EN CONTEXTO. Expresar certeza y duda, posibilidad e imposibilidad.

Certeza

- **Estoy seguro/a de que** aquí había un altar.
- **Sé que** Cuzco fue la capital del imperio inca.

Duda

- **No estoy seguro/a de que** mi padre quiera comprar un objeto de lujo.
- **Dudo que** podamos verlo todo en un solo día.

Posibilidad

- **Puede ser que** visitemos Lima la semana próxima.
- **Es posible que** vayamos a Ayacucho el jueves.
- **Quizás/Tal vez** Deborah decida estudiar arqueología después del viaje.

Imposibilidad

- **No es posible** subir esa montaña en un día.
- **No se puede** llegar a la tumba en carro.
- **Es imposible que** una persona tan mayor pueda hacer la subida a Machu Picchu a pie.

Actividad 3. En parejas y usando el vocabulario en contexto, hagan cuatro declaraciones relacionadas con la vida universitaria que expresen certeza y cuatro que expresen duda.

> Estamos seguros (de) que estamos aprendiendo mucho.
> Dudamos que absolutamente todo lo que hemos aprendido nos sirva en el futuro.

Actividad 4. En parejas y usando el vocabulario en contexto, hagan una lista de tres acontecimientos y/o situaciones que es posible que ocurran en la primera década del siglo XXI en los Estados Unidos y una lista de tres que es imposible que ocurran.

> Es posible que baje muchísimo el precio de las computadoras.
> Es imposible que tengamos una base en Marte.

Actividad 5. Deborah Chang y Ana Méndez, una turista de Texas interesada en arqueología, están leyendo una revista turística. Antes de escuchar su conversación, asocie cada elemento de la columna A con otro de la columna B. Mientras escucha, corrija su trabajo.

Columna A	***Columna B***
1. el autor del artículo	a. un gran misterio
2. las ruinas de Machu Picchu	b. 3 horas y media
3. el diseño de Machu Picchu	c. Julio Onomoto
4. el viaje en tren a las ruinas	d. varios días
5. la subida a pie a las ruinas	e. una obra admirable

Cinta 2. Hablan Deborah Chang y Ana Méndez.

DC: Estamos a punto de salir para Machu Picchu. ¿Por qué no leemos el artículo sobre las ruinas en esta revista de arqueología de la universidad?

AM: ¡Ay, fíjate! El que lo escribió es un tal Julio Onomoto. Puede ser que sea el mismo que conociste ayer.

DC: Tiene que ser él. ¿Cuántos arqueólogos peruanos se pueden llamar Julio Onomoto?

AM: Tienes razón. Pues mira lo que dice. Según Julio, las ruinas de Machu Picchu son quizás las más extraordinarias de las Américas. Tienen trece kilómetros cuadrados de terrazas y edificios, y las escaleras tienen un total de más de tres mil peldaños.

DC: Pero, ¿es un palacio o qué?

AM: Dice que es posible que sea una fortaleza de los incas, un centro religioso de adoración al sol o una escuela para los hijos de los nobles. No se sabe exactamente. Es un verdadero misterio. Mira la foto. Está en lo alto de una montaña.

DC: Es increíble que una construcción tan complicada esté tan alta. ¿Cómo subieron todas esas piedras? Los incas no conocían la rueda, ni tenían caballos.

AM: Otro misterio. Y es una obra maestra. Los arquitectos de ahora opinan que el diseño es admirable. Hay templos, altares, plazas, fuentes y acueductos, y todo muy bien integrado.

DC: Sé que en tren son tres horas y media de viaje. ¿Hay otra forma de llegar?

AM: Sí, caminando, pero el artículo no recomienda que lo intentemos, pues son 104 kilómetros —65 millas— cuesta arriba, y no hay ningún sitio en el camino donde puedas tomar un refresco ni nada.

DC: E indudablemente, hay que caminar mucho tiempo. ¿Sabes cuánto?

AM: Según lo que dicen aquí, es imposible hacerlo en un día. Se necesitan cuatro o cinco días.

DC: ¿Tanto? No hay duda de que los incas eran gente atlética.

AM: Dudo que pueda decirse lo mismo de nosotras. Es mejor que vayamos en tren.

Actividad 6. En parejas, miren la lista siguiente y anoten todos los elementos que según el diálogo forman parte de las ruinas de Machu Picchu. Luego, para cada elemento, pongan una **C** si hay **certeza** de su existencia entre las ruinas y una **M** si hay un **misterio** relacionado con ese elemento. Escuchen la conversación otra vez para verificar sus respuestas.

1. acueductos
2. altares
3. centro religioso
4. edificios
5. escaleras
6. escuela para nobles
7. estadio
8. fortaleza
9. fuentes
10. mercado
11. palacio
12. peldaños
13. plazas
14. terrazas
15. templos

Actividad 7. Ud. y unos amigos están planeando una excursión a pie desde Cuzco a Machu Picchu. En grupos de 3 ó 4, preparen un diálogo breve discutiendo los planes. Incorporen elementos del anuncio sobre "Artículos para excursiones". Sigan el modelo.

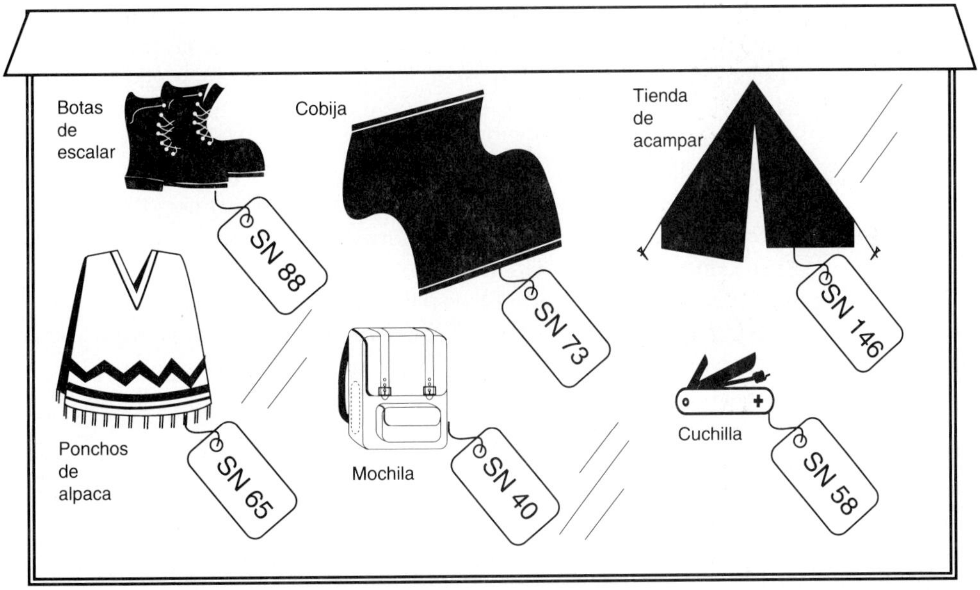

SN = sol nuevo, actual unidad monetaria de Perú.

E1: ¿Es posible hacer la excursión a pie?
E2: Sí, pero es mejor que vayamos bien preparados/as.
E3: ¿Que necesitamos?
E4: Creo que debemos llevar una tienda de acampar porque son varios días.

LEER Y CONVERSAR

INTERCAMBIO 1. Este es el texto del discurso que Julio Onomoto dio en su museo a un grupo de estudiantes extranjeros que pasaron por Cuzco en su gira por Perú.

¿A quién no le fascina saber cómo vivían los seres humanos de otros tiempos? ¿En qué está basada esa profunda atracción que sentimos ante lo arqueológico, ante los indicios de civilizaciones desaparecidas para siempre? Es probable que en lo más hondo de nuestro ser no nos guste que el tiempo lo devore todo. Si recobramos el pasado, aunque sea parcialmente, detenemos un poco la marcha del tiempo.

Supongo que ésta es la razón por la cual nos atrae tanto mirar fotos, porque la fotografía captura para siempre un momento determinado del pasado. La tecnología moderna ha hecho posible una ilusión todavía más completa como la del cine, los documentales y las grabaciones personales de las videocintas. Probablemente no hay nadie que pueda contemplar con indiferencia esos maravillosos documentales que nos transportan a mundos exóticos, antes en rincones tan remotos de la tierra, pero ahora convenientemente trasladados a nuestros televisores. Lo lejano se vuelve cercano, no sólo en el espacio geográfico, sino también en el tiempo. Con ayuda de las computadoras cada vez más será más fácil reconstruir el pasado e inventar el futuro.

El estudio de los artefactos del remoto pasado peruano es valioso porque aunque es verdad que el aporte español fue muy valioso, Perú tiene sus raíces en lo incaico y en las civilizaciones que precedieron a la de los incas. Es justamente nuestro elemento indígena precolombino propio lo que hace que Perú sea diferente de otros países hispanos. A pesar del tiempo transcurrido y del elemento hispano que la historia le superpuso a la antigua cultura, ese elemento todavía predomina en muchos aspectos de la vida peruana. Como peruano tengo la intención de mantener vivo ese pasado y de rescatarlo de los destrozos del tiempo.

Julio Onomoto, Cuzco, Perú

Actividad 8. En parejas, hagan un esquema de las ideas principales de la lectura. Tomen en cuenta los siguientes puntos.

por qué atrae tanto la arqueología

la fotografía

el cine, los documentales y las videocintas personales

lo lejano y lo cercano

las computadoras

la importancia del elemento indígena

la intención de Julio

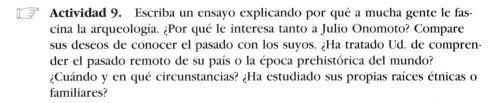

Actividad 9. Escriba un ensayo explicando por qué a mucha gente le fascina la arqueología. ¿Por qué le interesa tanto a Julio Onomoto? Compare sus deseos de conocer el pasado con los suyos. ¿Ha tratado Ud. de comprender el pasado remoto de su país o la época prehistórica del mundo? ¿Cuándo y en qué circunstancias? ¿Ha estudiado sus propias raíces étnicas o familiares?

VOCABULARIO EN CONTEXTO. Expresar probabilidad, suposición e intención.

Probabilidad

- **Es probable que** los tesoros pertenezcan a la cultura inca.
- **Probablemente** me haga falta llevar una pala y una piqueta para la excavación.

Suposición

- **Supongo que** la tumba era de una persona importante porque había muchos artefactos de lujo.
- **Es de suponer que** el antropólogo del Smithsonian quiere examinar la momia.

Intención

- El arqueólogo **tiene la intención de** dar una charla para estudiantes extranjeros.
- **¿Te propones** llegar temprano para conseguir un buen lugar en la sala?

Actividad 10. En parejas y usando como guía el vocabulario en contexto, encuentren una oración en el Intercambio 1 que indique probabilidad, una que indique suposición, y una que indique intención. Luego, den su opinión sobre cada una de las oraciones.

Actividad 11. Usando el vocabulario en contexto, escriba diez oraciones que puedan provocar una reacción de probabilidad, suposición o intención en otra persona. Al llegar a clase, en parejas y turnándose, lean sus oraciones y reaccionen a las de su compañero/a. Traten de variar sus comentarios.

E1: Tengo que ahorrar dinero para pagar la matrícula.
E2: Entonces supongo que no vas a comprar mucha ropa ahora.

E1: Estamos casi al final de este capítulo.
E2: Entonces es probable que tengamos una prueba pronto.

Actividad 12. En parejas, usen las oraciones que prepararon para la actividad anterior y turnándose, dense consejos para cumplir con sus planes.

E1: Vamos a tener un examen de español pronto.
E2: Pues ponte a estudiar ahora mismo.

E1: Mi novia y yo tenemos que ahorrar dinero.
E2: Entonces, no compréis ropa nueva este semestre.

INTERCAMBIO 2. La lectura siguiente da una idea de cómo es la vida diaria para los campesinos peruanos hoy en día. Ud. verá un contraste enorme entre sus preocupaciones y necesidades y las de la gente que vive en las grandes ciudades.

Angela Quesada y Carmen Orihuela son campesinas y madres de familia. Mientras sus esposos trabajan duramente, cultivando papas y zanahorias, ellas tienen que ir a pie desde sus casas en el campo hasta la lejana aldea donde compran lo que necesitan para vivir. A veces tienen miedo de los ruidosos autobuses que pasan a gran velocidad por las estrechas carreteras. Angela y Carmen preparan la comida, lavan la ropa, limpian la casa y cuidan a los niños. Con frecuencia hay escasez de lo más esencial, como por ejemplo, querosene para cocinar; pero normalmente entre vecinas se comparte lo poco que se tiene con los que están en la misma situación.

Además de las preocupaciones cotidianas de la gente pobre, Angela y Carmen sufren grandes temores por el ambiente de inseguridad política de la zona en que viven. En el campo pelean contra el ejército los guerrilleros de Sendero Luminoso. En el medio está la gente humilde como Angela y Carmen que viven con el miedo constante de que el ejército o la guerrilla obliguen a sus hijos adolescentes a pelear de un lado o de otro, o que se los lleven no se sabe adónde. Hay familias que no soportan la violencia y se van a vivir a las ciudades. Sin embargo, Angela y Carmen prefieren quedarse. Saben que es aquí donde quieren estar, cerca de la tierra que les da de comer, en íntimo contacto con la naturaleza. Ellas agradecen el apoyo y la amistad que los vecinos les dan y que ellas devuelven. Por otra parte es muy duro vivir bajo tanta pobreza y tanto temor, especialmente cuando no se ve ninguna solución.

Actividad 13. En parejas, escriban con sus propias palabras una descripción de la vida de la gente del campo en Perú. Basen su descripción en la lectura sobre Angela y Carmen. Incluyan la siguiente información.

en qué se ocupan los hombres

adónde van las mujeres para comprar sus provisiones

qué problemas tienen las familias

cómo se ayudan los unos a los otros

por qué siguen viviendo bajo condiciones difíciles

VOCABULARIO EN CONTEXTO. Expresar sentimientos y emociones.

Miedo o preocupación

- **Tengo miedo de que** los choferes de los autobuses no manejen con cuidado.
- A las madres **les preocupa** que el ejército se lleve a sus hijos.

Lástima

- **Me da pena/lástima que** los campesinos tengan que caminar tanto.
- Carmen **siente que** sus vecinas se vayan a la ciudad.

Sorpresa

- **Me sorprende que** haya ruinas de tantas civilizaciones diferentes.
- **Nos extraña que** la gente no proteste más contra la escasez de alimentos.

Satisfacción

- **Me alegro de que** los diferentes grupos étnicos vivan en armonía.
- **Estamos contentos/as de que** las familias pueden ayudarse mutuamente en casos de emergencia.

Enfado

- **Me enoja que** en las tiendas no haya nada que comprar.
- **Nos da rabia que** el gobierno no invierta más dinero en programas educativos.

Actividad 14. Usando el vocabulario en contexto, escriba oraciones que expresen las emociones de las personas indicadas entre paréntesis.

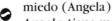

miedo (Angela)
Angela tiene miedo de que no le alcance el querosene.

1. preocupación (los líderes políticos)
2. lástima (mis amigos y yo)
3. sorpresa (los estudiantes de esta clase)
4. satisfacción (nuestro/a profesor/a de español)
5. enfado (mi mejor amigo/a)
6. contento (tú)
7. alegría (los hijos mayores)
8. pena (nosotras/os)

Actividad 15. En grupos de 3 ó 4, discutan sus propios sentimientos relacionados con los temas siguientes. Hablen de sus miedos y preocupaciones, y de sus sentimientos de lástima, sorpresa, satisfacción y enfado. Una persona debe tomar apuntes. Compartan luego con la clase entera lo que el grupo ha dicho.

una guerra nuclear
Tengo miedo de que haya una guerra nuclear durante mi vida.

1. la violencia en las calles
2. la vida familiar
3. el uso de drogas
4. una cura para el cáncer
5. nuevas películas
6. dinero para la educación
7. gente desamparada (*the homeless*)
8. requisitos para graduarse de esta universidad

Estructura

I. Subjunctive and Indicative in Contrast

Generally what the main clause expresses determines whether you should use the indicative or the subjunctive in the dependent clause.

A. Impersonal sentences with ***ser***

1. Use the indicative in the dependent clause after expressions of truth or certainty that assert that the information contained in that clause is true or certain.

Es verdad que Perú es una nación multiétnica.	*It's true that Peru is a multiethnic nation.*
Es cierto que la guerrilla opera en aquella zona.	*It's true that the guerrillas operate in that area.*
Es obvio que esas ruinas no son incaicas.	*It's obvious that those ruins are not Incan.*
Es innegable que los incas tenían grandes arquitectos.	*It's undeniable that the Incas had great architects.*
Es seguro que nuestro guía va a ser Julio.	*It's certain that our guide is going to be Julio.*

Es verdad que Perú es una nación multiétnica. No es verdad que todos los peruanos sean de origen español.

2. Use the subjunctive in the dependent clause after expressions that negate or doubt the truth or certainty of the information in the dependent clause.

Es falso que todos los peruanos sean de origen español.	*It's untrue that all Peruvians are of Spanish origin.*
No es verdad que se pueda ir a Machu Picchu en avión.	*It's not true that you can go to Machu Picchu by plane.*
No es obvio que él esté interesado en ti.	*It's not obvious that he's interested in you.*
No es seguro que podamos ir mañana.	*It's not certain that we can go tomorrow.*
Es dudoso que el tren salga a tiempo.	*It's doubtful that the train will leave on time.*

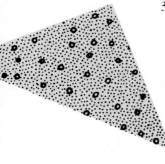

3. Use the subjunctive in the dependent clause after impersonal expressions with **ser** that convey the following intentions:

   a. an attempt to influence other people's behavior.

Es mejor que nos vayamos.	*It's better that we leave.*
Es imperativo que lo hagas.	*It's imperative that you do it.*

   b. a reaction to the information in the clause.

Es ridículo que la comida sea tan cara.	*It's ridiculous for the food to be so expensive.*

   c. an unemotional comment on the information in the clause.

Es lógico que no quieras quedarte sola.	*It's logical for you not to want to be alone.*

   d. a comment on the possibility or likelihood of the situation described in the clause.

Es posible que vayamos.	*It's possible that we'll go.*
Es probable que llueva.	*It's likely that it will rain.*

Ejercicio 1. En parejas, hagan una lista de cinco afirmaciones y cinco negaciones relativas a la vida en su universidad. Compartan su lista con la clase. Sigan el modelo.

Es verdad que hay que estudiar mucho.

No es verdad que la comida sea tan horrible como dicen.

Ejercicio 2. En grupos de 3 ó 4 completen las siguientes oraciones según la experiencia de cada uno/a. Compartan sus observaciones con las de los otros grupos.

1. Es necesario que en el futuro los profesores de esta universidad . . . .
2. Es increíble que aquí los estudiantes . . . .
3. Es evidente que muchos estudiantes . . . .
4. Es normal que los fines de semana los estudiantes . . . .
5. Es lógico que todo el mundo . . . .
6. Es muy posible que mis amigos y yo . . . .
7. Es probable que el año que viene yo . . . .

—*Creo que podemos subir.*

—*Pues yo no creo que podamos.*

B. Expressions of certainty, belief, uncertainty, doubt, and disbelief

1. Use the indicative in the dependent clause whenever the main clause expresses certainty or belief, regardless of how strong or weak that certainty is.

Estoy segura que en Machu Picchu hay un hotel.	*I'm sure there's a hotel in Machu Picchu.*
Creo que no hay nada por el camino.	*I think there's nothing along the way.*
Me parece que vamos a llegar tarde.	*It seems to me that we're going to arrive late.*

2. Use the subjunctive in the dependent clause when the main clause expresses uncertainty, doubt, or disbelief about the information contained in the dependent clause.

No estoy seguro (de) que él sea el guía.	*I'm not sure that he's the guide.*
No creo que podamos ir a pie.	*I don't think that we'll be able to go on foot.*
Dudo mucho que este artefacto sea genuino.	*I doubt very much that this artifact is genuine.*
No me parece que éste sea el camino más corto.	*It doesn't seem to me that this is the shortest way.*

3. When the verb in the main clause of a question is **creer**, use the subjunctive in the dependent clause if you are asking for information; use the indicative if you are verifying that information.

¿Ud. cree que podamos ir allá en tren?	*Do you think we can go there by train?*
¿Así que Ud. cree que podemos ir en tren?	*So you think we can go by train?*

4. Use the indicative in the dependent clause after **no creer** when you are reporting someone else's disbelief, although you yourself believe the information contained in that clause. Use the subjunctive if you have no opinion regarding the information.

Este señor no cree que la democracia funciona.	*This gentleman doesn't think that democracy works. (I think it does.)*
Julio no cree que tú estés interesada en él. ¿Lo estás?	*Julio doesn't believe that you are interested in him. Are you? (I don't know if you are.)*

5. Use the subjunctive after **no dudar** to differentiate what you really doubt from what the other person thinks you doubt.

Yo no dudo que él esté interesado en ti. Lo que dudo es que te quiera.	*I don't doubt that he's interested in you. What I doubt is that he loves you.*

Notice that to express lack of doubt, which calls for the indicative, other expressions are preferred over **no dudar.**

Es indudable que tienen muchos problemas.	*Undoubtedly they have many problems.*
No cabe duda de que nos mintieron.	*There is no doubt that they lied to us.*

Ejercicio 3. Escriba seis oraciones sobre su carrera universitaria. Incluya tres cosas de las cuales Ud. está seguro/a y tres cosas de las cuales todavía no está seguro/a. Después en clase, compare sus oraciones con las de un/a compañero/a. Siga el modelo.

Estoy seguro/a (de) que quiero trabajar al graduarme.

Dudo que sea fácil encontrar trabajo pronto.

Ejercicio 4. En parejas, entrevístense para saber qué piensa cada uno respecto a las siguientes declaraciones. Sigan el modelo.

¿Cree Ud. que . . . ?

Sí, creo que . . . .

No, no creo que . . . .

1. Existe la posibilidad de encontrar una cura para el SIDA (*AIDS*).
2. Hay vida en Marte.
3. Existen los extraterrestres.
4. La música de rock es tan popular ahora como hace veinte años.
5. Ud. tiene la oportunidad de conocer personalmente a su cantante de rock favorito/a este año.
6. Ahora más que nunca los estudiantes miran telenovelas en vez de ir a clase o estudiar.

Ejercicio 5. Compartan con el resto de la clase las opiniones de su compañero/a recogidas en el ejercicio anterior. Sigan el modelo.

(Nombre) (no) cree que existe/exista la posibilidad de encontrar una cura para el SIDA.

Ejercicio 6. Marta acusa a Pepe de dudar ciertas cosas que ella cree ciertas, pero Pepe dice que él no duda esas cosas, sino otras. Complete estos minidiálogos usando los elementos entre paréntesis. Siga el modelo.

M: Memo es honrado, pero tú lo dudas. (él / ser inteligente)
P: *No, yo no dudo que sea honrado, pero dudo que sea inteligente.*

1. *M:* Se puede ir a las ruinas a pie, pero tú lo dudas. (ser divertido)
   P: No, yo no dudo . . . pero dudo . . . .
2. *M:* Queda espacio en el tren, pero tú lo dudas. (nosotros / llegar a tiempo)
   P: No, yo no dudo . . ., pero dudo que . . . a la estación.
3. *M:* Me interesa la arqueología, pero tú lo dudas. (tú / saber)
   P: No, yo no dudo . . ., pero dudo . . . mucho sobre los incas.
4. *M:* Quiero estar contigo, pero tú lo dudas. (a ti / interesarte)
   P: No, yo no dudo . . . pero dudo . . . tener una relación seria.

C. Expressions of emotional reaction

1. Use the subjunctive when the verb in the main clause expresses an emotional reaction to the action or situation described in the dependent clause. This includes **gustar** and other **gustar**-like verbs, such as **encantar, fascinar, molestar**, etc.

Siento mucho que no puedas venir con nosotros.	*I'm sorry you can't come with us.*
Me alegro que estés bien.	*I'm glad you're well.*
A Raquel no le gusta que la critiquen.	*Raquel doesn't like being criticized.*
Me encanta que el guía sepa tanto de arqueología.	*I'm delighted that the guide knows so much about archeology.*

2. When the subject reacts to his or her own action or situation use the infinitive instead of a dependent clause.

Siento mucho no poder ir.	*I'm sorry I can't go.*
Me gusta ir de camping.	*I love going camping.*
A Juan le encanta criticar a todo el mundo.	*Juan loves to criticize everyone.*

Ejercicio 7. En grupos de 3 ó 4, completen las siguientes oraciones expresando sus reacciones sobre alguna situación actual en la universidad, en el país o en el mundo. Comparen sus reacciones con las de los otros grupos.

1. Nos molesta muchísimo ....
2. Nos alegramos de ....
3. Sentimos ....
4. Nos preocupa ....
5. Tenemos miedo de ....

II. Familiar and *Nosotros* Commands

1. Familiar commands are those directed to people you address as **tú** or **vosotros.**
   a. Negative familiar commands are identical to the **tú** and **vosotros** subjunctive forms, respectively.

No hables con la boca llena.	*Don't talk with your mouth full.*
No entréis, niños.	*Don't come in, children.*

   b. Except for a few irregular cases, affirmative **tú** commands are identical to the third-person singular of the present indicative.

Habla más alto.	*Speak louder.*
Come más.	*Eat more.*
Sigue hablando.	*Keep on talking.*

   c. The irregular forms are:

hacer:	**Haz** la tarea.	*Do your homework.*
tener:	**Ten** cuidado.	*Be careful.*
poner:	**Pon** la radio.	*Turn on the radio.*
decir:	**Di** la verdad.	*Tell the truth.*
venir:	**Ven** pronto.	*Come soon.*
salir:	**Sal** más temprano.	*Leave earlier.*
ser:	**Sé** bueno.	*Be good.*
ir:	**Ve** con ellos.	*Go with them.*

2. The affirmative **vosotros** commands are formed by replacing the final **r** of the infinitive with **d.**

hablar:	Hablad más alto.	*Speak louder.*
beber:	Bebed más leche.	*Drink more milk.*
seguir:	Seguid caminando.	*Keep on walking.*

3. The **nosotros** commands are identical to the subjunctive forms for that person, with the exception of the affirmative command for **ir**. The **nosotros** commands are equivalent to the *let's. . .* construction in English.

Tengamos más cuidado.	*Let's be more careful.*
¡Vamos! (*Not* ¡Vayamos!)	*Let's go!*

4. As with formal commands, object pronouns follow affirmative commands and precede negative commands. Notice that the stressed vowel of the affirmative command carries an accent mark.

¿El panfleto? Léelo ahora.	*The pamphlet? Read it now.*
No lo leas.	*Don't read it.*

5. Whenever a reflexive pronoun follows a **nosotros** or **vosotros** command, the final **s** or **d** in the command is dropped. The only exception is **ir: idos.** Notice that the stressed vowel of the command carries an accent mark.

Vámonos.	*Let's leave.*
Escribámonos.	*Let's write to each other.*
Levantaos.	*Get up.*
Dormíos.	*Go to sleep.*
Idos en paz.	*Leave in peace.*

Ejercicio 8. En parejas, preparen una lista de consejos para un/a amigo/a que va a ir a un país extranjero. Escriban cinco consejos sobre lo que debe hacer y cinco sobre lo que no debe hacer. Como guía, utilicen la siguiente lista. También pueden utilizar otros verbos si lo desean. Sigan el modelo.

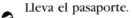

Lleva el pasaporte.
No lleves demasiado dinero.

quedarse en un hotel barato	hablar con todo el mundo
beber agua embotellada	cambiar dinero ilegalmente
acostarse tarde	caminar solo/a de noche
salir con desconocidos	levantarse temprano
ir a los sitios muy turísticos	regatear en el mercado
visitar monumentos	hablar en inglés
comer en restaurantes caros	comprar mapas
leer sobre la historia del país	dormir en la playa
dejarlo todo para última hora	sacar fotos de todo

Ejercicio 9. Ahora, denles los mismos consejos del ejercicio anterior a unos amigos con quienes Uds. usan **vosotros.**

Ejercicio 10. Complete los siguientes minidiálogos con los mandatos para **nosotros** de los verbos entre paréntesis. Siga el modelo.

—(Descansar) un rato.
—No, qué va. (Seguir) caminando.
—Descansemos un rato.
—No, qué va. Sigamos caminando.

1. —Hemos estado estudiando demasiado; (ser) más sociables.
   —Bueno, magnífico. (Dar) una fiesta este sábado.
2. —(Irse) ya. Estoy cansada de bailar.
   —(Quedarse) un rato más. Ahora van a tocar algo sensacional.
3. —Amigos, no (dormir) hasta las tres de la tarde mañana.
   —(Acostarse) temprano esta noche entonces.
4. —No (dejar) todo para última hora. El examen es el lunes.
   —Pues (estudiar) todo el fin de semana.
5. —(Seguir) conversando.
   —No, no, (volver) a la biblioteca; tenemos mucho que estudiar.

Ejercicio 11. En parejas, completen los siguientes minidiálogos en los cuales una persona pregunta si debe hacer algo y la otra persona le dice que sí, que lo haga. De repente cambia de idea y le dice que no, que no lo haga. Siga el modelo.

E1: ¿Cierro el libro?
E2: Sí, ciérralo. Digo, no, no lo cierres.

E2: ¿Le doy tu dirección a Ernesto?
E1: Sí, dásela. Digo, no, no se la des.

1. E1: ¿Compro la pulsera de oro?
   E2: . . .
2. E2: ¿Le muestro el pasaporte al policía?
   E1: . . .
3. E1: ¿Apago la televisión?
   E2: . . .
4. E2: ¿Le explico a Deborah el plan?
   E1: . . .
5. E1: ¿Leo el artículo de Julio?
   E2: . . .
6. E2: ¿Traigo la foto del Señor de Sipán?
   E1: . . .
7. E1: ¿Doy la charla en inglés?
   E2: . . .

Ejercicio 12. Cambie los siguientes mandatos negativos en afirmativos. Siga el modelo.

No vengas temprano.
Ven temprano.

1. No digas por qué vas a Cuzco.
2. No hagas el viaje mañana.
3. No vayas a Machu Picchu de noche.
4. No te pongas la blusa roja.
5. No salgas con Julio Onomoto.
6. No seas muy amable con la gente de inmigración.
7. No tengas compasión con los pobres.

Exploraciones

LECTURA 1. "El hallazgo del siglo en Perú"

Actividad 1. El siguiente artículo, adaptado de la revista *Geomundo*, habla de un descubrimiento arqueológico en Perú. Primero haga una lectura inicial para averiguar (a) el suceso que inició la campaña arqueológica en Sipán, (b) cuántos esqueletos se encontraron en la pirámide de Sipán, y (c) en qué parte de la pirámide los encontraron. Luego vuelva a leer el artículo con cuidado.

Los grandes hallazgos y descubrimientos arqueológicos casi siempre se deben al tesón° de los investigadores que no cesan en el afán de su búsqueda hasta lograr su meta; pero a veces, muchos de esos descubrimientos suceden simplemente por circunstancias que en su momento no tienen el significado que alcanzarán en el futuro. Esto pasó con lo que se ha llegado a considerar como uno de los descubrimientos más importantes en lo que va del siglo en cuanto a las culturas precolombinas se refiere. Un intento de arresto° que culminó con la muerte de un saqueador de tumbas en el Perú, en la localidad de Sipán del Valle de Lambayeque, desencadenó° los sucesos que llevaron al descubrimiento de la tumba de un señor de la cultura moche, que floreció° allí de los siglos I al VII d.C.

tenacity · *arrest* · *unleashed* · *flourished*

En la casa del saqueador se encontraron cerca de treinta y tres piezas de oro listas para ser vendidas a los traficantes internacionales de objetos arqueológicos, quienes en algunos casos, llegan a conseguir más de U.S. $100.000 por la venta de uno solo de esos artículos. La llegada de Walter Alva, director del Museo Arqueológico Brüning del Perú, acompañado del jefe de la Policía que lo había llamado para que examinara las piezas recobradas, dio pie a una nueva serie de excavaciones en la pirámide de Sipán y al asombro del mundo ante lo que aún guardaba.

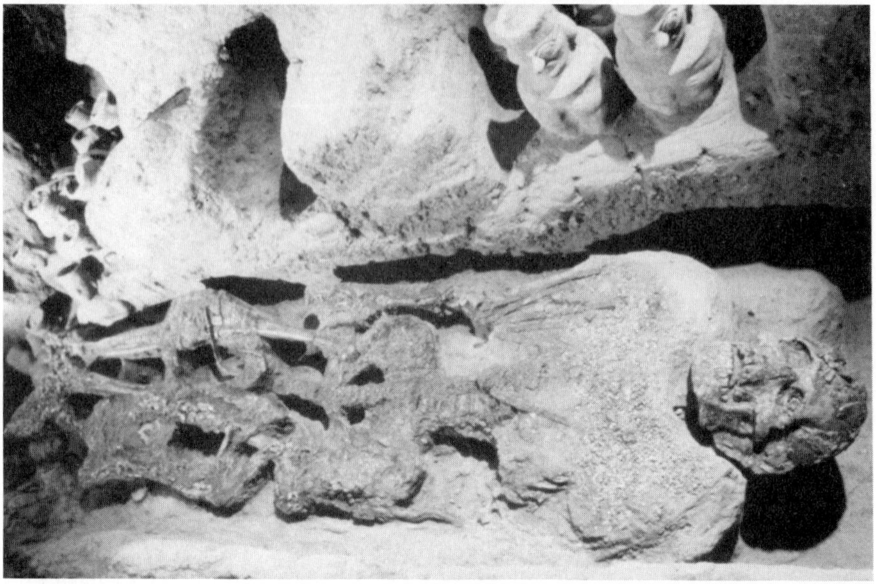

Esqueleto y vasijas en formas de figuras, hallados en la Tumba del Señor de Sipán.

La cultura moche antecedió a la inca por más de 1.200 años. Tenían una civilización muy avanzada, con adelantos que les permitieron ocupar una serie de valles fluviales° a lo largo de más de trescientos cincuenta kilómetros de la costa noroeste del Perú. Se alimentaban de maíz, frijoles y cacahuates,° además de lo que cosechaban en el desierto, y de llamas,° cerdos de guinea y de peces del cercano Pacífico. Son muchos los restos° de pirámides y plataformas de ladrillo° de adobe que se han encontrado a lo largo de esta franja° de tierra, donde se supone vivieron en su momento de auge° más de 10.000 personas pertenecientes a esta cultura.

river
(=cacahuetes) peanuts / llamas (animals)
remains / brick
strip
peak

Una vez que se logró determinar la calidad de las piezas encontradas en casa del saqueador . . . los investigadores, protegidos por la Policía, dieron inicio a las labores de exploración del lugar, tratando de hacer un trabajo sistemático que los llevara a recuperar el resto de las piezas, sin imaginar el fabuloso secreto que debajo de ellos había.

Después de varios días de exploración inicial, debajo de una plataforma se descubrieron huellas° de madera que sugerían la presencia de una pequeña cámara° que no formaba parte de la construcción original, ya que, a diferencia de los antiguos egipcios, los moches no diseñaban sus pirámides y plataformas[1] como mausoleos, sino como centros administrativos y religiosos.

traces
(burial) chamber

[1] La plataforma de Sipán data de antes de 300 d.C., y una de las dos pirámides que sostenía data de cerca del año 700 d.C., cuando la cultura ya estaba en decadencia.

Luego de desenterrar° una serie de tumbas de personas de condición modesta que utilizaron la pirámide como cementerio durante los años de decadencia de la cultura, se llegó a una cámara de poco más de un metro de profundidad en la que se descubrieron miles de vasijas de arcilla,° tal vez el lote° más grande de cerámica precolombina jamás encontrado.

Finalmente, se encontró el esqueleto de un hombre torcido° que semejaba un embrión. Alrededor de él, había hojas semicirculares de cobre° y una máscara de tamaño natural, también de cobre; el hallazgo parecía un sacrificio hecho a alguien de alto rango° sepultado° tal vez debajo.

Después de hacer un recuento° detallado de lo encontrado, al continuar con la exploración, se vio, cuatro metros más abajo, un segundo esqueleto que pertenecía a un hombre joven de unos veinte años de edad enterrado con un casco° de cobre sobre la cabeza y un escudo° del mismo material sobre el pecho; obviamente, se trataba de un guerrero,° personaje bastante ilustrado en el arte moche.

El estudio del esqueleto mostró algunas características singulares; no había señas de que hubiera fallecido° de manera violenta y le faltaban los dos pies, como si los que lo enterraron hubieran querido que no se moviera del lugar aun muerto, y que permaneciera vigilante y en guardia. El esqueleto, desde entonces llamado "el guardián", dio lugar a la pregunta: ¿a quién guardaba?

Varios meses después, a principios de julio de 1987, se llegó a una cámara debajo de la del guardián, de cinco metros de lado. Las muestras de madera tomadas de uno de los diecisiete troncos que la formaban mostraron, a través de las pruebas de radiocarbono, que habían sido colocados allí entre los años 240 a 310 d.C. La cuidadosa limpieza del lugar con pinceles° y bombillas de aire° reveló la presencia de un cofre° de 1,20 × 2,10 metros que ¡no había sido abierto antes!

Nunca se había anunciado la existencia de un cofre en la arqueología peruana, ni siquiera en las primeras exploraciones que se hicieron en las ruinas incas. El trabajo se volvió más meticuloso que nunca, cuidadosamente revelando uno por uno los fragmentos que iban apareciendo, fotografiándolos y registrándolos gráficamente en el lugar exacto en que se encontraban. Poco a poco fueron surgiendo° piezas que representaban diferentes personajes. Una de ellas representaba un luchador con los brazos levantados, un ornamento en la nariz y un collar de cabezas de buho.° Junto a esta pieza de cobre se descubrió un medallón que está considerado como una de las más exquisitas muestras del arte precolombino.

- [desenterrar] *dig up*
- [arcilla] *clay pots*
- [lote] *set of objects*
- [torcido] *twisted*
- [cobre] *copper*
- [rango / sepultado] *rank / buried*
- [recuento] *account*
- [casco] *helmet*
- [escudo] *shield*
- [guerrero] *warrior*
- [fallecido] *died*
- [pinceles / bombillas de aire / cofre] *artist's brushes / air pumps / chest*
- [surgiendo] *came up*
- [buho] *owl*

De ahí en adelante, el trabajo consistió en limpiar cuidadosamente los restos del esqueleto encontrado en el cofre, el cual, como lo indicaba la riqueza de las ofrendas con las que lo habían enterrado, era evidentemente el de un sacerdote guerrero de la cultura moche, al que se le llamó desde entonces el Señor de Sipán.

Los tesoros eran interminables, pero surgieron entonces las preguntas: ¿cómo murió el Señor de Sipán? ¿a qué edad? Un antropólogo físico del Instituto Smithsonian, el Dr. John Verano, fue invitado a examinar los restos, de los cuales pudo deducir que el Señor de Sipán debía medir aproximadamente 1,65 metros y tener unos treinta años al momento de su muerte. La espalda revelaba una artritis incipiente° y le faltaba un diente canino, aunque el resto de la dentadura mostraba poco uso. La causa de su muerte no pudo determinarse, pero seguramente había sido un duro golpe para el pueblo que gobernaba.

in its early stages

Antes del envío al Museo Arqueológico Brüning de los tesoros encontrados, un oficial del Departamento de Justicia de Perú registró y pesó cada una de las piezas. Luego se catalogaron y finalmente fueron entregadas simbólicamente a la nación.

Actividad 2. En parejas, pongan en orden los sucesos relacionados con el descubrimiento del Señor de Sipán.

1. Cuatro metros debajo se descubrió un segundo esqueleto, el del guerrero moche sin pies.
2. Esto indicaba que la pirámide había sido usada como cementerio durante la época de decadencia.
3. Se descubrió un esqueleto torcido, como un embrión.
4. Desenterraron tumbas de personas humildes.
5. La pirámide se descubrió gracias a la muerte de un saqueador de tumbas en Sipán.
6. Se le llamó "el guardián" porque guardaba a alguien.
7. En julio de 1987, una cámara debajo de la del guardián reveló el primer cofre que se ha encontrado en Perú.
8. Se entregaron los tesoros de Sipán a la nación.
9. Una nueva sesión de excavaciones se inició después de la llegada del director del Museo Arqueológico Brüning.
10. Lo llamaron el Señor de Sipán.

Actividad 3. Ahora que tiene los sucesos en orden, resuma con sus propias palabras en un párrafo la lectura sobre el Señor de Sipán. Concluya el resumen explicando por qué es "el hallazgo del siglo" en Perú.

Actividad 4. En grupos de 3 ó 4, discutan el problema de los saqueadores de artefactos antiguos. ¿Quién o quiénes se deben ocupar de proteger estos restos? ¿Está bien que se puedan vender al público o deben pertenecer solamente a museos? Usen el modelo de guía para empezar.

Nos parece que ....

Nos preocupa que ....

LECTURA 2. "Villanela"[1] de Carlos Germán Belli

Actividad 5. "Villanela", del poeta peruano contemporáneo Carlos Germán Belli, es un poema de amor. La ambigüedad del poema da pie a más de una interpretación. El poeta se dirige a la persona amada, a la cual observa de lejos. Al leer, busque una palabra que ...

significa mirar a alguien secretamente.

representa algo dulce que el poeta ha perdido.

significa el comienzo del día.

dice donde el poeta quiere tener a la persona amada.

indica que el poeta sólo tiene un amor.

Llevarte quiero dentro de mi piel,
si bien en lontananza° aún te acecho,°[2]
para rescatar la perdida miel.

at a distance / I watch you in secret

Contemplándote como un perro fiel,
en el día te sigo trecho a trecho,°
que haberte[3] quiero dentro de mi piel.

wherever you go

No más el sabor° de la cruda hiel,°
y en paz quedar conmigo y ya rehecho,
rescatando así la perdida miel.

taste / bitterness literally "raw bile")

Ni viva aurora,° ni oro, ni clavel,°
y en cambio por primera vez el hecho
de llevarte yo dentro de mi piel.

dawn / carnation

Verte de lejos no es cosa cruel,
sino el raro camino que me he hecho
para rescatar la perdida miel.

El ojo mío nunca te es infiel,°
aun estando distante de tu pecho,°
que haberte quiero dentro de mi piel,
y así rescatar la perdida miel.

unfaithful
breast

[1] A poetic form originating in Renaissance Italy that calls for line repetition. Used by contemporary poets as well.

[2] Normal word order would be: **te acecho en lontananza**.

[3] Used poetically instead of **tenerte**.

Actividad 6. Conteste las preguntas siguientes, dando ejemplos del poema para precisar su respuesta.

1. ¿Dónde está la persona que habla en relación con la persona amada?
2. ¿Cómo la mira?
3. ¿Dónde quiere llevarla?
4. ¿Cómo quiere estar la persona que habla?
5. ¿Qué prefiere la persona que habla al oro, al clavel y a la aurora?
6. ¿Hay para la persona que habla otra cosa más cruel que ver a la persona amada únicamente de lejos?
7. ¿Qué hay que hacer para rescatar "la perdida miel" según la persona que habla?

Actividad 7. En parejas, escojan frases del poema que contradigan las siguientes.

Te miro como alguien que no está interesado en ti.
Te contemplo como un perro fiel.

1. Te miro de cerca.
2. Nunca voy adonde tú vas.
3. No quiero estar demasiado cerca de ti.
4. Prefiero el cielo, el dinero y las flores a ti.
5. Mi mirada te traiciona constantemente.
6. Quiero tenerte lejos y no recuperar nada perdido.

Actividad 8. Proponga otro título para el poema que se refiera al contenido, a las emociones y a los sentimientos expresados en él, no solamente a la forma. Luego en clase decidan cuál de los títulos propuestos es el más apropiado.

Actividad 9. En parejas, supongan que Uds. no saben el sexo de la persona que escribió el poema. Discutan si la persona que habla en el poema tiene que ser un hombre o si podría también ser una mujer.

Actividad 10. Imagínese que Ud. es la persona que habla en el poema y que quiere expresar esos mismos sentimientos hacia la persona amada en una carta. En grupos de 3 ó 4, escriban dicha carta (no más de una página) en lenguaje corriente. Empiecen con "Querido/a . . ." y terminen con "Te quiere," y su firma.

Práctica integrada

Práctica 1. Escríbale una carta de una página a un/a amigo/a que habla español, explicándole los aspectos más importantes que Ud. ha aprendido sobre Perú en esta unidad. Use la información que aparece en la introducción a la unidad y en las lecturas.

Práctica 2. Ud. está planeando un viaje a Perú con un/a amigo/a. En parejas y turnándose, decidan tres cosas que quieren ver, en qué época ir y quién se va a encargar de qué en los preparativos del viaje. Usen como guía las del modelo y la lista de preparativos.

Es mejor que ....
(No) Creo que ....

Preparativos

hacer reservaciones de avión/hotel
sacar pasaporte/visa de turista
comprar ...
ir a la agencia de viajes
pedir/leer panfletos turísticos

Boda en la localidad de Chincha Alta, Perú, donde la mayoría de la población es de ascendencia africana. Sus antepasados fueron traídos como esclavos por los españoles.

Campesinos peruanos en camino a Cuzco. Muchos campesinos se mudan a la ciudad debido a la mala situación económica en el campo y la inseguridad provocada por la presencia de la guerrilla Sendero Luminoso.

Práctica 3. En una entrevista en el periódico, el Ministro de Arqueología de Perú ha invitado a todos los interesados en el problema de los saqueadores de tumbas a que le escriban opinando acerca de quién tiene derecho a poseer los artefactos antiguos encontrados. Escríbale al Ministro una carta de una página dándole su opinión.

Práctica 4. En grupos de 3 ó 4, imagínense que estamos en el año 3.000 y ya no existe la civilización norteamericana. Uds. son parte de un grupo arqueológico que hace excavaciones en el lugar donde una vez estuvo esta universidad y encuentran ciertos artefactos que para Uds. son sumamente primitivos. Hagan una lista de cuatro artefactos encontrados y digan qué revelan sobre esa civilización desaparecida. Presenten su lista a la clase. Hablen en términos de posibilidades.

Supongo que este objeto servía para ...
Yo creo que este hombre era ...

Práctica 5. En grupos de 3 ó 4, traten de adivinar qué estarán haciendo Uds. un año después de graduarse. ¿Qué suponen que les va a pasar? ¿Qué es probable que hagan?

Supongo que estaré trabajando en ....
Es probable que el año que viene esté en ....

Práctica 6. En parejas, imagínense cómo va a ser el mundo dentro de diez años. Usen expresiones de posibilidad e imposibilidad.

Es posible que lleguemos a Marte.
Es imposible que la educación cueste menos que ahora.

Práctica 7. En grupos de 3 ó 4, examinen la situación de los estudiantes de esta universidad que son miembros de minorías étnicas y de los posibles problemas que puedan tener en las clases, en las residencias o en las actividades universitarias. Usen expresiones de seguridad/inseguridad y de certeza/duda.

Práctica 8. Imagínese que Ud. es amigo/a de la persona que habla en el poema "Villanela". Déle cinco sugerencias para poder sobrevivir a pesar de sus frustraciones amorosas. Luego comparta sus ideas con la clase. Use mandatos familiares.

Dúchate con agua fría todas las mañanas.
Sal con otros/as.

El área metropolitana de la ciudad de Miami, es el hogar de casi un millón de cubanos, que durante tres décadas han optado por trasladarse a los Estados Unidos antes que vivir bajo la dictadura comunista de Fidel Castro. La presencia de los cubanos, así como de otros hispanoamericanos (incluyendo un gran número de nicaragüenses), hace de Miami una de las ciudades más latinas de los Estados Unidos.

Muchos cubanos que viven en otras partes de los Estados Unidos visitan anualmente Miami, y entre ellos no son pocos los que consideran que ir a Miami es "como ir a Cuba". En efecto, en Miami se escucha por todas partes la música y el habla de los cubanos y muchas de sus costumbres se mantienen vivas. Los cubanos de Miami comen a menudo comida cubana y hacen fiestas y celebraciones al estilo cubano. Los cubanoamericanos viven entre dos culturas: en su vida pública, o sea en el trabajo, se ajustan a las normas americanas. Sin embargo, su vida familiar suele ser más bien cubana. Los jóvenes que no se han casado viven con sus padres, y los padres viejos viven con algún hijo o hija, de modo que muchas veces en una casa conviven por ejemplo abuela, madre e hija.

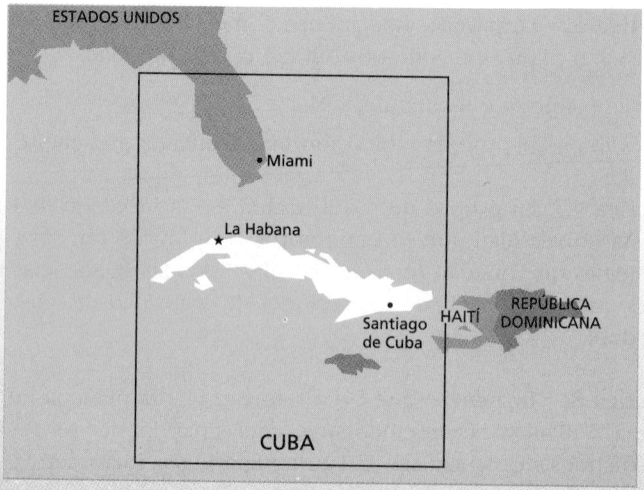

En la zona de Miami conocida como "la Pequeña Habana" hay gran variedad de tiendas y negocios cubanos. Muchas tiendas y restaurantes tienen los mismos nombres que tenían en la Habana, Cuba, de ahí el nombre de esa zona. Se escucha mucho español en todos los establecimientos y se ofrecen muchos servicios médicos y comerciales en español. Pero esto no es exclusivo de la Pequeña Habana; también ocurre en muchas otras partes de la ciudad ya que los cubanos se han extendido por toda la zona metropolitana de Miami. Los cubanoamericanos de Miami como grupo han alcanzado gran éxito económico. Son dueños de bancos y empresas comerciales y ocupan puestos importantes en los negocios y el gobierno. En Miami hay miles de médicos, abogados, contadores, ingenieros y arquitectos cubanos. También hay figuras destacadas en el campo artístico. Ejemplos son Gloria Estefan, de Miami Sound Machine, y Andy García, popular actor de cine. Muchos atribuyen a los cubanoamericanos la transformación de Miami de pueblo soñoliento cerca de una playa turística a gran ciudad cosmopolita vibrante y próspera. ▲

7

UNIDAD

Miriam Abril, mujer de negocios cubanoamericana de Miami

Desfile de cubanoamericanos en Miami en ocasión del 4 de julio, Día de la Independencia de los Estados Unidos.

OBJETIVOS

Objetivos para la Unidad 7

Aprender a . . .

- hablar de pedidos, sugerencias y consejos dados en el pasado
- hablar de situaciones posibles
- hablar de situaciones hipotéticas

Interacciones

VOCABULARIO

Sustantivos

el apuro difficulty
el aumento increase
el borrador draft
la cadena de televisión television network
el crecimiento growth
el/la dueño/a owner
el/la encargado/a person in charge
la firma firm; business enterprise
el/la gemelo/a twin
el huracán hurricane
el impuesto tax
los ingresos earnings
la meta goal
el/la miamense Miami resident
la nuera daughter-in-law
la propuesta proposal (business)

Adjetivos

avergonzado/a embarrassed
culpable guilty
enredado/a mixed up with

Otras palabras y expresiones

de ninguna manera in no way
estar metido/a en to be involved in
hacerle caso a uno to pay attention to someone
ir a medias to go halves; go Dutch
llevar a cabo to carry out; see through
por adelantado in advance
las relaciones públicas public relations
tratar a uno de igual a igual to treat one as an equal

Verbos

ajustarse to adjust
añorar to long for
aprovechar to take advantage of
avisar to warn
brindar to offer
concertar (ie) to arrange
demorar to delay
escoger to select
experimentar to experience; suffer
patrocinar to sponsor
comportarse to behave
promover (ue) to promote

Práctica de vocabulario

Práctica A. Escoja la palabra o expresión correcta para completar estas oraciones.

1. Las (propuestas/cadenas de televisión) están estableciendo más programas en español.
2. Muchos inmigrantes han sufrido (apuros/metas) antes de poder establecerse en los Estados Unidos.
3. Antes de hacer una presentación en público, es bueno escribir un (aumento/borrador).
4. Muchos inmigrantes (añoran/brindan) volver a su patria algún día.
5. ¿Por qué no (concertamos/experimentamos) una cita para almorzar juntos mañana?
6. Muchos cubanoamericanos están (avisados/metidos) en actividades comerciales.
7. El gran (crecimiento/gemelo) de Miami en los últimos años la hace muy atractiva a las personas de negocios.
8. El (encargado/apuro) de relaciones públicas debe crear una imagen pública muy positiva.
9. Las compañías que (añoran/patrocinan) ese programa no están contentas porque no es muy popular.
10. Si aumentan significativamente los (impuestos/ingresos) de la firma este año, te subimos el sueldo.

Práctica B. En parejas, escriban una definición con sus propias palabras de las palabras o expresiones siguientes.

1. aprovechar
2. el/la gemelo/a
3. las relaciones públicas
4. hacerle caso a uno
5. el/la dueño/a
6. el huracán
7. escoger
8. ajustarse

Práctica C. Mire el escenario de la estación de televisión y prepare un diálogo entre la señora que entra, obviamente de mal humor, y los anunciantes del programa. Trate de usar palabras del nuevo vocabulario.

ESCUCHAR Y CONVERSAR

Miriam Abril, joven mujer de negocios cubanoamericana, vive y trabaja en Miami. Es presidenta de su propia firma de relaciones públicas y experimenta en su vida la tensión y las ventajas de pertenecer a dos culturas: la cubana de su esfera familiar y la norteamericana, en la que se ha educado y donde lleva a cabo sus actividades de negocios. La primera está orientada hacia el pasado y la tradición; la segunda hacia el futuro y el cambio.

Actividad 1. Miriam Abril, presidenta de la firma de relaciones públicas Latinoimagen, recibe una llamada de su abuela Ana Amores, quien vive en las Islas Vírgenes y está de visita en Miami. Mientras escucha la cinta, complete las oraciones según la conversación.

1. La abuela no había podido hablar por teléfono con Miriam a causa del . . . .
2. Miriam le explica a su abuela lo que son las . . . .
3. La firma Latinoimagen se especializa en campañas para el público . . . de Miami.
4. Dentro de la oficina Miriam no tiene problemas con . . . .
5. La abuela está preocupada porque Miriam todavía . . . .

Cinta 1. Hablan Miriam Abril y su abuela.

MA: Habla Miriam Abril, ¿en qué puedo servirle?

AA: Oye, presidenta, es tu abuela.

MA: Ay, abuelita, ¡qué gusto me da oírte! Hace varias semanas que no sabía de ti. Y ni sabía que venías.

AA: Ay, muchacha. Llevo varios días tratando de llamarte pero había un problema con los teléfonos allá porque tuvimos un huracán. Tu madre me dijo que te llamara a la oficina. ¿No te importa?

MA: Ay, claro que no, abuela. ¿Qué haces en Miami?

AA: Los amigos allá me aconsejaron que viniera porque se espera otro huracán más fuerte, y claro, tus padres insistieron en que me pasara unos días aquí con ellos.

MA: Pues bienvenida a Miami.

AA: Oye, me dijo tu madre que estás en relaciones públicas. ¿Qué es eso, exactamente?

MA: Bueno, se trata de crear y promover una imagen positiva de una organización o de un producto y hacer que todo el mundo los conozca. Aquí nos especializamos en campañas dirigidas al público latino de Miami. Imagínate, abuela, un mercado de más de un millón.

AA: También me cuenta tu madre que eres la jefa de todo el mundo ahí.

MA: Sí, es que soy la dueña.

AA: ¿Y los hombres te hacen caso?

MA: Bueno, dentro de la oficina no tengo problemas. Pero fuera de la oficina a veces te encuentras muchos que todavía te tratan como si fueras la secretaria.

AA: ¿Y para qué te buscas problemas? Hace tiempo que te aconsejé que te casaras.

MA: Ay, abuela, te dije que no me hablaras más de eso.

AA: Es que eres la única nieta que sigue soltera.

MA: Mira, si encontrara a un hombre que me tratara de igual a igual, tal vez empezaría a pensar en el matrimonio. Pero si me casara, de todos modos seguiría en la profesión. Me encanta mi trabajo.

Actividad 2. En parejas, marquen las oraciones verdaderas (V) y corrijan las falsas según lo que dicen Miriam y su abuela.

1. _____ A Miriam le sorprende la llamada de su abuela.
2. _____ Hace varios meses que la abuela no sabía nada de Miriam.
3. _____ Hacía mal tiempo en las Islas Vírgenes.
4. _____ Los amigos le aconsejaron a la abuela que se fuera de Miami.
5. _____ Latinoimagen hace campañas para el público de habla inglesa.
6. _____ La abuela comprende muy bien el trabajo de Miriam.
7. _____ Miriam piensa casarse pronto.
8. _____ Algunos hombres en la oficina tratan a Miriam como si fuera la secretaria.

VOCABULARIO EN CONTEXTO. Hablar de pedidos, sugerencias y consejos dados en el pasado.

- Miriam **le sugirió** a su cliente que usara música cubana en su nueva campaña.
- Ella **le aconsejó que** concertara una reunión con sus colegas para discutir más el proyecto.
- La directora **le pidió** a su familia que no la llamara a la oficina sino en caso de emergencia.
- **¿Me pediste que** patrocinara la campaña para conseguir dinero del sector privado?
- **Insistimos en que** todo el mundo leyera el informe.
- Cuando anunciaron el huracán **nos recomendaron que** buscáramos un lugar seguro donde quedarnos esa noche.

Actividad 3. En grupos de 3 ó 4, imagínense que Uds. son un comité que trata de mejorar la calidad de la vida en la universidad (por ejemplo, la comida, las residencias, lugares para reunirse en grupos, etc.). Hoy están revisando las sugerencias que hicieron la semana pasada para resolver distintos problemas. Hagan una lista de cuatro problemas y las sugerencias que Uds. hicieron. Usen el vocabulario en contexto y sigan el modelo.

Problema: Muchos estudiantes engordan mucho por el tipo de comida que sirven en la cafetería.

Sugerencia: Les sugerimos al servicio de comida que ofrecieran algunos platos de menos calorías.

Mural en la Calle Ocho del suroeste de Miami, en el corazón de la Pequeña Habana.

Actividad 4. En parejas, preparen una lista de los tres mejores y los tres peores consejos y sugerencias que Uds. han recibido en el pasado. Pueden ser consejos dados por la familia, los amigos, consejeros u otra gente. Usen los modelos como guía.

Mis padres insistieron en que yo pasara un año en el extranjero.

Mis hermanas mayores me aconsejaron que no saliera con Marcos, quien resultó ser un chico sensacional.

Actividad 5. Edmundo Ramírez, funcionario de la Comisión de Turismo de Venezuela, llama a Latinoimagen. Mientras escucha la conversación, indique si la persona relacionada con cada frase es Edmundo (E), Miriam (M) o Pedro (P).

1. ____ Quiere hablar con el encargado de turismo.
2. ____ Ha regresado de almorzar.
3. ____ Representa el turismo de Colombia.
4. ____ Dice que Venezuela es diferente a Colombia.
5. ____ Está muy contento/a con la campaña que Latinoimagen le hizo a su empresa en Colombia.
6. ____ Se sorprende de que le pregunten por el jefe.
7. ____ Piensa que está hablando con la secretaria de la compañía.
8. ____ Hace una invitación para ir a almorzar.

Cinta 2. Hablan la recepcionista, Miriam Abril y Edmundo Ramírez.

R: Latinoimagen, buenas tardes.

ER: Muy buenas tardes. Le habla Edmundo Ramírez, de la Comisión de Turismo de Venezuela. Quisiera hablar con el encargado de las campañas de turismo.

R: Sí, un momentito, por favor. Si ha regresado de almorzar, lo conecto en seguida.

MA: Miriam Abril. ¿En qué puedo servirle?

ER: Ah, Srta. Abril. Mi amigo Pedro Lasaga, del Turismo Colombiano, me dio el nombre de Latinoimagen. El quedó muy contento con la campaña que Uds. le hicieron.

MA: Ah, sí, fue una campaña muy efectiva.

ER: ¡Cómo no! Según Pedro, se logró cambiar la imagen de Colombia de negativa a positiva. Los miamenses ya no tienen miedo de visitar Colombia.

MA: Si Ud. quiere, podemos hacerle algo parecido.

ER: Muy bien, aunque Venezuela es un caso diferente. Pero me gustaría que tuviera tanto éxito como la de Colombia, o más. A propósito, ¿cuándo va a estar su jefe?

MA: Perdón, que no le entendí.

ER: Digo que cuándo va a estar su jefe para empezar a coordinar los detalles.

MA: Habla Ud. con el jefe, o mejor dicho, la jefa.

ER: Ah, perdone Ud.

MA: No se preocupe. No es la primera vez que pasa. ¿Por qué no concertamos una cita? Si quiere, podemos almorzar mañana. Invito yo.

ER: Ah, no, no, de ninguna manera. Al hombre le corresponde ... Digo, eh ... (*avergonzado*) ah, sí, bueno, muy bien.

Actividad 6. En parejas, expliquen brevemente, según la conversación, la siguiente información.

1. dónde trabaja Ramírez
2. por qué llamó Ramírez a Latinoimagen
3. adónde viajan ahora muchos miamenses
4. qué causó el cambio de opinión sobre Colombia
5. el error que cometió Ramírez
6. lo que planean hacer Ramírez y Miriam Abril el día siguiente

Actividad 7. La clase se divide en dos grupos. El grupo A dice que para tener éxito en el mundo del trabajo de hoy, las mujeres no tienen más remedio que ajustarse al sistema y comportarse como hombres. El grupo B dice que es el sistema el que tiene que cambiar para tratar a todos los empleados igual y que en el trabajo deben existir servicios especiales para las mujeres, por ejemplo, guarderías (*child care facilities*). Preparen sus ideas y presenten un debate en clase.

Sala de Redacción (Newsroom) *de Telemundo, el Canal 51 de Miami, que transmite exclusivamente en español y que se ve por cable en la Florida y en otras zonas hispanas de los Estados Unidos.*

LEER Y CONVERSAR

INTERCAMBIO 1. Miriam Abril le envía la nota siguiente por máquina de fax a su amiga Loló Estévez que, como Miriam, también es mujer de negocios.

Hola Loló. Se me olvidó que hoy era jueves y que tenías reunión con la junta directiva. Quería contarte que ayer salí a almorzar con Humberto Milanés, el hombre que conocí en casa de mi primo Alberto. ¿Te acuerdas? Es simpático, pero creo que es demasiado tradicional para mi gusto. Si tuviéramos una relación seria, creo que tarde o temprano tendríamos problemas. Fuimos a comer a la Pequeña Habana y al final insistió en pagar él. Y yo insistí en pagar yo, y después de una lucha, decidimos ir a medias. Es obvio, sin embargo, que él no se sintió muy cómodo.

Es una lástima porque creo que le gusto y él a mí también me gusta. Según él, estoy muy americanizada, pero al mismo tiempo soy muy cubana en mi forma de ser. Me preguntó qué haría yo si tuviera que escoger entre ser cubana o americana. Le dije que no tenía por qué escoger, porque yo era las dos cosas a la vez y tenía lo mejor de las dos culturas. Aproveché para decirle que me encantaban muchas cosas tradicionales, como la comida cubana, la música moderna y antigua y el cariño familiar, pero que le daba gran importancia a mi independencia. Hay más que contar pero ahora no tengo más tiempo. No te olvides del almuerzo el domingo. Allí nos vemos y te acabo la historia. Llámame si puedes.

Un fuerte abrazo,

Miriam

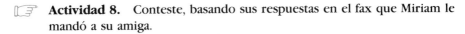

Actividad 8. Conteste, basando sus respuestas en el fax que Miriam le mandó a su amiga.

1. ¿Qué se le olvidó a Miriam?
2. ¿Qué ocurriría si tuviera una relación con Humberto?
3. ¿Cómo resolvieron lo de pagar la cuenta en el restaurante?
4. ¿Cómo le contestó Miriam con respecto a lo que haría ella si tuviera que escoger entre ser cubana o americana?
5. ¿Cuándo tendrán ocasión de hablar las dos amigas?

Actividad 9. En parejas, nombren las cosas que a Miriam le gustan de sus dos culturas y digan si sus preferencias son iguales a las de una joven que vive en otras dos culturas, no necesariamente la cubana y la americana. Basen sus ideas en sus propias experiencias.

Actividad 10. En grupos de 3 ó 4, discutan si creen que la reacción de Miriam fue apropiada. ¿Debía ella haber dejado que pagara Humberto? ¿Quién paga cuando Uds. salen? Comparen sus conclusiones con las de los otros grupos de la clase.

VOCABULARIO EN CONTEXTO. Hablar de situaciones posibles e hipotéticas.

Posibles

- **Si** Ud. **quiere, concertamos** una cita para almorzar.
- **Si** no **tengo** reunión esta noche, **puedo** salir contigo.

Hipotéticas

- **Si** yo **pudiera** irme de vacaciones en el invierno, **iría** a Miami.
- **Si tuvieras** que escoger entre ser cubana o americana, ¿qué **harías?**
- **Me gustaría que** mi abuela **viviera** con nosotros.
- **Quisiéramos que** nuestra campaña **tuviera** tanto éxito como la de Colombia.
- A mi compañera de cuarto la tratan **como si fuera** una reina.

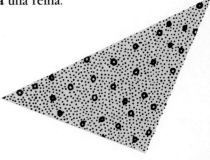

Actividad 11. Escriba qué consecuencias tendría para Ud. cada una de las siguientes situaciones. Use el vocabulario en contexto. Luego en grupos de 3 ó 4, comparen sus respuestas.

admitirme en el programa
Si me admiten en el programa, voy a dar una fiesta para celebrarlo.

1. invitarme al programa de David Letterman
2. ganarme una beca para estudios graduados
3. ofrecerme mis padres un viaje por el Caribe
4. encontrar una carta de amor para mi compañero/a de cuarto
5. pagarme mis padres un año en un gimnasio de lujo

Actividad 12. En parejas, cada persona dice lo que haría si las siguientes situaciones hipotéticas ocurrieran. Sigan el modelo.

ser gratis las llamadas de larga distancia
Si las llamadas de larga distancia fueran gratis, me pasaría la vida en el teléfono.

1. ganar diez millones en la lotería
2. poder hablar en persona con mi artista de rock favorito/a
3. no estar en esta universidad
4. tener el poder de hacerme invisible
5. (nombre de persona famosa) estar enamorado/a de mí

Tres cocineros preparan una paella gigantesca durante un festival en la Pequeña Habana de Miami.

Actividad 13. Exprese por lo menos seis deseos, serios o humorísticos, que tiene para el futuro, utilizando el vocabulario en contexto.

Me gustaría que no hubiera otra guerra.

Quisiera que (nombre de persona famosa) saliera conmigo.

INTERCAMBIO 2. Contratada por la ciudad de Miami, la firma Latinoimagen ha propuesto una conferencia sobre medios de comunicación hispánicos y quiere que la municipalidad la patrocine. Lo que sigue es la primera página del borrador de la propuesta que Miriam Abril va a dar a las autoridades municipales para interesarlos en la conferencia.

LATINOIMAGEN

From the desk of ***Miriam Abril***

25 de noviembre

Conferencia: Estrategias de venta para el mercado hispano. Fecha y lugar de la conferencia: 10-12 diciembre, Miami, Florida (en un hotel de primera clase).

Propósito: Hace algún tiempo que la comunidad de negocios de Miami viene mostrando un mayor interés en el mercado hispano aunque todavía casi no lo conoce. La meta de la conferencia sería educar a dicha comunidad y responder a sus necesidades más inmediatas. Al final, los participantes tendrían una idea mucho más clara de las oportunidades que brinda este vasto mercado que en los últimos años ha crecido más que ningún otro en todo el país. La ciudad se beneficiaría eventualmente al crearse en la zona metropolitana de Miami más fuentes de trabajo, lo que significaría un aumento en los ingresos y por tanto en los impuestos.

Panorama: Miami es, desde hace varios años, el centro más importante de los medios de comunicación hispanos del país. La ciudad es la sede de las dos cadenas principales de televisión en español. Estas presentan los programas más vistos por los hispanos de los Estados Unidos. Las revistas más populares en español de los Estados Unidos se editan y publican en Miami, por ejemplo *Vanidades*. Y hay dos periódicos en español de gran circulación, *El Nuevo Herald* y el *Diario de las Américas* que se editan y se imprimen en esta ciudad.

Algunos datos importantes: (1) el Alcalde (hasta 1993) y el Director Municipal *(City Manager)* (hasta 1995) son hispanos, (2) el 55,9% de la población es de origen hispano, (3) el estado de la Florida ha experimentado uno de los más altos crecimientos de población total en los Estados Unidos . . .

Actividad 14. En parejas, tomen en cuenta la propuesta de Miriam para prepararle al comité ejecutivo un informe sobre la conferencia que Latinoimagen piensa organizar. Completen los apuntes siguientes y úsenlos para un resumen escrito.

1. mercado que se desea incluir
2. meta de la conferencia
3. fecha/lugar
4. importancia económica del mercado
5. evidencia del crecimiento del mercado

Actividad 15. Imagínese que Ud. trabaja como director/a de una agencia de anuncios y sabe que el mercado hispano está creciendo enormemente en los Estados Unidos. Escriba qué haría en campañas para atraer a este mercado y vender los siguientes productos.

trajes de baño para mujeres

Si tuviera que venderles trajes de baño a las mujeres hispanas, usaría modelos hispanas en las fotos.

1. televisión por cable
2. perfume
3. ropa deportiva
4. juguetes para niños
5. automóviles
6. refrescos

Actividad 16. En parejas, seleccionen una idea de la lista que tuvieron para la actividad anterior y planeen un anuncio de televisión de 30 segundos para el producto. Describan qué se va a ver y cómo va a ser el texto que acompaña a la imagen. Presenten sus ideas ante la clase. Al final de cada presentación los demás comentan sobre la efectividad del anuncio con respecto a los hispanos.

Actividad 17. En grupos de 3 ó 4, discutan el siguiente problema. Si Ud. estuviera casado/a con alguien de un grupo étnico diferente al de Ud., ¿cómo reaccionaría si su esposo/a quisiera tener amistad y relaciones sociales exclusivamente con personas de ese grupo étnico?

Estructura

Le aconsejé que no se comiera el chile.

I. The Imperfect Subjunctive

A. Formation of the imperfect subjunctive

1. To form the imperfect subjunctive of any verb, delete the **-ron** ending of the third-person plural of the *preterit* and add the past subjunctive endings: **-ra, -ras, -ra, -ramos, -rais, -ran.**
2. Only the **nosotros** form has an accent mark on the vowel immediately preceding the **-r** of the past subjunctive ending: compr**ár**amos, comi**ér**amos, vivi**ér**amos.
3. The following past subjunctive endings are used frequently in Spain but rarely in Latin America: **-se, -ses, -se, -semos, -seis, -sen.** For example: **comprase, comieses, viviésemos,** etc. Notice that the vowel immediately preceding the **-semos** ending has an accent mark.

Imperfect Subjunctive

comprar	**beber**	**sentir**
compra**ra**	bebie**ra**	sintie**ra**
compra**ras**	bebie**ras**	sintie**ras**
compra**ra**	bebie**ra**	sintie**ra**
comprá**ramos**	bebié**ramos**	sintié**ramos**
compra**rais**	bebie**rais**	sintie**rais**
compra**ran**	bebie**ran**	sintie**ran**

B. Some uses of the imperfect subjunctive

1. Use the imperfect subjunctive when the context calls for the subjunctive, but the event or situation in the dependent clause is in the past.

Sentí mucho que Miriam no viniera ayer.	*I was very sorry that Miriam didn't come yesterday.*
A ella le gustaba que la trataran de igual a igual.	*She liked to be treated as an equal.*
No me gustó que la fiesta terminara tan pronto.	*I didn't like that the party ended so soon.*

2. Use the imperfect subjunctive in indirect speech for the following situations:

   a. to report a command that someone gave in the past. The verb in the main clause may be a simple request, an order, a plea, a piece of advice, and so on.

José, Miriam me dijo que te llevara al aeropuerto.	*José, Miriam told me to take you to the airport.*
El jefe nos ordenó que leyéramos el informe.	*The boss ordered us to read the report.*
Memo le rogó a su novia que no lo dejara.	*Memo begged his girlfriend not to leave him.*
Mi abuela me aconsejó que me casara.	*My grandmother advised me to get married.*

   b. to report a statement that you or someone else said in the past, if that statement originally contained the present subjunctive.

Mari, le dije a Elsa que tú no querías que nadie supiera que te casabas.	*Mari, I told Elsa that you didn't want anybody to know that you were getting married.* (*The original statement was,* "Elsa, Mari no quiere que nadie sepa que se casa.")

3. Always use the imperfect subjunctive after **como si** (*as if*).

Me hablas como si no me conocieras.	*You talk to me as if you didn't know me.*
Bésame como si no fueras a verme nunca más.	*Kiss me as if you were not going to see me ever again.*

Aquí los atletas actúan como si fueran dioses.

Ejercicio 1. En parejas y turnándose, hablen de dos cosas de la niñez que les gustaban que alguien hiciera y dos que no les gustaban. Usen las siguientes ideas como guía.

Me gustaba que me hicieran una fiesta el día de mi cumpleaños.

No me gustaba que mis padres fueran al cine sin mí.

Ejercicio 2. Usando el verbo entre paréntesis en la cláusula principal, informe en lenguaje indirecto lo que Ud. le dijo a otra persona. Siga el modelo.

(decir) "Ana, no me llames más."
Le dije a Ana que no me llamara más.

1. (pedir) "Elena, ve conmigo al concierto."
2. (insistir) "Pablo, ven más temprano mañana."
3. (decir) "Bésame, Carlos."
4. (sugerir) "Isabel, estudia más y no pienses tanto en tu novio."
5. (aconsejar) "Pedro, no bebas mucho en la fiesta y no te acuestes muy tarde."
6. (ordenar) "Luis y Jorge, levántense temprano, vayan al banco, saquen dinero y páguenme."

Ejercicio 3. En grupos de 3 ó 4, completen en forma creativa la oración del modelo usando las siguientes personas: (a) las mujeres, (b) los hombres, (c) los profesores, (ch) los atletas, (d) los estudiantes los fines de semana y (e) los estudiantes que han estado aquí mucho tiempo.

En esta universidad (nombre del grupo de personas) actúan como si . . . .

En esta universidad los profesores actúan como si siempre tuvieran razón.

II. The Conditional and Its Uses

A. Formation of the conditional

1. Regular Forms: Infinitive of verb + endings: **-ía, -ías, -ía, -íamos, -íais, -ían.**

comprar	**beber**	**vivir**
compraría	bebería	viviría
comprarías	beberías	vivirías
compraría	bebería	viviría
compraríamos	beberíamos	viviríamos
compraríais	beberíais	viviríais
comprarían	beberían	vivirían

2. Irregular stems
   a. Last vowel of the infinitive is dropped:
      haber: **habr-** querer: **querr-**
      poder: **podr-** saber: **sabr-**
   b. Last vowel of the infinitive is replaced with a **d:**
      poner: **pondr-** valer: **valdr-**
      salir: **saldr-** venir: **vendr-**
      tener: **tendr-**
   c. Special stems:
      decir: **dir-** hacer: **har-**

B. Conditional sentences

1. Conditional sentences have two clauses: the condition, which is a clause that begins with **si,** and the consequence. The verb in the **si-**clause is in the indicative when it refers to a possible event or situation. The main verb in the consequence must also be in the indicative, unless it is a command.

Si insistes en pagar, no salgo más contigo.	*If you insist on paying, I won't go out with you anymore.*
Si no me llama pronto, me voy.	*If he/she doesn't call me soon, I'm leaving.*
Si tienes tiempo, llámame.	*If you have time, call me.*

2. Use the imperfect subjunctive in the **si-**clause when it refers to an event or situation that is impossible or improbable at the present time and is therefore hypothetical. The main verb in the consequence must be in the conditional, unless it is a command.

Si mi jefe fuera mujer no me importaría.	*If my boss were a woman, it wouldn't bother me.*
Si me trataras de igual a igual, me casaría contigo.	*If you treated me as an equal (were you to treat me as an equal) I would marry you.*
Si me llamara Jorge, que lo dudo, dile que vuelvo el jueves.	*If Jorge were to call me, which I doubt, tell him I'm coming back on Thursday.*

3. Though usually the condition comes first, the order can be reversed.

Iría contigo al cine si no tuviera tanto trabajo.	*I would go to the movies with you if I didn't have so much work.*

4. Use the conditional or the imperfect subjunctive in a question to soften a request.

¿Podría Ud. pasarme la sal?	*Could you pass the salt, please?*
¿Quisiera tener la bondad de conectarme con su jefa?	*Would you be so kind as to connect me with your boss?*

5. In a softened request with a dependent clause, the verb in the main clause is in the conditional, and the verb in the dependent clause is in the imperfect subjunctive.

Me gustaría que fueras conmigo al cine.	*I would like it if you went to the movies with me.*
Le agradecería que contestara esta carta pronto.	*I would appreciate your answering this letter soon.*
Yo preferiría que hicieras menos ruido.	*I would prefer that you make less noise.*

Ejercicio 4. Mire el dibujo y diga en su opinión qué convertiría a los individuos siguientes en personas maravillosas. Siga el modelo.

el presidente de los Estados Unidos
Sería una persona maravillosa si le gustara más la música moderna, si se vistiera imaginativamente y si nos diera puestos a todos en el gobierno con sueldos muy altos.

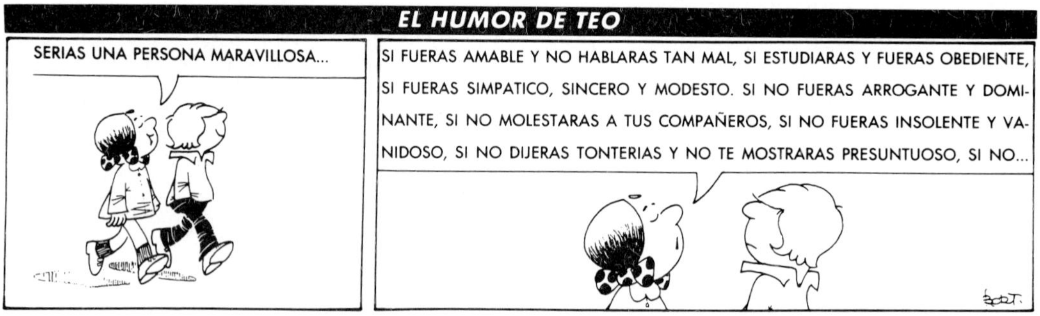
EL HUMOR DE TEO
SERIAS UNA PERSONA MARAVILLOSA...
SI FUERAS AMABLE Y NO HABLARAS TAN MAL, SI ESTUDIARAS Y FUERAS OBEDIENTE, SI FUERAS SIMPATICO, SINCERO Y MODESTO. SI NO FUERAS ARROGANTE Y DOMINANTE, SI NO MOLESTARAS A TUS COMPAÑEROS, SI NO FUERAS INSOLENTE Y VANIDOSO, SI NO DIJERAS TONTERIAS Y NO TE MOSTRARAS PRESUNTUOSO, SI NO...

1. uno/a de mis vecinos/as
2. una persona que trabaja en la oficina de administración de esta universidad
3. la persona que repara mi carro
4. una persona controversial en el mundo (nombre de la persona)
5. un/a deportista famoso/a

Ejercicio 5. En parejas, den por lo menos dos consecuencias diferentes para cada una de estas situaciones. Comparen sus oraciones con las de otros/as compañeros/as. Sigan el modelo.

no tener tanto trabajo
Si no tuviera tanto trabajo, iría al cine.

1. todos los jefes ser mujeres
2. alguien darme un millón de dólares
3. ser presidente de Estados Unidos
4. poder enviar un mensaje a toda la gente del mundo
5. saber tocar varios instrumentos musicales
6. conocer personalmente a (nombre de persona famosa)
7. no estar aquí en estos momentos
8. acostarte temprano todos los días
9. todavía existir dinosaurios
10. tener una varita mágica (*a magic wand*)

Ejercicio 6. En parejas, preparen equivalentes más suaves y corteses para los siguientes mandatos. Usen en la cláusula principal el verbo que aparece entre paréntesis.

No hablen en clase. (pedirles)
Yo les pediría que no hablaran en clase.

1. No fume. (preferir)
2. No pongas tu estéreo a todo volumen. (agradecerte)
3. Laven los platos. (rogarles)
4. No dé tanta tarea, profesor/a. (gustarme)
5. Ve a la fiesta conmigo. (preferir)
6. Cállate. (sugerir)

III. *Hacer* in Expressions of Time

1. Use the construction **hace** + *length of time* + **que** + *action or situation in the present tense* to tell how long an action or a situation has been going on.

Hace dos horas que estás en el teléfono.	*You've been on the phone for two hours.*
Hace diez años que vivo en Miami.	*I have lived in Miami for ten years.*
Hace mucho tiempo que no nos vemos.	*We haven't seen each other in a long time.*

2. Use **desde hace** when the action or situation is mentioned first. Do not use **que.**

Estás en el teléfono desde hace dos horas.	*You've been on the phone for two hours.*
Vivo en Miami desde hace diez años.	*I have lived in Miami for ten years.*
No lo veo desde hace veinte años.	*I haven't seen him in twenty years.*
Hace dos años que no nos vemos. / No nos vemos desde hace dos años.	*We haven't seen each other for two years. / It has been two years since we last saw each other.*

3. Use the preterit to tell how long ago an action or situation took place. You may use or omit **que** when **hace** comes first; always omit **que** when **hace** comes last.

Hoy hace diez años (que) tuvimos aquel huracán.	*Ten years ago today, we had that hurricane.*
Nos mudamos a Miami hace treinta años.	*We moved to Miami thirty years ago.*

4. When asking how long something has been going on, how long it has been since it last took place, or how long ago it took place, use either **¿Cuánto tiempo hace que . . . ?** or **¿Cuánto hace que . . . ?** Use **¿Hace cuánto . . . ?** to verify information.

¿Cuánto tiempo hace que vives aquí?	*How long have you been living here?*
¿Cuánto hace que no ves a Pablo?	*How long has it been since you've not seen Pablo (since you last saw Pablo)?*
¿Cuánto hace que ella desapareció?	*How long ago did she disappear?*
¿Hace cuánto dijiste que fue?	*How long ago did you say it was?*

5. The construction **hace como . . .** is equivalent to **hace aproximadamente . . .** and is more commonly used.

Estoy aquí hace como tres años.	*I've been here for about three years.*

Ejercicio 7. En parejas, entrevístense y háganse preguntas sobre las situaciones de la lista. Usen el modelo como guía.

conocer a tu mejor amigo
E1: *¿Cuánto hace que conoces a tu mejor amigo/a?*
E2: *Hace (como) cinco años que lo/la conozco.*

1. no pasar un fin de semana fuera de aquí
2. no escribirles a sus padres
3. no comprar un disco compacto nuevo
4. no ir a un buen concierto
5. vivir donde vives ahora
6. no comer pizza
7. no ir a bailar a una discoteca
8. no tener un día libre entre semana

Ejercicio 8. Ahora, vuélvanse a entrevistar y háganse preguntas sobre situaciones que ya pasaron. Sigan el modelo.

empezar la película en la tele
E1: *¿Cuánto tiempo hace que empezó esa película en la tele?*
E2: *Hace (como) una hora y media que empezó.*

1. entrar a la universidad por primera vez
2. ver a tus padres por última vez
3. graduarte de la escuela secundaria
4. conocer a quien es la persona más importante de tu vida
5. comer en un restaurante elegante
6. llevarle flores a alguien
7. visitar un país extranjero

Exploraciones

LECTURA 1. "Round Trip", de Uva A. Clavijo

Actividad 1. Este cuento, de final sorprendente, trata del encuentro después de más de veinte años entre una cubana de Miami y su hermana gemela, que viene a visitarla desde Cuba. El cuento lo narra la hermana que vive en Miami. Antes de leer, familiarícese con algunas de las palabras en bastardilla (*italics*) en la página 236 para entender la lectura más fácilmente. Compare sus respuestas con las de un/a compañero/a.

El Té, *óleo del pintor cubano Eduardo Michaelson, en el Museo Jane Voorhees Zimmerli de la Universidad de Rutgers, Nueva Brunswick, Nueva Jersey.*

1. En relación con los automóviles, ¿a qué podría referirse la palabra *parqueo* en la frase *parqueo fácil?*
2. *Peleón* viene de *pelear.* ¿Qué es un hombre muy peleón?
3. Si *guiñapo* es un pedazo de tela viejo y gastado, ¿cree Ud. que *guiñapo humano* se refiere a alguien loco o a alguien enfermo?
4. Pronuncie la palabra *crédicars.* ¿A qué cree que pueda referirse?
5. ¿Qué puede significar un *corre corre* cuando hay una persona enferma y todos tratan de ayudarla?
6. A la persona que le da un *infarto,* los médicos le dan oxígeno y le golpean el pecho, porque es un problema de (a) la digestión, (b) las piernas, (c) el corazón.

Mejor me pongo los yins,° no los yins, no, que pensará que estoy muy vieja para eso o que quiero restregarle° que tengo lo que no pueden tener allá. ¡Tonta que eres, Esperanza! Si es tu hermana, tu hermana gemela, que hace más de 20 años que no nos vemos, qué le va a dar ni tiempo de ver la ropa que tenga puesta ... esta blusa y esta saya° está bien. ¿Qué distintas nuestras vidas, Dios mío, con lo igual que empezaron! La saya me queda un poco corta, ya no se usan así. Ella ha sido la sacrificada, todo estos años sin salir de Cuba cuidando a los viejos, sin casarse, ni tener hijos. Ojalá encuentre parqueo fácil en el aeropuerto ... Bueno, lo de casarse no sería por los viejos. Fue por esperar al vaina aquel de Rubén° que la tuvo con cuentos° casi diez años para total dejársela en la mano° y venir a Miami y acabar enredado con la piruja ésa.° Menos mal que no hay tanto tráfico a esta hora ... ¿Habrá cambiado mucho Caridad? Siempre fue tan alegre ... y, quién iba a decir, toda la vida en ese país donde no hay ni papel de inodoro,° en esa casa que se está cayendo a pedazos.° Desde que Mamá murió sola con Papá, ya ciego,° Dios mío, ese hombre tan peleón y lleno de vida y me dicen que es un guiñapo humano. Suerte que ha podido encontrar quien lo cuide un mes mientras ella viene, que si no nos morimos las dos sin volvernos a ver. ¿Quién iba a decir hace un año que se me iba a morir Ramón, así, de pronto? Nada, que el corazón no avisa. Mejor para él, pero para uno es tan duro. Lo peor es por la mañana cuando me despierto y me acuerdo, y no tener a quién decir los buenos días. ¡Y eso que los muchachos son unos ángeles ... ! Bastante que se ocupan de mí, pero qué va, yo vivir con esa nuera americana por nada del mundo. Con Maruja sería distinto, porque por lo menos es cubana, pero ella tiene a su mamá y es lógico que vivan juntas, más que Hilda le cuida los niños, y yo la verdad que mi trabajo en la tienda sí que no lo dejo por nada, que ya llevo 18 años, con todos los apuros que pasé al principio con ese jefe americano, ahora que ya la cosa es más suave ... ¿Por dónde saldrán los pasajeros? Porque los que vinimos para acá también tuvimos nuestros problemas. Sí, señor, que al principio del exilio el que más y el que menos pasó sus vacas flacas.° Allá se creen que lo de acá es coser y cantar.° Nada de eso. Que uno se olvida de lo malo, pero aquellos años cuando nadie tenía crédicars fueron bien malos ... Mejor pregunto.

jeans
rub it in
skirt
Rubén, that fool / led her on / leaving her holding the bag / that flip young woman / toilet paper
it's falling to pieces / blind
(fig.) had lean times / (fig.) something very easy

—Sí, señora, yo hablo español. Mire, por ahí mismo, por esa puerta tienen que salir los pasajeros.

Cuánta gente, Dios mío, que uno no se da cuenta y no piensa en eso, pero mira que los cubanos hemos pasado, caballero.° ¿Estará muy cambiada Cachita?° A veces me siento como culpable. Yo me fui, he tenido mi vida, mis hijos. ¿Cómo será vivir sin hijos? No sé, deberá ser como morirse un poco todos los días. Que no nos vamos a quedar pa semilla° aquí, y al menos, qué sé yo, cuando se tiene hijos, uno sabe que deja algo de uno aquí. Y después los nietos. Cuando éramos chiquitas y jugábamos a las muñecas, qué se iba a imaginar uno que era así, esta mezcla constante de sobresalto° y ésas como oleadas tibias° cuando vienen con sus bracitos abiertos y se le tiran a uno al cuello. Ya son las menos cuarto. Debe haber llegado el avión. ¿Por qué no saldrán? ¿Y si no la han dejado salir? Allá nunca se sabe. ¿Por qué no la van a dejar?

(fig.) But friends, we Cubans have been through a lot / nickname for Caridad / (= quedar para semilla) we are not going to live forever / scares / warm surges of feeling

—Mira, mira ahí viene tu abuela, aquella con el pañuelo en la cabeza.

—Vieja, vieja, por aquí.

Por mucho que no quiera se le pone a uno un nudo° en la garganta. Tantas familias separadas. ¿Podremos hablar Caridad y yo? Aquellas noches cuando pepillitas° que nos pasábamos habla que habla hasta que Mamá se cansaba de mandarnos a callar. ¿Qué hablaríamos? Tanta bobería y todo nos lo tomábamos tan en serio. ¿Se acordará Caridad de aquella canción que le sacamos al conserje° del colegio? Mira de lo que me he venido yo a acordar.

knot

bobby soxers; trendy teenagers

that song we made up about the doorman

—¡Esperanza . . . !

* * *

—Mi hermanita, ¿tú no estás cansada?

—Sí, Espi . . . pero no me quiero acostar. Hacía tanto tiempo que no hablábamos.

—Y mira que hacía tiempo que nadie me llamaba así.

—¿Así, cómo?

—Espi . . . es como volver a ser niña.

—Ay, mi hermana, si es que allá uno vive . . . no sé, como del pasado, como alimentándose de recuerdos.

¡Qué curioso, Caridad! Uno aquí es todo lo contrario. Ramón, que en paz descanse, decía que este es el país del mañana, de "Mañana voy a hacer esto, mañana voy a hacer aquello". Y si, tú supieras° que es verdad, que uno vive aquí como por adelantado. El dinero te lo gastas antes de cobrarlo. Acabas de volver de las vacaciones y ya estás planeando las

when you look at it

del año próximo. En agosto te están anunciando los regalos para las Navidades en diciembre.

—¿Te acuerdas, Esperanza, de las Navidades en la casa de la Calle C? Aquellas fueron las mejores ... el año que vino el tío Pepe de Nueva York cargado de regalos y que nos reunimos todos. ¡Cómo gozaba el viejo con aquellas reuniones!

—¿Y te acuerdas aquel año que yo pedí a los Reyes un carrito de helado y Papá me lo mandó a hacer con un carpintero?

—Sí, tendríamos como 6 ó 7 años.

—Y los veranos en la playa ... Caridad. ¿Siguen tan bonitas las playas de Cuba, o es que uno las recuerda así?

—Esperanza, todo es tan distinto. No puedes imaginártelo.

—Mi hermana, ¿y tú alguna vez no has pensado que yo me he portado mal contigo, que no ha sido justo que fueras tú la sacrificada ... ?

—No, Esperanza, la vida no es muy seria en sus cosas ... pasan sin que nadie tenga culpa ... Yo me alegro que tú hayas sido feliz, que hayas tenido tu vida. Pero dime, ¿cuándo voy a ver a mis sobrinos?

—Mañana, mañana ... Pero mira, no cambies de tema, que a lo mejor no tenemos más oportunidad de hablar de esto y yo siempre he querido decirte ... y ahora no me salen las palabras ... que a veces, no sé, me siento como culpable, como que te abandoné, como que debí haber insistido en que vinieran antes, cuando los viejos estaban más jóvenes.

—No te culpes, Esperanza. Alégrate de estar aquí. La vida en Cuba es triste. Ahora, con el viejo ciego, que a veces ni sabe quién soy, cree que soy Mamá, o tú ... imagínate ... y la casa que no se ha podido pintar, tan destartalada ....° Yo comprendo que tú no quieras ir ...

ramshackle

—No, no es que no quiera ir ... la verdad es que me da miedo. Porque Ramón estuvo tan involucrado° aquí contra el régimen° y uno no sabe con esa gente ... Además, es cierto, Caridad, me da miedo ver la casa así, ver a Papá viejo, sin vista. Uno piensa en el regreso, en volver a lo que fue. Y ya eso no existe. Ni nosotros somos iguales.

mixed up in
(Castro) regime

—Oye, chica, creo que han sido muchas emociones, me siento como con un dolor en el pecho. Quizá sea del estómago. ¿Tú tienes manzanilla?°

chamomile

—Ay, Cachita, manzanilla, no, pero Alka-Seltzer, o Milanta ... Pero, muchacha, si estás pálida, si estás sudando ...°

perspiring

—¿Qué será? Me duelen como los brazos ...

—Bueno, te acuestas en seguida, que mañana vamos a ir a las tiendas ...

—Ay, Espi, el tiempo que hace que yo no veo una tienda de verdad.

* * *

—Patient's last name, please.

—Señorita, ¿usted habla español? Mire que cuando me pongo nerviosa no me acuerdo ni de una palabra de inglés.

—Sí, señora, mire, me tiene que decir el nombre completo del paciente, darme todos los datos del seguro.° ¿Tiene seguro, verdad?

insurance

—Sí, sí ... Mi hermana tiene el seguro de su trabajo. Ella trabaja en Sears. Debe tener la tarjeta en su cartera.° En seguida se la busco.

purse

Ay, Esperanza, esto no lo debías hacer. Ingresar° a tu hermana como si fuera tú. Si los muchachos se enteran me matan, ellos que son tan cívicos, tan americanos. Pero ¿y si no tiene seguro, con qué voy a pagar yo luego? Si uno supiera que es algo sencillo ... pero aquí por cualquier cosa, la cuenta en el hospital es de miles de pesos. Total, si en todos estos años apenas yo he usado ese seguro, y lo pago todos los meses ... Mejor ni llamo a Ramoncito porque se pondrá furioso. Seguro que le mandan alguna pastilla° y nos vamos pronto y mandan una cuenta de $200 pesos ... Debí haber cogido un sweater ... qué frío hay aquí ... por qué no me dejarán verla ... se demoran demasiado ... estaba tan pálida ... mira que venir a enfermarse la misma noche que ha llegado, con tanto embullo° que tenía ella con el viaje ... ¿y si le preguntan su nombre? Mejor trato de verla y explicarle ... ¡qué corre corre se ha formado! ¿Qué estará pasando? Yo me voy a colar° ahí dentro aunque diga lo que diga ese letrero.

to admit (to the hospital); *pill*; *excitement*; *sneak in*

—Miss, you can't go in.

Dios mío, todos esos médicos alrededor de ella, y le tienen puesto oxígeno, y le golpean el pecho, y la inyectan, y está tan blanca, como se puso Ramón cuando le dio el infarto. Ay, Dios, si es eso, si no es el estómago, si no es una bobería, si es un infarto lo que tiene, si se me está muriendo mi hermana, mi hermana gemela, mi hermana que vivió la otra mitad de mi vida para que yo tuviera la vida que he tenido, mi hermana que es la única que podría recordar aquella canción que le sacamos al conserje de la escuela, mi hermana que es la única que recuerda aquellas Navidades en la casona de la Calle C con todos los primos jugando a los pasos americanos,° mi hermana Caridad, que ya no es Caridad, que soy yo, que se muere con mi nombre, porque soy yo en esa cama, tan blanca, Dios, nunca me di cuenta cómo se

children's game in Cuba

parece a Mamá, nos parecemos, será, porque su rostro° es mi rostro, su peso ingrávido° sobre la cama es el peso de mi cuerpo. Ahora abres los ojos, Caridad, y me miras con esos mis ojos, y yo veo en tu pupila el cansancio de las largas colas para conseguir los alimentos, la paciencia infinita con que bañas a Papá todas las mañanas, la bondad de tus manos que nunca supieron de caricias, ni de cambiar pañales . . .° Y ya sé lo que me gritas desde esos mis ojos, que no puedes morirte porque no has terminado tu labor, y ni en eso es seria la vida, que ya mi Ramón murió y mis hijos están grandes y nadie me necesita y estoy sola, sí, Caridad, qué difícil es levantarme todas las mañanas y no tener a quién dar los buenos días, y estoy tan sola, y ahora no tendré ni la ilusión de que vengas, y ni siquiera hemos podido hacer tantas cosas que planeábamos, ni te he podido llevar a una tienda, si vieras, qué grandes los supermercados, y tú que tienes a quién regresar, a ese pobre viejo ciego que no sabe quién eres, y tú no quieres morirte por él, y estás tan cansada y no puedes más, y me miras con esos tus ojos mis ojos, y me dices que debo regresar a ocupar tu sitio, pero ¿podré, Dios mío? Tú siempre fuiste la mejor de las dos. La que has sabido amar de verdad. Tú, la solterona, la de la vida oscura, en esa casa que se muere, en ese país que se muere. Y te me vas sin que te diga estas cosas . . . que te he admirado siempre . . . no, no cierres los ojos, mírame una vez más . . . perdóname por la parte de tu vida que te robé . . . no, no llores, tú ganas. Te lo prometo, hermana. Yo volveré a Cuba y cuidaré al viejo . . . Duérmete tranquila . . . te lo prometo . . . te lo prometo.

face
light
diapers

* * *

—Flight 407 to Havana now boarding.

Dios mío, tanto que he criticado Miami, tanto que he añorado este regreso, y la verdad es que se ve tan linda la ciudad desde el avión . . . cómo no me voy a sentir triste . . . dejo atrás toda una vida . . . curioso que cuando la vivía pensaba que era algo pasajero . . . y ahora pienso, no sé, que esos años fueron los que más contaron . . . dejo tanto atrás, hasta una tumba con mi nombre, y en verdad, no dejo nada . . .

—Señora, perdóneme, que estoy un poco nerviosa, viajo a Cuba por primera vez desde hace tantos años. ¿Usted, va también de visita?

—No, señor, acabo de pasarme una temporada en Miami visitando a mis sobrinos. Ahora regreso a casa.

Actividad 2. En parejas, completen el esquema que contrasta la vida de las gemelas.

Caridad

1. Vive en Cuba.
2. . . . .
3. Vive con su padre que es viejo y ciego.
4. . . . .
5. Tuvo un novio llamado Rubén por diez años.
6. . . . .
7. Tiene que vivir con su padre para cuidarlo.
8. . . . .
9. No tiene acceso a tiendas modernas.
10. Se enferma al poco tiempo de estar en los Estados Unidos.
11. . . . .
12. No se entera de las acciones de su hermana.
13. Muere de un ataque al corazón.

Esperanza

1. Vive en los Estados Unidos.
2. Hace veinte años que no ve a su hermana.
3. . . . .
4. Su marido Ramón murió hace menos de un año de un ataque al corazón.
5. . . . .
6. Trabaja en una tienda desde hace dieciocho años.
7. . . . .
8. Se siente culpable por no haber cuidado a su padre.
9. . . . .
10. Lleva a su hermana al hospital.
11. Usa su propia tarjeta de seguro.
12. Dice que la enferma se llama Esperanza.
13. . . . .

Actividad 3. Mire el esquema de la actividad anterior para escribir un resumen lógico con sus propias palabras de lo que les sucede a Esperanza y Caridad. Trate de usar las expresiones de la lista siguiente en el orden que quiera para dar continuidad a sus ideas. Empiece con la oración del modelo.

Desde que murió su madre, Caridad ha cuidado a su padre.

A fin de cuentas . . .
Al mismo tiempo . . .
A veces . . .
Desde el principio . . .
Es como . . .
Hace más de . . .
Por razones inexplicables . . .
¿Quién iba a decir . . .?
Suerte que . . .
Todos estos años . . .
Total . . .

Actividad 4. En parejas, discutan por qué la autora del cuento ha llamado a las gemelas Esperanza y Caridad. ¿Hay algún simbolismo en los nombres? Compartan sus conclusiones con la clase.

Creo que . . .
A mí me parece que . . .

Actividad 5. Si Ud. tuviera un/a hermano/a gemelo/a que viviera en un país con un sistema político opresivo y él/ella viniera a visitarlo/a, ¿qué haría Ud? Explique lo que haría en cada una de las siguientes variantes del cuento. Luego en grupos de 3 ó 4, discutan sus respuestas. Siga el modelo.

Si mi hermano/a se enfermara lo/la llevaría al hospital.

1. Su hermano/a revela su verdadera identidad en el hospital antes de morirse.
2. Su hermano/a descubre su plan de adoptar la identidad de él/ella y le pide que no vaya al país opresivo.
3. En el avión alguien lo/la reconoce a Ud.
4. En el país opresivo descubren que Ud. no es quién Ud. dice que es.

Actividad 6. Escriba un ensayo breve sobre uno de estos dos temas: (a) "Hay casos en que uno/a debe sacrificarse por alguien"; (b) "Uno nunca debe sacrificarse por nadie". Tenga en cuenta lo que pasa en el cuento "Round Trip".

Práctica integrada

Práctica 1. En parejas, preparen y presenten un pequeño drama entre un/a representante de una compañía extranjera que piensa patrocinar una nueva revista para lectores hispanos y un/a ejecutivo/a de Latinoimagen que explica el crecimiento del mercado hispano en Miami. Usen la información que aparece en la introducción y otros datos que han aprendido en esta unidad.

Práctica 2. Basándose en lo que sabe de Humberto Milanés, el cubanoamericano que Miriam acaba de conocer, diga tres cosas que lo harían a él más atractivo a una mujer como ella. Al llegar a clase, compare sus ideas con un/a compañero/a. Siga el modelo.

Si fuera menos macho sería más moderno.

Práctica 3. En grupos de 3 ó 4, y usando la información en esta unidad, hablen de cómo se llevarían con Miriam Abril si tuvieran que trabajar con ella. ¿Bien? ¿Mal? ¿Les sería indiferente? ¿Serían Uds. amigos/as de ella? ¿Les gustaría que fuera su jefa? Expliquen sus respuestas.

Práctica 4. En parejas, completen estas oraciones que describen posibles soluciones a situaciones negativas que existen en cierta universidad. Sigan los modelos.

Si la biblioteca estuviera abierta más horas ....
Si la biblioteca estuviera abierta más horas, podríamos estudiar más.

Las residencias estudiantiles serían mejores si ....
Las residencias estudiantiles serían mejores si hubiera menos gente en cada habitación.

1. La vida aquí sería mucho mejor si ....
2. Si las clases fueran más pequeñas ....
3. Podríamos dormir mejor de noche si ....
4. Si los profesores tuvieran más horas de oficina ....
5. La comida de la cafetería sería muchísimo más nutritiva si ....
6. Si las películas que ponen en el recinto universitario fueran mejores ....
7. Habría más diversidad entre el estudiantado si ....

Práctica 5. En grupos de 3 ó 4, hagan una lista de todas las palabras que se les ocurran relacionadas con el matrimonio y úsenlas para escribir una carta breve a un/a amigo/a en la cual Uds. explican sus propias ideas sobre el tema del matrimonio. Pueden hablar de si Uds. piensan casarse, si están casados/as y contentos/as, si es bueno casarse con una persona de otra religión o grupo étnico, cuánto importa la edad de las dos personas y si es mejor casarse o no casarse.

Familia *quiere decir abuelos, padres, hijos, nietos, tíos y primos.*

Práctica 6. En grupos de 3 ó 4, imagínense que Uds. participaron en un comité para mejorar las relaciones entre los hombres y las mujeres de esta universidad y lograron resolver muchos problemas. Hagan una lista de los problemas característicos que había y otra de las recomendaciones que hicieron a las autoridades de la universidad sobre cómo resolver esos problemas. Compartan sus listas con los otros grupos. Usen el modelo como guía.

Problema: Había poca comunicación sobre los conflictos que existían.

Recomendación: Recomendamos que hubiera una conferencia en el recinto universitario sobre esos conflictos.

El ingreso de España en 1985 en la Comunidad Económica Europea (CEE) fue una consecuencia lógica del gran progreso político, cultural y artístico que la nación experimentó tras la muerte del dictador Francisco Franco.

Por largo tiempo España fue en la mente de muchos extranjeros un sitio pobre pero romántico, poblado por señoritas en balcones, bailadoras de flamenco, guitarristas, burros y matadores de toros, desconociéndose por ejemplo su capacidad industrial y sus glorias intelectuales y artísticas. Por otra parte la acusación de excesivo conservadurismo tiene alguna base en la realidad histórica. En el siglo XV, llevados por el fanatismo religioso, los Reyes Católicos expulsaron de su reino a los judíos que no habían querido convertirse al cristianismo. Esto ocurrió en el mismo año en que Colón se lanzó a la mar en busca de las Indias. La expulsión de la población judía fue una de las causas de la decadencia política y económica de España porque privó al país de capital así como de comerciantes e intelectuales que formaban parte de una vigorosa clase media. Luego en el siglo XVI, Felipe II, heredero del vasto imperio de su padre Carlos V, aisló a España del resto de Europa, principalmente por temor a la contaminación ideológica del protestantismo. Este aislamiento produjo un gran retraso científico e industrial y sirvió de base al sentimiento entre los extranjeros de que España tenía únicamente valor turístico.

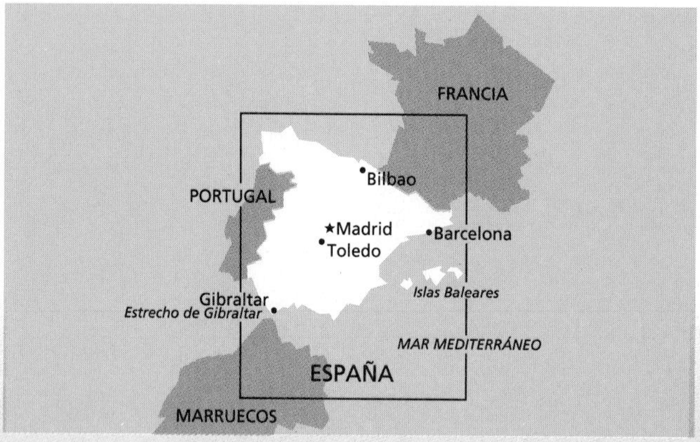

En en siglo XX, con el triunfo de Franco en la Guerra Civil, España volvió a marginarse de la Europa democrática y progresista. A la muerte de Franco, sin embargo, se inició una rápida evolución hacia una sociedad libre y próspera. Al pueblo español y a sus dirigentes, incluyendo al rey don Juan Carlos, corresponde la gloria de haber completado con gran éxito esta transición.

Hoy España es un país de gran solidez económica y un lugar vibrante y lleno de creatividad. Proliferan las instalaciones industriales que utilizan la tecnología más moderna, y la arquitectura y el arte se renuevan gracias a una gran libertad intelectual y artística. El impulso creativo español y su talento comercial se manifiestan particularmente en productos innovadores diseñados por españoles que aparecen en el mercado internacional: viviendas, muebles, ropa, telas, perfumes, joyas, adornos e implementos de todo tipo llevan el sello de la gran imaginación española, que es hoy por hoy una imaginación netamente europea y cosmopolita. ▲

8

UNIDAD

Manolo Delgado, diseñador español

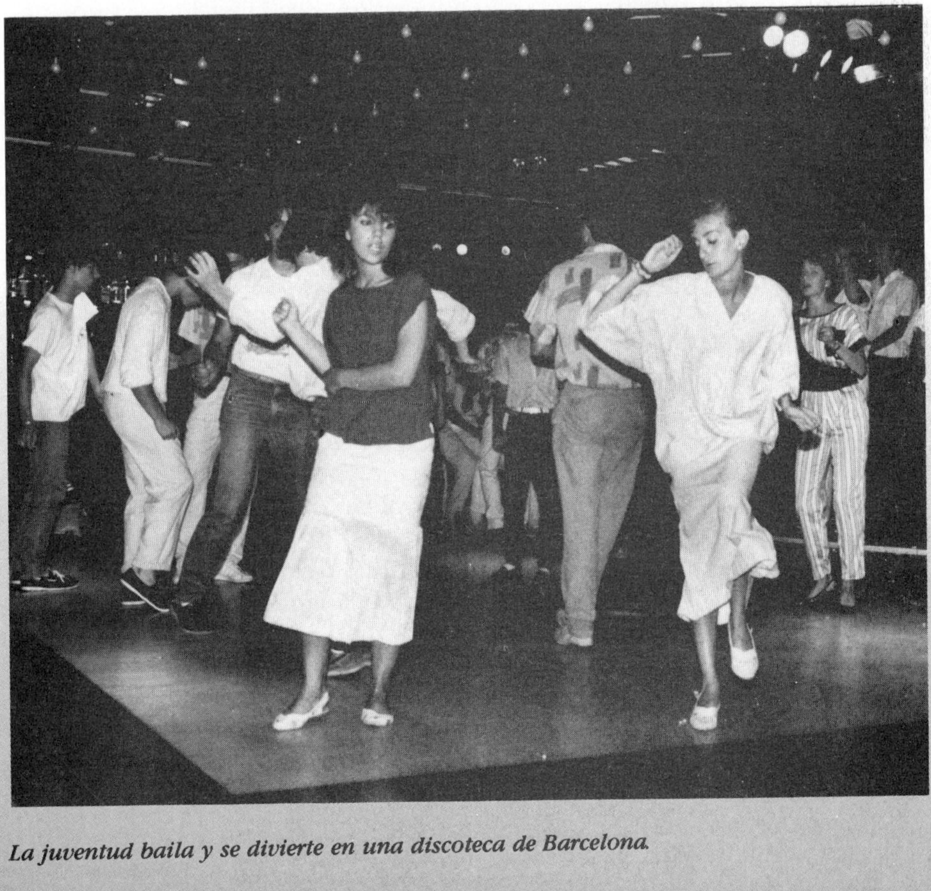

La juventud baila y se divierte en una discoteca de Barcelona.

OBJETIVOS

Objetivos para la Unidad 8
Aprender a . . .
- hablar del futuro
- hacer comparaciones
- hacer conjeturas

◀◀◀◀ Interacciones

VOCABULARIO

Sustantivos

la agencia de publicidad advertising agency
la apariencia appearance; looks
el bosquejo sketch
la camiseta T-shirt
el collar necklace
la corriente trend
los demás rest
el/la diseñador/a designer
el diseño design
el escote neckline
la fiebre intense excitement
el jersey pullover (Spain)
la marca brand name
la temporada season
los vaqueros jeans (Spain)
la vestidura clothing
las zapatillas sneakers

Adjetivos

apretado/a tight-fitting
beis beige (Spain)
codiciado/a coveted
culto/a cultured
estilizado/a stylized
estrecho/a narrow; tight
imprevisto/a unforeseen
inesperado/a unexpected
utilitario/a functional

Otras palabras y expresiones

a fin de cuentas when all is said and done
a lo mejor perhaps
contar con (una persona) to rely on a person
correr el riesgo de to run the risk of
la decoración interior interior design
estar al tanto to be up to date
estar/pasar de moda to be in/to go out of style
fulano/a so-and-so
hacer el ridículo to make a fool of oneself
por casualidad by chance
un toque de a touch of

Verbos

aprovecharse de to take advantage of
atreverse a to dare to
complacer (zc) to please
diseñar to design
estrenar to wear/show for the first time
estropear to ruin
imperar to dominate; be the rage (latest trend)

Práctica de vocabulario

Práctica A. Escoja una palabra o expresión de la lista de vocabulario que sea equivalente a las siguientes.

1. tal vez
2. destruir
3. un suceso que no creíamos que iba a ocurrir
4. funcional
5. conocer las últimas corrientes de la moda
6. gran entusiasmo
7. joya que se lleva al cuello
8. muy deseado
9. nombre que el fabricante da al producto
10. hacer algo estúpido
11. ponerse algo por primera vez
12. algo no planeado

Práctica B. Haga una lista de la ropa y los otros artículos que Ud. va a necesitar en las siguientes situaciones. Use palabras de la lista de vocabulario y agregue las que necesite. Luego en clase, compare su lista con la de un/a compañero/a.

un día en el campo

un baile formal

una entrevista

ESCUCHAR Y CONVERSAR

Manolo Delgado, conocido diseñador, es un gran creador de ropa y de objetos utilitarios y ornamentales. Tiene veintisiete años. Estudió arte y trabajó en agencias de publicidad donde se destacó por su imaginación y por su inmenso talento para el diseño. Ahora tiene su propio estudio en Barcelona y sus obras encuentran fácil mercado no sólo en la industria del vestido y de la decoración interior sino también en el mundo del arte. Algunos de los objetos que diseña se exhiben en galerías y son muy codiciados por coleccionistas privados. Las actividades de Manolo son parte de la fiebre de diseño futurista que impera hoy en día en España.

Actividad 1. Arantxa Ituarte, redactora de la revista *Modernísimo* de Madrid, llama al joven diseñador Manolo Delgado. Primero escuche toda la cinta con atención. Luego, vuelva a escucharla y escoja la alternativa correcta.

1. Manolo y Arantxa (son muy amigos / no se conocen bien).
2. Arantxa va a (escribir un artículo / filmar un video) sobre los jóvenes diseñadores españoles.
3. Manolo acaba de diseñar una serie de (muebles / juguetes) para niños.
4. De todas las piezas, Arantxa prefiere (el baúl en forma de hipopótamo / la cama en forma de barco vikingo).
5. Siempre habrá atracción (por lo bohemio / por lo americano).
6. Para las ocasiones serias Manolo diseñará faldas (muy cortas / muy largas / ni muy cortas ni muy largas).

Cinta 1. Hablan Arantxa Ituarte y Manolo Delgado.

AI: Hola, genio, ¿qué tal vas?

MD: ¿Me hablará por casualidad la periodista más elegante del universo?

AI: Favor que me haces, muchacho. Es que llevo siempre algo diseñado por ti.

MD: Querrás noticias, supongo.

AI: Las noticias son del pasado. Yo voy hacia el futuro.

MD: Eres más misteriosa que Agata Cristi. Explícate.

AI: Nada, que voy a hacer un artículo sobre los jóvenes diseñadores españoles, y como tú diseñas de todo . . .

MD: Sabrás de mi nueva serie de muebles para niños.

AI: Por supuesto. El baúl para ropa en forma de hipopótamo está genial.

MD: Verías la cama en forma de barco vikingo, ¿no?

AI: Mi pieza favorita. Pero hablemos de ropa. Me interesa concretamente cómo ves el futuro de la moda para los jóvenes.

MD: Creo que seguirá imperando el cowboy internacional. La ropa vaquera no pasará de moda por el momento. Es parte de la atracción por lo americano. Veo pantalones vaqueros multicolores, azul por el frente, beis por detrás, un toque de negro.

AI: ¿Y camisas?

MD: Apuesto a los jerseys del fútbol americano, que aquí serán exóticos. Mezcla de lo familiar y lo desconocido. Camisetas por ejemplo de los Gigantes de Nueva York.

AI: Serán enormes.

MD: No, es el nombre del equipo nada más. Las haremos de todos los tamaños. Ah, y habrá más joyas para chicos, collares, pulseras . . . .

AI: ¿Correrán ese riesgo ellos?

MD: Definitivamente. Se irá mucho más allá del simple pendiente en una sola oreja. ¡Se los pondrán en las dos!

AI: ¿Y para las chicas?

MD: Explosión de colores, motivos deportivos y exóticos, algo inspirado en el uniforme de los marineros soviéticos, ja, ja. Ah, y para las ocasiones serias, faldas larguísimas, como las de las abuelas . . . en la moda todo vuelve. Si pasas por aquí, te enseñaré los bosquejos que ya tengo, te lo prometo.

AI: Vale, de acuerdo. Adiós.

Actividad 2. En parejas, reconstruyan con sus propias palabras la conversación entre Arantxa y Manolo, siguiendo la guía. Traten de no mirar el texto de la conversación y usen la imaginación en los saludos y despedidas.

1. Los dos amigos se saludan.
2. Arantxa explica que ha llamado a Manolo porque va a escribir un artículo sobre los diseñadores españoles.
3. Manolo habla sobre su nueva serie de muebles para niños.
4. Arantxa opina sobre esta serie.
5. Manolo habla del futuro de la moda para los jóvenes relacionado con estilo de ropa y joyas.
6. Arantxa pregunta sobre la ropa para las jóvenes.

7. Manolo le contesta y menciona colores, motivos y ropa para ocasiones serias.
8. Los dos se ponen de acuerdo en verse pronto.
9. Arantxa y Manolo se despiden.

VOCABULARIO EN CONTEXTO. Hablar del futuro.

- **El mes próximo** la firma barcelonesa Roig estrenará una línea de ropa para la casa, de aire romántico.
- **El verano que viene** muchas más mujeres se atreverán a llevar minifaldas.
- **En la primavera** las mujeres llevarán pantalones de seda.
- **Durante la próxima temporada** veremos todos los estilos posibles de escote.
- **El año entrante** los hombres podrán escoger entre ropa utilitaria y cómoda o muy estilizada y apretada.
- **Dentro de cinco años** los mejores diseños españoles estarán a la venta en las cadenas de almacenes de toda Europa.

Actividad 3. En parejas, y turnándose, hagan predicciones sobre la ropa que estará de moda en el año 2.000. Escojan un elemento de cada columna para hacer oraciones completas. Pueden agregar sus propias ideas. Sigan el modelo.

Las estrellas de cine llevarán joyas exóticas.

Columna A	***Columna B***	***Columna C***
los niños de escuela primaria	diseñar	estilos militares
los chicos de escuela secundaria	atreverse a llevar	joyas exóticas
los estudiantes universitarios	usar	plumas extravagantes
las estrellas de cine	ver	pantalones apretados
los artistas	escoger	chaquetas de pilotos
las mujeres de negocios	comprar	. . . .
los hombres de negocios	querer	
la gente bohemia		

Desde un balcón del Parador (hotel) *de Vich puede contemplarse un hermoso amanecer catalán.*

Actividad 4. En grupos de 3 ó 4, imagínense lo que estarán haciendo en los tiempos indicados. Sigan el modelo.

Dentro de dos años trabajaré en una buena compañía.

1. mañana por la mañana
2. durante las próximas vacaciones
3. después de esta clase
4. el sábado por la noche
5. en el año 2.000

Actividad 5. El programa de Televisión Española "Creadores" invita cada semana a una persona creativa a dar una breve charla sobre lo que se le ocurra, con libertad absoluta para expresarse. El invitado de hoy es Manolo Delgado. Lo presenta el animador del programa, Ernesto Gelabert. Mientras escucha la charla, complete las oraciones con una o dos palabras.

1. El asunto que va a discutir Manolo es ....
2. Los que determinan la moda son en realidad ....
3. Manolo opina que el ser humano cambia de estilo porque quiere cambiar ....
4. Los diseñadores están contentos de que la gente cambie tanto de gusto porque es ....
5. Cambiamos para no parecernos a ....

Cinta 2. Hablan Manolo Delgado y Ernesto Gelabert.

EG: Con nosotros un diseñador famosísimo. Sus diseños hablan por sí solos, pero hoy nos hablará el propio Manolo Delgado. ¿De qué nos hablarás, Manolín? ¿de tus últimas creaciones en materia de vestir?

MD: Bueno, sí y no. Realmente quiero hablar del fenómeno de la moda en sí. La moda es el gusto del momento, ¿no? Pero, ¿quién lo determina? Bueno, nosotros los diseñadores. Lo curioso y lo que a mí más me intriga es por qué la gente acepta nuestros diseños si a fin de cuentas cambiar le va a costar dinero. Hay personas que tienen más sensibilidad para la moda que otras, pero al final todo el mundo acaba comprando lo nuevo. Y muchos compran más de lo que les hace falta. ¿Será que la gente necesita cambiar de apariencia? ¿Será que el ser humano es el animal que cambia por cambiar? Satisfacer la necesidad de la gente de tener algo nuevo y distinto es mi trabajo y mi placer. Haré siempre todo lo posible para que la ropa del año que viene se parezca muy poco a la de este año. Además, cuenten conmigo los que quieren ser más modernos que nadie y los que quieren parecer más jovenes o más viejos, menos gordos o menos flacos de lo que son.

EG: Estás muy filosófico, Manolín, pero tienes razón. La moda, ¡ja, ja, ja! ¡Cómo nos conoces, hombre! Ah, los diseñadores podrán siempre aprovecharse de nosotros, felizmente, ¿no?

MD: Así es. La moda nos obliga a ser distintos y luego nos obliga a ser iguales. Cambiamos para no parecernos a los del año pasado, pero también cambiamos para parecernos a los de este año. Nadie quiere estar pasado de moda.

EG: ¡De acuerdo! ¿Yo, llevar la misma ropa del año pasado? ¡Qué va, eso no! Hay que ponerse lo que se pone fulano o fulana. Nadie quiere ser distinto. Y nadie quiere hacer el ridículo poniéndose algo que ya no se usa.

MD: Por mí que esto no cambie. ¡Ja, ja!

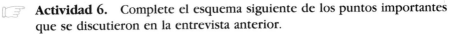

Actividad 6. Complete el esquema siguiente de los puntos importantes que se discutieron en la entrevista anterior.

1. significado de "la moda", según Manolo
2. quiénes determinan la moda y quiénes la aceptan
3. algo que él no entiende relacionado con la moda
4. meta profesional de Manolo para todos los años
5. por qué la gente cambia de ropa
6. reacción de Ernesto al fenómeno de la moda

Actividad 7. En grupos de 3 ó 4, digan si están de acuerdo o no con las siguientes declaraciones de Manolo sobre la moda, y expliquen por qué. Sigan el modelo.

Estoy/No estoy de acuerdo en que . . . porque me parece que . . . .

1. La moda es el gusto del momento.
2. Los diseñadores determinan la moda.
3. La gente acepta los nuevos diseños aunque tendrá que gastar dinero.
4. El ser humano es el animal que cambia por cambiar.
5. La moda nos obliga a ser distintos y a ser iguales.

Actividad 8. En los mismos grupos, usen las opiniones expresadas en la actividad anterior para escribir un artículo de una página, explicando si están o no de acuerdo con las ideas de Manolo Delgado sobre la influencia de la moda sobre la gente. Justifiquen sus opiniones. Nombren a una persona de su grupo para que lea el artículo a la clase. Después de cada artículo se invita a los demás estudiantes a que comenten sobre lo que se ha leído.

VOCABULARIO EN CONTEXTO. Hacer comparaciones.

- A mí me importa **menos** estar a la moda **que** vestirme cómoda.
- Debe haber **tantas** líneas de ropa para la gente común **como** para las personas que quieren parecer modelos de revistas.
- Los jóvenes tienen mucho **más** interés en la moda **que** los viejos.
- Acaba de abrir una nueva tienda de ropa interior que ofrece **más de** seis tallas y cien colores.
- Ese diseñador cree que a una mujer delgada una falda estrecha la favorece **más que** una ancha.
- El perfume complace a la mujer **tanto como** al hombre.

Escaparate (store window) *de la tienda El Corte Inglés, en Barcelona.*

Actividad 9. En parejas, primero hagan una lista de prendas de vestir que necesitan o que les gustaría comprar. Luego, determinen para cada categoría de ropa qué factores afectan su decisión a la hora de comprar. Usen como guía el vocabulario en contexto y lo que aparece en las tres columnas.

Cuando compro zapatillas, el precio me importa menos que la calidad si es que las voy a llevar con mucha frecuencia.

Para la ropa de diario me importa más la marca que el precio porque todo el mundo se va a fijar en mí.

Columna A	*Columna B*	*Columna C*
ropa de diario	me importa	el precio
ropa para momentos especiales	me gusta	la calidad del trabajo
ropa para el mundo de los negocios	me impresiona	la última moda
traje de noche	me fastidia	el color
pantalones vaqueros		la tela
ropa deportiva		un estilo que me favorece
zapatos		la marca
zapatillas		
pijamas		
joyas		

LEER Y CONVERSAR

Interior de la Sinagoga Santa María la Blanca de Toledo, donde se puede apreciar la característica arquitectura árabe. La sinagoga fue devuelta a la comunidad judía de Toledo por el gobierno democrático de España, luego de haber sido durante siglos una iglesia católica.

INTERCAMBIO 1. La lectura siguiente habla de los sefardíes, como se llama a los judíos de origen español por ser **Sefarad** el nombre de España en hebreo.

Para muchos sefardíes, tal vez 1992 sea el año más significativo de su vida por conmemorarse el quinto centenario de uno de los hechos más conmovedores de la historia del judaísmo español. En 1492, los Reyes Católicos, Fernando e Isabel, lograron consolidar todos los reinos en una sola nación. En esa época, más de la mitad de los judíos del mundo vivía en la Península

Ibérica. El 31 de marzo de 1492, los Reyes Católicos firmaron un edicto expulsando de España a todos los judíos que se negaban a convertirse al cristianismo. Estos tuvieron que abandonar su patria y dispersarse por todo el Mediterráneo. Se llevaron con ellos el español del siglo XV y lo siguieron hablando en los lugares donde se establecieron. El judeo-español, como se llama esta lengua, es inteligible, a pesar de las muchas palabras arcaicas que conserva. Se habla en Israel y en comunidades sefardíes de otros países, incluyendo una comunidad bastante numerosa en Nueva York. Es como si un grupo de ingleses hubiera tenido que abandonar Inglaterra en la época de Shakespeare y sus descendientes hablaran ahora como se hablaba entonces. Los judíos expulsados nunca olvidaron Sefarad y continuaron soñando con sus dos tierras prometidas: Israel y Sefarad. La expulsión, una de las mayores tragedias del pueblo judío, superada sólo por el holocausto nazi, fue también una gran tragedia para España. La historia habría sido muy diferente sin la enorme pérdida de capital y de recursos humanos que significó la salida de los judíos, y tal vez España sería ahora tan poderosa como entonces.

La hostilidad hacia los judíos se ha mantenido prácticamente hasta la época actual. Eso explica que en España haya tan pocos sefardíes, unos 15.000 en total. Pero seguramente esta situación cambiará ya que en la España moderna y democrática se toleran todas las religiones. A principios de la década del 90, en la ciudad de Toledo, donde por siete siglos convivieron en paz las tres religiones: cristiana, musulmana y judía, se devolvieron a la comunidad judía las sinagogas que habían sido convertidas en iglesias católicas. Este proceso fue una forma de reconocer la enorme injusticia histórica de la expulsión.

Una manera de compensar esa injusticia tendría lugar en 1992 al celebrarse en Toledo una exposición especial, Sefarad-92, a la que asistirían como invitados diez mil dirigentes judíos de todo el mundo. El 31 de marzo, aniversario exacto de la expulsión, don Juan Carlos, rey de España, anularía oficialmente el edicto de expulsión de los Reyes Católicos y asistiría a un acto de reconciliación en la sinagoga principal de Toledo.

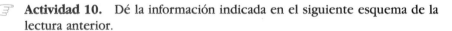

☞ **Actividad 10.** Dé la información indicada en el siguiente esquema de la lectura anterior.

1. el significado de la palabra **Sefarad**
2. la importancia de la década del 90 para muchos sefardíes
3. las religiones que convivían en la España del siglo XV
4. lo que motivó la expulsión de los judíos
5. el efecto que la expulsión tuvo sobre España
6. lo que es el judeo-español
7. lo que ha hecho España para corregir la injusticia histórica de la expulsión
8. el gesto memorable del rey Juan Carlos en 1992

Actividad 11. En parejas, den por lo menos tres ejemplos de intolerancia religiosa además del de los Reyes Católicos hacia los judíos en la España del siglo XV. Los casos pueden ser históricos o actuales. Mencionen algunos de los motivos que llevan a un grupo a no tolerar a otro en base a la religión. ¿Cuáles son los resultados de esa intolerancia? Comparen sus observaciones con las de otras parejas.

VOCABULARIO EN CONTEXTO. Hacer conjeturas.

- **Quizás** más judíos vayan a vivir en España dada la política de tolerancia del gobierno español actual.
- **Tal vez** la intolerancia religiosa haya contribuido al atraso científico de España durante muchos siglos.
- Me cuesta un poco entender a ese señor. **¿Será** que habla judeo-español?
- En Toledo vi a uno o dos visitantes sefardíes llorando frente a la puerta de una casa muy vieja. **A lo mejor** era la casa de sus antepasados.
- **Habría** mucha gente en la sinagoga viendo al Rey, ¿no?
- La celebración de Sefarad-92 **habrá sido** una ocasión muy especial para muchos españoles.

Actividad 12. Imagínese que los hechos o situaciones siguientes tienen lugar en su universidad. Usando el vocabulario en contexto, trate de conjeturar una explicación para los mismos. En la clase, comparta su lista con un/a compañero/a.

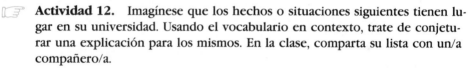

Había mucha gente vestida al estilo de los años 60 frente al edificio de la administración.
Estarían filmando una película.

1. Hay un barco vikingo de tamaño natural frente al teatro universitario.
2. Hay unos estudiantes viviendo en cajas de cartón frente al edificio de la administración de la universidad.
3. La semana pasada muchísimas alumnas tenían el pelo teñido (*dyed*) de verde.
4. Ayer todos los profesores vinieron a clase con pantalones cortos.
5. Ayer había un caballo blanco corriendo por el estadio universitario.
6. No había absolutamente nadie al mediodía en la cafetería de la universidad aunque era un día normal y hacía bastante frío.
7. En una clase de literatura inglesa, la profesora entró y se sentó, y no dijo una sola palabra durante toda la clase ni explicó su silencio.

Actividad 13. En parejas, usen expresiones del vocabulario en contexto para hacer dos conjeturas distintas sobre las situaciones siguientes. Sigan el modelo.

Los vaqueros multicolores marca Pepe se han vendido muchísimo.
La gente estará cansada de un solo color. Quizás sea porque la marca Pepe es de mucho prestigio en España.

1. Celebraron la exposición Sefarad-92 en Toledo y no en Madrid.
2. El rey decidió anular el edicto de expulsión de los judíos.
3. Hay ahora mucho más interés en la obra de los diseñadores españoles.
4. Un grupo radical ha dicho que la moda es algo para engañar a los tontos y enriquecer a los diseñadores y a los dueños de tiendas.
5. Ya hay muchos padres a quienes no les molesta que sus hijos lleven pendientes.

Anuncio en catalán a la entrada de un parque público de Barcelona.

INTERCAMBIO 2. Un choque cultural.

Señores turistas, cuando vayan a España, verán que es muy distinta de lo que anuncian en la propaganda turística. España no es simplemente un sitio pintoresco lleno de toreros y señoritas, sino que es un conjunto de lenguas y culturas que constituyen una sola nación orientada hacia el futuro.

A algunos les sorprenderá enterarse que el español no es la lengua principal del vivir diario de muchos españoles. En efecto, España es una nación multilingüe y siempre lo ha sido. La lengua que hoy llamamos español nació en Castilla, región al centro del país, y se llamaba entonces castellano. Con el andar del tiempo Castilla se transformó en la fuerza dominante al lograr la unidad de todos los reinos en una sola nación bajo su poder. El castellano se convirtió en la lengua oficial, comenzó a ser identificado como la lengua española y empezó a llamársele español, y esta práctica ha seguido hasta nuestros días. Sin embargo, muchos españoles fuera de Castilla prefieren seguir llamando "castellano" al español, porque ellos hablan otras lenguas que consideran tan "españolas" como el castellano.[1]

El uso de esas lenguas subraya el carácter único de ciertas regiones españolas. En muchos casos la gente de provincia es bilingüe. En Galicia, al noroeste, especialmente en las zonas rurales, se habla gallego, lengua muy parecida al portugués. En Cataluña, región al nordeste que incluye la gran ciudad de Barcelona, se habla catalán, lengua romance (o derivada del latín) como el español y el gallego, y con una gran literatura propia. También al nordeste está el País Vasco, donde se habla eusquera, lengua de origen desconocido que no se parece en nada al español ni viene del latín. En Andalucía, en el sur de España, se habla una variante del castellano en la que desaparecen las consonantes finales de muchas palabras.

En la historia de España siempre ha habido una tensión entre el centro, políticamente dominante y representado por Castilla y su capital, Madrid, y el resto del país. Esto es particularmente cierto en Cataluña y el País Vasco, donde el desarrollo industrial ha creado más prosperidad que en Castilla. Las regiones siempre han querido ser autónomas, con su gobierno propio, pero sin dejar de ser parte de España. Sin embargo, también ha habido movimientos separatistas. En el País Vasco, la organización ETA,[2] conocida por sus actos de terrorismo contra el gobierno nacional, lucha todavía por crear una nación vasca independiente. Antes de la Guerra Civil, la República[3] reconoció la autonomía de las regiones, pero el dictador Franco impuso de nuevo el centralismo e inclusive prohibió la enseñanza del catalán y del eusquera en las escuelas.

La España democrática otorgó de nuevo la autonomía a las regiones y reconoció el derecho de catalanes, vascos y gallegos a mantener y enriquecer su lengua. Hoy en día los niños de esas regiones pueden recibir su educación en sus respectivas lenguas. El pluralismo ha triunfado: la constitución española de 1978 declara que hay cuatro lenguas españolas: el castellano, el catalán, el gallego y el eusquera.

[1] Esos mismos españoles llaman también castellano al español de Hispanoamérica. Además, en algunos países suramericanos, por ejemplo Chile y Argentina, se prefirió después de la independencia decir **castellano** en vez de **español** para significar la ruptura política con España; esta preferencia continúa.

[2] Acrónimo de *Euzkadi Ta Azkatasuna,* que en eusquera significa "País Vasco y libertad".

[3] Se refiere a la Segunda República, forma de gobierno en España (1931–36), que reemplazó a la monarquía. Franco restituyó la monarquía pero no hubo rey hasta que murió Franco.

Actividad 14. En parejas, expliquen el dominio histórico del castellano como lengua. Den ejemplos de las lenguas que compiten con el castellano y relacionen el castellano con la tensión entre el centro y el resto de España.

Actividad 15. Mire el mapa de España y escriba oraciones sobre las lenguas que escuchará en los lugares siguientes cuando vaya a España.

Cuando vaya a Guipúzcoa, oiré hablar eusquera.

1. Barcelona
2. Salamanca
3. Vigo
4. Pamplona
5. Toledo
6. San Sebastián
7. Bilbao
8. Santiago

Actividad 16. En grupos de 3 ó 4, discutan si en un país multilingüe como España, los niños deben tener el derecho de aprender a leer y escribir primero en su lengua regional y luego en la lengua de la mayoría, o si se debe aprender desde el principio la lengua de la mayoría. Comparen sus conclusiones con las de los otros grupos.

Actividad 17. En parejas, escriban un párrafo breve para detallar lo que los folletos turísticos muchas veces enseñan como lo típico español y contrasten esos puntos con la realidad descrita en el Intercambio 2. ¿Por qué existen esos estereotipos sobre España? ¿Cómo es la nueva España y por qué ha cambiado tanto?

LOS PAISES ANDINOS

Tejedora (Weaver) *peruana.*

Pelando (Peeling) *caña de azúcar, Ecuador.*

Una de las Islas Galápagos, Ecuador.

Finca de indios puruhás, Ecuador.

A orillas del Lago Titicaca, Bolivia.

Procesión religiosa en Las Lojas, Colombia.

A orillas del Río Tomebamba, Ecuador.

Procesión religiosa con motivo de la epidemia de cólera, Perú.

Tapiz (Tapestry) *de la cultura nazca en un museo de Lima, Perú.*

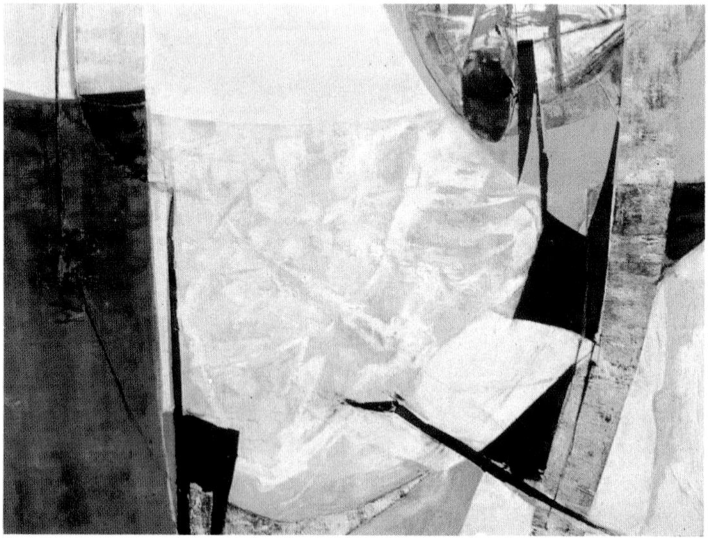

Cuadro de la pintora boliviana María Luisa Pacheco.

Tiendecita en La Paz, Bolivia.

Estructura

I. The Future, Future Perfect, and Conditional Perfect Tenses

A. Future tense forms: Review

1. Regular Forms: Infinitive of verb + future endings: **-é, -ás, -á, -emos, -éis, -án.**

diseñar	**vender**	**exhibir**
diseñar**é**	vender**é**	exhibir**é**
diseñar**ás**	vender**ás**	exhibir**ás**
diseñar**á**	vender**á**	exhibir**á**
diseñar**emos**	vender**emos**	exhibir**emos**
diseñar**éis**	vender**éis**	exhibir**éis**
diseñar**án**	vender**án**	exhibir**án**

2. Irregular Forms
   a. Last vowel of the infinitive is dropped:
      haber: **habr-** poder: **podr-**
      querer: **querr-** saber: **sabr-**
   b. Last vowel of the infinitive is replaced with a **d**:
      poner: **pondr-** valer: **valdr-**
      salir: **saldr-** venir: **vendr-**
      tener: **tendr-**
   c. Special stems used:
      decir: **dir-** hacer: **har-**

B. Talking about the future with the future tense

1. Use the future tense for making predictions and promises.

Algún día volverá la minifalda.	*Someday the miniskirt will return.*
Terminaré el diseño esta tarde, te lo prometo.	*I will finish the design this afternoon, I promise you.*

2. When announcing something that the other person doesn't know, use **ir a** + *infinitive* instead of the future. Newspapers and the media, however, use the future tense for announcements. Compare:

Oye, ¿sabes una cosa? Voy a diseñar una nueva línea de ropa deportiva.	*Listen, do you know something? I am going to design a new line of sport clothes.*
Manolo Delgado diseñará una nueva línea de ropa deportiva. (Titular en el periódico.)	*Manolo Delgado will design a new line of sport clothes. (Headline in the paper.)*

C. Future perfect and conditional perfect

1. To refer to something that will have taken place, use the future perfect tense, which combines the future of the verb **haber (habré, habrás, habrá, habremos, habréis, habrán)** with the past participle of the main verb.

Para esa fecha, ya habremos visitado Barcelona.	*By that date, we will already have visited Barcelona.*
En un par de años todos estos diseños habrán pasado de moda.	*In a couple of years all these designs will have gone out of fashion.*

2. To refer to something that would have taken place, use the conditional perfect tense, which combines the conditional of **haber (habría, habrías, habría, habríamos, habríais, habrían)** with the past participle of the main verb. Use it also to report the future perfect in indirect speech.

Fueron en autobus. ¡Qué lento! En avión ya habrían llegado.	*They took the bus. How slow! By plane they would have arrived already.*
Dijo que para esa fecha habrían terminado el trabajo.	*He said that by that date they would have finished the work.*

D. Using the future and conditional tenses for guessing and wondering

1. Use the future tense to make a guess about a present event or situation; use it in a question to show that you wonder about a present event or situation. The English equivalent is not a question but a statement starting with *I wonder if.*

Pili no ha comprado ropa nueva. No le gustará lo que se usa este año.	*Pili hasn't bought any new clothes. I guess she doesn't like what they're wearing this year.*
Todo el mundo lleva gorra. ¿Será esa la moda?	*Everyone is wearing a cap. I wonder if that is the fashion.*

2. Use the conditional when guessing or wondering about past events or situations where you would normally use the imperfect.

¿Así que ibas todos los días a esa playa? Nadarías mucho, ¿no?	*So you used to go to that beach every day? You probably swam a lot, didn't you? (If you were sure, you would use* ***nadabas.****)*
Elena no estaba en la fiesta. ¿Estaría enferma?	*Elena was not at the party. I wonder if she was ill. (If you were sure, you would use* ***estaba.****)*

3. Use either the future perfect or the conditional when guessing or wondering about past events or situations where you would normally use the preterit.

Ah, ¿se despertó al mediodía? Se habrá acostado/Se acostaría después de medianoche.	*Oh, he woke up at noon? He probably went to bed past midnight. (If you were sure, you would use* ***se acostó.****)*
Lourdes no me llamó ayer. ¿Se le habrá olvidado?/¿Se le olvidaría?	*Lourdes didn't call me yesterday. I wonder if she forgot. (If you were sure, you would use* ***se le olvidó.****)*

4. Use the future perfect for guessing or wondering about past events or situations where you would normally use the present perfect.

Juan no ha llamado para decir que llegó, así que no habrá llegado.	*Juan hasn't called to say that he arrived, so I guess he hasn't arrived. (If you were sure, you would use* ***ha llegado.****)*
¿Habrán visto todos ya esta película?	*I wonder if everyone has seen this movie already. (If you were sure, you would use* ***han visto.****)*

5. Use the conditional perfect for guessing or wondering about past events or situations where you would normally use the pluperfect.

Se habían quedado dormidos en clase. No habrían dormido la noche anterior.	*They had fallen asleep in class. They probably hadn't slept the previous night. (If you were sure, you would use* ***no habían dormido.****)*

Ejercicio 1. Imagínese que puede ver el futuro en una bola de cristal. Haga una lista de cinco predicciones para el año que viene.

La banda de rock más popular será . . . .

Los Estados Unidos tendrán problemas con . . . .

Ejercicio 2. En parejas, imagínense que es el 1° de enero del año que viene y que Uds. son los agentes de prensa de una persona famosa. Primero decidan qué persona es y luego hagan una lista de cinco resoluciones de Año Nuevo que esa persona debe entregar a los medios de comunicación. Comparen su lista con las de otras parejas de la clase.

George Burns: Dejaré de fumar este año.

Ejercicio 3. En grupos de 3 ó 4, imagínense que es el Día de los Inocentes (28 de diciembre), equivalente hispánico de *April Fools' Day,* y escriban una lista de cinco titulares (*headlines*) imaginarios sobre sucesos futuros para el periódico local. Comparen sus titulares con los de los otros grupos y voten por el más original.

Ejercicio 4. Usando el verbo entre paréntesis, complete primero la declaración en *a* con el futuro perfecto. Luego complete la oración en estilo indirecto en *b* con el condicional perfecto. Siga el modelo.

(graduarse)

a. "Para esa fecha, ya nos . . . ."
"Para esa fecha, ya nos habremos graduado".

b. Dijo que para esa fecha ya se . . . .
Dijo que para esa fecha ya se habrían graduado.

1. (casarse)
   a. "Cuando vuelvas, ella ya se . . . con otro".
   b. Me dijo que cuando yo volviera, ella ya se . . . con otro.
2. (terminar)
   a. "Para el lunes, yo ya . . . el diseño".
   b. Manolo, me dijiste que para el lunes tú ya . . . el diseño.
3. (empezar)
   a. "Para esa fecha, ellos ya . . . a trabajar".
   b. Dijo que para esa fecha ellos ya . . . a trabajar.
4. (estar)
   a. "Para esa fecha, mi amigo/a y yo ya . . . dos años aquí en España".
   b. Le dije que para esa fecha tú y yo ya . . . dos años aquí en España.
5. (ver)
   a. "Mire, profesor, en cuatro años ya nosotros . . . miles de episodios de telenovelas".
   b. Le dije al profesor que en cuatro años ya nosotros . . . miles de episodios de telenovelas.

Ejercicio 5. En grupos de 3 ó 4, hagan una lista de seis cosas que un/a estudiante típico/a de la universidad ya habrá hecho al llegar el final del semestre o del trimestre. Prepárense para reportar su lista a la clase usando el estilo indirecto. Sigan el modelo.

Habrá leído dos mil páginas de libros de texto.
Habrá visto X horas de televisión.
Dijimos que habría leído dos mil páginas . . . , que habría visto X horas de televisión, que habría, etc.

Ejercicio 6. En parejas, colaboren en reescribir las oraciones que empiezan con **Me imagino que . . .** y **Me pregunto si . . . .** Sigan los modelos.

Pedro está deprimido. Me imagino que no pasó el examen.
No habrá pasado el examen.
Luis no me habla. Me pregunto si está enojado conmigo.
¿Estará enojado conmigo?

1. No pronunciaba bien. Me imagino que era extranjera.
2. El coche no está aquí. Me pregunto si se lo han robado.
3. Son las doce y media. Me imagino que tienes mucha hambre.
4. Todos tus amigos van al cine. Me imagino que quieres ir con ellos.
5. El florero está roto. Me pregunto si lo rompió el gato.

6. Se bebió cuatro refrescos. Me imagino que tenía una sed tremenda.
7. Carlos sacó F en el curso. Me imagino que no había estudiado absolutamente nada.
8. Lourdes no me saludó. Me pregunto si me vio.
9. Cuando llegaron a este país, Julio y Miriam ya sabían inglés. Me pregunto si lo habían estudiado antes.

II. Comparisons

A. *Comparisons of equality*

Use these combinations in comparisons of equality:

1. **tanto/a** + mass noun + **como** (*as much . . . as*).

   Note that a mass noun is a noun modified by *much,* as opposed to *many* in English.

No tengo tanto trabajo como ellos.	*I don't have as much work as they do.*
Tengo tanta paciencia como tú.	*I have as much patience as you do.*

2. **tantos/as** + count noun + **como** (*as many . . . as*).

   A count noun is a noun that is modified by *many* or *few* in English.

No hay tantos jugadores como ayer.	*There aren't as many players as yesterday.*
No hay tantas posibilidades como crees.	*There aren't as many possibilities as you think.*

3. **tanto/tanta/tantos/tantas como** when a noun is implied.

   Notice that **tanto** agrees in gender and number with the implied noun.

Tengo dinero pero no tanto como él.	*I have money, but not as much as he does.*
Tienes muchas camisas pero no tantas como yo.	*You have many shirts, but not as many as I do.*

4. **tanto como** when a clause is implied.

Nos divertimos, pero no tanto como (nos divertimos) el año pasado.	*We had fun, but not as much as (we did) last year.*

—*No son tan guapos como nosotros.*

5. **tan** + adjective or adverb + **como.**

Las cosas no son tan fáciles como yo pensaba.	*Things are not as easy as I thought.*
Vine tan pronto como pude.	*I came as soon as I could.*

—*¿La tortuga es más rápida que Ud.?*
—*Bueno, ella corre los cien metros en menos de diez segundos, y yo no.*

B. Comparisons of inequality

In comparisons of inequality the first term is preceded by either **más** or **menos,** and the second term by either **que** or **de.**

1. Use **que** when you are comparing two people, things, actions, quantities, or numerical values along a certain implied scale.

Manolo es más creativo que yo.	*Manolo is more creative than I am. (The scale is that of creativity.)*
Ese diseño es menos atractivo que este otro.	*That design is less attractive than this. (The scale is that of attractiveness.)*
Cien dólares ahora compran menos ropa que veinte dólares hace veinte años.	*One hundred dollars now buys fewer clothes than twenty dollars did twenty years ago. (The scale is that of purchasing power.)*

2. Use **de** in the following cases:

   a. when both terms are quantities or numerical values but not from the same scale.

De esos cinco coches de lujo, tres cuestan más de cien mil dólares.	*Of those five luxury cars, three cost more than one hundred thousand dollars. (Number of cars and dollar amount are different scales.)*

   b. when only the second term is a quantity or numerical value.

Ese libro cuesta más de veinte dólares.	*That book costs more than twenty dollars.*
Hay más de trescientas personas en esa clase.	*There are more than three hundred people in that class.*

   c. when the second term is a clause starting with **lo que** or a definite article followed by **que.**

Eres más listo de lo que yo pensaba.	*You are smarter than I thought.*
Me serviste más comida de la que yo quería.	*You served me more food than I wanted.*
Has comprado más blusas de las que necesitabas.	*You have bought more blouses than you needed.*

3. The combination **no . . . más que** is equivalent to *just/only.* Compare:

No tengo más que diez dólares.	*I have only ten dollars. (I have exactly ten.)*
No tengo más de diez dólares.	*I don't have more than ten dollars. (I have ten or less.)*

Recuerde estas palabras:

mayor/es	greater, older
menor/es	smaller, younger
mejor/es	better
peor/es	worse

Ejercicio 7. Complete los siguientes minidiálogos con las palabras correctas.

1. —Yo no tengo . . . dinero como tú.
   —Sí, pero creo que eres más feliz . . . yo.
2. —Hoy no hay . . . estrellas como otras noches.
   —Pero, oye, hay seguramente más . . . un millón.
3. —La entrada al cine no cuesta más . . . 600 pesetas. Déjame ver, sí, mira, cuesta sólo 500.
   —Ah, pues yo no tengo más . . . 400, exactamente 400.
4. —Los dos libros para el curso de historia cuestan más . . . los cinco libros para el curso de filosofía.
   —Sí, pero no son . . . caros como el único libro para el curso de física.
5. —El diseño es más original . . . lo que yo pensaba.
   —Sí, pero usa más colores . . . los que hacen falta.
6. —¿Margarita es . . . que Olga?
   —Sí, Olga tiene tres años . . . que Margarita.
7. —Acorté demasiado el vestido.
   —Creo que te queda . . . que antes.

Ejercicio 8. Haga comparaciones entre Luis y Julio.

Julio es mayor que Luis.

Luis	*Julio*
Tiene diecinueve años.	Tiene veintidós años.
No habla inglés bien.	Habla inglés perfectamente.
Toca la guitarra muy bien.	Toca la guitarra muy bien.
Vive a diez millas del recinto universitario.	Vive a veinte millas del recinto universitario.
Tiene tres hermanos.	Tiene tres hermanos.
Es bueno en matemáticas.	Es excelente en matemáticas.

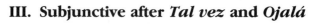

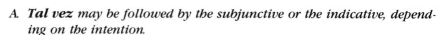

III. Subjunctive after *Tal vez* and *Ojalá*

*A. **Tal vez** may be followed by the subjunctive or the indicative, depending on the intention.*

1. Use the present subjunctive to make a guess about a present event or situation; use the imperfect subjunctive if the event or situation is past.

Nunca tienen dinero. Tal vez tengan muchos gastos.	*They never have money. Perhaps they have lots of expenses. (I am just guessing that they have lots of expenses.)*
Ana y Mari no vinieron a la fiesta. Tal vez tuvieran que estudiar.	*Ana and Mari didn't come to the party. Perhaps they had to study. (I am just guessing that they had to study.)*

2. Use the indicative when you want to soften a negative comment.

Has sacado muy malas notas. Tal vez no estudiaste mucho.	*You've gotten very bad grades. Perhaps you didn't study a lot. (I am telling someone nicely that he/she didn't study a lot.)*

*B. **Ojalá** is always followed by the subjunctive.*

1. Use the present subjunctive when you hope something will either take place or is taking place.

Ojalá que ganemos.	*I hope we win.*
Ojalá que nos estén esperando.	*I hope they are waiting for us.*

2. Use the present perfect subjunctive—the combination of the present subjunctive of **haber** plus past participle—when you hope something has already happened.

Ojalá que hayan podido conseguir entradas para el concierto de rock.	*I hope they were able to get tickets to the rock concert.*

3. Use the imperfect subjunctive when you are wishing for something that is impossible or improbable.

Ojalá que mi padre fuera millonario.	*I wish my father were a millionaire.*

Note that **espero que** is not interchangeable with **ojalá** since the latter denotes a much stronger hope. It is as if you were saying "I fervently hope . . . ."

Ejercicio 9. En parejas, y usando oraciones que empiecen con **tal vez,** den tres explicaciones diferentes para cada una de las siguientes situaciones. Comparen sus explicaciones con las de otras parejas.

1. Ud. sube a un autobús público y ve que todos los pasajeros y el chofer están llorando.
2. Ud. pasa por una clase y ve que todo el mundo, incluyendo el professor, tiene los ojos cerrados y la boca abierta.
3. Juan llegó puntualmente a su clase de Misterios de la Ciencia y no había nadie en la sala de clase, ni siquiera la profesora, pero había un mensaje en la pizarra que decía, ¡SOCORRO, NOS LLEVAN PRISIONEROS!

Ejercicio 10. Usando **ojalá,** prepare una lista de cinco acontecimientos o situaciones que Ud. considera deseables y que pueden muy bien tener lugar, y otra lista de acontecimientos o situaciones que Ud. considera igualmente deseables pero que son imposibles.

Posible: Ojalá que haya muchos días de sol el próximo verano.

Imposible: Ojalá que alguien me regalara un coche deportivo nuevo.

IV. Subjunctive versus Indicative in Adverbial Clauses of Time

1. In time clauses use the indicative when the event or situation described is past or recurrent; use the subjunctive when the event or situation hasn't taken place yet.

Pablo me llamó cuando llegó a Sevilla.	*Pablo called me when he arrived in Seville.*
Cuando Luis llega del trabajo, mira las noticias.	*When Luis comes home from work, he watches the news.*
Llámame cuando llegues a Barcelona.	*Call me when you arrive in Barcelona.*

2. Other time clauses that follow the same pattern are those beginning with **tan pronto como** (*as soon as*) and **hasta que** (*until*).

Termina el diseño tan pronto como puedas.	*Finish the design as soon as you can.*
Esa línea de ropa fue un éxito tan pronto como llegó al mercado.	*That line of clothing was a success as soon as it hit the market.*
Eso se venderá muy bien hasta que pase de moda.	*That will sell very well until it goes out of fashion.*
Se vendió muy bien hasta que pasó de moda.	*It sold very well until it went out of fashion.*

3. Use the imperfect subjunctive in time clauses to report what someone said in the present subjunctive.

Dijo que me llamaría cuando llegara.	*He said he would call me when he arrived. (He said, "Te llamaré cuando llegue.")*

Ejercicio 11. Complete las siguientes oraciones con el indicativo o el subjuntivo de los verbos entre paréntesis, según el contexto.

1. Año tras año, tan pronto como (empezar) ... la primavera, mucha gente corre a comprarse ropa nueva.
2. Cuando (terminar) ... este semestre, quiero estar varios días sin hacer absolutamente nada.
3. Manolo me dijo que me enseñaría el diseño tan pronto como lo (terminar) ....
4. Cuando los judíos (salir) ... de España en el siglo XV, se llevaron con ellos la lengua que se hablaba entonces.
5. Pedro me dijo que no volvería a su país hasta que (haber) ... libertad política.
6. Cuando (ir/yo) ... a Toledo, siempre visito la Sinagoga del Tránsito.
7. ¿Por qué no me llamas cuando (llegar/tú) ... a Madrid? Quiero estar segura de que llegaste bien.

Ejercicio 12. En parejas, completen estas oraciones de forma original basándose en su propia experiencia. Comparen sus respuestas con las de otras parejas.

1. Cuando ..., voy a ....
2. Hace cuatro años, cuando ....
3. En esta universidad regularmente cuando ....
4. Hasta que ..., no vamos a poder ....
5. Regularmente nosotros, los estudiantes de esta universidad, tan pronto como ....
6. Ayer, tan pronto como ....
7. Esta es la recomendación que hacemos a futuros estudiantes de esta universidad: Tan pronto como ..., Uds. deben ....
8. Vamos a tener problemas aquí hasta que ....

Exploraciones

Pequeño pueblo en un valle de la Cordillera Cantábrica en la región de Asturias, España.

LECTURA 1. "Este cuento, titulado *Lecciones de italiano*", de Bernardo Atxaga

Actividad 1. Para comprender bien este cuento, haga primero una lectura rápida para determinar los siguientes datos:

1. quién es, según el narrador, el protagonista principal
2. los nombres de los personajes
3. dónde tienen lugar los acontecimientos
4. en qué fecha suceden
5. el momento histórico

Es, además, un abecedario° a cuya primera letra, A, pertenece la palabra **azar,**° voz antiquísima que, teniendo su origen en la árabe **az-zahr,** y refiriéndose a las oscuras fuerzas que dan lugar a los casos fortuitos y a las desgracias° imprevistas es, asimismo, en lo que respecta a este cuento, un auténtico protagonista, el personaje principal de la acción. Pero no sólo de azar vive la literatura y hay otros personajes que también van a tomar parte en este cuento, éstos que el autor tiene ahora el gusto de presentar según su probable orden de aparición. Son los siguientes: Antonio, soldado republicano,[1] veinticinco años, natural de Amorebieta, Vizcaya; Alberto, compañero de Antonio y algo mayor que él, de Albiztur, Guipúzcoa;[2] Aldo Amiani, teniente de las fuerzas italianas que intervinieron° en la guerra civil española,[3] de veintiocho años, natural de Ancona; Anita, maestra, de veinticuatro años, residente en Bilbao.

alphabet book / *chance; luck* / *misfortunes* / *took part in*

Pero Bilbao ya queda fuera del territorio de la A y conviene° que la narración siga por los derroteros° de la nueva letra, B, aun cuando no lo haga por la B de Bilbao, sino por una B más oriental, como es la de **Beanes.**

it's fitting / *paths*

Beanes es un valle asturiano[4] que no tiene otra particularidad que la de albergar° una gran roca que, por su color, algunas guías denominan *roca bermeja*°. Sin embargo, no es la composición paisajística lo que trae a Beanes al abecedario, sino el hecho de ser el lugar donde, allá por 1938, el primer protagonista de esta historia reunió a Antonio, Alberto y Aldo. Y lo hizo valiéndose° de las leyes de la guerra y de una C siniestra, la C de **Cárcel.**

give shelter to / *reddish rock* / *availing himself*

En la época citada, 1938, Beanes era una cárcel. Muchos de los hombres que lucharon en el frente del Norte permanecieron allí hasta el final de la guerra, trabajando en los bosques que flanquean° el valle y durmiendo en unos barracones° de madera que ellos mismos habían tenido que levantar. Era el precio de una desgraciada y desesperante D, la D de **derrota.** Habían sido derrotados por la División italiana que dirigía el general Roata.

border on / huts

Pero ya está bien de datos, y dejo la letra D para pasar a la historia propiamente dicha. Recurro°, pues, a la E más literaria de todas, a la E de **Érase.**°

turn to / *There was once*

[1] Soldado del Ejército de la República Española.

[2] Provincia de Euskadi, el País Vasco; su capital es San Sebastián.

[3] El gobierno fascista de Italia apoyó con tropas y recursos la rebelión de Franco contra la República.

[4] De Asturias, región inmediatamente al oeste de la región vasca.

Érase un batallón de unos ochocientos prisioneros que se felicitaba° de estar en manos de los italianos y no, por poner un ejemplo, en manos de los falangistas.[5] Y ello porque, aun perteneciendo ambos vencedores a la F de **Fascio,**° eran, no obstante, distintos a la hora de aplicar la otra F de **fusilar.**° En una palabra: se felicitaban de haberse librado de unos falangistas que, aplicando con celo° bíblico las leyes de la fraternidad, los hubieran llevado al paredón°— a la *roca bermeja,* en este caso— por un quítame allá esas sacas, o esas zanjas.° No, era mejor que la vigilancia estuviera a cargo de alguien que no fuera de la familia. Los soldados italianos eran simpáticos, no tenían nada personal contra ellos. Además, eran más cultos.

congratulated themselves
(Italian) bundle; collective name for fascists / execute by shooting / zeal / wall where people are executed by firing squad / for no reason at all

Prueba de ello, de la mayor comprensión de los italianos, era la G de los **geranios.**° Ellos les permitían plantar geranios en las viejas latas de comida y adornar así las ventanas de sus barracones. Ese detalle y otros hacían que, al menos en primavera y en verano, Beanes tuviera algo de la H de **Hogar.**

geraniums

Con todo, pasaban la primavera y el verano, llegaba el frío y los soldados volvían a sentirse desamparados.° Algunos, como Antonio, perdían el sueño.

abandoned

—¿No puedes dormir? —le preguntó Alberto, el prisionero que ocupaba la litera contigua° a la suya.

—Tengo que conseguir que me trasladen° a un campo que esté más cerca de Bilbao. Tengo que conseguirlo. Hace un año que no sé nada de Anita.

adjoining bunk / transfer me

Anita era su novia desde los diecisiete años. Antonio estaba tan obsesionado con su recuerdo que, unas semanas antes, había escapado del valle con el convencimiento de que podría llegar ileso° a Bilbao. El cansancio de cinco horas de caminata nocturna le había hecho recapacitar° y desistir,° y todo había acabado bien, sin percance° alguno. La proverbial falta de entusiasmo con que los italianos vivían la guerra le había resultado de mucha ayuda. En Beanes sólo se pasaba lista° una vez al día.

uninjured
reconsider / give up / mishap
called roll

—¿Has pensado en algo? —le preguntó Alberto, incorporándose° un poco y mirando por la ventana que quedaba entre su cama y la de Antonio. Un pensamiento cruzó su mente: en otras circunstancias, aquel valle habría sido un **Idílico Jardín,** *le plus bel praelet du monde.*° Pero había una ley, una constante, una K que lo estropeaba todo. La vida era cruel, siempre.

sitting up
(Provençal) the most beautiful meadow in the world

—He pedido a nuestro teniente que me enseñe su lengua —dijo Antonio.

[5] Fascistas españoles partidarios de Franco.

—¿Y qué te ha respondido Amiani?

Alberto miraba ahora a la **Luna.**

—Le parece bien. Dice que aquí se aburre mucho.

—A mí también me parece una buena idea. Si te haces amigo suyo, lo del traslado° es cosa hecha. Amiani es un buen tipo.

transfer

Durante un rato, los dos hombres permanecieron en silencio. Alberto seguía mirando por la ventana hacia la serena oscuridad del valle.

—¿Cómo se dirá en italiano **Manto de la noche?**° —preguntó al fin, echándose de nuevo en la cama.

cloak of night

—Supongo que se dirá **Manto de la notte.** Pero no estoy seguro.

Antonio tardó poco tiempo en corregir aquel error y aprender que *manto,* en italiano, se decía *mantello,* y las clases siguieron su curso, y **Octubre** también siguió su curso, y la relación entre el teniente Amiani y Antonio se fue haciendo cada vez más estrecha.

—Tengo que pedirte una cosa. Aldo —le dijo Antonio al teniente un día—. He oído que el general Roata va a visitar nuestro campamento.

—El rumor es cierto. No es la mejor noticia del mundo, desde luego. Tendréis que limpiar los barracones a fondo.

El teniente Amiani suspiró resignadamente. En Ascona era profesor de historia y hacía tiempo que sus galones le pesaban demasiado.°

(fig.) his officer duties were weighing heavily on him

—El caso es que necesito un traslado —comenzó Antonio. Media hora después, todo estaba dicho y Antonio contaba con la promesa de su amigo. Hablaría con el general y le conseguiría el traslado a Bilbao. Lo sentiría mucho, sentiría su marcha como la de un hermano, pero le comprendía. También él soñaba con el mar de Ascona.

El general Roata llegó al campamento hacia el atardecer del 20 de noviembre, un día frío y desapacible,° con chubascos° que a veces eran de aguanieve.°

harsh

downpour / sleet /

—Brutto tempo, tenente° —le comentó a Amiani uno de los sargentos de su compañía.

(Italian) bad weather, lieutenant /

—¡Ripugnante!° —respondió.

(Italian) repugnant /

—No sé si podré hacer algo. Es un mal día para pedir favores —le susurró° luego a Antonio. Para entonces, todos los prisioneros estaban formados delante del barracón.

whispered

—Inténtalo —le respondió Antonio sin apenas mover los labios. La llegada del Hispano-Suiza° del general había provocado un repentino silencio en todo el valle. Sólo se oía

make of car

el relincho entrecortado° de los caballos que solían utilizar para arrastrar° los troncos del bosque hasta el campamento.

intermittent neighing / pull /

Amiani asintió° con la cabeza y pasó a ocupar su puesto. Pero tenía pocas esperanzas: era probable que, con aquel tiempo, el general declinara la invitación a cenar que se le había hecho. Era un gourmet, un sibarita:° un maniático° que no soportaba los vasos de cristal grueso. Un comedor frío y enlodado° quedaba muy lejos de sus apetencias.°

nodded in agreement

person fond of pleasure and luxury / maniac / muddy / cravings /

En cuanto comenzó la revista,° Amiani comprendió que su aprensión iba a cumplirse con creces:° no era únicamente que Roata no pensara quedarse a cenar; era que no pensaba quedarse en absoluto. Recibía las novedades sin hacer que su conductor detuviera el coche: unos cuantos segundos y ya estaba frente a otra compañía de prisioneros. Amiani tragó saliva y probó su voz con un carraspeo.°

inspection / met fully

clearing his throat

—¡A sus órdenes, mi general! Teniente Aldo Amiani a cargo de ochenta prisioneros y . . .

El Hispano-Suiza ya lo había sobrepasado cuando una idea repentina pasó por su mente: Sí, haría que el general se detuviera, no podía decepcionar a Antonio.

—¡Y con la única novedad de que uno de ellos habla italiano! —gritó.

El coche frenó de golpe y luego dio marcha atrás. Tras unos instantes, la calva° cabeza del general asomó en la ventanilla.

bald

—¿Uno que habla italiano? —ladró.°

barked

—¡Sí, mi general!

—Entonces es un espía. ¡Fusílelo° inmediatamente! ¡Ahora mismo, teniente Amiani!

shoot him

Antes de que él pudiera reaccionar, el Hispano-Suiza había desaparecido de su campo de visión. El valle de Beanes volvía a estar en silencio. Ni siquiera se oía el relincho de los caballos.

—Mi teniente . . .

El sargento de su compañía le miraba interrogante. Debía darse prisa. El general había dicho que ahora mismo. Y ya era casi de noche.

—Lo mejor será que lo hagamos en el bosque. En la roca quedaría demasiado, demasiado . . .

El sargento no supo cómo acabar la frase. Amiani giró sobre sus tacones° y se dirigió con paso rápido hacia el lado izquierdo de la compañía, hacia Antonio.

turned on his heels

—**¡Previsible!** —diría algún lector aprovechando la P que, después de aquel **Octubre** no tan lejano, correspondía colocar en este abecedario. Esto que nos ha contado el autor —proseguirá°— tiene el peor defecto que, según Cortázar[6] y otros muchos, puede tener un relato breve. Carece de elemento *sorpresa.*

will continue

—Quizá —respondo yo a ese lector, aprovechando la Q que me tocaba. Y, valiéndome ahora de la R, añado:

—**Repase,** repase usted lo que lleva leído, reflexione un poco. Si me permite que se lo diga con una S, yo no estaría tan **seguro** acerca del final de este cuento.

Así que, para demostrárselo, paso a la T. Y la T de este abecedario tiene que ser, necesariamente, una T familiar, la T de **tío.**

En casa nunca hablamos de Alberto. Siempre hablamos de **tío Alberto.**

Y van ahora las cuatro de **últimas:** V, X, Y, Z.

V: La historia que ahora está a punto de acabar es una historia **verdadera.**

Es una de las historias familiares del autor, la historia del tío Alberto.

X: La incógnita.° Por ejemplo: ¿Cumplió el teniente Amiani la orden de Roata?

(math) unknown quantity

La respuesta no es fácil y es posible que para conseguirla el lector necesite de un par de datos más. Despejemos,° pues, las dos variables dependientes —dependientes del autor— que puedan facilitar la solución: la y griega y la Zeta.

(math) let's get rid of (solve)

Y: El teniente no quería matar a su amigo.

Z: Pensó que, salvo Antonio, ningún prisionero había podido entender su diálogo con el general. ¿Por qué no dejarlo todo en manos del azar? Podía elegir a un soldado cualquiera, al que estaba al lado de Antonio, por ejemplo, y hacer que fuera él quien sufriera el absurdo castigo. Y eso fue justamente lo que el teniente Amiani hizo aquel día, 20 de noviembre de 1939.

[6] Julio Cortázar, famoso escritor argentino (1914–1984).

Actividad 2. En parejas, escojan las cinco letras más importantes del cuento y expliquen por qué lo son. Comparen su selección con las de otras parejas.

Actividad 3. La clase se divide en dos grupos. El Grupo A prepara argumentos a favor de la decisión del teniente de fusilar a un soldado cualquiera. El Grupo B prepara argumentos en defensa de la idea de que el teniente no tenía ningún derecho a fusilar a nadie. Luego, los dos grupos realizan un debate a favor y en contra del acto del teniente.

Actividad 4. En grupos de 3 ó 4, discutan el papel del azar en este cuento y compárenlo con el que tiene en la vida real. ¿Es el azar un elemento importante en nuestras vidas? Por ejemplo, en el cuento Alberto mencionó por casualidad que su compañero Antonio sabía italiano. Piensen en lo que pasó entonces y cómo en la vida real el hecho de estar por casualidad en cierto lugar en un momento determinado puede afectar el destino de una persona. Comparen sus conclusiones con las de otros grupos.

Actividad 5. Escriba una reseña (*review*) de tres párrafos sobre "Este cuento titulado *Lecciones de italiano*" para un público que conoce los hechos de la Guerra Civil española. Explique brevemente lo que pasa en el cuento y diga algo sobre la forma especial de narrar que usa Atxaga. Al final, juzgue críticamente el cuento indicando por qué cree Ud. que es o no un buen cuento.

◀◀◀◀ Práctica integrada

Práctica 1. En grupos de 3 ó 4, discutan en qué aspectos España se ha modernizado y cómo participa en las corrientes artísticas, culturales y económicas más avanzadas de Europa y del mundo. Mencionen cómo España logró ingresar en la Comunidad Económica Europea y el efecto que tuvo su ingreso, cuál debe ser la imagen verdadera de la España de hoy, qué acontecimientos detuvieron el progreso de España en el pasado y en qué campos se destacan hoy los nuevos diseñadores españoles.

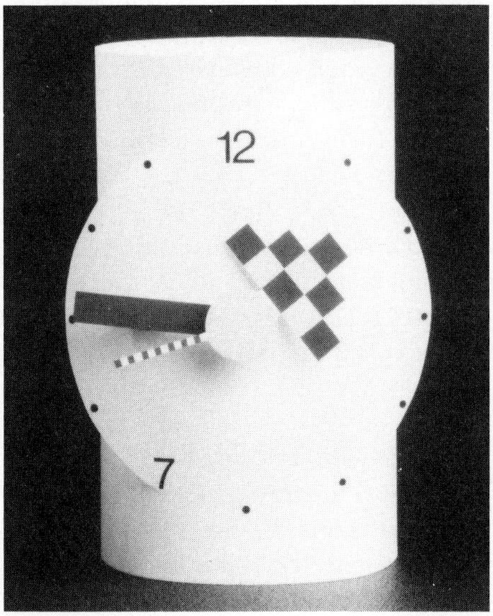

Reloj diseñado por el español Fernando Medina para el Museo de Arte Moderno, Nueva York.

Mucho más que una vivienda un estilo de vida.

Las Villas del Golf
SEÑORIO DE ILLESCAS
Km. 32. Autovía Madrid-Toledo.

En el «corazón» del Conjunto Residencial SEÑORIO DE ILLESCAS, una gran ciudad-jardín que contará con amplias zonas residenciales, comerciales, educativas y un Club de Campo privado de alto nivel, con campo de golf, hípica, vela, pistas de tenis, hielo, polideportivas, etc., estamos desarrollando la promoción «LAS VILLAS DEL GOLF».

Con una situación excepcional frente al Campo de golf, constará de varios modelos diferentes de chalets individuales y pareados, de 200 a 400 m² de construcción, en parcelas individuales de 700 a 1.000 m² más amplias zonas comunes ajardinadas con piscinas, tenis, saunas, squash, gimnasio, etc...

Todos los chalets tendrán un cuidadísimo diseño exterior e interior y unas extraordinarias calidades a tono con su emplazamiento, contando con unas instalaciones de seguridad y alarma conectadas con la Central de Seguridad de la urbanización, videoportero, T.V. vía satélite con teletexto, intercomunicación entre todas las habitaciones, hilo musical, caja fuerte, armario climatizado para prendas de piel, chimeneas francesas, etc., etc.

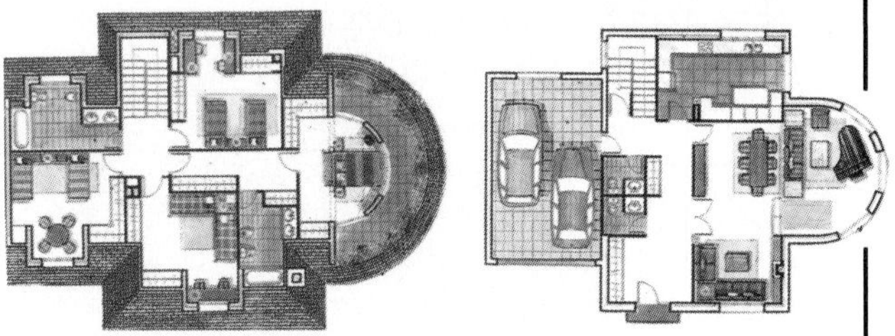

Práctica 2. En parejas, imagínense que tienen que diseñar un edificio de apartamentos supermodernos con una tecnología moderna que hará la vida mucho más fácil. Preparen una descripción de uno de los apartamentos. Expliquen la tecnología que tendrá y qué cosas harán más fácil la vida de las personas que viven allí. Pueden considerar robots, alarmas, televisores de gran pantalla, electrodomésticos (*appliances*) y cualquier otro tipo de aparatos electrónicos.

Práctica 3. Con la clase entera, hagan una serie de predicciones sobre cómo será la sociedad estadounidense dentro de veinte años: qué cambios habrá en la vida familiar y en las relaciones entre hombres y mujeres, cómo será la situación económica, la cultura popular, la música y otros aspectos de la vida diaria.

☞ **Práctica 4.** Imagínese que su novio/a está prisionero/a junto con Antonio en Beanes, como en el cuento "Este cuento titulado *Lecciones de italiano*" y Ud. está en Bilbao. Prepare una súplica (*plea*) escrita al general Roata para que trasladen a su novio/a. Piense en todas las razones posibles para convencerlo. Utilice el esquema siguiente:

Muy señor mío:

Me dirijo a Ud. para suplicarle que trasladen a mi novio/a (nombre) a Bilbao. En primer lugar .... Además .... Por lo tanto .... En fin .... Le agradezco ....

De Ud. muy cordialmente,

Práctica 5. Piense en un evento en su vida o en la de una persona conocida en el que el azar haya sido la fuerza determinante en lo que pasó. Cuente la historia a la clase.

Móviles del español Fernando Medina, diseñados exclusivamente para el Museo de Arte Moderno de Nueva York.

Práctica 6. Complete las siguientes comparaciones de manera que describan a una persona famosa. Las comparaciones pueden ser humorísticas. Muéstrelas a otras personas en la clase y lea las de ellas.

(Nombre de la persona famosa) tiene más de ... pero tiene menos de .... El/ella tiene más ... que yo. Sin embargo, yo tengo tantos/tantas ... como él/ella. Además, él/ella ... pero no tanto como .... La verdad es que después de todo, él/ella no es tan ... como ....

Argentina, el segundo país más extenso de Suramérica, goza de un nivel de vida envidiable en Hispanoamérica, principalmente por ser autosuficiente en toda clase de productos alimenticios. Además, gracias a un sistema de educación pública de primera categoría, la tasa actual de alfabetismo es más del 90 por ciento.

Argentina es en lo étnico el país más europeo del hemisferio occidental. La gran mayoría de la población desciende de inmigrantes europeos.

El 80 por ciento de los argentinos vive en zonas urbanas con un 40 por ciento concentrado en la zona metropolitana de Buenos Aires, la capital. A muchos esta inmensa metrópoli de hermosa arquitectura y riquísima vida cultural y artística les recuerda a París u otras ciudades europeas.

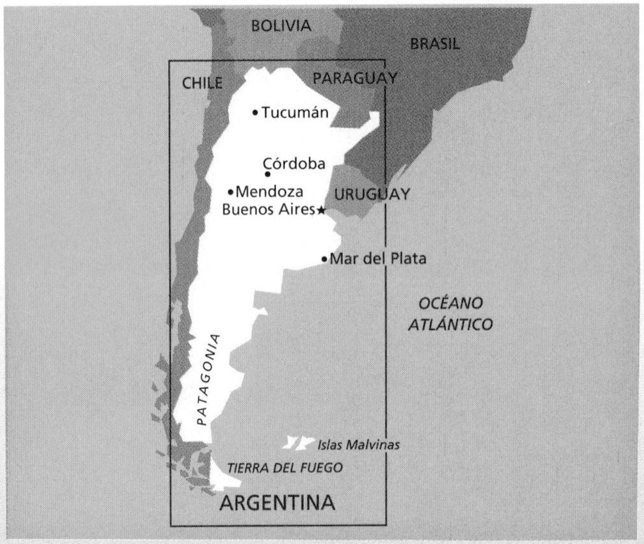

En 1983 Argentina regresó a la democracia constitucional, después de un largo período de inestabilidad política caracterizado por dictaduras y gobiernos militares. En la historia argentina de este siglo resalta la figura de Juan Domingo Perón, que fue para algunos un gran líder nacionalista y para otros un tirano que arruinó la economía del país durante su dictadura (1946–1955). Su esposa Evita, casi una santa para los peronistas pero demagoga dictatorial para sus enemigos, inspiró el drama musical del mismo nombre que triunfó durante muchos años en Broadway.

De 1976 a 1982 Argentina experimentó uno de los períodos más represivos de su historia, durante el cual desaparecieron sin dejar huella miles de ciudadanos.

En marcado contraste con la violencia y la opresión están los grandes logros intelectuales y artísticos del pueblo argentino. El país es eminentemente moderno, muy al día en la ciencia, la tecnología y las artes. Hay grandes editoriales y una importantísima industria cinematográfica. En 1970, el argentino Luis F. Leloir ganó el premio Nobel de química. En literatura son famosos Jorge Luis Borges y Julio Cortázar; y en música clásica, el compositor Alberto Ginastera. En la música popular se destaca Astor Piazzola con versiones modernas del tango. Hay también un originalísimo rock argentino y una canción protesta de fama internacional. ▲

9
◀ UNIDAD ▶

Claudia Cabrini, pianista argentina

Un domingo en un café al aire libre de Buenos Aires.

OBJETIVOS

Objetivos para la Unidad 9

Aprender a . . .

- expresar condiciones y establecer límites
- expresar opiniones y necesidades
- describir personas, cosas y lugares ideales

Interacciones

VOCABULARIO

Sustantivos

el auge boom; height
el bajo bass guitar
el/la bajista bass guitar player
el/la baterista percussion player
el/la cantautor/a composer-singer
el concurso competition
el conjunto (rock) band
la cuestión issue
la delincuencia crime, unlawful activity
la desocupación unemployment
el ensayo rehearsal
la fama fame; renown
el gaucho cowboy of central Argentine Pampas
la inflación inflation
el proyecto project

Verbos

agarrar to grab
componer to compose
desafinar to sing (or play) off key
refrescarse to cool off
veranear to spend the summer

Adjetivos

maldito/a damned; lousy

Otras palabras y expresiones

el anuncio clasificado classified ad
chau good-by (Hispanic America)
¡che! hey! listen! (Argentina)
hacer un calor espantoso to be horrendously hot
llamar a uno de vuelta to call someone back
¡macanudo! great! (Argentina)
pintar un papel to play a role
¡regio! fine! great!
se me pega (el acento) I'm picking up (the accent)

Práctica de vocabulario

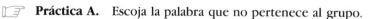

Práctica A. Escoja la palabra que no pertenece al grupo.

1. componer, ganar, cantar, tocar
2. fama, concurso, premio, desocupación
3. vuelta, bosquejo, proyecto, diseño
4. policía, auge, atentado, delincuencia

5. desempleo, inflación, conjuntos, salarios
6. aplaudir, desafinar, actuar, veranear
7. gaucho, tango, Pampa, boricua
8. bajo, anuncio, artículo, prensa

Práctica B. En parejas, una persona lee una definición y la otra le dice la palabra o expresión equivalente, según el vocabulario de la lista.

1. lo que se dice en Argentina al despedirse de alguien
2. la acción de tomar algo rápidamente
3. un vaquero de la pampa argentina
4. dos expresiones argentinas que significan "fantástico"
5. no tocar o no cantar una nota musical correctamente
6. una persona que canta y compone música
7. una competencia organizada que ofrece premios a los que ganen
8. hacer algo para quitarse el calor

Práctica C. En grupos de 3 ó 4, describan el dibujo y explíquense lo que está pasando. Usen el vocabulario de la lista.

ESCUCHAR Y CONVERSAR

Claudia Cabrini tiene veintitrés años y vive con sus padres en Buenos Aires. Acaba de graduarse del conservatorio de música y el año pasado salió en primer lugar en el Concurso Nacional de Piano. Considerada la mejor pianista joven del país, sus conciertos y recitales siempre atraen a mucha gente. Sin embargo, Claudia ha decidido abandonar el mundo de la música clásica para dedicarse a la música popular, especialmente a lo que se llama en Argentina *música contemporánea*, canciones modernas de ritmo lento que pueden tener contenido social. En estos momentos está organizando un conjunto femenino para tocar canciones que reflejen el punto de vista de la mujer en la sociedad contemporánea.

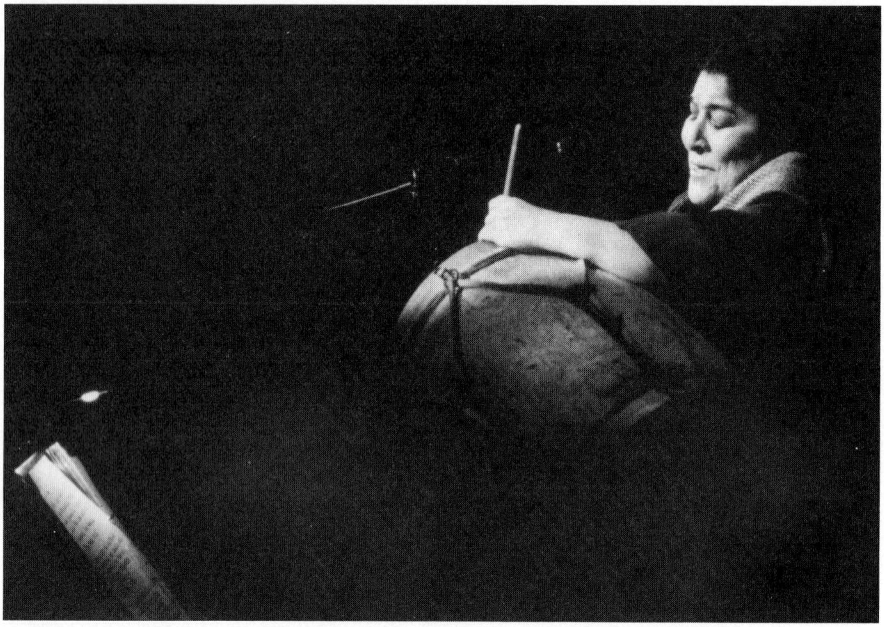

La cantante argentina Mercedes Sosa, captada aquí durante un concierto, es muy conocida por sus originales interpretaciones de la canción folklórica y de protesta.

Actividad 1. Claudia llama por teléfono a su amigo Ariel Menéndez, que tiene un conjunto de rock argentino, para hablarle de sus planes. Como son argentinos, los dos usan **vos** en vez de **tú** y de **ti,** y formas verbales especiales que son como las formas para **vosotros** sin la última vocal. Ejemplos: **(vos) pintás** en vez de **(tú) pintas; (vos) querés** en vez de **quieres; ¡Mirá!** en vez de **¡Mira!, Hablo de vos** y **Quiero hablar con vos** en vez de **Hablo de ti** y **Quiero hablar contigo.**

Escuche la conversación y luego complete la información que falta en el anuncio clasificado de la página 289 que Claudia puso en el periódico.

Se solicita . . . joven que sepa tocar el . . . y esté interesada en integrarse a un conjunto de música . . . tipo canción de . . . que propone ofrecer una visión . . . de nuestro tiempo. Enviar datos y referencias al Apartado 8-13, Código Postal 1286, Buenos Aires.

Cinta 1. Hablan Claudia Cabrini y Ariel Menéndez.

CC: Ah, escuchame, che, te quería preguntar si vos no conocés a ninguna chica que toque el bajo.

AM: ¡Y sí! Pero, ¿para qué lo querés saber vos que sos pianista de música clásica?

CC: Aunque parezca increíble, lo que más me interesa en estos momentos no es el piano clásico . . .

AM: ¿A pesar de haber ganado el Concurso Nacional?

CC: Bueno, eso fue lindo, pero mirá, ando buscando una bajista que esté interesada en formar parte del conjunto que estoy organizando.

AM: ¡Un conjunto! ¿Vos? Bueno, con tal que no le hagas mucha competencia al mío, ¡ja, ja!

CC: No te preocupés, que no va a ser de rock argentino.

AM: ¿Y de qué, entonces?

CC: Bueno, música contemporánea, tipo canción protesta, ¿viste?, pero que refleje exclusivamente el punto de vista de nosotras las mujeres. Por eso quiero un grupo en que todas seamos mujeres.

AM: Ah, mirá, hay una chica que toca el bajo en el conjunto de Carlos González y no estaba muy contenta . . . . ¿Por qué no la llamás? Se llama Alejandra Ruiz.

CC: Sería bueno, che. Ya tengo una cantautora que compone cosas sensacionales; tengo la baterista, y mi prima Adriana, la conocés, va a tocar la guitarra eléctrica. Lo que me falta es la bajista.

AM: Y vos, ¿qué papel pintás?

CC: Yo pongo el piano, y la fama. Como gané el Concurso Nacional, ¿viste?, todo el mundo me conoce.

AM: Bueno, a menos que Alejandra ya esté en otro conjunto, creo que le interesará tu proyecto. Busco el número y te llamo de vuelta.

CC: Regio. Estoy en casa todo el día y espero tu llamada. Chau, Ariel.

AM: Te llamo tan pronto como pueda. Chau, Claudia.

Actividad 2. En grupos de tres, una persona hace preguntas para averiguar la información indicada, otra las contesta y la tercera escribe un resumen de la información. Sigan el modelo.

E1: ¿A quién llamó Claudia?
E2: A Ariel Menéndez.
E3 escribe: *Claudia llamó a Ariel Menéndez.*

1. la razón por la cual Claudia llamó a Ariel
2. lo que hacía Claudia hasta ahora
3. lo que quiere hacer Claudia en el futuro inmediato
4. el punto de vista que quiere reflejar Claudia en su música
5. la gente que ya tiene para el conjunto
6. el papel que tiene Claudia en su propio conjunto

Actividad 3. En parejas, y turnándose, una persona hace el papel de Claudia Cabrini y la otra el de Alejandra Ruiz. No toda la información que van a usar está en la conversación entre Claudia y Ariel. Sean creativos.

Claudia: le explica sus planes a Alejandra; la invita a tocar el bajo en su nuevo conjunto; trata de animarla a que lo haga.

Alejandra: hace preguntas sobre el nuevo conjunto; explica por qué no estaba contenta en el conjunto de Carlos González; puede aceptar o no la invitación a unirse al conjunto de Claudia.

VOCABULARIO EN CONTEXTO. Expresar condiciones y establecer límites.

- Te acompaño al cine, **con tal de que pagues tú.**
- La cantautora aceptó unirse al grupo **con tal de que la dejáramos cantar lo que ella quisiera.**
- Pensamos dar el concierto al aire libre **a menos que llueva.**
- **A menos que el gobierno hiciera algo urgente,** la inflación amenazaba con llevar al país a la ruina.

Actividad 4. En parejas, una persona invita a la otra a un lugar y la otra pone una condición para aceptar. Sigan el modelo.

la playa
E1: ¿Quieres ir a la playa?
E2: Bueno, con tal de que no regresemos muy tarde.

1. el cine
2. un concierto de rock
3. la galería de arte
4. un café al aire libre
5. un baile formal
6. el gimnasio

Actividad 5. Complete de modo original las reacciones a las siguientes situaciones. Imagínese que primero contesta la pregunta afirmativamente pero luego cambia de opinión. Compare sus reacciones con las de los demás.

1. Van a subir mucho el precio de la matrícula aquí el año que viene. ¿Ud. piensa seguir estudiando?

   Sí, con tal de que . . . .

   No, a menos que . . . .

2. Las residencias estudiantiles van a exhibir una serie de películas extranjeras los fines de semana. ¿Ud. va a asistir?

   Sí, con tal de que . . . .

   No, a menos que . . . .

3. Su mejor amigo/a quiere dar una fiesta este fin de semana. ¿Va Ud. a ayudarlo/a con los preparativos?

   Sí, con tal de que . . . .

   No, a menos que . . . .

4. Seguramente va a haber una cola muy larga para comprar entradas para un concierto de rock muy bueno. ¿Va a hacer cola toda la noche?

   Sí, con tal de que . . . .

   No, a menos que . . . .

5. Una persona muy rica está enamorado/a de Ud. ¿Va a tomar la cosa en serio?

   Sí, con tal de que . . . .

   No, a menos que . . . .

6. Una compañía muy importante le ha ofrecido un puesto cuando se gradúe, pero tiene que vivir diez años en un país extranjero. ¿Acepta Ud. el puesto?

   Sí, con tal de que . . . .

   No, a menos que . . . .

Actividad 6. Pablo Mendoza, estudiante de economía de la universidad de Buenos Aires, y su amigo Jorge Damiani, poeta y estudiante de literatura inglesa, pasan un rato charlando en un café sobre una cuestión muy popular: la política. Al escuchar su conversación, marque los elementos que según ellos amenazan la estabilidad política de Argentina.

_____ 1. la inflación
_____ 2. las discotecas
_____ 3. los salarios bajos
_____ 4. la falta de oportunidades para los jóvenes
_____ 5. la música de protesta
_____ 6. la historia
_____ 7. el desempleo
_____ 8. las huelgas
_____ 9. las drogas
_____ 10. la poesía

También en economía, mucho más que noticias.
LA NACION
LA NACION
Mucho más que noticias

Este anuncio da a entender que la economía es una gran preocupación para los argentinos. ¿Qué más dice?

Cinta 2. Hablan Pablo Mendoza y Jorge Damiani.

PM: Mirá, che, nuestro gobierno sigue de veras problemático. Nunca se sabe . . . Yo creo que lo que amenaza más la estabilidad política es esta maldita inflación que tenemos.

JD: Pero qué simplista que sos. ¿Y el desempleo? ¿Y la falta de oportunidades para los jóvenes?

PM: Sí, son problemas, pero todo eso se resuelve controlando la inflación.

JD: Ah, sí, cómo no. Lo que sí es un peligro para la estabilidad son esos militares que están diciendo que la democracia no resuelve nada.

PM: Bueno, cuando estaban en el poder los militares no había tantas huelgas como hay ahora, ni tantas drogas . . . .

JD: Sí, ni tampoco se respetaban los derechos humanos. ¿Estás defendiendo a los militares vos?

PM: ¿Quién yo? No, no. Era una observación.

JD: ¿Qué decís? ¿Que lo que hace falta es un poco de represión? ¡Qué barbaridad! Antes no se podía ni hablar. Te recomiendo estudiar un poco de historia.

PM: El que debe estudiar un poco sos vos, de economía.

JD: Hasta ahora los economistas no han resuelto nada.

PM: Y los poetas menos.

JD: Basta, me voy a clase. Además no se puede discutir con los economistas.

PM: Es con los poetas que no se puede discutir porque son ilógicos.

JD: Pero más divertidos. Chau, viejo.

PM: Hasta luego.

Actividad 7. En parejas, completen las oraciones según la conversación entre Jorge y Pablo.

1. Pablo cree que todos los problemas políticos se resuelven controlando . . . .
2. Jorge dice que es importante tomar en cuenta . . . y la falta de oportunidades para los jóvenes.
3. Según ciertos . . . , la democracia no resuelve nada.
4. Durante el régimen militar, no había tantas . . . ni tantas . . . .
5. En la época de represión militar no había respeto por . . . .

Actividad 8. En parejas, miren el mapa de Argentina al principio de esta unidad para ver dónde quedan los lugares mencionados en la tabla de la página 294. Luego, usando la tabla, identifiquen lo siguiente.

1. el problema que más preocupa a toda la gente entrevistada
2. el segundo problema más grave para todos
3. el lugar donde parece más grave el problema de los salarios bajos
4. el lugar donde hay más desempleo

Comparen el titular "Preocupa la corrupción" con su respuesta a la pregunta no.° 1. Si Uds. fueran autores del artículo que acompaña a la tabla, ¿pondrían el mismo titular u otro? Ahora, comparen los datos de la encuesta y las opiniones de Pablo Mendoza y Jorge Damiani. ¿Se preocupan ellos por las mismas cosas que la gente encuestada para el artículo?

Preocupa la corrupción administrativa

Según una encuesta de Nueva Mayoría es el segundo tema después de los salarios bajos

Diciembre de 1990

¿Cuál de los siguientes problemas es para Ud. el más grave?

	Capital %	G. Bs. As. %	Santa Fe %	Tucumán %	T. d/Fuego %	Mendoza %	S. d/Estero %
Salarios bajos	27,6	26,8	31,9	25,3	30,0	36,1	50,5
Cuestión militar	0,5	3,3	0,3	0,3	0,0	1,6	1,7
Corrupción administrativa	21,6	18,0	18,4	16,9	22,5	20,8	17,4
Deuda externa	5,0	2,5	1,6	0,6	2,2	1,5	1,7
Educación	13,0	10,0	14,4	13,4	12,1	11,8	9,4
Inflación	4,0	10,3	3,8	3,8	1,4	3,9	2,0
Auge de la delincuencia	3,8	9,0	1,7	3,4	1,4	5,1	3,7
Derechos humanos	2,5	1,5	-1,7	1,6	0,7	0,6	0,3
Desocupación	14,3	10,3	13,6	14,1	16,6	8,2	4,0
Drogas	4,3	7,5	8,7	10,3	10,2	7,5	6,4
Salud	3,5	1,0	4,3	10,3	3,4	3,0	3,0
Total	100,0	100,0	100,0	100,0	100,0	100,00	100,0

Fuente: Centro de Estudios Unión para la Nueva Mayoría.

[1] G. Bs. As. = Gran Buenos Aires [2] T.d/Fuego = Tierra del Fuego [3] S.d/Estero = Santiago del Estero

Actividad 9. En grupos de 3 ó 4, determinen cuáles de los problemas mayores de Argentina preocupan también a los estadounidenses.

VOCABULARIO EN CONTEXTO. Expresar opiniones y necesidades.

- **Lo que más afecta** a la gente joven **es** la falta de oportunidades profesionales.
- Además **es esencial** apoyar el sistema de educación.
- A causa de la deuda externa, **no queda más remedio que** aumentar los impuestos.
- **Lo que necesitamos** primero **es** controlar la inflación.
- Unos creen que **lo que quieren** los militares **es** volver al poder.
- Sin embargo **es importante** tomar en cuenta la larga historia de corrupción administrativa en este país.
- **Lo que preocupa** a los desempleados **es** dónde encontrar trabajo.
- **Hace falta** mantener una economía estable para poder pagar la deuda externa.

EL CONO SUR

Mercado de objetos usados (flea market), *Montevideo, Uruguay.*

El puerto de Viña del Mar, Chile.

Galería de arte, Punta del Este, Uruguay.

Vendiendo ostras en Puerto Montt, Chile.

Matadero (Slaughterhouse) *de ovejas en la Patagonia argentina.*

Familia paraguaya.

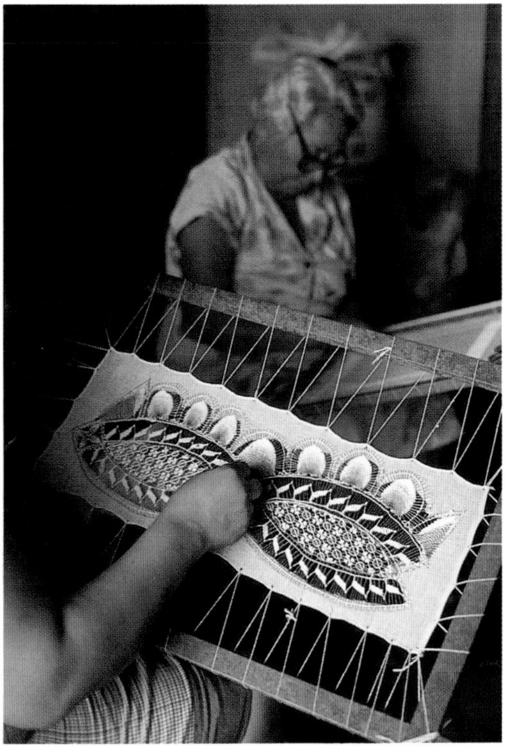

Haciendo encaje (lace) *en Paraguay.*

La ciudad de Asunción, capital de Paraguay.

El desierto de Atacama, Chile.

La ciudad de Mendoza, Argentina.

Actividad 10. En grupos de 3 ó 4, primero den su opinión sobre cada uno de los problemas siguientes y luego digan cómo podrían resolverse. Usen el vocabulario en contexto y sigan el modelo.

preocupa más a la gente: la economía, el crimen
Lo que preocupa más a la gente es el crimen.
Hace falta establecer programas para adictos a las drogas.

1. da más miedo: el problema de las drogas, la posibilidad de una guerra nuclear
2. es muy mala para la economía: la tasa tan alta de impuestos, la enorme deuda nacional
3. afecta a los ancianos: la salud, la inflación
4. daña más la ecología: la falta de planes de reciclaje, la contaminación atmosférica producida por los automóviles
5. es peor: no tener dinero, no tener amigos, no tener una idea clara de lo que uno debe hacer con su vida

Actividad 11. Escriba un párrafo breve titulado "Lo que más amenaza el sistema de educación pública de los Estados Unidos en el momento actual".

LEER Y CONVERSAR

INTERCAMBIO 1. Desde Argentina, Mary White, trabajadora social en la comunidad hispana de Búfalo, Nueva York, le envía un fax a Rafael, de apodo Rafi, un joven compañero de trabajo de origen mexicano que nunca ha viajado fuera de los Estados Unidos.

Querido Rafi:

Recuerdo que una vez me dijiste en medio de una tormenta de nieve, "Algún día quiero vivir en un lugar donde haga calor de verdad durante las fiestas de diciembre y se pueda ir a la playa el día de Año Nuevo". Pero luego dijiste que te gustaban demasiado la primavera, el otoño y el invierno y que te sería imposible vivir en un lugar que tuviera el mismo clima todo el año. Rafi, ayer, 23 de diciembre estaba pensando en esas palabras tuyas aquí, en Mar del Plata, tirada en la playa, con un sol sensacional y sí, bastante calor, pero con la oportunidad de refrescarme en el mar. Y estaba pensando también que los argentinos tienen esto y tienen primavera, otoño e invierno, pero todo al revés de los Estados Unidos. El frío aquí es en junio, julio y agosto. El otoño empieza en marzo y la primavera, en septiembre. En febrero puede hacer un calor espantoso.

¿Qué me decís? (Se me pega el habla de los argentinos.) Mirá, agarrá un avión y vení. Podemos celebrar el Año Nuevo en un ambiente confortable. Rafi, todo aquí es regio (quiero decir excelente)—la comida, la gente, la música. ¿Quieres veranear en una ciudad que tenga eterna vida nocturna?

Febrero en las playas de Mar del Plata, Argentina.

Pues, te digo que a Buenos Aires la llaman la ciudad que nunca duerme. Aquí te parece que estás en Europa.

Con todos los problemas económicos que tienen aquí, la gente vive muy bien; bueno, la gente de clase media y alta. Se quejan de la inflación pero las tiendas y los restaurantes están llenos. Y las calles están llenas de gente joven. Hay música por todas partes: tango, tan lindo y melancólico, rock nacional e internacional y estas canciones con contenido político y social, como las de un nuevo grupo todo de mujeres que es la sensación del momento. ¡Qué país, Rafi! ¿Querés un sitio ideal? Vení en el próximo avión.

Espero tu respuesta, o si quieres, llámame al hotel. Hasta pronto. Recuerdos a nuestros colegas.

Mary

Actividad 12. Imagínense que en vez de enviarle un fax a Rafael, Mary lo llama por teléfono para convencerlo de que venga a Argentina para Año Nuevo. En parejas y turnándose, una persona es Mary y la otra Rafael. Mary describe lo ideal que es el verano en Argentina, y Rafael contesta, aceptando o no la invitación.

VOCABULARIO EN CONTEXTO. Describir personas, cosas y lugares ideales.

- Si me caso, tiene que ser con **una persona a quien le guste hablar de todo.**
- Busco **una guía turística que diga claramente** cuáles son los mejores hoteles.
- Para veranear me interesa **un lugar donde haga mucho sol y el mar sea muy azul.**
- Quisiera conocer a **alguien que me entendiera** perfectamente.
- Quisiera tomar **un curso en el cual no hubiera que leer tanto.**
- Me gustaría pasar las vacaciones en **una playa donde las discotecas no cerraran nunca.**

Actividad 13. En parejas, preparen una lista de por lo menos cinco requisitos para un lugar ideal donde pasar dos semanas de vacaciones. Sigan el modelo.

Tiene que ser una ciudad (a) que tenga restaurantes fabulosos, (b) donde no haga frío y (c) que no esté en una zona muy turística.

Actividad 14. Complete de modo original las siguientes oraciones.

1. Algún día me gustaría vivir por un tiempo en un país donde la gente ....
2. En el futuro quisiera tener un trabajo que ....
3. El año que viene me gustaría tomar un curso que ....
4. Quisiera conocer a alguien que ....

Actividad 15. En parejas, usen las respuestas de la actividad anterior para averiguar sus gustos personales. Cada persona prepara un resumen de lo que dijo la otra persona. Sigan el modelo.

E1: ¿En qué tipo de país te gustaría vivir?
E2: Me gustaría vivir en un país donde pudiera hablar español constantemente.
E1 escribe: *A (nombre de la persona) le gustaría vivir en un país donde pudiera hablar español constantemente.*

Actividad 16. La lectura siguiente pregunta si hay un estereotipo de lo que es un/a argentino/a. Antes de leerla, colaboren con sus compañeros de clase en contestar la pregunta, "¿Qué es un argentino?" Piensen en libros, películas, revistas y otras fuentes de información que conozcan para hacer comentarios sobre los apellidos, características físicas, origen étnico, etc.

Dos jóvenes argentinos siguen con interés las noticias internacionales.

Estudiante de un colegio de Buenos Aires.

INTERCAMBIO 2. "¿Qué es un argentino?" es un fragmento de la charla que dio Ernesto Bauer al Club de Estudiantes Internacionales de su universidad en un pueblo pequeño de los Estados Unidos.

Soy Ernesto Bauer, de Tucumán, Argentina. Como soy por el momento el único argentino que estudia en esta universidad, fue lógicamente a mí a quien invitaron para que viniera a darles esta charla. Acepté sin saber exactamente cómo contestar a la pregunta, "¿Qué es un argentino?" Pero bueno, voy a intentarlo.

Podemos empezar por mí. Mi apellido es alemán, no español ni italiano, como esperarían algunos. Pero mi bisabuelo Bauer ya era argentino. A menos que me equivoque, es tan difícil definir lo que es un argentino como definir lo que es un estadounidense. No soy de Buenos Aires sino de una ciudad provincial del norte, y aunque parezca mentira ni tengo amigos gauchos ni he cantado un solo tango. A los gauchos los he visto principalmente en películas y televisión. Los tangos, sí, los he oído, porque mi abuelo los canta, pero no me sé ninguno ni tampoco me interesan mucho. Lo que sí encuentro macanudo es el rock, y más el internacional que el argentino. Fíjense que a pesar de mi ascendencia alemana no soy rubio ni de ojos azules ni parezco europeo. En la parte del país donde vivo siempre hubo más mezcla entre los españoles y los indios. El pelo negro y la piel morena me vienen de mi madre, cuyo apellido es Alonso.

Actividad 17. En parejas, comparen a Ernesto Bauer con la descripción que Uds. hicieron de un/a argentino/a. Tomen en cuenta lo siguiente: (a) su apellido, (b) el color de la piel, (c) su origen étnico, (ch) su ciudad natal y (d) sus gustos musicales.

Estructura

I. Subjunctive versus Indicative in Adverbial Clauses Other than Time Clauses

A. *Introduction to adverbial clauses*

1. Adverbial clauses are dependent clauses that act as adverbs by modifying the whole main clause instead of a verb.
2. In addition to time clauses, which you have already studied, there are several other adverbial clauses. Every adverbial clause starts with a conjunction that relates it to the main clause. Sometimes the conjunction is a single word, as in **cuando;** at other times it is composed of more than one word, as in **para que, antes de que,** and **con tal de que.**
3. The choice between subjunctive and indicative in adverbial clauses depends many times on what the conjunction is or expresses, as you will see in this unit.

B. ***Donde*** *clauses*

Donde clauses have the same function that an adverb of place such as **aquí** or **allí** has. They tell the location of an event or situation.

1. Use the indicative in the **donde** clause when you have a specific place in mind.

   Vamos a tocar donde pagan más, que es en el Bar Primavera. — *We are going to play where they pay most, which is at the Primavera Bar.*

2. Use the subjunctive in the **donde** clause when you don't have a specific place in mind, when **donde** expresses the idea of *wherever* in the future.

   Vamos a ir a varios bares y tocaremos donde paguen más. — *We are going to go to several bars and we'll play wherever they pay most.*

¿Sigues creyendo que debemos tocar aunque llueva, truene o relampaguee?

C. ***Aunque** clauses*

1. Use the present subjunctive in a clause with **aunque** when you think that the fact or possibility it refers to is irrelevant to the event or situation in the main clause. Even though the event or situation in the **aunque** clause is true or may or may not happen in the future, you see it as irrelevant.

Claudia, aunque sea tu conjunto, tú también tienes que practicar, ¿viste?	*Claudia, even though it's your band, you too have to practice, all right? (It is your band, but that's irrelevant to the situation; you have to practice like anybody else.)*
Vamos a tocar esta noche, aunque llueva, truene, o relampaguee.	*We're going to play this evening, even if it rains, thunders, or there is lightning. (The possibility of bad weather is irrelevant; we are going to play anyway.)*

Notice that the **aunque** clause may precede or follow the main clause.

2. Use the imperfect subjunctive in the **aunque** clause to refer to something impossible or improbable that you would ignore or disregard even if it were true or possible. In this case the verb in the main clause must be in the conditional.

Aunque fueras millonario, no me casaría contigo.	*Even if you were a millionaire, I wouldn't marry you.*

3. Use the indicative in the **aunque** clause when the event or situation it refers to is factual and relevant, and you are taking it into account, even though it may contradict the main clause.

Aunque hace frío, yo tengo calor.	*Even though it's cold, I'm hot. (I am not disregarding the fact that it's cold; I'm still hot.)*
Tocaron bien, aunque habían practicado muy poco.	*They played well, even though they had practiced very little. (The fact that they had practiced is relevant to my impression of how they played.)*

D. Adverbial clauses that always take the indicative

Always use the indicative after these conjunctions:

como	since
ya que	since
dado que	given that
porque	because

Como no quieres ir conmigo a la playa, iré sola.	*Since you don't want to go with me to the beach, I'll go by myself.*
Ya que el avión no sale hasta las ocho, ¿por qué no comemos algo ahora?	*Since the plane doesn't leave until eight, why don't we eat something now?*
Dado que ella no está interesada en ti, ¿por qué sigues llamándola?	*Given that she's not interested in you, why do you keep on calling her?*
Tuvieron que interrumpir el concierto porque la cantante perdió la voz.	*They had to interrupt the concert because the singer lost her voice.*

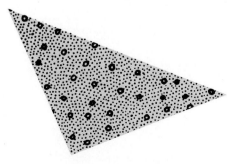

E. Adverbial clauses that always take the subjunctive

Always use the subjunctive after these conjunctions:

a menos que	unless
antes (de) que	before
con tal (de) que	provided that
para que	so that
sin que	without

Seguirá la inflación, a menos que hagan algo para resolverla.	*Inflation will continue, unless they do something to solve it.*
Antes de que me olvide, te llamó Claudia.	*Before I forget, Claudia called you.*
Dijo que tocaría con nosotros, con tal de que la dejáramos cantar.	*She said she would play with us, provided that we let her sing.*
Oye, Ariel, habla más alto para que todos te oigan.	*Listen, Ariel, speak louder so that everyone can hear you.*
Lidia viajó a Argentina sin que sus padres lo supieran.	*Lidia traveled to Argentina without her parents knowing about it.*

☞ **Ejercicio 1.** Escoja entre el indicativo y el subjuntivo según el contexto.

1. Quiero trabajar donde (trabaja/trabaje) mi mejor amigo, pero ninguno de los dos tenemos empleo ahora.
2. Me voy a mudar cerca de donde (vive/viva) mi novia. La casa de ella está en la esquina de Miraflores y la Avenida 10.
3. Yo compro los discos compactos donde los (venden/vendan) más baratos. ¿Conoces Disco-Descuento? Siempre voy ahí.
4. Prefiero estudiar donde no (hay/haya) ningún ruido. Estoy buscando el lugar ideal.
5. La cosa fue de telenovela, y además cómica. David le dijo a Inés, "Iré adonde (vas/vayas), amor mío", ¡pero Inés no va a ir a ninguna parte!

☞ **Ejercicio 2.** Complete las siguientes oraciones de modo original, basándose en su propia experiencia.

1. Aunque ... yo nunca estudiaría ... porque no me gusta.
2. Aunque ... yo nunca trabajaría en ... porque no creo que sea interesante.
3. La semana que viene voy a ... aunque ..., y nadie podrá impedirlo.

4. No voy a salir con ... aunque ....
5. Aunque en esta universidad los estudiantes ..., y eso hay que tenerlo en cuenta, los profesores ....

Ejercicio 3. En grupos de 3 ó 4, escriban un artículo de una página sobre la música popular del momento. Usen las siguientes expresiones: **Dado que, ya que, porque, a menos que, antes de que, con tal de que** y **para que.** Sigan el modelo.

Dado que sabemos mucho de música popular, podemos ofrecer una idea bastante clara de lo que está pasando.

A menos que saquen canciones nuevas, muchos conjuntos van a pasar de moda.

II. Adjective Clauses

A. *Introduction*

An adjective clause is a dependent clause that modifies a noun, noun phrase, or pronoun, just as a single adjective would. In the sentence, **El conjunto que Claudia está organizando va a ser todo de mujeres,** the adjective clause **que Claudia está organizando** modifies the noun **conjunto.**

1. The noun, noun phrase, or pronoun that an adjective clause modifies is called *the antecedent,* and it is followed by a relative pronoun, which is usually **que.** Though English may often leave out the relative pronoun, you always have to use it in Spanish.

Las canciones que tocamos son todas modernas.	*The songs we play are all modern.*

2. Frequently, the antecedent is a definite article that acts as a pronoun.

Este conjunto es bueno pero el que tocó antes era horrible.	*This band is good but the one that played before was awful.*

Notice that Spanish does not have an equivalent for the word *one* in this case.

3. In the previous example the antecedent **el** refers to the noun **conjunto.** In some cases, however, an article as antecedent does not refer to any noun in particular.

Los que no van nunca a conciertos de rock no saben lo que se pierden.	*Those who never go to rock concerts don't know what they're missing.*

B. Adjective clauses with a preposition

1. When a preposition such as **a, con, de,** or **por** is used in an adjective clause, the preposition always precedes the relative pronoun and never comes at the end of the clause, as it often does in English.

Eso es algo de lo que no puedo hablar.	*That's something I cannot talk about. / That's something about which I cannot talk.*

2. The relative pronoun **que** may be replaced by **el/la cual** or **los/las cuales,** if the antecedent is a thing.

Esos son los ideales por los cuales luchamos.	*Those are the ideals (that) we are fighting for. / Those are the ideals for which we are fighting.*

3. The sequence *definite article* + **que** is usually replaced by **quien/quienes** when the antecedent is a person.

Ese es el tipo con quien Adriana salió anoche.	*That's the guy Adriana went out with last night. / That's the guy with whom Adriana went out last night.*

*C. **Quien/quienes** versus **que***

If an adjective clause that does not begin with a preposition is set off by commas, use either **que** or **quien/quienes.** If there are no commas, use **que.** Compare:

La guitarrista, quien/que toca bien, es de Tucumán.	*The guitar player, who plays well, is from Tucumán.*
La guitarrista que toca bien es de Tucumán; la que toca mal es de Mendoza.	*The guitar player who plays well is from Tucumán; the one who plays poorly is from Mendoza.*

*D. **Donde** clauses as adjective clauses*

Donde clauses can be used as adjective clauses when the antecedent is a place.

La foto es de la playa donde conocí al amor de mi vida.	*The photograph is of the beach where I met the love of my life.*

Ejercicio 4. En parejas, combinen estos pares de oraciones en una sola oración que contenga una subordinada adjetival (*subordinate adjective clause*). Sigan el modelo.

La chica toca la batería en el conjunto de Claudia. Ariel quiere conocer a esa chica.
Ariel quiere conocer a la chica que toca la batería en el conjunto de Claudia.

1. Esas canciones no me dicen nada. Estoy cansado de oír esas canciones.
2. Yo me imaginaba una maravilla. Buenos Aires resultó ser esa maravilla.
3. Ese tipo de inflación podría destruir la economía. Los argentinos temen ese tipo de inflación.
4. Va a quedarse en ese hotel. El hotel está muy cerca de la playa.

Ejercicio 5. En parejas, combinen los pares de oraciones en una sola que contenga una subordinada adjetival. Usen siempre **quien.** Sigan el modelo.

Ese es el profesor. Hablé con él de tu problema.
Ese es el profesor con quien hablé de tu problema.

1. Esa es la pianista. Te hablé de ella ayer.
2. Ese es el arquitecto. Claudia sale mucho con él.
3. Esa es la profesora de historia. La admiro mucho.
4. Ese es mi mejor amigo. Estoy dispuesto a hacer cualquier cosa por él.

III. Subjunctive versus Indicative in Adjective Clauses

A. *Introduction*

The rules that determine when to use the indicative or the subjunctive in an adjective clause take into consideration the combination *Antecedent plus Clause,* or *A + Clause.* In the sentence, **Conozco a las chicas que tocan en ese conjunto,** *A + Clause* is **las chicas que tocan en ese conjunto.**

B. *Existence, location, and inclusion of A + Clause*

1. When the verb in the main clause is **haber,** use the indicative to state that *A + Clause* exists, is in a certain place, or is included in something.

Hay argentinos que creen que Evita fue una gran mujer.	*There are Argentines who believe that Evita was a great woman.*
Aquí hay un señor que quiere hablar contigo.	*There's a gentleman here who wants to speak with you.*

2. Use the subjunctive to deny that *A + Clause* exists, is in a certain place, or is included in something.

Todavía no hay robots que sientan dolor o tristeza.	*There are still no robots that feel pain or sadness.*
En el conjunto no hay nadie que sepa tocar tres instrumentos.	*In the band there is no one who can play three instruments.*

EL HUMOR DE TEO
SIEMPRE HE DESEADO CONOCER A UNA CHICA GUAPA, INTELIGENTE...
...BUENA, SIMPATICA, GENEROSA...
¿ME PODRIAS PRESENTAR A ALGUNA DE TUS AMIGAS QUE REUNA ESAS CARACTERISTICAS?

3. Use the subjunctive to inquire whether *A + Clause* exists, is in a certain place, or is included in something.

¿Hay/Existen adultos que crean en los Reyes Magos?	*Are there adults who believe in the Magi?*
¿Hay alquien aquí que sepa el nombre de esa canción?	*Is there anyone here who knows the name of that song?*

4. Use the subjunctive when the antecedent is **nada, nadie, ningún/ninguna/ningunos/as** + noun, or **ninguno/a,** and you are denying that *A + Clause* is part of your or someone else's personal world.

En esa tienda no venden nada que me interese.	*At that store they don't sell anything I like.*
No conozco a nadie que sepa la letra de esa canción.	*I don't know anybody who knows the words to that song.*
Ellos no tienen a nadie que cante salsa pero nosotros sí.	*They have no one who sings salsa, but we do.*
No tocaron ninguna canción que mencionara a Evita.	*They did't play any song that mentioned Evita.*
De las mujeres que tocan el bajo, no sé de ninguna que toque mejor que tú.	*Of the women who play bass, I don't know of any who plays better than you.*

C. Looking for or wanting A + Clause

1. When the verb in the main clause refers to looking for or wanting *A + Clause,* use the subjunctive whenever you want to say that any member of (the category) *A + Clause* will do. When the antecedent is a person, don't use the personal **a,** but do use it before **alguien.**

Busco una doctora que hable español. Este paciente no entiende inglés.	*I am looking for a doctor who speaks Spanish. (Any doctor who speaks Spanish will do.) This patient doesn't understand English.*
Sí, quiero una cantante, pero busco a alguien que nunca desafine.	*Yes, I want a singer, but I'm looking for someone who never sings off key. (Any singer who sings on key will do.)*
Necesitamos/Queremos una canción que refleje los conflictos de la sociedad moderna. ¿Por qué no escribes una así?	*We need/want a song that reflects the conflicts of modern society. Why don't you write one like it? (Any song that reflects such conflicts will do.)*

2. Use the indicative when *A + Clause* refers to one or more individuals or individual things that are already specifically identified in your mind.

Busco a una doctora que habla español. Sé que trabaja aquí pero no me acuerdo su nombre.	*I am looking for a doctor who speaks Spanish. I know she works here but I don't remember her name.*
Necesitamos/Queremos esa canción que refleja la angustia sentida durante la represión militar. ¿La trajiste?	*We need/want that song that reflects the anguish felt during the military repression. Did you bring it?*

D. Other cases

1. Use the indicative to say that you don't know or have not experienced *A + Clause* when the latter refers to someone or something specific that you have in mind.

No conozco ni nunca he visto a la gente que vive en el apartamento 3-B.	*I don't know, nor have I ever seen, the people who live in Apartment 3-B.*
No conozco el sistema que usan ellos.	*I am not acquainted with the system that they use.*

2. Use the subjunctive when *A + Clause* refers to a single person or thing that will become specific only in the future.

El hombre con quien me case tendrá que saber cocinar.	*The man I marry will have to know how to cook.*
El próximo carro que me compre va a tener teléfono.	*The next car I buy is going to have a telephone.*

3. Use the imperfect subjunctive in the adjective clause when the main verb expresses a wish about something improbable using the conditional of **gustar** or the imperfect subjunctive of **querer.**

A Jorge le gustaría ir a una playa donde no hubiera muchos turistas.	*Jorge would like to go to a beach where there weren't lots of tourists.*
Quisiera salir con alguien que me comprendiera perfectamente.	*I would like to go out with someone who understood me perfectly.*

Ejercicio 6. En parejas, escriban la primera línea de un anuncio clasificado solicitando compañero/a de cuarto con las características de la lista presentada. Sigan los modelos, y agreguen otras características si quieren. Comparen sus oraciones con las de otras parejas.

le gusta ver telenovelas
Busco a alguien a quien le guste ver telenovelas.

tiene buen gusto para la decoración
Busco a alguien que tenga buen gusto para la decoración.

se puede hablar con ella
Busco a alguien con quien se pueda hablar.

1. le fascina la música de (nombre de un conjunto de rock)
2. no le importa mucho el ruido durante el día
3. no hace mucho ruido cuando llega de noche muy tarde
4. tiene mucha paciencia
5. se puede confiar en él/ella
6. no estudia constantemente
7. está interesado/a en dar fiestas
8. no se pasa horas en el teléfono
9. le molesta la gente hipócrita

Ejercicio 7. Complete las siguientes oraciones de modo original, basándose en su propia experiencia.

1. En mi opinión, en este país hay demasiadas personas que . . . .
2. En esta universidad, no hay absolutamente nadie que . . . .
3. En mi clase de español hay por lo menos dos estudiantes que . . . pero no hay ningún estudiante que . . . .
4. En estos momentos necesito un/a amigo/a que . . . porque no tengo ninguno/a.
5. Es muy improbable que exista una persona así pero me gustaría conocer a alguien que . . . y que además . . . .
6. No conozco a nadie que . . . .
7. No conozco al/a la . . . que . . . aunque lo/la he visto muchas veces.
8. En el futuro quisiera trabajar en un lugar donde . . . .

IV. *Lo Que* Clauses

A. *Introduction to* **lo que** *clauses*

1. **Lo que** clauses are adjective clauses in which the antecedent is the neuter pronoun **lo.** The combination **lo que** is equivalent to *what* (meaning *that which*). Never leave out **lo** from this combination.

Perón hacía lo que Evita quería.	*Perón would (used to) do what Evita wanted.*
Lo que ellos tocan es muy popular entre los jóvenes.	*What they play is very popular among young people.*

2. Certain focus and contrast sentences with **ser** contain **lo que** clauses. The word order of these sentences may vary. However, when a form of **ser** begins the sentence, **lo que** corresponds to *that* instead of *what* in English.

Lo que tocan es rock argentino, no tangos.	*What they play is Argentine rock, not tangos.*
Rock argentino es lo que tocan, no tangos.	*Argentine rock is what they play, not tangos.*
Es rock argentino lo que tocan, no tangos.	*It is Argentine rock that they play, not tangos.*

3. In focus and contrast sentences that refer to something past, **ser** and the verb in the **lo que** clause are in the same tense.

Era rock argentino lo que tocaban.	*It was Argentine rock that they were playing.*
Fue rock argentino lo que tocaron.	*It was Argentine rock that they played.*

B. Indicative versus subjunctive in ***lo que*** *clauses*

Lo que clauses follow the same rules as other adjective clauses.

1. Use the indicative when *A + Clause*—in this case, the combination of **lo** plus the clause—refers to something that already is specifically identified in your mind.

   Queridos amigos, vamos a tocar lo que Uds. quieren. (Sé que quieren oír la última canción de Vicky, así que empezamos con ésa.)

   Dear friends, we're going to play what you want. (I know they want to hear Vicky's latest song, so we'll start with that one.)

2. Use the subjunctive when *A + Clause* can be anything, in which case **lo que** is equivalent to English *whatever.*

   Queridos amigos, vamos a tocar lo que Uds. quieran. ¿Qué les gustaría oír primero?

   Dear friends, we're going to play whatever you want. What would you like to hear first?

Ejercicio 8. En parejas, preparen minidiálogos de dos líneas en que una persona contradice a la otra. Usen el tiempo indicado entre paréntesis y sigan el modelo.

cantar ellos un himno o un tango (imperfecto)
E1: Cantaban un himno.
E2: No, era un tango lo que cantaban.

1. haber una fiesta o una pelea (pretérito)
2. hacerle falta a Julio tiempo o dinero (presente)
3. tenerla preocupada a Mirta las drogas o la inflación (imperfecto)
4. tener Alberto un resfriado o dolor de cabeza (presente)
5. hablar mejor Lola inglés o francés (imperfecto)
6. romper la policía una puerta o una ventana (pretérito)

Ejercicio 9. Escoja entre el indicativo o el subjuntivo, según el contexto.

1. No entiendo lo que (has/hayas) dicho. ¿Puedes repetirlo?
2. Dijo que nos iba a llevar adonde (queríamos/quisiéramos), pero que se lo dijéramos.
3. Lo que (quiere/quiera) él es muy simple: salir con todas las chicas y no ponerse serio con ninguna.
4. Lo que se (ve/vea) en la foto es la Casa Rosada, la residencia del presidente de Argentina.
5. ¿Vas a comer? Bueno, lo que no te (comes/comas), ponlo en el refrigerador para mí.

Exploraciones

LECTURA 1. "Cuento policial", de Marco Denevi

Actividad 1. El microcuento que sigue es del género policial, pero en él no predomina el misterio sino la ironía y el humor negro. Antes de leer y en parejas, traten de determinar cuatro o cinco ingredientes principales de todo cuento policial. Por ejemplo, que siempre hay una víctima. ¿Qué otros hay? En segundo lugar échenle una ojeada rápida al cuento y traten de adivinar el significado de las siguientes palabras y expresiones, según el contexto.

1. jamás le dedicó una mirada: jamás dejó de mirarlo / lo miró fijamente / lo saludó / nunca lo miró
2. sigilosamente: rápidamente / secretamente / ruidosamente / fácilmente
3. penosa: dolorosa / sencilla / obvia / particular
4. sagacidad: riqueza / habilidad / estupidez / lentitud
5. buen mozo: un poco viejo / guapo / de ojos negros / aburrido

Rumbo a° la tienda donde trabajaba como vendedor, un joven pasaba todos los días por delante de una casa en cuyo balcón una mujer bellísima leía un libro. La mujer jamás le dedicó una mirada. Cierta vez el joven oyó en la tienda a dos clientes

on the way to

que hablaban de aquella mujer. Decían que vivía sola, que era muy rica y que guardaba grandes sumas de dinero en su casa, aparte de las joyas y de la platería. Una noche el joven, armado de ganzúa° y de una linterna sorda,° se introdujo sigilosamente en la casa de la mujer. La mujer despertó, empezó a gritar y el joven se vio en la penosa necesidad de matarla. Huyó sin haber podido robar ni un alfiler,° pero con el consuelo de que la policía no descubriría al autor del crimen. A la mañana siguiente, al entrar en la tienda, la policía lo detuvo. Azorado° por la increíble sagacidad policial, confesó todo. Después se enteraría° de que la mujer llevaba un diario íntimo en el que había escrito que el joven vendedor de la tienda de la esquina, buen mozo y de ojos verdes, era su amante y que esa noche la visitaría.

picklock / *lantern with special dark glass*
pin
flustered
he would find out

Actividad 2. En parejas, pongan en orden los acontecimientos del cuento. La persona A encuentra el primer acontecimiento en la columna A y escribe el número 1; la persona B encuentra el acontecimiento siguiente en la columna B y escribe el número 2. Sigan así sucesivamente hasta tener numerados todos los acontecimientos. Al final, lean en orden el resumen entero.

Columna A

_____ La mujer ni saludaba ni miraba nunca al joven.

_____ El joven entró en la casa, pero la mujer se despertó y él tuvo que matarla.

_____ La policía detuvo al joven y lo acusó del crimen.

_____ El joven trabajaba como vendedor en una tienda.

_____ El joven decidió robar la casa de noche.

Columna B

_____ El joven se enteró de que la mujer era rica y de que había mucho dinero escondido en su casa.

_____ De camino a su trabajo, el joven pasaba todos los días por la casa de una mujer sentada en su balcón.

_____ El joven se armó de ganzúa y linterna.

_____ El joven se enteró de que la mujer había escrito que eran amantes y anunciaba la visita de él aquella noche.

_____ El joven se fue sin robarse nada.

Actividad 3. Uds. están en la estación de policía. En parejas, una persona hace el papel del asesino y la otra de su interrogador/a que trata de determinar las circunstancias del crimen: cómo se conocieron el joven y la víctima, la rutina diaria de los dos, cómo supo el asesino datos sobre la víctima, cuál era la relación entre ellos, etc. Recuerden que el asesino no sabe nada del diario de la víctima.

Actividad 4. Imagínese que el asesino también llevaba un diario. En un párrafo escriba lo que escribió el asesino sobre la víctima tres días antes del crimen, y en otro párrafo escriba lo que la víctima escribió sobre el asesino en su diario ese mismo día. Básese principalmente en la información del cuento, pero puede inventar otros detalles.

LECTURA 2. "Fiestita con animación", de Ana María Shua

Actividad 5. El cuento siguiente pertenece al género del *realismo mágico,* muy común hoy en día en la literatura hispanoamericana. Se trata de la inserción de algo fantástico en el mundo de todos los días, para sugerir que los límites entre lo real y lo irreal no son siempre claros. Lea el cuento rápidamente para determinar la siguiente información.

1. el tipo de fiesta que es
2. quiénes son los invitados
3. quién es Silvita
4. el truco de magia que practicó Silvita
5. el resultado del truco
6. cómo se sentía Silvita sobre la desaparición de su hermana (a) inmediatamente después de que ocurrió y (b) años más tarde

Las luces estaban apagadas y los altoparlantes° funcionaban a todo volumen.

loudspeakers

—¡Todos a saltar en un pie! —gritaba ensordecedoramente° una de las animadoras, disfrazada de° ratón.

deafeningly
disguised as

Y los chicos, como autómatas enloquecidos,° saltaban ferozmente en un pie.

insane robots

—Ahora, ¡todos en pareja para el concurso de baile! Cada vez que pare la música, uno abre las piernas y el otro tiene que pasar por abajo del puente. ¡Hay premios para los ganadores!

Excitados por la potencia del sonido y por las luces estroboscópicas,° los chicos obedecían, sin embargo, las consignas° de las animadoras, moviéndose al ritmo pesado y monótono de la música en un frenesí° colectivo.

strobe lights
instructions
frenzy

—Cómo se divierten, qué piolas° que son. ¿Te acordás qué bobitos° éramos nosotros a los siete años? —le preguntó, sonriente, el padre de la cumpleañera° a la mamá de uno de los invitados, gritándole al oído para hacerse escuchar.

clever
naive, innocent
birthday girl

—Y qué querés .... Nosotros no teníamos televisión: tienen otro nivel de información —le contestó la señora, sin muchas esperanzas de que su comentario fuera oído.

No habían visto que Silvita, la homenajeada,° se las había arreglado para atravesar° la loca confusión y estaba hablando con otra de las animadoras, disfrazada de conejo.° Se encendieron las luces.

honored person
get through
rabbit

—Silvita quiere mostrarnos a todos un truco de magia,° —dijo Conejito—. ¡Va a hacer desaparecer a una persona!

magic trick

—¿A quién querés hacer desaparecer? —preguntó Ratón.

—A mi hermanita —dijo Silvia, decidida, hablando por el micrófono.

Carolina, una chiquita de cinco años, preciosa con su vestidito rosa, pasó al frente sin timidez. Era evidente que habían practicado el truco antes de la fiesta, porque dejó, que su hermana la metiera debajo de la mesa y estirara° el borde del mantel° hasta hacerlo llegar al suelo, tirando un vaso de Coca Cola y amenazando° con hacer caer todo lo demás.

pull
tablecloth
threatening

Conejito pidió un trapo° y la mucama° vino corriendo a limpiar el estropicio.°

rag / maid
mess

—¡Abracadabra la puerta se abra y ya está! —dijo Silvita.

Y cuando levantaron el mantel, Carolina ya no estaba debajo de la mesa. A los chicos el truco no los impresionó: estaban cansados y querían que se apagaran las velitas° para comerse los adornos de azúcar de la torta. Pero los grandes° quedaron sinceramente asombrados. Los padres de Silvia la miraban con orgullo.

birthday candles/
adults

—Ahora hacela aparecer otra vez —dijo Ratón.

—No sé cómo se hace —dijo Silvita—. El truco lo aprendí en la tele y en la parte de hacer aparecer papá me cambió de canal porque quería ver el partido.

Todos se rieron y Ratón se metió debajo de la mesa para sacar a Carolina. Pero Carolina no estaba. La buscaron en la cocina y en el baño de arriba, debajo de los sillones, detrás de la biblioteca. La buscaron metódicamente, revisando todo el piso de arriba, palmo a palmo,° sin encontrarla.

inch by inch

—¿Dónde está Carolina, Silvita? —preguntó la mamá, un poco preocupada.

—¡Desapareció! —dijo Silvia—. Y ahora quiero apagar las velitas. El muñequito° de chocolate me lo como yo.

little male doll

El departamento° era un dúplex. El papá de las nenas° había estado parado cerca de la escalera durante todo el truco y nadie podría haber bajado por allí sin que él lo viera. Sin embargo, siguieron la búsqueda en el piso de abajo. Pero Carolina no estaba.

apartment / girls

A las diez de la noche, cuando hacía ya mucho tiempo que se había ido el último invitado y todos los rincones de la casa habían sido revisados varias veces, dieron parte° a la policía y empezaron a llamar a las comisarías° y a los hospitales.

reported
police stations

—Qué tonta fui esa noche —les decía, muchos años después, la señora Silvia, a un grupo de amigas que habían venido para acompañarla en el velorio° de su marido—. ¡Con lo bien que me vendría tener una hermana en este trance!° —y se echó a llorar otra vez.

wake
critical moment

Actividad 6. Primero resuma el cuento en un párrafo. Luego, escriba otro párrafo explicando lo que cree Ud. que le pasó a Carolina. Compare sus explicaciones con las de otras personas.

Actividad 7. En grupos de 3 ó 4, discutan los temas siguientes que no tienen respuesta directa en el cuento.

1. ¿De qué clase social son los personajes y cómo se sabe?
2. ¿Cuál es la reacción de Silvia frente a la desaparición de su hermana? ¿Qué piensan Uds. de esa actitud?
3. ¿Es posible que la desaparición de Carolina simbolice la desaparición de tantos argentinos durante la represión de los militares?
4. ¿Llamarían Uds. este cuento una sátira, una tragedia, un cuento de niños, u otro género?

Actividad 8. Imagínese que Ud. cuando niño/a, asistió a la fiestita donde desapareció Carolina. Escríbale una carta a Silvia, a quien no ha visto desde su niñez, con motivo de la muerte de su esposo. Descríbale cómo se sintió Ud. en esa fiesta y cómo se siente ahora.

LECTURA 3. "Episodio del enemigo", de Jorge Luis Borges

Actividad 9. El cuento siguiente destaca el problema de la identidad personal (¿Quién soy?) y la intrigante noción de que la realidad podría ser un mero sueño. Borges, que en la vida real era prácticamente ciego, se incorpora a sí mismo como personaje. Echele un vistazo rápido al cuento para completar estas oraciones, que le darán una idea general del argumento (*plot*).

1. Desde la ... el narrador vio acercarse al enemigo.
2. El intruso caminaba con la ayuda de un ....
3. Al darse cuenta de la llegada del enemigo, el narrador miró sus ....
4. El propósito de la visita del enemigo era ... a Borges.
5. El episodio terminó cuando el narrador ....

Tantos años huyendo y esperando y ahora el enemigo estaba en mi casa. Desde la ventana lo vi subir penosamente por el áspero camino del cerro.° Se ayudaba con un bastón,° con el torpe bastón que en sus viejas manos no podía ser un arma sino un báculo.° Me costó percibir lo que esperaba: el débil golpe contra la puerta. Miré, no sin nostalgia, mis manuscritos, el borrador° a medio concluir y el tratado° de Artemidoro[1] sobre los sueños, libro un tanto anómalo° ahí, ya que no sé griego.° Otro día perdido, pensé. Tuve que forcejear° con la llave. Temí que el hombre se desplomara,° pero dio unos pasos inciertos, soltó° el bastón, que no volví a ver, y cayó en mi cama, rendido. Mi ansiedad lo había imaginado muchas

hill / cane
walking stick
rough draft / treatise / out of place / Greek / struggle / would fall down / let go of

[1] Adivino griego del siglo II d.C. que escribió un tratado de interpretación de los sueños.

El famoso escritor argentino Jorge Luis Borges sonríe para un fotógrafo a quien no puede ver.

veces, pero sólo entonces noté que se parecía de un modo casi fraternal, al último retrato de Lincoln.[2] Serían las cuatro de la tarde.

Me incliné sobre él para que me oyera.

—Uno cree que los años pasan para uno —le dije —pero pasan también para los demás. Aquí nos encontramos al fin y lo que antes ocurrió no tiene sentido.

Mientras yo hablaba, se había desabrochado° el sobretodo.° La mano derecha estaba en el bolsillo del saco. Algo me señalaba y yo sentí que era un revólver.

unbuttoned / overcoat

Me dijo entonces con voz firme:

—Para entrar en su casa, he recurrido a la compasión. Lo tengo ahora a mi merced y no soy misericordioso.°

compassionate

[2] Abraham Lincoln, décimosexto presidente de los Estados Unidos.

Ensayé unas palabras. No soy un hombre fuerte y sólo las palabras podían salvarme. Atiné a° decir:

I managed to

—Es verdad que hace tiempo maltraté a un niño, pero usted ya no es aquel niño ni yo aquel insensato.° Además, la venganza° no es menos vanidosa y ridícula que el perdón.

fool
revenge

—Precisamente porque ya no soy aquel niño —me replicó —tengo que matarlo. No se trata de una venganza sino de un acto de justicia. Sus argumentos, Borges, son meras estratagemas° de su terror para que no lo mate. Usted ya no puede hacer nada.

tricks

—Puedo hacer una cosa —le contesté.

—¿Cuál? —me preguntó.

—Despertarme.

Y así lo hice.

Actividad 10. En parejas, contesten las siguientes preguntas sobre el cuento.

1. ¿Cuáles son los cinco detalles que se saben sobre el narrador del cuento?
2. ¿Cómo se sabe que el enemigo es viejo?
3. ¿Cuáles son algunas indicaciones del temor que siente el narrador?
4. ¿Cuál es la profesión del narrador?
5. ¿Qué creen Uds. que signifique la semejanza física entre el enemigo y Lincoln?
6. ¿Qué había hecho el narrador hace tiempo?
7. ¿Cómo explica el enemigo la necesidad de matar al narrador?
8. ¿Por qué, a fin de cuentas, no murió el narrador?

Actividad 11. En parejas, imagínense que una persona es Borges y la otra es su sicoanalista. Analicen el sueño sobre su enemigo para saber qué hizo Borges cuando era joven que lo hace sentirse culpable ahora; por qué el enemigo parece ser él mismo; por qué amenazó con matarlo y por qué no lo logró. Actúen su conversación frente a la clase.

Actividad 12. Escriba un párrafo en el que narre un sueño muy vívido que Ud. haya tenido y trate de darle una interpretación. Especifique qué pasó, a quién le pasó, dónde estaba, etc.

Actividad 13. La clase se divide en tres grupos: el grupo Denevi, el grupo Shua y el grupo Borges. Cada uno representa al autor o autora cuyo cuento aparece en esta unidad. Cada grupo resume su cuento, explicando el argumento, los personajes, el ambiente, las posibles interpretaciones y todo lo que crean importante. Luego, una persona presenta las conclusiones de su grupo a la clase. Los otros estudiantes deben hacerle preguntas o hacer comentarios.

Actividad 14. Teniendo en cuenta lo que se ha hecho en la Actividad 13, en grupos de 3 ó 4, traten de determinar qué tienen en común y en qué se diferencian los tres cuentos.

◀ ◀ ◀ Práctica integrada

Práctica 1. En parejas y turnándose, una persona hace el papel de un/a estudiante argentino/a y la otra persona el de un/a estudiante estadounidense que piensa ir a Argentina a estudiar y quiere información. Conversen sobre los temas siguientes, mencionándolos en cualquier orden.

La persona estadounidense

explicar su dominio del español

hablar de sus estudios y planes para el futuro

hablar de la música y los bailes que le gustan

preguntar sobre la vida en Argentina, incluyendo problemas económicos y políticos

La persona argentina

ofrecer una visión positiva de Argentina

explicar la composición étnica de Argentina

mencionar algunos datos históricos del país que afectan el presente

describir la música que les gusta a los jóvenes argentinos

☞ **Práctica 2.** Basándose en lo que ha aprendido en este texto, escriba una charla breve sobre lo que Argentina tiene en común con otros países latinoamericanos y lo que la hace distinta. Puede mencionar temas como datos de población, concentración de viviendas, composición étnica, desarrollo durante el siglo XIX, acontecimientos importantes de este siglo, situación económica, base(s) de su fama internacional, etc.

Práctica 3. En parejas, hagan planes para ir de vacaciones a Argentina. Una persona prefiere la playa y la otra quiere esquiar. Basándose en la información de los anuncios de Balnearios Santa Ana y Club de Montañas, entrevístense. Traten de convencer a la otra persona mencionando las ventajas de su lugar preferido. La otra persona debe resistir un poco. Pueden empezar con:

E1: Quiero ir a un lugar donde podamos bailar en discotecas.
E2: Mira, en Balnearios Santa Ana dicen que hay dos clubes.
E1: Pues no sé, no me gusta ir a clubes a menos que sean muy informales.

Balnearios Santa Ana
Proveeduría Deportiva
Complejo Punta Mogotes

Informes Y Reservas
Callao 666 - Buenos Aires - 1022
Tel. 42-6640 – 41-5369
Mar del Plata: Tel. 84-2609

Fácil acceso - 1200 lugares para coches individuales - Personal de playa de estacionamiento para organización y control.

Servicios completos. Agua caliente durante todo el día - Duchas para niños.

Profesores de educación física - Gimnasia Jazz - Aerobismo - Entretenimientos.

Patio de deportes con cuatro canchas integradas - Papi fútbol - Babi fútbol - Hockey - Básquet.

Tres canchas de Voley - Jaula y green de golf - Canchas de tenis.

Todo organizado y dirigido por nuestros profesores - Con torneos y premios - Acompañado con entretenimientos para chicos y grandes.

Restaurante - Snack Bar - Cafetería al paso - 2 clubes de noche.

Locales comerciales - Heladería - Artículos de deportes - Kiosco - Regalos - Pasajes.

Juegos infantiles - Maestra jardinera.

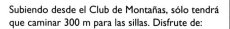

Vaya Caminando al Cerro
Esquíe en Bariloche

Subiendo desde el Club de Montañas, sólo tendrá que caminar 300 m para las sillas. Disfrute de:

- una zona preferencial
- departamentos lujosos para 8 a 10 personas
- todo a mano: bar, restaurante, servicio de mucamas, servicio a las habitaciones, café
- alojamiento entre 7 a 21 o más días al año
- términos financieros muy favorables
- intercambios con otros complejos turísticos por todo el mundo

Club de Montañas
Avenida Presidente Roque Sáenz Peña 430
Buenos Aires
Tel. 42-4390

Práctica 4. Escriba la reseña de un concierto del grupo "Las peligrosas". Incluya información sobre Claudia Cabrini, la directora; critique la música que tocaron; hable de la reacción del público; decida si el grupo tiene mucho potencial y dígales a los lectores por qué deben, o no, ir al próximo concierto.

Práctica 5. En parejas, cada uno/a hace una lista de cinco características de la persona ideal con quien le gustaría vivir. Para cada uno de los puntos, la otra persona debe dar su opinión. Sigan el modelo.

E1: Me gustaría vivir con una persona que nunca se enfadara.
E2: Pues yo preferiría una persona que se enfadara a una persona que nunca dijera nada en caso de problemas.

Práctica 6. Escriba un ensayo de una página sobre el minicuento contemporáneo argentino, basándose en lo leído. Comente si Denevi, Shua y Borges enfocan temas universales o argentinos. Diga cuál de los autores le ha interesado más y explique por qué.

Hay en los Estados Unidos cerca de 12 millones de méxicoamericanos, o chicanos, que viven en su gran mayoría en el suroeste y California pero también en otras zonas. En San Antonio representan el 65 por ciento de la población; y en Los Angeles, San Diego, Phoenix, Dallas y Houston, el 40 por ciento. En Chicago constituyen casi el 20 por ciento y recientemente ha habido un aumento notable de méxicoamericanos en la ciudad de Nueva York.

Las raíces mexicanas son muy fuertes en el suroeste y California, no sólo porque estas zonas pertenecieron una vez a México, sino porque por mucho tiempo ha habido en ellas una gran inmigración desde México. Hoy en día muchos mexicanos vienen a los Estados Unidos por razones económicas. Muchos entran ilegalmente para trabajar como obreros agrícolas migratorios, o en fábricas, o en otros trabajos mal remunerados.

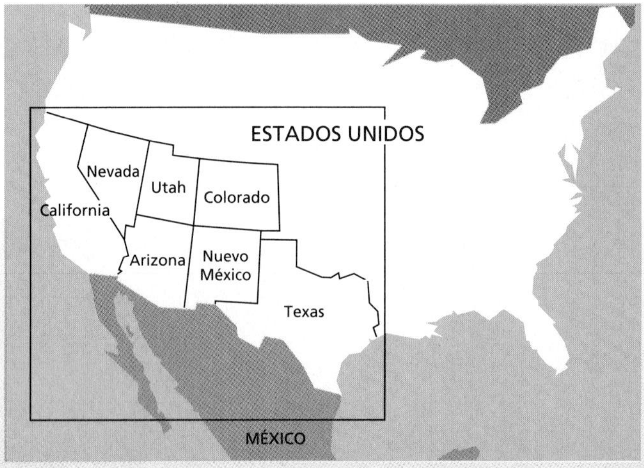

A pesar de haber mantenido su cultura, y en muchos casos su lengua, los chicanos siempre han demostrado un alto grado de patriotismo como parte del pueblo estadounidense. Durante la Segunda Guerra Mundial, más de 500.000 méxicoamericanos lucharon en las fuerzas armadas de los Estados Unidos. Al regresar de esa guerra en 1945, reclamaron igualdad de derechos en el empleo, la educación, la vivienda y la salud, que hasta ese momento no habían tenido. Fue ése el comienzo del "Despertar Chicano". La situación comenzó a mejorar en los años 60 a consecuencia del activismo de líderes chicanos como César Chávez, que luchó y sigue luchando por los derechos económicos de los obreros agrícolas.

El pueblo méxicoamericano ha logrado ya cierta fuerza política, con líderes elegidos principalmente a nivel local. Por ejemplo en 1991 la chicana Gloria Molina fue elegida a la Junta de Supervisores de Los Angeles.

La lucha de los chicanos por alcanzar la libertad social y económica se refleja claramente en su arte y su literatura. En pintura son notables los murales de protesta social y la literatura enfoca de modo realista pero con técnicas innovadoras los problemas específicos de las comunidades chicanas. ▲

10

UNIDAD

Eduardo Ortega, líder comunitario méxicoamericano

Los niños se divierten durante el desfile de la Batalla de las Flores en San Antonio, Texas.

OBJETIVOS

Objetivos para la Unidad 10
Aprender a . . .
- dar opiniones sobre cuestiones políticas y sociales
- hablar de acontecimientos imprevistos que nos afectan

Interacciones

VOCABULARIO

Sustantivos

el agradecimiento thanks, gratefulness
el banquete banquet
la beca scholarship
la desproporción disproportion
el discurso speech
el distrito district
las estadísticas statistics
la junta board
la labor task; work
el liderazgo leadership
el mito myth; half-truth
el pandillerismo proliferation of gangs
la vivienda housing

Verbos

alentar (ie) to encourage
entregar to hand (over)
luchar to struggle; fight
merecer (zc) to merit; deserve
realizar to carry out
retrasarse to fall behind

Adjetivos

bilingüe bilingual
desmesurado/a excessive
despistado/a scatterbrained; absent-minded
disponible available
escolar related to school
estable stable
imprevisto/a unforeseen
retrasado/a behind
sensato/a sensible
sensible sensitive
verídico/a true

Otras palabras y expresiones

cuadrar bien to jibe; match
discriminar en contra de to discriminate against
dominar un idioma to know a language well
estar a favor de to be in favor of
estar amenazado/a por to be threatened by
estar condenado/a a to be condemned to
estar conforme con to be satisfied/in agreement with
estar obligado/a a to be forced to
una fuente inagotable endless source
la fuerza laboral labor force
la Junta de Educación Board of Education
la lengua natal native language
los obreros agrícolas migratorios agricultural migrant workers
el origen étnico ethnic origin
pronunciar un discurso to give a speech
la raza (Mexican) race (patriotic term)
el sector privado the private sector
ser conveniente to be appropriate
ser distraído/a to be absent-minded
una sociedad pluralista pluralistic society
la tasa de mortalidad infantil infant mortality rate
tener derecho a to have the right to

Práctica de vocabulario

Práctica A. Complete las oraciones con una palabra o expresión de la lista de vocabulario.

1. Una cena grande y formal a la que asiste mucha gente y que frecuentemente incluye una ceremonia de honor es un . . . , y hay muchas veces una persona que pronuncia un . . . .
2. Es ilegal . . . en contra de alguien por su sexo, color, origen étnico o religión.
3. Hay gente que no está . . . con una sociedad pluralista y prefiere uniformidad en todo.
4. Los obreros agrícolas . . . son los que se trasladan de una región a otra según las cosechas y la época del año.
5. Los niños tienen . . . a la educación bilingüe si el inglés no es su lengua . . . .
6. En muchos casos se da ayuda financiera en forma de . . . a los estudiantes que pertenecen a minorías.
7. Creo que los niños que no saben inglés se van a . . . desde el primer día si la enseñanza es únicamente en inglés.
8. Las estadísticas demuestran que la . . . de mortalidad infantil entre los hispanos es baja en comparación con la de otros grupos.
9. Sería ideal si el dinero . . . para resolver problemas sociales fuera una fuente . . . .
10. Desgraciadamente para muchos estadounidenses, el aumento de inmigrantes a este país no . . . con su idea de cómo deben ser idealmente los Estados Unidos.

Práctica B. En parejas, escriban cinco oraciones originales sobre los mexicoamericanos, escogiendo por lo menos una palabra o frase de cada una de las siguientes columnas.

El origen étnico afecta la posibilidad de vivir donde uno quiera.

Columna A	***Columna B***	***Columna C***
la Junta de Educación	afectar	el liderazgo
la comunidad chicana	alentar	el mito
los obreros agrícolas migratorios	luchar	el pandillerismo
la educación bilingüe	realizar	la vivienda
el sector privado	estar condenado/a	la lengua natal
las estadísticas	sufrir discriminación	la fuerza laboral
el origen étnico	estar a favor de	una sociedad pluralista

ESCUCHAR Y CONVERSAR

Eduardo Ortega, miembro de la Junta de Educación de un distrito escolar de Los Angeles, es un chicano bilingüe cuyo padre inmigró de México para trabajar en los campos de algodón de California. De niño vivió con su familia en muchos pueblos rurales, donde le resultó muy difícil incorporarse al sistema escolar porque no dominaba el inglés. Además, por haber estado en muchas escuelas diferentes se retrasó bastante. Por suerte era muy inteligente y sus padres lo alentaban siempre a estudiar. Eso le permitió ganar una beca para estudiar en la universidad. Lleva años defendiendo los derechos de los chicanos. Ahora es dueño de un mercado en el barrio y representa a su comunidad chicana como miembro de la junta escolar.

ESPAÑA

Semana Santa en Sevilla.

Parque de la España Industrial, Barcelona.

Cosechando azafrán (saffron) *en la Mancha.*

Mercado de frutos secos en las Ramblas, Barcelona.

Puerto Banús, Andalucía.

Festival en el pueblo de Miranda del Castañar, al sur de Salamanca.

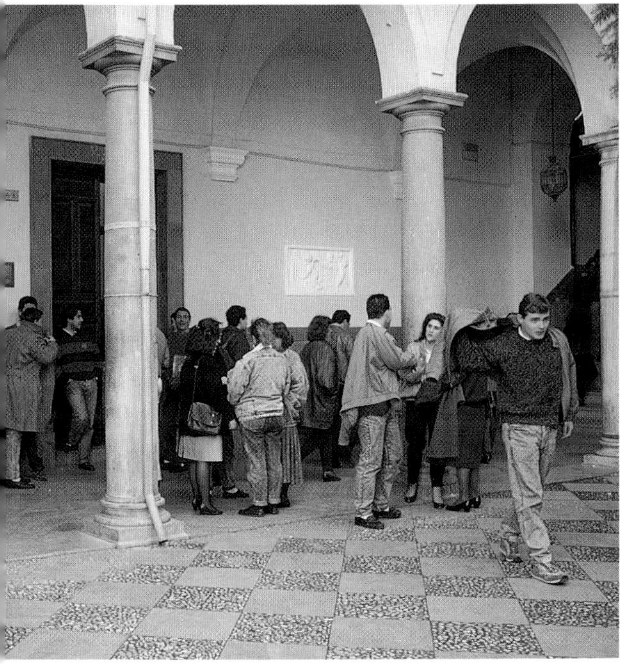

En la Universidad de Granada.

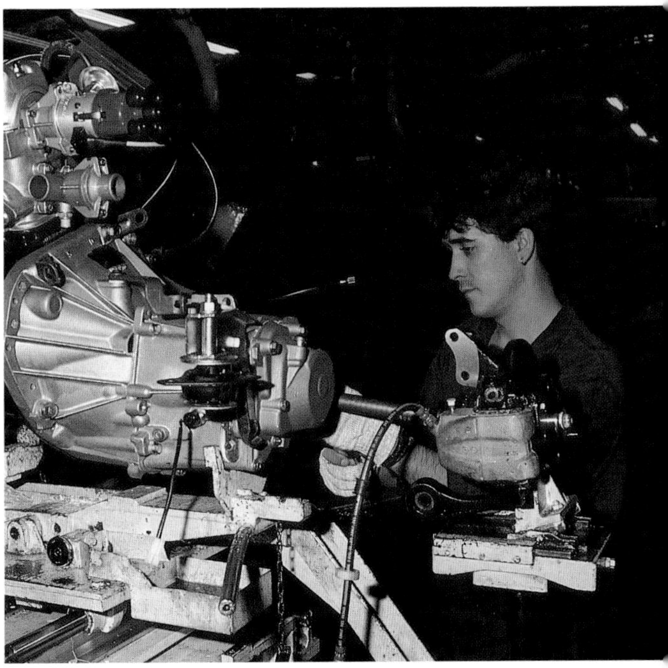

En la fábrica de automóviles españoles SEAT, Barcelona.

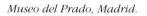

Museo del Prado, Madrid.

Jugando al fútbol en la playa de San Sebastián, País Vasco.

Paisaje de la isla de Tenerife, del archipiélago de las Canarias.

Actividad 1. En un banquete celebrado por la organización chicana Defensa de la Raza, la presidenta, Eliana Rodríguez, le entrega a Eduardo Ortega un premio por su liderazgo en la comunidad. En parejas, antes de escuchar el discurso que pronuncia Ortega, y basándose en la descripción anterior y en la introducción a esta unidad, señalen las oraciones que Uds. imaginan que correspondan a lo que él diría.

1. Los chicanos queremos que nuestros hijos conserven su lengua natal.
2. Los chicanos no tenemos más remedio que aceptar que los anglos discriminen en contra de nuestra cultura.
3. Yo merezco un premio por todos mis esfuerzos para mejorar las condiciones de la comunidad chicana.
4. Estoy a favor de la enseñanza bilingüe.
5. Saber inglés es un requisito básico para avanzar económica y socialmente en los Estados Unidos.

Actividad 2. Ahora, mientras escucha el discurso de Ortega, señale si lo que se expresa es verdadero o falso.

1. Ortega ha trabajado exclusivamente por los derechos de los niños hispanos.
2. Quiere que los jóvenes que no saben inglés sufran menos que él.
3. Ortega quiere que los chicanos aprendan solamente inglés en clase.
4. La Ley de los Derechos Civiles protege el derecho de los niños a que no se discrimine en contra de ellos por no saber inglés.

Cinta 1. Hablan Eliana Rodríguez y Eduardo Ortega.

ER: Muy buenas noches, señores y señoras. Esta noche hemos querido expresarle al Sr. Eduardo Ortega nuestra admiración y agradecimiento por la gran labor que viene realizando en la Junta Escolar. Es conveniente señalar que ha realizado una labor sobresaliente, no sólo a favor de los niños hispanos, sino de todos los niños que enfrentan el problema del idioma. Tengo el gran gusto de presentarles a Eduardo Ortega, a quien entrego el premio de Líder Comunitario Chicano del Año. (*Aplausos*)

EO: Muchas gracias, señora. Este premio es un verdadero honor para mí, que no sé si merezco. Yo simplemente he luchado para que muchos niños no tengan que pasar por las dificultades que pasé yo en la escuela por no saber inglés. Por suerte pude avanzar gracias al apoyo de mi familia y de mi comunidad. Pero si en mi época hubiéramos tenido educación bilingüe, todo hubiera sido mucho más fácil. Pero voy a lo que quiero decirles esta noche.

En una escuela bilingüe de Austin, Texas, los niños aprenden en español e inglés el juramento de lealtad (pledge of allegiance) *a la bandera de los Estados Unidos.*

En los Estados Unidos el éxito que tiene un niño depende en gran parte de cómo se ve a sí mismo. Los niños tienen derecho a no sufrir discriminación por parte de nadie en ninguna parte, y mucho menos en el salón de clase. Ahora bien, en el caso de algunos niños, ese derecho está hoy amenazado por los que se oponen totalmente a cualquier tipo de educación bilingüe. Sabiendo que casi todos los americanos descendemos de familias extranjeras, me parece absurdo que exista gente que quiere que en el salón de clase se use exclusivamente el inglés. Si un niño que no entiende inglés está obligado por ley a asistir a una escuela en que todo se enseña en inglés, ese niño empezará a retrasarse en todo desde el primer día simplemente porque no entiende lo que la maestra o el maestro le dice. Después de un tiempo, ese niño estará tan retrasado que la escuela no significará absolutamente nada para él. El niño dejará la escuela sin haber aprendido nada y estará condenado por las circunstancias a los trabajos peor pagados o a una vida de crimen.

En realidad cualquier niño que no sabe inglés y que está en un programa en que todo se enseña en inglés está siendo discriminado en base a su origen étnico. Por suerte ese tipo de discriminación está prohibido por la Ley de los Derechos Civiles y la Constitución. Podemos usar las leyes y la Constitución para defender el derecho de los niños a recibir instrucción en su lengua natal mientras aprenden inglés. La educación bilingüe, no se olviden, señoras y señores, es bilingüe. No se trata de mantener exclusivamente la lengua natal sino de aprender bien las dos lenguas. Las estadísticas prueban que la inmensa mayoría de los padres chicanos quieren que sus hijos aprendan inglés, pero, eso sí, sin tener que perder la lengua y la cultura de sus antepasados. Queremos vivir en una sociedad pluralista, en la que tengamos el derecho de ser a la vez estadounidenses y mexicanos y el derecho a la libertad y la felicidad, en igualdad y sin discriminación. (*Aplausos*)

Actividad 3. En parejas, comparen sus predicciones en la Actividad 1 con lo que dijo Ortega en su discurso y corrijan las oraciones falsas.

Actividad 4. Formule opiniones personales como si fuera Ortega mismo sobre los siguientes temas. Puede empezar las oraciones con **creo que, es importante que, era necesario que, (no) es cierto,** etc.

1. . . . mi éxito personal se debió a . . . .
2. . . . la amenaza al derecho de los niños a que no se discrimine en contra de ellos . . . .
3. . . . el niño que no entiende la lengua de la escuela inevitablemente . . . .
4. . . . con el tiempo, las consecuencias son que . . . .
5. . . . la educación bilingüe es . . . .
6. . . . una sociedad pluralista donde podamos ser a la vez . . . .

Actividad 5. Ud. es reportero/a del periódico local y tiene que escribir un artículo sobre el banquete. Explique quién es Eduardo Ortega y cómo llegó a ganar un premio. Haga un resumen y una evaluación del discurso. Añada un titular para el mismo.

VOCABULARIO EN CONTEXTO. Dar opiniones sobre cuestiones políticas y sociales.

- **Según lo que veo,** nuestros derechos civiles están amenazados por el movimiento que se opone a la educación bilingüe.
- **Parece absurdo** que hoy en día exista gente que admite sólo el uso del inglés en el salón de clase.
- **No es justo** que ciertos niños tengan privilegios por el hecho de ser blancos.
- **No es razonable** permitir que los nuevos inmigrantes mexicanos sufran injusticias porque no dominan el inglés.
- **No importa** que algunos crean que es imposible acabar con la pobreza.
- **Es imprescindible** que la comunidad mexicoamericana apoye a sus propios líderes.

Actividad 6. En parejas y turnándose, den opiniones explicando por qué o por quiénes están dominados cada uno de los grupos de la lista. Usen términos del vocabulario en contexto.

el mercado del automóvil

E1: Según lo que veo, el mercado del automóvil está dominado por los japoneses.

E2: Tienes razón y es imprescindible cambiar esto porque la industria americana está amenazada por la venta de tantos carros extranjeros.

1. la industria cinematográfica de este país
2. las elecciones presidenciales en los Estados Unidos
3. la literatura popular
4. la televisión
5. los deportes profesionales
6. la música popular

Actividad 7. Rosa Casado, animadora de radio, está en el estudio donde en pocos minutos va a empezar su programa. Está charlando con uno de los técnicos, Angel Flores, sobre temas cotidianos. Mientras escucha su conversación escoja la palabra o frase que mejor complete cada oración.

1. Rosa es (soltera/divorciada).
2. Angel debe ser (menor/mayor) que Rosa.
3. Hubo problemas en la familia de Rosa relacionados con la (hija/su carrera).
4. Angel lleva a su hijo a una guardería que está (en la casa de una señora/donde él trabaja).
5. Los que trabajan con Rosa consideran que es (muy organizada/bastante despistada).

Cinta 2. Hablan Rosa Casado y Angel Flores.

RC: ¡Ay, qué horror! No sé por dónde ando. ¿Despistada yo?

AF: ¡Qué va, mujer! Eres una de las personas más organizadas que conozco. ¿Qué te pasa hoy?

RC: Pues, estoy muy apurada porque se me rompió el carro anoche y eso sí que es un desastre. Tú sabes, Margarita, mi hija, siempre me lleva hasta la estación y se va con el carro al colegio. Pues hoy, claro, ella y yo tuvimos que levantarnos más temprano para tomar el autobús. Estábamos de mal humor, discutimos y le grité.

AF: ¿Tú, que eres tan sensata?

RC: Luego me dio pena porque esta adolescente mía es muy sensible. Se me ocurre que tú no tienes esas tensiones en tu hogar.

AF: ¿Qué dices? ¿Se te ha olvidado lo que es organizar tu día teniendo en cuenta a un niño pequeño? Que si tiene hambre, que si está llorando, que si está enfermito.

RC: Pero por lo menos tienes la guardería aquí mismo en el trabajo. Me acuerdo que cuando Margarita era chiquita, la teníamos que llevar a casa de una señora al otro lado de la ciudad durante las horas de trabajo. En aquella época yo trabajaba hasta muy tarde y siempre le tocaba a mi marido recoger a Margarita. Se le metió en la cabeza que eso tenía que cambiar, y claro, yo no podía. Creo que esa fue la causa fundamental de nuestro divorcio.

AF: Lo siento, mujer. Oye, hablando de gente despistada, esta mañana se me quedaron en casa las llaves del estudio y tuve que ir a buscar a Pancho para que me abriera. Por poco no puedo preparar tu programa.

RC: ¡Ay, hombre! Oye, y con tanta conversación ahora se nos va a pasar el momento de empezar el programa.

AF: No, qué va. Aquí vamos. ¡Estás en el aire!

RC: ¡Qué día! Aquí Rosa Casado, de KMEX, la voz chicana de Los Angeles, con su programa favorito, "Resolviendo los problemas". (*Aplausos*)

Actividad 8. En parejas, después de oír la conversación, comparen a Rosa con Angel. Tengan en cuenta: (a) posible edad, (b) estado civil, (c) personalidad, (ch) responsabilidades familiares y (d) elementos en su vida que provocan estrés.

Actividad 9. Escriba un ensayo breve sobre cómo puede funcionar bien una familia donde los dos padres trabajan. Mencione ejemplos de su propia familia o de gente que Ud. conoce.

Se le pinchó una llanta.

VOCABULARIO EN CONTEXTO. Expresar acontecimientos imprevistos.

En esta sociedad dominada por el automóvil, siempre ocurren cosas inesperadas relacionadas con ese medio de transporte. Les cuento de la semana maldita. El lunes, a mi hermano **se le pinchó una llanta** y el martes **se le quedaron las llaves dentro del carro.** El miércoles a mí y a mi marido **se nos rompió la radio del carro** y me quedé sin noticias ni música en mi largo viaje desde la casa hasta el trabajo.

Pero eso no es todo. El jueves mi tía Lupe llega a casa cansadísima. "¿Qué?", le pregunto bromeando, **"¿Se te acabó la gasolina?"** Y era exactamente eso lo que le había pasado. El viernes a los abuelos **se les descargó**

la batería porque habían dejado las luces encendidas. Y mi madre, la pobre, el sábado, fue de compras al centro comercial y **se le olvidó dónde había estacionado el carro.** Se pasó horas buscándolo.

Bueno, parece que todos andábamos algo distraídos porque trabajamos mucho. Alguien propuso que hiciéramos algo divertido. Y el domingo .... No, el domingo no nos pasó nada, pero **se nos ocurrió una gran idea:** sentarnos a comer y beber, y no acercarnos a ningún vehículo motorizado de nuestra propiedad.

Actividad 10. Haga una lista de cinco acontecimientos imprevistos que le pasaron recientemente a Ud. o a algún/alguna amigo/a y para cada uno diga qué consecuencia tuvo.

La semana pasada se le rompió el "walkman" a Jennifer y por poco se muere de aburrimiento.

LEER Y CONVERSAR

INTERCAMBIO 1. Mitos y realidades sobre los latinos de California.

¿Cree Ud. que el "modo de vida estadounidense" está amenazado por el aumento de la población latina? ¿Está Ud. asustado/a ante la posibilidad de una inmensa mayoría de latinos en California y otros estados? El doctor David Hayes-Bautista, profesor de medicina de la Universidad de California Los Angeles (UCLA) y Director del Centro de Investigación de Estudios Chicanos sostiene que esa creencia y ese temor están basados en una serie de mitos y falsedades, según su interesante artículo en la revista *Más.*

MITO DE AMENAZA

Hay varios grupos que no están conformes con la presencia del inmigrante latino, tienen una imagen que les da miedo. Según ellos, el latino es una fuente inagotable de problemas sociales: desempleo, desintegración familiar, pandillerismo, drogadicción, más subsidios del gobierno y el uso desmesurado de servicios de salud.

El mito del latino como amenaza es muy fuerte y muchos lo creen verídico. Sin embargo, la realidad no cuadra bien con este mito. Cuando en la universidad realizamos investigaciones sobre el comportamiento del latino en la sociedad y en la economía de Estados Unidos, nos dimos cuenta de que los latinos aportan mucho a la nación. Veamos algunos ejemplos tomados en el estado de California.

La política chicana Gloria Molina el día que fue elegida a la Junta de Supervisores del condado de Los Angeles, California.

FUERTE ETICA DE TRABAJO

En el país se quejan con frecuencia de la pérdida de la ética de trabajo, dando como resultado una fuerza laboral menos competitiva que las de por ejemplo Japón o Alemania. El hecho es que los latinos son mucho más activos en la fuerza laboral que cualquier otro grupo: anglosajón, negro o asiático. Los datos disponibles muestran que de 1940 a 1990, el latino ha tenido la tasa de participación más alta en la fuerza laboral . . . .

FUERTES FAMILIAS

Lejos del estereotipo de familias desintegradas, la familia latina en California es fuerte y estable. Los latinos forman familias de parejas con hijos en una tasa dos veces mayor que el anglosajón, y en una tasa superior a cualquier otro grupo. En nuestras investigaciones hemos podido comprobar que la familia como institución social es de gran importancia para el latino.

VIDAS SALUDABLES

Otra vez, a pesar del estereotipo, el latino presenta un perfil de salud sorprendentemente positivo. Sobre todo en California la mujer latina sabe llevar una vida muy sana y saludable: toma menos, fuma menos y usa drogas en menor grado que cualquier otro grupo. Aunque no gozan de acceso a servicios de salud, las latinas tienen los mejores resultados en los nacimientos de sus hijos; menos recién nacidos latinos sufren de bajo peso; y las tasas de mortalidad neonatal, postneonatal e infantil son casi la mitad de las tasas anglosajonas, y casi un tercio de las tasas negras.

FUERTES CREENCIAS

El latino se preocupa mucho por la vida moral y espiritual de sus hijos. Es importante que sus hijos sepan llevar una vida sana, respetuosa, honrada y trabajadora. Es posible que el fervor religioso se deba al deseo de ver a sus hijos superarse. Además, el latino siente un gran patriotismo hacia Estados Unidos. En una gran desproporción, considerables latinos han ganado la Medalla de Honor del Congreso.

Ingeniero chicano de una planta de energía solar en Warner Springs, California.

Actividad 11. Basándose en el artículo, señale con una **M** cada mito y con una **R** cada realidad con relación a los latinos.

1. En los Estados Unidos hay más desempleo entre los hispanos que entre otros grupos.
2. La mujer latina goza de buena salud y tiene pocos problemas cuando tiene hijos.
3. Las latinas tienen fácil acceso a los servicios médicos.
4. Hay menos familias desintegradas entre las latinas que entre las anglosajonas.
5. Por lo general, los latinos no son patrióticos.
6. La familia no es tan importante para el latino.
7. Los padres latinos esperan que sus hijos puedan vivir mejor que ellos.
8. Los padres latinos dejan libres a los hijos en lugar de preocuparse por su educación moral.

Nacionalidad de los dueños de negocios hispanos en EE. UU.

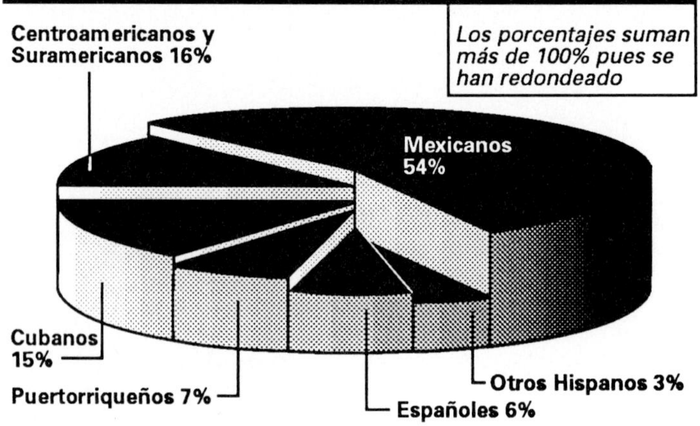

Fuente: Oficina del Censo de EE. UU.

Actividad 12. La clase se divide en dos grupos. Basándose en la información del artículo, el grupo A prepara apuntes sobre las preocupaciones de mucha gente frente al aumento de la población latina, los estereotipos que tienen sobre los latinos y cómo éstos se comparan con los datos estadísticos. El grupo B prepara una lista de preguntas para entrevistar al profesor Hayes-Bautista sobre los resultados de sus investigaciones.

Después, formen parejas con una persona del grupo A que hace el papel del profesor Hayes-Bautista, y otra del grupo B que le hace una entrevista usando los apuntes y las preguntas que prepararon.

◀◀◀◀ Estructura

I. Constructions with *Ser* and *Estar* Followed by the Past Participle

A. ***Ser*** *+ past participle, or the passive voice*

1. The combination **ser** + *past participle* is the Spanish passive voice. Use it when you want to stress the object of the action rather than the agent (the person, animal or thing) performing the action. Sometimes the agent is not mentioned. Remember that the past participle must agree in number and gender with the object of the action, which, in this construction, is the subject of the sentence.

La fiesta	**fue organizada**	**por Ortega.**
object of the action	past participle	agent
subject of the sentence		*object of a preposition*

La pobre Silvia fue atropellada por un carro.	*Poor Silvia was hit by a car. (The agent is the car.)*
Fuimos atacados por un tigre.	*We were attacked by a tiger. (The agent is the tiger.)*
Los que entren ilegalmente serán deportados.	*Those who enter illegally will be deported. (The agent is not mentioned.)*

2. Use the passive voice in the present tense only in two cases:
   a. When you are talking in the historical present.

México es derrotado por los Estados Unidos en 1847.	*Mexico is defeated by the United States in 1847.*

   b. When you are talking about a present recurrent action.

Ahora los que entran sin documentos son deportados inmediatamente.	*Now those who enter without documents are deported immediately.*

B. ***Estar*** *+ past participle to express a result*

1. Use **estar** + *past participle* to talk about the result of an action or process. The past participle must agree in number and gender with the object of the action or process, which appears as the subject of the sentence.

La frontera está cerrada. La cerraron a las seis.	*The border is closed. They closed it at six.*
Sí, están divorciados. Se divorciaron en 1989.	*Yes, they are divorced. They got divorced in 1989.*

2. Notice the difference between **ser** + *past participle,* expressing an action, and **estar** + *past participle,* expressing a result.

La frontera fue abierta a las seis.	*The border was opened at six.*
A las seis la frontera todavía estaba abierta.	*At six o'clock the border was still open.*
La frontera fue cerrada a las seis por orden del presidente, y estuvo cerrada hasta las ocho, cuando él dio la orden de que la reabrieran.	*The border was closed (action) at six by order of the President, and it was closed (result) till eight, when he gave the order to reopen it.*

C. ***Estar** + past participle to express a continuous relationship*

Use **estar** + *past participle* to express the following three kinds of continuous relationships.

1. To talk about a continuous regard for, or recognition of, someone or something.

El está considerado (como) el mejor cantante de corridos mexicanos.	*He is regarded as the best singer of Mexican corridos.*
Ese método está considerado (como) el más efectivo.	*That method is regarded as the most effective.*
Ella está reconocida como una experta en los problemas legales de los inmigrantes.	*She is recognized as an expert on the legal problems of immigrants.*

—Tengo la sospecha de que estamos controlados por fuerzas desconocidas.

2. To express that someone or something is continuously led, controlled, determined, dominated, threatened, motivated, or protected by someone or something. Use **por** followed by a noun, pronoun, or phrase to refer to the agent.

El programa está dirigido por Eduardo Ortega.	*The program is headed by Eduardo Ortega.*
Dicen que esta industria está controlada por unas pocas compañías.	*They say that this industry is controlled by a few companies.*
Si no votamos en estas elecciones, pronto todos los distritos estarán controlados por el otro partido.	*If we don't vote in this election, soon all the districts will be controlled by the other party.*
Lo que pueden o no pueden hacer los ciudadanos está determinado por las leyes.	*What citizens can or cannot do is determined by the laws.*
En esa época la Junta Escolar estaba dominada por los anglos.	*At that time the School Board was dominated by the Anglos.*
La estabilidad del país está amenazada por la inflación.	*The country's stability is threatened by inflation.*
El trabajo de Ortega está motivado por su deseo de mejorar la educación de los niños.	*Ortega's work is motivated by his desire to improve the children's education.*
Nuestros derechos siempre han estado protegidos por la Constitución.	*Our rights have always been protected by the Constitution.*

You can use some of these verbs with **ser** to express an action rather than a continuous relationship.

El fuego fue controlado en pocos minutos.	*The fire was brought under control in a few minutes.*
Fuimos amenazados por los narcotraficantes; nos dijeron que no los siguiéramos.	*We were threatened by the drug traffickers; they told us not to follow them.*

3. To express a continuous union, connection, or separation that is real or figurative.

Las dos islas están conectadas por varios puentes.	*The two islands are connected by several bridges.*
España está separada de Africa por el Estrecho de Gibraltar.	*Spain is separated from Africa by the Strait of Gibraltar.*
Los chicanos están unidos por sus deseos de superación.	*The Chicanos are united by their desire for improvement.*

Ejercicio 1. Complete las siguientes oraciones usando formas apropiadas de **ser** y **estar** y el participio pasado de los verbos entre paréntesis, según el contexto. Siga el modelo.

(cerrar) Ayer la frontera ... a las cinco por el Servicio de Inmigración y ... todo el día.
Ayer la frontera fue cerrada a las cinco por el Servicio de Inmigración y estuvo cerrada todo el día.

1. (deprimir, derrotar) Julia y Olga ... porque nuestro equipo de voleibol ... ayer.
2. (atacar, asustar) Aquel día en la selva mi padre y yo ... por una pantera. Por suerte alguien la mató, pero varias horas más tarde todavía ... y casi no podíamos hablar.
3. (elegir, considerar) Ortega ... presidente de la Junta Escolar, seguramente porque ... como la persona más competente para esa posición.
4. (dominar, elegir) Alicia ... totalmente por sus padres; no la dejaron viajar cuando ... por la universidad para representarnos en el Congreso Nacional de Estudiantes.
5. (amenazar, proteger, derrotar) Sí, actualmente nuestra nación ... constantemente por el enemigo, pero nuestras fronteras ... por las fuerzas armadas y cualquier invasor va a ... inmediatamente.

Ejercicio 2. En parejas, preparen por lo menos tres oraciones con **estar** + ***participio pasado*** + **por** y los verbos **controlar, dominar** y **proteger** que reflejen aspectos de la vida universitaria, del país, o del mundo. Comparen sus oraciones con las de otras parejas.

La televisión está dominada por la violencia.
La industria de microconductores está controlada por los japoneses.

Ejercicio 3. En parejas, completen de modo original las siguientes oraciones.

... controlados/as por ....
En este país los niños están muy controlados por sus padres.

1. ... separados/as por ....
2. ... unidos/as por ....
3. ... conectados/as por ....
4. ... amenazados/as por ....
5. ... reconocido/a por ... como ....
6. ... considerado/a por ... como ....
7. ... dirigido/a por ....
8. ... motivado/a por ....

—*Se le perderían las llaves.*

II. *Se* for Unplanned Occurrences

1. Use the combination **Se** + *indirect object pronoun* + *verb* + *noun* to refer to an unplanned or unexpected occurrence. The indirect object pronoun refers to the person affected by the occurrence. In this instance, the verb agrees with the item(s) involved in the occurrence.

Se me acabó el dinero.	*I ran out of money.*
Se nos acabó el dinero.	*We ran out of money.*
Se me cayó el plato.	*I dropped the dish.*
Se me cayeron los platos.	*I dropped the dishes.*
Se nos cayeron los platos.	*We dropped the dishes.*
Se me han olvidado todos esos nombres.	*I have forgotten (involuntarily) all those names.*

2. Notice that Spanish uses the definite article instead of the possessive when the item involved in the occurrence belongs to the person affected.

Se me perdieron las llaves.	*I lost my keys.*
¿Se te quedó el pasaporte?	*Did you leave your passport behind?*

3. Add **a** plus an indirect object or a prepositional pronoun to specify the person affected.

Al pobre camarero se le cayeron todos los platos.	*The poor waiter dropped all the dishes.*
A Julio se le olvidaron los libros y a mí los apuntes.	*Julio forgot his books and I, my notes.*

4. Use the same construction with **ocurrir** to refer to an unexpected thought or idea.

Se me ocurren varias ideas de cómo resolver el problema de los niños que no saben inglés.	*Several ideas occur to me about how to solve the problem of kids who don't know English.*
Se le ocurrió a Ortega tener una reunión con los padres chicanos.	*It occurred to Ortega to have a meeting with Chicano parents.*
A Jorge y Sara se les ha ocurrido una idea magnífica: dar una fiesta el sábado.	*Jorge and Sara have come up with a magnificent idea: to give a party on Saturday.*

5. Use this construction with **pasar** or **quitar** to express getting over or getting rid of something, such as a bad feeling or pain.

A Luis la novia lo dejó y no se le ha pasado la tristeza.	*Luis's girlfriend left him and he hasn't gotten over his sadness.*
Ya se me pasó la rabia de haber perdido el partido.	*I have gotten over my anger about losing the game.*
¿Se te quitó el dolor de cabeza?	*Did you get over your headache?*
No se me quita la sed.	*I can't get rid of (quench) my thirst.*

Ejercicio 4. En parejas, describan lo que pasó en cada uno de estos casos. Usen el verbo entre paréntesis en el pretérito, en una construcción con **se** para expresar sucesos inesperados.

Mi reloj no funciona. (romper)
Se me rompió el reloj.

1. Pedro y Juan no pueden recordar la dirección de Lola. (olvidar)
2. Yo iba en mi coche y de repente deja de andar y veo que el tanque de gasolina está vacío. (acabar)
3. ¿No encuentras los apuntes de la clase de química? (perder)
4. El profesor dejó nuestros exámenes en su casa. (quedar)
5. Ernesto y Sergio transportaban un jarrón (*a vase*) muy valioso y de repente, ¡paf!, el jarrón vino al suelo. (caer)
6. De repente Alicia y Clara pensaron que era mejor estudiar un poco más para el examen. (ocurrir)
7. Ya no tengo hambre. (pasar)

Ejercicio 5. En parejas, entrevístense y averigüen tres o cuatro sucesos vergonzosos o cómicos que les pasaron y que pueden formularse usando **se** para expresar situaciones inesperadas. Sigan los modelos.

Una vez en el partido decisivo de fútbol en mi escuela secundaria se me cayó la pelota.

El otro día se me olvidó el nombre de uno de mis mejores amigos.

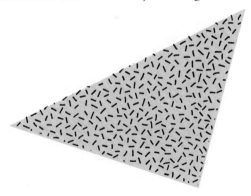

Exploraciones

No es raro que en una misma casa vivan juntas chicanas de tres generaciones distintas.

LECTURA "Tres generaciones", de Rosaura Sánchez

Actividad 1. El cuento siguiente de Rosaura Sánchez presenta la experiencia de tres chicanas de diferentes generaciones que viven juntas: una mujer, tal vez mayor, de la cual nunca sabemos el nombre; su hija Hilda; y la hija de ésta, Mari. Antes de leer, y para ayudarles a entender el cuento, colaboren como clase en escribir apuntes sobre estas dos situaciones imaginables.

1. Imagínense que en su familia viven personas de tres generaciones. ¿Cuáles serían los posibles conflictos entre los miembros de la familia? Piensen en reglas de comportamiento, responsabilidades, si hacen algo juntos, cómo pasan el tiempo, cómo se divierten, amistades, gustos, ideas sobre lo que es moral o inmoral, etc.

2. Basándose en lo que saben hasta ahora de la experiencia chicana, ¿cómo ha sido y es la vida de este trío de abuela, madre e hija? La abuela tendrá unos sesenta años. ¿Tuvo una vida fácil o difícil en su juventud? ¿En qué ha trabajado? La hija, que ahora debe tener unos cuarenta años, ¿qué tipo de trabajo tiene? ¿Tiene una vida mejor que la de su madre? En cuanto a la nieta, ¿cuáles pueden ser las mayores preocupaciones de una chicana de unos trece años que vive en el barrio, o comunidad chicana?

Actividad 2. El cuento que Ud. va a leer empieza con Hilda hablando y se oye brevemente la voz de su madre. El resto está narrado en primera persona, pero la narradora no es siempre la misma. La autora no especifica quién habla, pero lo podemos deducir por lo que dice cada una. Además hay un espacio entre los párrafos para indicar que cambia la narradora. Lea una vez el cuento y señale al lado de cada párrafo quién habla.

Esta tarde cuando llegué estaba de rodillas ante unos geranios y unas gardenias y refunfuñaba° por lo que yo llamo "el tomate imperialista" que siempre se anda queriendo aprovechar de todo el terreno. Se han puesto demasiado grandes las plantas, como que quieren tomarse el jardín.

—Y ¿por qué no las cortas?

—Voy a dejar que maduren los tomates y después adiós plantas. No volveré a sembrarlas.° ¿No ves cómo lo invaden todo? Mejor pongo unos chiles allí, aunque no hay mucho campo. Ay, no es como el solar° que teníamos allá en Texas.

Las plantas han adquirido personalidad para ella. Al limonero le pide disculpas por haber dejado que la madreselva° largara sus raíces por donde no debía. El pobre limonero enano que yo planté antes de que ella se viniera a vivir con nosotras no ha muerto pero tampoco crece ya que las raíces de la madreselva que ella plantó se han acaparado° del poco terreno que había para ese lado del patiecito. Otra planta imperialista pero ésta por la superficie subyacente,° por donde no se ve ni se sospecha. La planta de tomate en cambio lo hace a los cuatro vientos° y es obvio que sus ramas se extienden por todos lados, pero la madreselva se mantiene acurrucada° contra la cerca,° como si nada. Es como la diferencia entre la dependencia y el colonialismo, le digo, pero no acaba de entenderme. Mi madre sigue sacando las hierbas malas y regando,° mientras piensa en podar° la bugambilia,° para que no le quite el sol al malvavisco° que está a sus pies. Y yo no sé por qué le salgo con esas frases absurdas, como si me quisiera hacer la interesante, porque después de todo, la terminología fue lo único que me quedó de aquellas clases universitarias de estudios del tercer mundo. Y pensar que en un tiempo creí que podría ser mi especialidad

was muttering
sow them
plot
honeysuckle
monopolized
underlying
in every direction
curled up / fence
watering / trim
bougainvillea / hibiscus

pero al final, me fui por lo más seguro, y estudié comercio. Pero ella, ahora que está sola, parecería haber estudiado jardinería. Se la pasa trasplantando, podando, regando y conversando con las plantas porque yo y mi hija casi nunca estamos en casa más que para dormir. Y no es que no quiera también ponerme a trabajar en el jardín sino que el trabajo, las reuniones, los viajes fuera de la ciudad me tienen siempre ocupada, siempre corriendo. Como ahora mismo.

Quería mostrarle lo bien que va la hortensia° pero ya se metió. Seguro que se estará allí con la computadora hasta las altas horas de la noche; a veces ni quiere bajar a cenar. Y la Mari, perdida anda esa muchacha. Ya traté de decirle a Hilda que algo anda mal pero ni caso me hace. Cosa de adolescentes, me dice, ya se le va a pasar. La Mari se encierra en su cuarto y cuando sale tiene los ojillos todos rojos como que ha estado fumando o tomando alguna cosa de esas, de esas mugres° que hoy consiguen fácilmente los chavalillos.° Ay, cómo me hace falta aquel hombre. El sabría cómo hablarle a su nieta, creo, pero a mí ni caso me hace. Por eso me la paso aquí afuera con mis flores y mis arbolitos. Y a veces doña Chonita se viene a platicarme° alguna cosa y nos tomamos un poco de limonada mientras le muestro las matas° y así se me pasa el tiempo. Voy a tener que comprar un poco de alimento para las plantas porque esta mano de león,° por ejemplo, no quiere prender.° Recuerdo las que sembraba mi mamá en el solar hace ya tantos años. No eran estas miniaturas raquíticas.° Esas sí que eran flores. Jardín más chulo° no había en todo el barrio.

hydrangea
filth (drugs)
young kids
chat with me
bushes
coxcomb
take root
scrawny
showy

Tan pronto como me cambie, me pongo a la computadora. Pobre de mi mamá, me da no sé qué dejarla sola allá abajo, pero por lo menos se distrae con el jardín; a veces se va con algunas de sus amigas de la iglesia al cine o de compras. Pero más sola que yo no puede estar porque desde que me dejó Ricardo ... aunque de eso ya hace tanto tiempo que hasta ridículo me parece recordarlo. Tampoco puedo quejarme, porque mejor nunca estuve. Me mantengo ocupada y tengo mis amigos y mis amigas en el trabajo. Y a veces salgo con Alfredo y cuando podemos, nos vamos de paseo. Pero ninguno de los dos quiere volverse a meter en problemas. El divorcio como que le deja a uno un mal sabor en la boca. Así estamos mejor, nos divertimos, nos vamos de viaje los fines de semana cuando hay tiempo y cuando no, cada uno a su trabajo y a sus obligaciones, y hasta la próxima, sin compromiso, sin recriminaciones, cada uno libre de hacer lo que se le antoje.° Por lo menos es lo que me digo y lo que contesto cuando me preguntan que por qué no me he vuelto a casar. Porque con Ricardo fui muy celosa aunque tal vez todo eso fue un error desde el principio. Si no hubiera salido encinta,° no nos habríamos casado, seguro. Pero ¿qué otra opción tenía yo? Porque el sólo pensar en la opción de Antonia y en el trauma que fue todo aquello me daba escalofrío.° Los tiempos como que cambian y no cambian, porque el tema sigue candente,° y hasta quieren recortar los fondos para esas clínicas, pero en aquel entonces todo era prohibido, no había clínicas para el aborto, y a menos que una tuviera plata para irse al otro lado° para hacérselo allá, tenía que acudir a alguna curandera° para que le diera un remedio o a lo que acudió Antonia cuando supo que su marido andaba con la vecina. Desde entonces no tolero° ver los ganchos de alambre° para la ropa. Todos son de plástico. No, no pude hacerlo. Pero si hubiera sido más fuerte, más inteligente, me las hubiera arreglado° sola, aunque en casa me hubieran desconocido° por el escándalo. Y por eso, nos casamos, porque tuvimos que. Pero nunca estuvimos bien. Al año ya estábamos divorciados y así se ha criado Mari, sin padre, sin la ayuda económica que nos vendría bien si Ricardo se portara° como debe. Pero pronto se volvió a casar con la gringa ésa y ya después no me aventó ni con un centavo.° Por eso tuve que trabajar y dejar a la niña aquí y allá, buscando siempre quien me la cuidara hasta que ya pude ponerla en una guardería infantil. Ahora también está mi mamá. Cuando quedó viuda, me la traje acá, porque después de tanto año de trabajar en la costura° de blue jeans ¿qué le mandan? ¡Unos trescientos dólares por mes del seguro social! Ni para comer le alcanza; por eso me la traje a Santa Ana donde no le ha de faltar techo° ni comida. Esta impresora° es bastante lenta, no como la de la oficina, pero imprime más o menos bien. Voy a tener que comprarme una nueva, de láser; así no tengo que llegar como loca por la mañana haciendo copia de todo antes de la primera reunión a las 8:30; no sé por qué me las ponen tan temprano. Uuy, cómo se pasa el tiempo. Creí que eran las 7:30 y ya van a ser las nueve. Al rato bajo a comer algo. Ay, esa Mari, aún no ha llegado de la escuela. ¡Estas no son horas! ¿Dónde se habrá metido? Voy a tener que hablar con ella cuando llegue. Una chica de 13 años no tiene por qué andar fuera tan tarde. Se le hace fácil todo.

feels like
pregnant
shivers
hot (topic)
across the border to Mexico / witch doctor; medicine woman / tolerate / wire hangers / I would have managed / they would have disowned me / had behaved
he didn't give me a dime
sewing
roof / printer

Ay, la que me espera. Tengo que apurarme° porque si no, mi mamá se va a poner sospechosa. Pero si está ocupada ni se ha de enterar. Pero cómo iba a venirme cuando todos estaban mirándome, viendo a ver si le entraba duro° o no. O soy de la clica° o no soy; por eso por fin probé la nueva combinación.° Es como volar. What a blast! Pero después, qué bajón.° Por eso no podía venirme, hasta que me pasara un poco. Cuando sepa mi mamá que hoy no fui a la escuela se va a poner furiosa, pero ¿y qué? Que se enoje nomás.° Ya realmente no me importa nada, nada más que volver a fumar la combinación. No sé cómo pudo conseguirla Daniel. Generalmente sólo trae marihuana o "crac" pero hoy de veras se aventó.° Su Papi debe ser muy bueno porque cada semana le afloja la lana° para que se divierta. Para que no lo moleste, dice Dani, pero no sé por qué se queja porque con lo que le da su papá pues siempre tiene con qué hacer sus compras. Sabe exactamente dónde venden lo que quiere; yo he ido varias veces con él y es casi como "drive-in service" porque nomás para el carro en medio de la calle y siempre corre algún chico con el paquetito, pagamos y vámonos. Después nos vamos o a su casa o a la casa de Jenny. Uy, ya van a ser las nueve; creí que eran las siete, como ya se hace noche bien temprano. Ojalá que la abuela no me haga preguntas como siempre; le gusta fastidiarme nomás. Allí está siempre esperándome y mirándome con esos ojos. No sé por qué no se va a ver televisión o lo que sea y se deja de meterse en lo mío.

hurry

was really going to do it / *clique* / *combination of drugs* / *downer* / *So let her get angry.*

he hit the jackpot / *hands him the money*

Ay, esta niña, que no llega. Allá en mis tiempos todo era muy difícil. Mi papá ni nos dejaba salir a ninguna parte. Por eso ni primaria terminamos las mujeres. Eran los tiempos de los trabajos en la labor, en la pizca de algodón° o la cosecha de betabel.° Nuestros viajes eran de un rancho al otro hasta que volvíamos a San Angel para la Navidad. A veces teníamos que pararnos en los caminos para dormir y calentar algo para comer. Ya después en el rancho, a mí como era la mayor me tocaba todo. Tenía que levantarme a las cinco y media para hacer el desayuno y el lonche para mediodía. A veces le digo a la Mari que no sabe lo que es fregarse,° que antes no teníamos baño dentro de la casa, que teníamos que pasar al excusado° que estaba cerca del callejón° y se ríe, diciendo que eso es horrible y que ella nunca aguantaría tal cosa. Ni lo cree ni le importa. No conoce la pobreza ni quiere saber que todavía hay pobreza por el mundo. Los jóvenes de hoy no saben nada, ni se enteran de nada, ni piensan en nada más

cotton picking

sugar beet harvest

to have it rough

outhouse / *alley*

que andar de parranda° y tal vez cosas peores. A ver qué le caliento a Hilda; si no le hago algo se la pasa con puro sándwiche de pavo.

to go out partying

¡Cómo cambian los tiempos! En los míos, a mí me tocaba hacer las tortillas, la lavada, la planchada, porque generalmente mi mamá estaba encinta y no podía con todo el trabajo. Para mí no hubo escuela ni nada, puro trabajo bruto, como el burro; por eso cuando yo tuve a la Hilda me dije, ésta no va a sufrir como yo; por eso la mandé a la escuela aunque todos me decían que hacía mal en mandarla, que para qué, que me iba a salir mal, que seguro la iba a tener que casar a los 15 años por andar de pajuela.° Pero no fue así, estudió su carrera, se graduó y se puso a trabajar. Fue mucho después, cuando ya era una mujer de 25 años, que salió encinta y decidió casarse, porque no quería abortar, no quería que le pasara lo que a Antonia, aunque mi hija podría haber ido a alguna clínica en la frontera, si hubiera querido. Pero le tocó la mala suerte y el marido la dejó. Es lo que ella dice, pero a veces hasta creo que sólo se casó para tener la criatura porque siempre ha sido muy independiente. Gracias al estudio pudo mantenerse sola, porque nosotros no estábamos en condiciones de ayudarle. ¿Qué habría sido de ella si no hubiera tenido el trabajo? Habría tenido que vivir del Welfare como más de cuatro° en el barrio.

flirting; acting like a tramp

as most do

A la impresora le tengo que cambiar el papel. Y la Mari, ¿dónde andará que no llega? Si para las nueve no está tendré que llamarle a alguien. ¿A quién? Tal vez a alguna de sus amigas, no sé si tenemos el número del tal Daniel con el que sale a veces. Voy a tener que hablarle seriamente porque no tengo tiempo realmente de andar con estas cosas, especialmente hoy que tengo que terminar de preparar este informe; ya me falta poco y el diagrama ya lo tengo hecho. Me salió bien. Esta nueva computadora es fenomenal, hasta a colores puede sacar los cuadros. Espero convencerlos con estas estadísticas; si deciden asociarse a la compañía podremos ampliar la producción y así aumentar las ventas para el próximo año, como quiere el jefe. Estos nuevos programas van a revolucionar la industria de las computadoras y nosotros los vamos a producir. Bueno, no yo, claro, sino la compañía. Increíble pensar que ya comienzo a pensar como "company man" o mejor dicho, "woman" —como si no me explotaran bien a bien;° me sacan el jugo pero tampoco me pagan mal, por lo menos desde que les armé el gran lío.° Ya pensaban que los iba a demandar° por discriminación. Y por qué no, si me tenían allí de asistente cuando la que hacía todo el trabajo del jefe era yo. Y después de la reunión de mañana,

they exploited me royally / I made a big fuss / file a law suit habrá que presentarles el plan a los mero-meros.° ¿Me habrán hecho la reservación del cuarto en Nueva York? Bueno, todavía hay tiempo; mañana se lo pregunto a Cheryl. Lo que son las cosas. Ahora es cosa de llamar y hacer la reservación y le tienen a una todo listo cuando llegue. No saben que la que llega toda vestida con su portafolio es la misma que pizcó algodón y durmió con sus padres en el suelo. Recuerdo que una vez nos tuvimos que pasar la noche a la orilla del camino, durmiendo en el carro, porque no teníamos con qué pagarnos la estadía° en un motel. Sí, la noche misma que me gradué y salimos tarde, tuvimos que pararnos en las afueras de Austin. Amá° quería ir a visitar a la tía de paso,° pero ¿cómo íbamos a llegar a medianoche sin avisar? Tampoco podíamos volver a San Angel. Y allí estuvimos todos incómodos, de mal humor, peleándonos unos con otros hasta que amaneció y pudimos llegar a San Antonio para ver a la tía, que nos recibió de mala gana. No, no saben quién les presenta el informe. La que lo sabe soy yo, la que no lo olvida soy yo. No, el sueldo de ahora no borra° nada. No borra las miraditas° que me dan en las reuniones de Marketing cuando soy yo la que hago la presentación. No borra el ninguneo° que siempre padecimos. No borra el que a pesar de todo el entrenamiento° en teneduría de libros,° mecanografía° y dactilografía° en secundaria no pudiera yo conseguir trabajo después de graduarme, más que como operadora de ascensor. Por eso decidí irme a la universidad con préstamo° del gobierno.

high echelon; big bosses
stay
Mamá / on the way
erase / sideways glances
treating someone as a nobody / training / book-keeping / typing / shorthand / loan

Como me sabía mal vestida, no iba nunca a ninguna parte; me dedicaba a estudiar. Hasta que en mi primer trabajo después de graduarme de la universidad conocí a Ricardo; parecía interesado en mí y yo estaba feliz, feliz de la vida y por eso cuando me comenzó a invitar a salir, acepté, lo acepté todo, pensando que era mi futuro, mi compañero del alma. ¡Qué estúpida que fui! A él le interesaba sólo una cosa. Y ya después, después ... ni para qué estar pensando en eso.

Amá, Amá, ven para que me cuentes. Ahora que han salido los muchachos con Apá,° quiero que me cuentes lo que le pasó a Antonia.

Papá

Mira, hija, cuando Antonia se enteró de que su marido andaba quedando con Elodia, decidió hacer lo que podía para no perder al marido. Ya tenían cuatro niñas y estaba de nuevo encinta. La vecina venía a darle la mano, como estaba viuda recién y no tenía más que hacer y en una de esas le voló° el marido. Te acuerdas cómo andaban los tres de aquí para

snatched away

allá y de allá para acá. Pues un día los agarró° juntos en la cocina y Antonia la mandó a volar a la Elodia; hasta acá oí yo los gritos, donde le decía que se fuera mucho a la tiznada.° Después, una mañana, días después vino corriendo una de las niñas para pedirme que fuera a ver a su mamá, que se estaba desangrando.° Corrí a la casa y cuando vi que se estaba vaciando,° llamé pronto a la ambulancia. Ya sabes cómo tarda la ambulancia para llegar al barrio. Para cuando llegó, ya estaba pálida, color de cera.° Duró sólo unas horas en el hospital y allí murió. ¡Lo que son capaces de hacer las mujeres por no perder a un hombre! Sí, al verse de nuevo embarazada y sin tener a quien acudir, se metió un gancho de la ropa, para que se le viniera.° Ay, hija, de mi alma, no vayas a hacer nunca una locura semejante. Si alguna vez te ves en tales aprietos,° tenlo nomás. Ya encontraríamos nosotros cómo cuidarlo. Aunque, sí, tienes razón, tu papá se moriría de vergüenza. Mejor no te metas nunca en tales líos, hija.

caught
to go to hell
bleeding
hemorrhaging
wax
to abort the fetus
such a spot

Le pedí que me lo contara cuando vine de San Antonio para el funeral de Antonia; fue al verla allí en la casa mortuoria que decidí tener el bebé, no importaba lo que pasara. Cuando lo supo Ricardo se enfadó conmigo y me dijo que él no quería casarse. Le dije que estaba bien, que lo tendría yo sola, pero parece que su mamá le dijo que debía casarse, para darle el apellido a la criatura y así fue. Hicimos las paces, nos casamos; se vino a vivir a mi departamento y un año después, me pidió el divorcio. En mi familia nunca había habido divorcio. Así que eso también fue doloroso para mi papá, tanto o más que el "sietemesino"° que tratamos de hacerle creer. Aunque ... después fui la primera de varias primas que se divorciaron. La nueva generación. Después cuando me ofrecieron trabajo en California, con esta compañía de Software para las computadoras, me vine con la niña que ya para entonces tenía cinco años. Aquí me ningunearon por muchos años hasta que me sentí segura y comencé a exigir lo que hacía años me debían. Cambiaron el personal dirigente y por fin pude lograr el ascenso en Marketing. Con ello vinieron más presiones y tensiones y los viajes constantes. Y la niña ha ido creciendo, casi sin darme cuenta. Allí va llegando. A esa Mari tengo que hablarle; es una desconsiderada, no aprecia lo que hago por ella. Por ella y por mí. Porque me he ido llenando la vida de trabajo, de trabajo y a veces de Alfredo. A lo mejor me llama de San Francisco.

premature seven-month baby

"¡Mari! ¡Mari! ¿Qué hora es ésta de llegar? Ven acá un momento. ¿Dónde has estado?"

Por fin llegó la Mari; viene como endrogada. Pero me alegro que esté aquí Hilda, para que la vea, para que se entere, porque cuando yo trato de decirle algo, como que no me escucha, como que no quiere oír lo que no le conviene. Esta vida moderna, ¡quién la entiende! Ya son las nueve. Me haré un taco y también de las fajitas que le calenté a Hilda y me iré a ver el Canal 34. Aquí ya casi ni se cocina, ¿para qué? Cualquier cosa para hacerse una un taco. Ni modo que cocine para mí sola, porque ni Hilda ni Mari acostumbran cenar aquí. A ver qué dice el horario de televisión. Recuerdo que antes lo único que había eran los programas por radio que agarrábamos de noche de México. Manolín y Chilinsky. Palillo. Las telenovelas, "El derecho de nacer". El programa del Doctor I.Q. No sé cómo le hacíamos; no había alcantarillado,° no había pavimentación,° no había más que pizca de algodón. Y ahora, todo tan moderno, todo tan grande, pero todos tan desunidos, toda la familia regada° por todas partes. Los muchachos en Maryland y en Minnesota y yo en California. Ahora como que ya los hijos y los padres ni se hablan; los vecinos no se visitan. Aquí ni conocemos a los vecinos de al lado. Sólo a la gente de la iglesia y eso porque tengo carro y puedo ir hasta la iglesia mexicana los domingos, porque si no, ni eso. Aunque tengo que ir sola, porque aquí ya nadie quiere saber nada de iglesia ni de nada. M'hija creo que hasta se ha hecho atea.° Pero por lo menos yo sigo yendo y allí veo a mi gente mexicana. No, si es como le digo a mi comadre Pepa cuando me llama de Texas, la ciudad es muy diferente; aquí constantemente estoy oyendo la sirena de la ambulancia o de la policía. Enfrentito mismo de la iglesia balacearon° el otro día, dizque° por error, al vecino de doña Chonita. Que cosa de "gangas",° de pandillas,° de muchachones que no tienen ni adónde ir, ni dónde trabajar, ni más que hacer que andar en la calle sin que los padres tengan idea de dónde andan. Así como nosotros, que no sabemos ni adónde va la Mari, ni con quién, ni qué hace. Me temo que ande con esas mugres, que se inyectan o fuman, y uno aquí como si nada. Como si nada. Y ¡ni modo de meterme! Yo aquí ni papel pinto.° ¿Qué se le va a hacer? No hay más que distraerse un poco, porque yo también tengo mi droga, la tele. Ya es hora de ver "El Maleficio". Y después viene "Trampa para un soñador". Sólo en las telenovelas se resuelven todos los problemas, en seis meses o en un año; será porque todas las historias son de ricos y con dinero lo arreglan todo. Pero en la vida real, en la vida de los barrios, en la vida de los que duermen en la calle, las cosas parece que van de mal en peor. Por este camino no sé adónde vamos a llegar.

sewer system
paved streets
spread
atheist
they shot to death / people say / gangs (borrowed from English) / gangs
I have no say in it

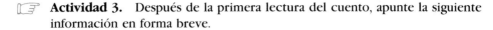

Actividad 3. Después de la primera lectura del cuento, apunte la siguiente información en forma breve.

1. dónde viven estas tres chicanas
2. cómo pasan la mayor parte del tiempo (a) la abuela, (b) Hilda y (c) Mari
3. lo que preocupa a la abuela
4. la relación entre Hilda y su hija
5. por qué Mari llega tarde a casa

Actividad 4. Ahora, en parejas, editen sus apuntes tomados para la Actividad 3, dando más información o corrigiendo las respuestas.

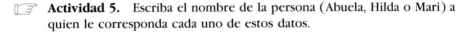

Actividad 5. Escriba el nombre de la persona (Abuela, Hilda o Mari) a quien le corresponda cada uno de estos datos.

1. Su padre era obrero agrícola migratorio y la familia vivió en muchos lugares.
2. Estudió comercio y se graduó de la universidad.
3. Sus padres no la dejaban salir y ni terminó la escuela primaria.
4. Pasa mucho rato frente a la computadora.
5. Al llegar a casa se encierra en su cuarto y cuando sale tiene los ojos rojos.
6. Se preocupa por la joven porque teme que esté tomando o fumando algo malo.
7. Es viuda.
8. Es divorciada.
9. Se casó al encontrarse encinta.
10. Siempre está muy ocupada con las responsabilidades del trabajo y le falta tiempo para su hija.
11. Finalmente sus compañeros de trabajo la respetan.
12. Frecuentemente viene a casa drogada.
13. Se esfuerza por ser aceptada por sus amigos.
14. Tiene poca paciencia con las miradas de sospecha de las otras.

Actividad 6. En parejas, usen la información de las actividades anteriores para describir a las tres chicanas. Incluyan (a) lo que le pasó o está pasando en su juventud, (b) lo que más ocupa su tiempo ahora, (c) acontecimientos importantes que han afectado cómo es ella ahora y (ch) la mayor preocupación actual.

Actividad 7. En grupos de 3 ó 4, den sus opiniones sobre algunos de los siguientes temas de la lectura.

1. Al encontrarse encinta, Hilda tenía como única alternativa casarse pronto y seguir con el embarazo. Ahora no piensa volver a casarse; prefiere tener relaciones abiertas con un hombre y sin obligaciones.
2. La abuela sospecha que Mari está metida en algo peligroso pero no sabe si se lo debe mencionar a Hilda.
3. Para poder alcanzar y mantener una posición alta, Hilda tiene que trabajar largas horas antes y después de las horas normales de trabajo.
4. Por dedicarse tanto a su carrera, Hilda no tiene ni tiempo ni energía para vigilar a Mari. Tampoco habla mucho con su madre.
5. Cada una de ellas ha tenido que examinar su propia identidad dentro de una sociedad problemática y sus acciones han estado motivadas por el deseo de ser aceptada por los demás, ya sea dentro o fuera de la familia.
6. La situación de las tres está a punto de explotar y sólo puede mejorarse si . . . .

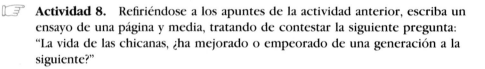

Actividad 8. Refiriéndose a los apuntes de la actividad anterior, escriba un ensayo de una página y media, tratando de contestar la siguiente pregunta: "La vida de las chicanas, ¿ha mejorado o empeorado de una generación a la siguiente?"

Actividad 9. En parejas, miren el anuncio de tarjetas en la página 355 y discutan si refleja la familia típica de hoy. Hablen de la impresión de alegría que el anuncio transmite, el número de personas que forman la familia, lo que sienten unos por otros, y otros detalles que refleja la ilustración. ¿Cómo creen Uds. que tendría que ser la ilustración para mostrar la verdadera familia típica? ¿Qué detalles cambiarían?

Actividad 10. Teniendo en cuenta los comentarios en clase sobre cómo sería la vida si en su propia casa vivieran personas de tres generaciones distintas, compare la situación de las chicanas del cuento con las de otros grupos étnicos de los Estados Unidos. ¿Qué semejanzas y diferencias ve Ud.?

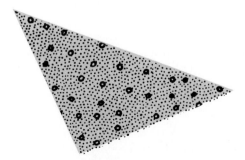

Eres Muy Especial
Hallmark llega al corazón
Hallmark

Práctica integrada

Práctica 1. Explique en un párrafo quiénes son los chicanos y por qué constituyen un caso singular entre los grupos étnicos de los Estados Unidos. Mencione por qué hay tantos chicanos en los Estados Unidos, dónde viven principalmente, por qué cree Ud. que mantienen su lengua y cultura y en qué campos se han destacado.

Práctica 2. En parejas, cada uno/a menciona cinco características que antes de leer esta unidad pensaba que tenían los chicanos y cinco ideas nuevas que ha aprendido. ¿Por qué creen Uds. que hay tantos estereotipos con respecto a los latinos en los Estados Unidos?

Esta joven chicana es directora de una agencia de publicidad en Austin, Texas.

Práctica 3. ¡Cómo cambia la misma historia según la persona a quien se la contamos! En parejas y basándose en el cuento "Tres generaciones", preparen y presenten tres versiones diferentes del día que pasó Mari. Hagan conversaciones entre Mari y (a) su madre, (b) un/a amigo/a que no estuvo con ella hoy y (c) su abuela. Cuenten cómo pasó ese día y esa noche, la hora de su llegada a casa, con quién estaba, qué hacían, etc.

Práctica 4. La clase se divide en dos grupos. Tomen posiciones opuestas y celebren un debate en la clase. Tengan en cuenta lo aprendido en esta unidad y sus conocimientos a través de la prensa, la televisión, experiencia personal, etc. Escojan dos de los temas siguientes.

1. ¿Qué es mejor? ¿Hacer de los Estados Unidos un país en que la única lengua sea el inglés, o alentar a las minorías a que hablen inglés sin abandonar sus respectivas lenguas maternas?
2. ¿Debe ser legal el aborto? ¿Debe haber circunstancias especiales en las cuales la mujer tenga derecho al aborto?

3. ¿Quién(es) tiene(n) la responsabilidad de garantizar el cuidado de los niños en la familia si el padre y/o la madre trabajan?
4. ¿Por qué existe tanto consumo de drogas entre la gente joven? ¿Cómo se puede resolver este problema? ¿Debe haber programas especiales de reeducación? ¿Castigos más severos?

Práctica 5. En grupos de 3 ó 4, discutan si en su opinión las siguientes afirmaciones son verdaderas o falsas y por qué. Tomen notas de sus opiniones.

1. En nuestra sociedad las mujeres están dominadas por los hombres.
2. En este país los maridos están dominados por sus esposas.
3. En esta universidad la vida social está controlada por un grupo relativamente pequeño de estudiantes.
4. Nosotros no estamos controlados por nadie: somos libres.
5. Nuestra civilización está protegida por la policía.
6. Las naciones que tienen armas nucleares están protegidas por dichas armas.

Práctica 6. Escriba una descripción de la peor semana imaginable para un/a estudiante, detallando una larga serie de acontecimientos inesperados. Luego lean las descripciones a la clase y voten para decidir cuál es (a) la más absurda, (b) la más patética y (c) la más probable.

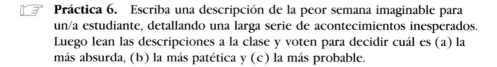

Appendix: Verb Charts

Note: In the sections on stem-changing and spelling-changing verbs, only tenses in which a change occurs are shown.

Regular Verbs

Infinitive	hablar	comer	vivir
Present participle	hablando	comiendo	viviendo
Past participle	hablado	comido	vivido

Simple Tenses

	hablar	comer	vivir
Present indicative	habl**o**	com**o**	viv**o**
	as	**es**	**es**
	a	**e**	**e**
	amos	**emos**	**imos**
	áis	**éis**	**ís**
	an	**en**	**en**
Imperfect indicative	habl**aba**	com**ía**	viv**ía**
	abas	**ías**	**ías**
	aba	**ía**	**ía**
	ábamos	**íamos**	**íamos**
	abais	**íais**	**íais**
	aban	**ían**	**ían**
Preterit	habl**é**	com**í**	viv**í**
	aste	**iste**	**iste**
	ó	**ió**	**ió**
	amos	**imos**	**imos**
	asteis	**isteis**	**isteis**
	aron	**ieron**	**ieron**
Future indicative	hablar**é**	comer**é**	vivir**é**
	ás	**ás**	**ás**
	á	**á**	**á**
	emos	**emos**	**emos**
	éis	**éis**	**éis**
	án	**án**	**án**

		hablar	comer	vivir
Conditional		hablaría	comería	viviría
		ías	ías	ías
		ía	ía	ía
		íamos	íamos	íamos
		íais	íais	íais
		ían	ían	ían
Affirmative and negative commands	**tú:**	habla, no hables	come, no comas	vive, no vivas
	Ud.:	hable, no hable	coma, no coma	viva, no viva
	Uds.:	hablen, no hablen	coman, no coman	vivan, no vivan
	vosotros, -as:	hablad, no habléis	comed, no comáis	vivid, no viváis
Present subjunctive		hable	coma	viva
		es	as	as
		e	a	a
		emos	amos	amos
		éis	áis	áis
		en	an	an
Imperfect subjunctive		hablara	comiera	viviera
		aras	ieras	ieras
		ara	iera	iera
		áramos	iéramos	iéramos
		arais	ierais	ierais
		aran	ieran	ieran

Compound Tenses

	hablar	comer	vivir
Present perfect indicative	he hablado has hablado, *etc.*	he comido has comido, *etc.*	he vivido has vivido, *etc.*
Pluperfect indicative	había hablado habías hablado, *etc.*	había comido habías comido, *etc.*	había vivido habías vivido, *etc.*
Future perfect	habré hablado habrás hablado, *etc.*	habré comido habrás comido, *etc.*	habré vivido habrás vivido, *etc.*
Conditional perfect	habría hablado habrías hablado, *etc.*	habría comido habrías comido, *etc.*	habría vivido habrías vivido, *etc.*
Present perfect subjunctive	haya hablado hayas hablado, *etc.*	haya comido hayas comido, *etc.*	haya vivido hayas vivido, *etc.*
Pluperfect subjunctive	hubiera hablado hubieras hablado, *etc.*	hubiera comido hubieras comido, *etc.*	hubiera vivido hubieras vivido, *etc.*

Stem-Changing Verbs

	-ar verbs: e > ie		-er verbs: e > ie	
Infinitive	**pensar** to think		**entender** to understand	
Present indicative	**pienso**	pensamos	**entiendo**	entendemos
	piensas	pensáis	**entiendes**	entendéis
	piensa	**piensan**	**entiende**	**entienden**
Affirmative commands	**piensa**	pensad	**entiende**	entended
	piense	**piensen**	**entienda**	**entiendan**
Present subjunctive	**piense**	pensemos	**entienda**	entendamos
	pienses	penséis	**entiendas**	entendáis
	piense	**piensen**	**entienda**	**entiendan**

	-ar verbs: o > ue		-er verbs: o > ue	
Infinitive	**contar** to count		**volver** to return	
Present indicative	**cuento**	contamos	**vuelvo**	volvemos
	cuentas	contáis	**vuelves**	volvéis
	cuenta	**cuentan**	**vuelve**	**vuelven**
Affirmative commands	**cuenta**	contad	**vuelve**	volved
	cuente	**cuenten**	**vuelva**	**vuelvan**
Present subjunctive	**cuente**	contemos	**vuelva**	volvamos
	cuentes	contéis	**vuelvas**	volváis
	cuente	**cuenten**	**vuelva**	**vuelvan**

	-ir verbs: e > i	
Infinitive	**servir** to serve	
Present participle	**sirviendo**	
Present indicative	**sirvo**	servimos
	sirves	servís
	sirve	**sirven**
Affirmative commands	**sirve**	servid
	sirva	**sirvan**
Present subjunctive	**sirva**	**sirvamos**
	sirvas	**sirváis**
	sirva	**sirvan**
Preterit	serví	servimos
	serviste	servisteis
	sirvió	**sirvieron**
Imperfect subjunctive	**sirviera**	
	sirvieras, *etc.*	

	-ir verbs: **e** > **ie** or **i**		**-ir** verbs: **o** > **ue** or **u**	
Infinitive	**sentir** to regret, to feel		**dormir** to sleep	
Present participle	**sintiendo**		**durmiendo**	
Present indicative	**siento** **sientes** **siente**	sentimos sentís **sienten**	**duermo** **duermes** **duerme**	dormimos dormís **duermen**
Affirmative commands	**siente** **sienta**	sentid **sientan**	**duerme** **duerma**	dormid **duerman**
Present subjunctive	**sienta** **sientas** **sienta**	**sintamos** **sintáis** **sientan**	**duerma** **duermas** **duerma**	**durmamos** **durmáis** **duerman**
Preterit	sentí sentiste **sintió**	sentimos sentisteis **sintieron**	dormí dormiste **durmió**	dormimos dormisteis **durmieron**
Imperfect subjunctive	**sintiera** **sintieras**, *etc.*		**durmiera** **durmieras**, *etc.*	

Verbs with Spelling Changes

	Verbs in **-car:** **c** > **qu** before **e**		Verbs in **-gar:** **g** > **gu** before **e**	
Infinitive	**buscar** to look for		**llegar** to arrive	
Preterit	**busqué** buscaste buscó	buscamos buscasteis buscaron	**llegué** llegaste llegó	llegamos llegasteis llegaron
	busca **busque**	buscad **busquen**	llega **llegue**	llegad **lleguen**
Present subjunctive	**busque** **busques** **busque**	**busquemos** **busquéis** **busquen**	**llegue** **llegues** **llegue**	**lleguemos** **lleguéis** **lleguen**

	Verbs in **-ger** and **-gir:** **g** > **j** before **a** and **o**		Verbs in **-guir:** **gu** > **g** before **a** and **o**	
Infinitive	**coger** to pick up		**seguir** to follow	
Present indicative	**cojo**	cogemos	**sigo**	seguimos
	coges	cogéis	sigues	seguís
	coge	cogen	sigue	siguen
Affirmative commands	coge	coged	sigue	seguid
	coja	**cojan**	**siga**	**sigan**
Present subjunctive	**coja**	**cojamos**	**siga**	**sigamos**
	cojas	**cojáis**	**sigas**	**sigáis**
	coja	**cojan**	**siga**	**sigan**

	Verbs in consonant + **-cer:** **c** > **z** before **a** and **o**		Verbs in **-zar:** **z** > **c** before **e**	
Infinitive	**vencer** to conquer		**empezar** to begin	
Present indicative	**venzo**	vencemos		
	vences	vencéis		
	vence	vencen		
Preterit			**empecé**	empezamos
			empezaste	empezasteis
			empezó	empezaron
Affirmative commands	vence	venced	empieza	empezad
	venza	**venzan**	**empiece**	**empiecen**
Present subjunctive	**venza**	**venzamos**	**empiece**	**empecemos**
	venzas	**venzáis**	**empieces**	**empecéis**
	venza	**venzan**	**empiece**	**empiecen**

	Verbs in **-eer:** unstressed **i** > **y**	
Infinitive	**creer** to believe	
Present participle	**creyendo**	
Preterit	creí	creímos
	creíste	creísteis
	creyó	**creyeron**
Imperfect subjunctive	**creyera**	**creyéramos**
	creyeras	**creyerais**
	creyera	**creyeran**

Irregular Verbs

	caer to fall	**conducir** to drive
Present indicative	caigo, caes, cae, caemos, caéis, caen	conduzco, conduces, conduce, conducimos, conducís, conducen
Preterit	caí, caíste, cayó, caímos, caísteis, cayeron	conduje, condujiste, condujo, condujimos, condujisteis, condujeron
Imperfect	caía, caías, *etc.*	conducía, conducías, *etc.*
Future	caeré, caerás, *etc.*	conduciré, conducirás, *etc.*
Conditional	caería, caerías, *etc.*	conduciría, conducirías, *etc.*
Present subjunctive	caiga, caigas, caiga, caigamos, caigáis, caigan	conduzca, conduzcas, conduzca, conduzcamos, conduzcáis, conduzcan
Imperfect subjunctive	cayera, cayeras, cayera, cayéramos, cayerais, cayeran	condujera, condujeras, condujera, condujéramos, condujerais, condujeran
Participles	cayendo, caído	conduciendo, conducido
Affirmative commands	cae, caed caiga, caigan	conduce, conducid conduzca, conduzcan

	conocer to know, be acquainted with	**dar** to give
Present indicative	conozco, conoces, conoce, conocemos, conocéis, conocen	doy, das, da, damos, dais, dan
Preterit	conocí, conociste, conoció, conocimos, conocisteis, conocieron	di, diste, dio, dimos, disteis, dieron
Imperfect	conocía, conocías, *etc.*	daba, dabas, *etc.*
Future	conoceré, conocerás, *etc.*	daré, darás, *etc.*
Conditional	conocería, conocerías, *etc.*	daría, darías, *etc.*
Present subjunctive	conozca, conozcas, conozca, conozcamos, conozcáis, conozcan	dé, des, dé, demos, deis, den
Imperfect subjunctive	conociera, conocieras, conociera, conociéramos, conocierais, conocieran	diera, dieras, diera, diéramos, dierais, dieran
Participles	conociendo, conocido	dando, dado
Affirmative commands	conoce, conoced conozca, conozcan	da, dad dé, den

	decir to say	**estar** to be
Present indicative	digo, dices, dice, decimos, decís, dicen	estoy, estás, está, estamos, estáis, están
Preterit	dije, dijiste, dijo, dijimos, dijisteis, dijeron	estuve, estuviste, estuvo, estuvimos, estuvisteis, estuvieron
Imperfect	decía, decías, *etc.*	estaba, estabas, *etc.*
Future	diré, dirás, *etc.*	estaré, estarás, *etc.*
Conditional	diría, dirías, *etc.*	estaría, estarías, *etc.*
Present subjunctive	diga, digas, diga, digamos, digáis, digan	esté, estés, esté, estemos, estéis, estén
Imperfect subjunctive	dijera, dijeras, dijera, dijéramos, dijerais, dijeran	estuviera, estuvieras, estuviera, estuviéramos, estuvierais, estuvieran
Participles	diciendo, dicho	estando, estado
Affirmative commands	di, decid diga, digan	está, estad esté, estén

	haber to have	**hacer** to make, to do
Present indicative	he, has, ha, hemos, habéis, han	hago, haces, hace, hacemos, hacéis, hacen
Preterit	hube, hubiste, hubo, hubimos, hubisteis, hubieron	hice, hiciste, hizo, hicimos, hicisteis, hicieron
Imperfect	había, habías, *etc.*	hacía, hacías, *etc.*
Future	habré, habrás, *etc.*	haré, harás, *etc.*
Conditional	habría, habrías, *etc.*	haría, harías, *etc.*
Present subjunctive	haya, hayas, haya, hayamos, hayáis, hayan	haga, hagas, haga, hagamos, hagáis, hagan
Imperfect subjunctive	hubiera, hubieras, hubiera, hubiéramos, hubierais, hubieran	hiciera, hicieras, hiciera, hiciéramos, hicierais, hicieran
Participles	habiendo, habido	haciendo, hecho
Affirmative commands	— — —	haz, haced haga, hagan

	huir to flee	**ir** to go
Present indicative	huyo, huyes, huye, huimos, huís, huyen	voy, vas, va, vamos, vais, van
Preterit	huí, huiste, huyó, huimos, huisteis, huyeron	fui, fuiste, fue, fuimos, fuisteis, fueron
Imperfect	huía, huías, *etc.*	iba, ibas, *etc.*
Future	huiré, huirás, *etc.*	iré, irás, *etc.*
Conditional	huiría, huirías, *etc.*	iría, irías, *etc.*
Present subjunctive	huya, huyas, huya, huyamos, huyáis, huyan	vaya, vayas, vaya, vayamos, vayáis, vayan
Imperfect subjunctive	huyera, huyeras, huyera, huyéramos, huyerais, huyeran	fuera, fueras, fuera, fuéramos, fuerais, fueran
Participles	huyendo, huido	yendo, ido
Affirmative commands	huye, huid huya, huyan	ve, id vaya, vayan

	oír to hear	**poder** to be able, can
Present indicative	oigo, oyes, oye, oímos, oís, oyen	puedo, puedes, puede, podemos, podéis, pueden
Preterit	oí, oíste, oyó, oímos, oísteis, oyeron	pude, pudiste, pudo, pudimos, pudisteis, pudieron
Imperfect	oía, oías, *etc.*	podía, podías, *etc.*
Future	oiré, oirás, *etc.*	podré, podrás, *etc.*
Conditional	oiría, oirías, *etc.*	podría, podrías, *etc.*
Present subjunctive	oiga, oigas, oiga, oigamos, oigáis, oigan	pueda, puedas, pueda, podamos, podáis, puedan
Imperfect subjunctive	oyera, oyeras, oyera, oyéramos, oyerais, oyeran	pudiera, pudieras, pudiera, pudiéramos, pudierais, pudieran
Participles	oyendo, oído	pudiendo, podido
Affirmative commands	oye, oíd oiga, oigan	— — —

	poner to put	**querer** to wish, to love
Present indicative	pongo, pones, pone, ponemos, ponéis, ponen	quiero, quieres, quiere, queremos, queréis, quieren
Preterit	puse, pusiste, puso, pusimos, pusisteis, pusieron	quise, quisiste, quiso, quisimos, quisisteis, quisieron
Imperfect	ponía, ponías, *etc.*	quería, querías, *etc.*
Future	pondré, pondrás, *etc.*	querré, querrás, *etc.*
Conditional	pondría, pondrías, *etc.*	querría, querrías, *etc.*
Present subjunctive	ponga, pongas, ponga, pongamos, pongáis, pongan	quiera, quieras, quiera, queramos, queráis, quieran
Imperfect subjunctive	pusiera, pusieras, pusiera, pusiéramos, pusierais, pusieran	quisiera, quisieras, quisiera, quisiéramos, quisierais, quisieran
Participles	poniendo, puesto	queriendo, querido
Affirmative commands	pon, poned ponga, pongan	quiere, quered quiera, quieran

	saber to know (how)	**salir** to leave
Present indicative	sé, sabes, sabe, sabemos, sabéis, saben	salgo, sales, sale, salimos, salís, salen
Preterit	supe, supiste, supo, supimos, supisteis, supieron	salí, saliste, salió, salimos, salisteis, salieron
Imperfect	sabía, sabías, *etc.*	salía, salías, *etc.*
Future	sabré, sabrás, *etc.*	saldré, saldrás, *etc.*
Conditional	sabría, sabrías, *etc.*	saldría, saldrías, *etc.*
Present subjunctive	sepa, sepas, sepa, sepamos, sepáis, sepan	salga, salgas, salga, salgamos, salgáis, salgan
Imperfect subjunctive	supiera, supieras, supiera, supiéramos, supierais, supieran	saliera, salieras, saliera, saliéramos, salierais, salieran
Participles	sabiendo, sabido	saliendo, salido
Affirmative commands	sabe, sabed sepa, sepan	sal, salid salga, salgan

	ser to be	**tener** to have
Present indicative	soy, eres, es, somos, sois, son	tengo, tienes, tiene, tenemos, tenéis, tienen
Preterit	fui, fuiste, fue, fuimos, fuisteis, fueron	tuve, tuviste, tuvo, tuvimos, tuvisteis, tuvieron
Imperfect	era, eras, era, éramos, erais, eran	tenía, tenías, *etc.*
Future	seré, serás, *etc.*	tendré, tendrás, *etc.*
Conditional	sería, serías, *etc.*	tendría, tendrías, *etc.*
Present subjunctive	sea, seas, sea, seamos, seáis, sean	tenga, tengas, tenga, tengamos, tengáis, tengan
Imperfect subjunctive	fuera, fueras, fuera, fuéramos, fuerais, fueran	tuviera, tuvieras, tuviera, tuviéramos, tuvierais, tuvieran
Participles	siendo, sido	teniendo, tenido
Affirmative commands	sé, sed sea, sean	ten, tened tenga, tengan

	traer to bring	**valer** to be worth
Present indicative	traigo, traes, trae, traemos, traéis, traen	valgo, vales, vale, valemos, valéis, valen
Preterit	traje, trajiste, trajo, trajimos, trajisteis, trajeron	valí, valiste, valió, valimos, valisteis, valieron
Imperfect	traía, traías, *etc.*	valía, valías, *etc.*
Future	traeré, traerás, *etc.*	valdré, valdrás, *etc.*
Conditional	traería, traerías, *etc.*	valdría, valdrías, *etc.*
Present subjunctive	traiga, traigas, traiga, traigamos, traigáis, traigan	valga, valgas, valga, valgamos, valgáis, valgan
Imperfect subjunctive	trajera, trajeras, trajera, trajéramos, trajerais, trajeran	valiera, valieras, valiera, valiéramos, valierais, valieran
Participles	trayendo, traído	valiendo, valido
Affirmative commands	trae, traed traiga, traigan	val, valed valga, valgan

	venir to come	**ver** to see
Present indicative	vengo, vienes, viene, venimos, venís, vienen	veo, ves, ve, vemos, veis, ven
Preterit	vine, viniste, vino, vinimos, vinisteis, vinieron	vi, viste, vio, vimos, visteis, vieron
Imperfect	venía, venías, *etc.*	veía, veías, veía, veíamos, veíais, veían
Future	vendré, vendrás, *etc.*	veré, verás, *etc.*
Conditional	vendría, vendrías, *etc.*	vería, verías, *etc.*
Present subjunctive	venga, vengas, venga, vengamos, vengáis, vengan	vea, veas, vea, veamos, veáis, vean
Imperfect subjunctive	viniera, vinieras, viniera, viniéramos, vinierais, vinieran	viera, vieras, viera, viéramos, vierais, vieran
Participles	viniendo, venido	viendo, visto
Affirmative commands	ven, venid venga, vengan	ve, ved vea, vean

Reflexive Constructions

		levantarse to get up
Present indicative		me levanto, te levantas, se levanta nos levantamos, os levantáis, se levantan
Participles		levantándose, se (haber) levantado
Present progressive		estoy levantándome, me estoy levantando
Present perfect		me he levantado
Affirmative	**tú:**	levántate, no te levantes
and negative	**Ud.:**	levántese, no se levante
commands	**Uds.:**	levántense, no se levanten
	vosotros, -as:	levantaos, no os levantéis

Spanish-English Glossary

This glossary contains all words and expressions from the *Vocabulario* list and most items from the *Vocabulario en contexto* lists of each unit. The number after each definition indicates the unit in which the word first appears. Most glossed vocabulary from the readings is also included, but no unit reference is given. Words are defined according to the context in which they are used in the text.

Abbreviations

adj.	adjective
adv.	adverb
f.	feminine
fig.	figurative
inf.	infinitive
irreg.	irregular
lit.	literally
m.	masculine
n.	noun

a: a causa de because of 9; **a consecuencia de** as a consequence of; **a duras penas** hardly; **a favor de** in favor of 5; **a fin de cuentas** when all is said and done 8; **a fuego lento** over a low flame 4; **a la larga** in the long run 3; **a lo mejor** perhaps 8; **a los cuatro vientos** in every direction; (*fig.*) from the rooftops; **a menos que** unless 9; **a menudo** frequently; **a pesar de** in spite of, despite 5; **a punto de** about to 4; **a rodos** torrent-like; **a sabiendas** knowingly; **a todas horas** at all times 3; **al otro lado** across the border (to Mexico); **al principio** at the beginning 3

abajo: cuesta abajo downhill 6

el abecedario alphabet

abundar to abound

aburrirse como una momia to be bored stiff 2

acabar con (+ *n.*) to put an end to something 10; **acabar de** (+ *inf.*) to have just (done) something 8

acabarse to run out 9

acaparado/a monopolized

acaparar to hoard

acaramelado/a caramelized

acaso perhaps

acechar to watch in secret

aceptar la llamada to accept the call 3

aconsejar to counsel, advise 4

el acontecimiento event 9
acostarse (ue) to go to bed 5
acostumbrado/a: estar acostumbrado/a a to be used to 3
acostumbrarse a to get used to 5
actual of today, current
la actualidad: en la actualidad at the present time 5
el acueducto aqueduct 6
acuerdo: estar de acuerdo to agree 4
acurrucado/a curled up
adaptarse to adapt oneself, become accustomed 2
adelantado: por adelantado in advance 7
adelante: seguir adelante to go ahead 5
además besides, moreover 5
la administración: el edificio de la administración administration building 1
adormecido/a drowsy
el adorno adornment, ornament
adquirir (ie) to acquire
advertir (ie, i) to warn 4
afeitarse to shave 5
el afiche poster 3
aflojar la lana to hand over money
aflorar to surge
agarrar to grab 9; to catch
la agencia de publicidad advertising agency 8
agradar to please 2
el agradecimiento thanks, gratefulness 10
agresivo/a aggressive 2
el aguanieve (*f.*) sleet
aguantar to stand, endure 2
la aguja needle
los ahorros savings 4
el aislamiento isolation
aislar to isolate
ajeno/a detached, unconcerned
ajustarse to adjust 7
la albarranilla squill, a bulbous plant
albergar to give shelter to
la albura whiteness
el alcantarillado sewer system
alcanzar to obtain
la aldea village
alegrarse de que to be pleased that 6
alentar (ie) to encourage 10
el alfabetismo literacy
el alfiler pin
el aliado ally
alimenticio/a related to food; nutritional
el alojamiento housing, lodging 1
el altar altar 6
el altoparlante loudspeaker
el alza (*f.*) rise
alzar to raise
la amá mama (Mexico)
amable: ¿sería tan amable de . . . ? would you be so kind as to . . . ? 4
amansar to soften
el ambiente: el medio ambiente environment 5
la amenaza threat 3
amenazado/a: estar amenazado/a por to be threatened by 10
amenazar to threaten 9
el/la anciano/a elderly person 4
andar: andar de pajuela to flirt; to act like a tramp; **andar de parranda** to go out partying; **vamos andando** let's go 2
andino/a from the Andes Mountains 3
animado/a lively 2
el/la animador/a host/hostess (television) 4
anoche last night 3
anómalo/a out of place
la ansiedad anxiety 4
ansioso/a anxious 2
antes: antes de (+ *inf.*) before (doing something) 3; **antes (de) que** before 9; **antes que** rather
antiguo/a former, antique 5
antojar to feel like
el anturio anthurium (tropical plant)
el anuncio clasificado classified ad 9
añorar to long for 7
añoso/a aged
el apá papa (Mexico)
la apariencia appearance, looks 8
la apetencia craving
el aporte contribution 6
el aposento room
apoyar to support (cause, party, candidate) 3
apretado/a tight-fitting 8
el aprieto tight spot
apropiado/a appropriate 1
aprovechar to take advantage of 7; to use time wisely
aprovecharse de to take advantage of 8
apurarse to hurry up 5; to finish off
el apuro difficulty 7
la arena sand
armar el gran lío to make a big fuss

el/la arqueólogo/a archaeologist 6
el artefacto artifact 6
el artilugio contraption
arrastrar to pull
arrebatar to seize
arreglarse to get ready to go out 5; **arreglárselas** to manage
el arresto arrest
arriba: cuesta arriba uphill 6
el arribo arrival
arrodillado/a kneeling
arruinar to ruin
el asedio siege
asentir (ie, i) to nod in agreement
asumir to take over
Atenas Athens
atender (ie) to take care of, look after
el atentado criminal attempt (on someone's life or property) 3
atento/a watchful
el/la ateo/a atheist
atinar a (+ *inf.*) to manage (+ *inf.*)
atraer to attract
atrasado/a backward; behind the times
atravesar (ie) to get through
atreverse a to dare to 8
atrevido/a daring
atropellar to run over 3
el auge peak; boom; height 9
el aula (*f.*): **el edificio de aulas** classroom building 1
aumentar to increase
el aumento increase 7
aunque even though, even if; although 5
la aurora dawn
el autómata enloquecido insane robot
avanzado/a advanced 1
avanzar to advance 5
aventarse (ie) to rush off, take off; to hit the jackpot
avergonzado/a embarrassed 7
la aversión dislike 2
avisar to warn 7
ayer yesterday 3
el azar chance, luck
azorado/a flustered

el báculo walking stick
el/la bajista bass guitar player 9
el bajo bass guitar 9
el bajón downer
la bala bullet
balacear to shoot to death
la bandera flag 3
el bando: estar en el mismo bando to be on the same side 5
el banquete banquet 10
bañarse to take a bath 5
el baño de maría double boiler
el/la barcelonés/esa person from Barcelona 2
el barracón hut
el barreño tub
el bastón cane
el/la baterista percussion player 9
batir to beat 4
la beca scholarship 10
beis beige (Spain) 8
bilingüe bilingual 10
bobito/a naive, innocent
el bombero firefighter 3
la bombilla de aire air pump
bordeado/a de bordered by 2
el/la boricua Puerto Rican
borrado/a erased
el borrador (rough) draft 7
borrar to erase
el bosque lluvioso (el bosque pluvial) rain forest
el bosquejo sketch 8
las botas de montar riding boots
brindar to offer 7
bromear to poke fun
el brote shoot, bud
brumoso/a foggy
la bugambilia bougainvillea (vine)
el buho owl
la burla mockery
la búsqueda search 6

la caballeriza stable
la cabecera head of the table
cabo: llevar a cabo to carry out 3; to see through 7
un cacahuate (= cacahuete) peanut
la cadena de televisión television network 7
caer (*irreg.*): **caerle bien/mal a alguien** to like/dislike someone 2
caerse (*irreg.*) **a pedazos** to fall to pieces
el cálculo calculus 1
el calor: hacer un calor espantoso to be horrendously hot 9
calvo/a bald
el callejón alley
la cámara (burial) chamber
cambio: en cambio on the other hand, however 5

el camión bus (Mexico) 1
la camiseta T-shirt 8
la campaña campaign 3
candente hot (topic)
la canela cinnamon
el caniche dog (mongrel)
cansar to tire, bore 2
el/la cantautor/a composer-singer 9
la capacidad capacity, ability
cargado/a: estar cargado/a de trabajo to be loaded with work 5
cargar a un tercer número to charge to a third number 3
cariñoso/a affectionate 2
la carne molida ground beef
la cartera purse
el carraspeo clearing of the throat
el carro-bomba car bomb 3
el casco helmet
el caso: en todo caso in any case, anyway; **hacerle caso a uno** to pay attention to someone 7
la casualidad: por casualidad by chance 8
la causa: a causa de because of 9
la cazuela casserole (serving dish; food) 4
la cebolla onion 4
ceder to give up, yield
celar to keep a jealous eye on
el celo zeal
los celos jealousy
el centenar: los centenares hundreds
cepillarse to brush one's hair 5
la cera wax
cerca near 1
la cerca fence
el cerro hill
la cesta basket
ciego/a blind
el cirro cirrus (cloud)
la ciudadanía citizenship
el/la ciudadano/a citizen 3
el clavel carnation
la clica clique
cobrar to collect, charge 1; **por cobrar** collect (telephone call) 3
el cobre copper
cocer (ue) to cook; boil 4
codiciado/a coveted 8
el cofre chest (furniture)
colarse (ue) to sneak in, to strain
colmado/a filled 3; full
el collar necklace 8
la combinación combination (of drugs)
comer: comérselo/la to eat it (all) up 2
el/la comerciante business person
la comisaría police station
como más de cuatro as most do
cómo: ¿cómo? sorry?, I beg your pardon? 1; **cómo no** of course 4
compadecerse (zc) to feel sorry for
complacer (zc) to please 8
componer (*irreg.*) to compose 9
comportarse to behave 7
la compraventa pawn shop
comprobar (ue) to check 4
con: con creces fully; **con frecuencia** often 3; **con mucho gusto** gladly 4; **con tal (de) que** provided that 9
conceder to grant
concertar (ie) to arrange 7
la conciencia: crear conciencia to create awareness 5
conciliar to match, reconcile
el concurso competition 9
condenado/a: estar condenado/a a to be condemned to 10
conducir (*irreg.*) to lead
el conejo rabbit
conforme: estar conforme con to be satisfied/in agreement with 10
el congelador freezer 4
el conjunto (rock) band 9
el conjuro spell, charm
conmover (ue) to move (emotionally)
el/la conserje concierge; doorman
el conservacionismo conservation 5
el/la conservador/a curator (in a museum) 6
el conservadurismo conservative attitude
considerar to consider 4
la consigna instruction
constar: conste for the record
constituir (constituye) to constitute
el consuelo consolation
el/la contador accountant
contar (ue) con (una persona) to rely on (a person) 8
contento/a: estar contento/a de que to be happy that 6
contra: en contra de against 5
contrastar to contrast 5

convencerse (z) to become convinced
conveniente: ser conveniente to be appropriate 10
convenir (*irreg.*): **conviene** it's fitting
coronado/a crowned; covered
la correa leash
el corredor racer 1
correr to dismiss (Mexico); **correr el riesgo de** to run the risk of 8
la corriente trend 8
la corte (royal) court 2
la cosecha harvest, crop; **la cosecha de betabel** sugar beet harvest
coser y cantar: ser coser y cantar (*fig.*) to be something very easy
el costado side
la costura sewing (*n.*)
cotidiano/a everyday 6
crecer (zc) to grow up
el crecimiento growth 7; **el crecimiento demográfico** population increase 5
el crédito inmediato immediate credit 3
creer (*irreg.*) to believe 5
la criadita young maid
crudo/a harsh
la cuadra city block 1
cuadrar bien to jibe; to match 10
el cuadro painting 2
cuajado/a adorned excessively
cuando: de vez en cuando from time to time 3
¿cuándo? when? 2
¿cuántos/as . . . ? how many . . . ? 1
el cubo pail
cubrirse to cover oneself 5
la cucharada tablespoonful 4
la cuenta: a fin de cuentas when all is said and done 8
cuesta arriba/abajo uphill/downhill 6
la cuestión issue 9
cuidar a to take care of 4
culpable guilty 7
culto/a cultured 8
el/la cumpleañero/a birthday boy/girl
el/la curandero/a witch doctor; medicine person
el curso: seguir (o llevar o tomar) cursos to take courses 1

chau good-by (Hispanic America) 9
el/la chavalillo/a young kid
¡che! hey! listen! (Argentina) 9
chocar to collide 3
el chubasco downpour
chulo/a showy

la dactilografía shorthand
la dama de honor maid of honor
dar (*irreg.*): **dar ejemplos** to give examples 5; **dar inicio** to initiate 6; **dar lástima** to be a shame 6; **dar opiniones** to give opinions 5; **dar parte** to report; **dar pena** to be a shame 6; **dar pie a** to give rise to 6; **dar rabia** to enrage, anger 6; **¿nos da tiempo para . . . ?** do we have time to . . . ? 2; **¿qué más da?** what difference does it make? 1
los datos data 1
de: de ahí thus; **de ninguna manera** in no way 7; **de paso** on the way; **de persona a persona** person-to-person 3; **de repente** suddenly 3; **¿de veras?** really? 3; **de vez en cuando** from time to time 3
deambular to walk around
debido a due to
la decadencia decline
la decena: decenas tens
decir (*irreg.*) to say, tell 1; **¿qué decía?** what were you saying? 4
la decoración interior interior design 8
dedicarse a to dedicate oneself to 5
dejar: dejar en herencia to leave (as inheritance); **dejársela en la mano** to leave someone holding the bag
delante ahead, in front 1
la delincuencia crime, unlawful activity 9
el/la demagogo/a demogogue
demandar to file a lawsuit
los/las demás the rest 8
la demasía excess
demorar to delay 7
dentro: dentro de (cinco años) (five years) from now 8
el departamento apartment
la depresión depression 4
deprimirse to get depressed 4
la derecha: a la derecha to the right 1
el derecho: los derechos civiles civil rights 10; **tener derecho a** to have the right to 10
derecho (*adv.*): **seguir derecho** to go straight 1
la derrota defeat

derrotado/a ruined
el derrotero path
desabrochado/a unbuttoned
desafinar to sing (or play) off key 9
desamparado/a forsaken, abandoned
desangrar to bleed
desapacible harsh
el desarrollo development 1
desatar to unleash
descargar to discharge, run down 9
desconocer (zc) to disown; to not know; to fail to recognize
desconocido/a unknown 1
desde luego of course 4
desembarcar to disembark, land
el desempleo unemployment 4
desempolvar to revive
desencadenar to unleash
desenterrar (ie) to dig up
deseoso/a desirous
desfilar to pass by
la desgracia misfortune
las desigualdades inequalities
desistir to give up
desmesurado/a excessive 10
la desocupación unemployment 9
despegarse del colchón to get out of bed
despejar (math) to get rid of, solve
despertarse (ie) to wake up 5
despistado/a scatterbrained; absent-minded 10
el desplazamiento displacement
desplomarse to fall down
la desproporción disproportion 10
después after that, later 3
destacado/a outstanding
destacarse to stand out 2
destartalado/a ramshackle
destinar to earmark
destruir (*irreg.*) to destroy 3
detener (*irreg.*) to stop 5
detrás behind, in back 1
la deuda debt 9
devastado/a devastated
el día: todos los días every day 3
difunto/a dead, late
la dinamita dynamite 3
el/la dirigente leader
dirigir to lead
dirigirse a to make one's way toward 1
discriminar en contra de to discriminate against 10
disculpar: discúlpeme excuse me 1
el discurso speech 6; **pronunciar un discurso** to give a speech 10
el/la diseñador/a designer 8
diseñar to design 8
el diseño design 6
disfrazado/a disguised
disminuir (*irreg.*) to decrease 3
disponible available 10
distinguir to distinguish
distraído/a: ser distraído to be absent-minded 10
distribuir (*irreg.*) to distribute 5
el distrito district 10
divertirse (ie, i) un horror to have a great time 2
la docena dozen
dominar un idioma to know a language well 10
¿dónde? where? 1; **¿de dónde . . . ?** from where . . . ? 1
dorado/a golden
el/la dormilón/ona sleepyhead 2
ducharse to shower 5
dudar to doubt 6
el/la dueño/a owner 7
duradero/a lasting 3
durar to last

la ecología ecology 5
el edificio: el edificio de la administración administration building 1; **el edificio de aulas** classroom building 1
efectivamente indeed, exactly 4
el efecto invernadero greenhouse effect 5
la efusión emotion
el ejemplo: dar ejemplos to give examples 5; **por ejemplo** for example 5
ejercer to exert (influence)
el embullo excitement
emigrar to emigrate
la emisora broadcasting station 1
empeñarse to insist
el emperador emperor
empezar (ie): recién empiezo I've just begun 1
empinarse to stand up on tiptoe
empobrecido/a impoverished 5
el emporio store
en: en aquel momento at that time 3; **en busca de** in search of; **en cambio** on the other hand, however 5; **en contra de** against 5; **en efecto** indeed; **en el**

extranjero abroad 3; **en esa época** at that time 3; **en la actualidad** at the present time 5; **en lo más hondo** at the deepest level 6; **en lontananza** at a distance; **en lugar de** instead of 3; **en primer lugar** in the first place 5; **en serio** seriously 3; **en todo caso** in any case, anyway 5; **en vías de** in the process of; on the road to 5
el/la enano/a dwarf
encantar to charm, delight 2
el encanto charm
el/la encargado/a person in charge 7
encargarse de to take care of, be in charge of 5
encinta pregnant
encontrarse (ue) to find; to meet (at a place) 2
la encuesta poll, survey 2
enfrente opposite, facing 1
enfriar to cool; chill 4
engrasado/a greased
enjuagar to rinse
enlodado/a muddy
enojar to anger 6
enojarse to get angry
enorgullecerse de to take pride in
la enredadera clinging vine
enredado/a mixed up with 7
el ensayo rehearsal 9
ensopado/a soaked
ensordecedoramente deafeningly
entender (ie) to understand 1
el entendimiento understanding (*n.*)
enterado/a: estar enterado/a to be aware; **estar enterado/a de** to be informed about 5
enterarse to find out
el entorno present surroundings
entrante next, upcoming 8; **(el año) entrante** next (year) 8
entregar to hand (over) 10
el entrenamiento training (*n.*)
la entrevista interview 1
entrevistar to interview 1
envidiable enviable
la época period 2; **en esa época** at that time 3
equivocado/a wrong, mistaken
equívoco/a two-faced, deceptive, ambiguous
el escalofrío shiver
escampar to stop raining
escoger (*irreg.*) to select 7
escolar related to school 10
el escote neckline 8
el escudo shield
escurrir to drain
la esmeralda emerald
la especialización major (academic) 1
especializarse en to major in 1
el espejo mirror
espeso/a thick
espolvorear to sprinkle
el esqueleto skeleton 6
el esquema outline 1
estable stable 10
estacionado/a parked 9
la estadía stay 2
las estadísticas statistics 10
estar (*irreg.*): **estar a favor de** to be in favor of 10; **estar al tanto** to be up to date 8; **estar amenazado/a por** to be threatened by 10; **estar condenado/a a** to be condemned to 10; **estar conforme con** to be satisfied/in agreement with 10; **estar de acuerdo** to agree 4; **estar de moda** to be in style 8; **estar en el mismo bando** to be on the same side 5; **estar metido/a en** to be involved in 7; **estar obligado/a a** to be forced to 10
el este east 1
estilizado/a stylized 8
estirar to pull
el estrago destruction
la estratagema trick
estrechar to shake (hands)
estrecho/a narrow; tight 8; **quedarle estrecho** to be too small for someone
el estremecimiento quivering
estrenar to wear/show for the first time 8
el estrés stress 4
el estribo stirrup
estropear to ruin 8
el estropicio mess
estupendo/a wonderful 2
la excavación excavation 6
excepcional exceptional 2
excluir (*irreg.*) to exclude 1
el excusado outhouse
el éxito: tener éxito to be successful 5
experimentar to experience; to suffer 7
explicar to explain 5
explotar bien a bien to exploit royally
expulsar to expel

la extradición extradition 3
el extranjero: en el extranjero abroad 3
extrañar: extrañarle a uno to find strange; to surprise 6
extrovertido/a outgoing 2

la facultad school (in a university) 1
la falta: hacer falta to be needed, be necessary 9
fallecer (zc) to die
la fama fame; renown 9
fascinar to fascinate 2
fascio (Italian) bundle; collective name for fascists
fastidiar to upset 2; **fastidiarle a uno/a (algo)** to be annoyed (by something) 2
el favor: a favor de in favor of 5; **hágame el favor de . . .** do me the favor of . . . 4
felicitar to congratulate
la ficha personal file (data) 2
la fiebre intense excitement 8
fijado/a: estar fijado/a to be set 1
el fin: a fin de cuentas when all is said and done 8
fingir to pretend
la firma firm; business enterprise 7
la física nuclear nuclear physics 1
el flan custard 4
la flanera custard mold
flanquear to border on
flexible flexible 2
florecer to flourish
fluvial (*adj.*) river
el fondo: al fondo in the back
forcejear to struggle
forestal related to the forest 5
la fortaleza fortress 6
la franja strip
la frecuencia: con frecuencia often 3
el fregadero kitchen sink
fregar (ie) to wash
fregarse (ie) to have it rough
freír (i, i) to fry 4
el frenesí frenzy
frente a opposite 1
fresco/a fresh; shameless
frustrado/a frustrated, thwarted
el fuego: a fuego lento over a low flame 4
la fuente source; **la fuente inagotable** endless source 10
la fuerza laboral labor force 10
el/la fulano/a so-and-so 8
fusilar to execute by shooting

el gancho de alambre wire hanger
la ganga gang (borrowed from English)
la ganzúa picklock
el gaucho cowboy of central Argentine Pampas 9
el/la gemelo/a twin 7
genial very pleasant; brilliant 2
el geranio geranium
el gesto gesture
girar sobre los tacones to turn on one's heels
golpear to hurt
golpearse to bruise oneself 3
gozar de to enjoy 5
gracioso/a funny 2
granadino/a from Granada
los grandes adults
grandote/a big, husky 2
la gravedad seriousness 5
griego/a Greek
la grieta crack
el/la guardián/ana guardian 6
guerrear entre sí to fight among themselves
el/la guerrero/a warrior
el/la guía guide (person) 6
gustar: ¿te gustaría ir . . . ? would you like to go . . . ? 2
el gusto: con mucho gusto gladly 4; **ha sido un gusto . . .** it has been a pleasure . . . 4

hacer (*irreg.*): **hacer el ridículo** to make a fool of oneself 8; **hacer falta** to be needed, be necessary 9; **hacer un calor espantoso** to be horrendously hot 9; **hacerle caso a uno** to pay attention to someone 7
hacerse amigos to make friends 3
el hallazgo finding; discovery 6
el hechizo: en hechizo charmed
el helecho fern
el/la heredero/a heir
la herencia: dejar en herencia to leave (as inheritance)
el/la herido/a injured person 3
la hiel: la cruda hiel bitterness (*lit.* raw bile)
hipotético/a hypothetical 7
el hogar home

el/la homenajeado/a honored person
hondo/a: en lo más hondo at the deepest level 6
la hora: ¿a qué hora . . . ? at what time . . .? 1; **a todas horas** at all times 3
el horario schedule 2
el horno oven 4
el horror: ¡qué horror! how horrible! 3
la hortensia hydrangea
hoy: hoy en día nowadays 10; **hoy por hoy** nowadays
la huella trace
la humanidad humankind 5
humedecer (zc) to moisten
el humo smoke 3
el huracán hurricane 7

el idioma: dominar un idioma to know a language well 10
igual: tratar a uno de igual a igual to treat one as an equal 7
ileso/a uninjured
la imagen image
imaginar: ¡imagínate! imagine that! 3
impedir (i, i) to block (the way), prevent 3
imperar to dominate; to be the rage (latest trend) 8
el imperio empire 6
imponer to impose
importar to care; to be important 10
imprescindible: ser imprescindible to be essential 10
impresionante impressive 2
impresionar to impress, make an impression on 2
impreso/a stamped
la impresora printer
imprevisto/a unforeseen 8
el impuesto tax 7
incaico/a Incan 6
incansable untiring 2
el incendio fire 3
incipiente in its early stages
la incógnita (math) unknown quantity
incorporarse to sit up
increíble: ¡es increíble! that's incredible! 3
independizarse (de) to gain independence; to break away
la indigencia impoverishment
indígena indigenous, native
la índole type, nature
inerme defenseless
inesperado/a unexpected 8
la infanta princess
infiel unfaithful
la inflación inflation 9
el informe report 2
ingrávido/a light
ingresar to admit (to a hospital)
el ingreso entrance
los ingresos earnings 7
el inicio: dar inicio to initiate 6
la inmigración al revés reverse immigration
innovador/a innovative
inquieto/a agitated
el/la insensato/a fool
insistir: insistir en to insist 7; **insistir en que . . .** to insist that . . . 4
las instalaciones facilities 3
la intención; tener la intención de (+ *inf.*) to intend (+ *inf.*) 6
interesar to interest 2
interrumpir to interrupt 4
intervenir (*irreg.*) to take part in
inundar to flood; to overwhelm 3
invertir (ie, i) to invest 3
involucrado/a mixed up in
ir (*irreg.*): **ir a medias** to go halves, go Dutch 7; **¿te va bien en . . . ?** are you good at . . . ? 1; **vamos a** (+ *inf.*) **. . .** we're going (+ *inf.*) . . . 2
irse a la tiznada to go to hell
izar to fly (a flag) 3
la izquierda: a la izquierda to the left 1

el jersey pullover (Spain) 8
la joya jewel
la junta board 10; **la Junta de Educación** Board of Education 10; **la Junta de Supervisores** Board of Supervisors
jurar to swear
justo: ser justo to be just 10
juzgar to judge

la labor task; work 10
laborioso/a hardworking
labrar to cultivate
el lado: al lado beside 1; **por otro lado** on the other hand 5; **por un lado** on one hand 5
ladrar to bark
el ladrillo brick

lanzarse a la mar to set sail
larga: a la larga in the long run
la lástima: dar lástima to be a shame 6
el lazo tie
el lecho bed
lejano/a distant, far-off 1
lejos de far from 1
el lema slogan 3
la lengua natal native language 10
levantarse to get up 5
la leyenda legend
el libertador liberator
la libra pound 4
el liderazgo leadership 10
el lienzo canvas
la linterna sorda lantern with a special dark glass
el lío mess, jam 5; fuss
liso/a smooth
la litera contigua adjoining bunk
loco/a: volver loco/a a to drive someone crazy 2
lograr to achieve, manage to get
el logro success
la lontananza: en lontananza at a distance
el lote set of objects
luchar to struggle; to fight 10
luego later, after that 3
el lugar: en lugar de instead of 3; **en primer lugar** in the first place 5
el lujo luxury 6
el lustro five-year period
la luz estroboscópica strobe light

la llama llama (animal)
la llamada: aceptar la llamada to accept the call 3
llamar a uno de vuelta to call someone back 9
la llanta rubber tire 9
la llave key 9
llegar a ser to become
llevar: llevar a cabo to carry out 3; to see through 7; **llevar (o seguir) cursos** to take courses 1; **llevar el sello** to have the stamp
llevarse to carry off, to take 5; **llevarse bien con alguien** to get along with someone 2; **llevarse mal con alguien** to not get along with someone 2
la llovizna drizzle
la lluvia ácida acid rain 5
lluvioso/a rainy 5

¡macanudo! great! (Argentina) 9
la maceta flower pot
la madrastra stepmother
la madreselva honeysuckle
el/la madrileño/a person from Madrid 2
madrugar to get up early 2
maldito/a cursed, damned 9
el malentendido misunderstanding
el malvavisco hibiscus
malvender to sell at a loss
mandar: como Dios manda like regular people
la manera: de ninguna manera in no way 7
el/la maniático/a maniac
la manifestación demonstration 3
manifestarse to show itself
la mano de león coxcomb
el mantel tablecloth
el manto de la noche cloak of night
la manzanilla chamomile
maquillarse to put on make-up 5
la marca brand name 8
marcado/a marked
marcar to dial 3
marginado/a on the edge, removed
la mariposa butterfly 5
más: más de more than (quantity) 8; **más que** more than 8; **más . . . que** more . . . than 8
la mata plant, bush
el matiz hue
la matrícula registration 1
matricularse to register 1
matutino/a of the morning 5
la mecanografía typing (*n.*)
la mecedora rocking chair
mediante by means of, with the help of 5
el medio: el medio ambiente environment 5; **los medios de comunicación** mass media 3
medio/a (*adv.*): **ir a medias** to go halves, go Dutch 7
mejor: a lo mejor perhaps 8
menos: a menos que unless 9; **menos . . . que** less . . . than 8
mensual monthly 1
merecer (zc) to merit; to deserve 10
los mero-meros high echelon; big bosses
la meta goal 6
metido/a: estar metido/a en to be involved in 7

la mezcla mixture
mezclar to mix 4
mezquino/a miserly
el/la miamense Miami resident 7
el miedo: tener miedo de que to fear that 6
mientras while 3
la miradita sideways glance
mirar to look 1
misericordioso/a compassionate
el mito myth; half-truth 10
la moda: estar de moda to be in style 8; **pasar de moda** to go out of style 8
mojarse to get wet 5
moler (ue) to grind up 4
molestar to bother 2
el momento: de un momento a otro any minute; **en aquel momento** at that moment 3
la momia mummy 6; **aburrirse como una momia** to be bored stiff 2
morirse (ue, u) to die
la mortalidad: la tasa de mortalidad infantil infant mortality rate 10
la mosca: por si las moscas just in case
la mostaza mustard
la mucama maid
el/la muerto/a dead person 3
la mugre filth (drugs)
el/la muisca Muisca Indian
mundial (of the) world
el muñequito little male doll

el nacimiento birth 2
las nalgas buttocks
el/la narcotraficante drug dealer 3
la nata whipped cream
negarse (ie) to refuse to do something 5
la nena girl
neto/a pure, genuine
el nimbo nimbus (cloud)
el ninguneo treating someone as a nobody (*n.*)
el nivel del mar sea level
no obstante in spite of; nevertheless 5
la noche: pasar la noche to spend the night 1
la Nochebuena Christmas Eve 7
el norte north 1
el nudo knot
la nuera daughter-in-law 7
el número equivocado wrong number 3

obligado/a: estar obligado/a a to be forced to 10
la obra work (of art) 2
los obreros agrícolas migratorios agricultural migrant workers 10
obstante: no obstante in spite of; nevertheless 5
ocupado/a: dar ocupado to be busy (telephone) 3; **estar ocupado** busy 3
ocurrir: occurrírsele a uno una idea to have an idea 9
el oeste west 1
oír (*irreg.*): **oiga** excuse me (*lit.* listen) 1; **oye** hey (*lit.* listen) 1
ojalá hopefully so 1
la oleada tibia warm surge of feeling
olmeco/a of the Olmec Indians
olvidar to forget 9
la olla (cooking) pot 4
la onda wave
operar to operate
opinar to have an opinion; to think 5
la opinión: dar opiniones to give opinions 5; **en mi opinión . . .** in my opinion . . . 5; **solicitar opiniones** to ask for opinions 5
optar por to opt for
optimista optimistic 2
el organismo (government) agency; organism 5
oriental eastern
el origen étnico ethnic origin 10
la orquídea orchid

la pala shovel 6
el palafrenero groom
la palanca: tener palanca to have connections 4
palmo a palmo inch by inch
la pandilla gang
el pandillerismo proliferation of gangs 10
el pañal diaper
el papel: el papel de inodoro toilet paper; **ni papel pinto** I have no say in it; **pintar un papel** to play a role 9
para que so that 9
el páramo cold, barren region
parecer (zc) to seem 2; **¿qué te parece . . . ?** how does it seem to you . . . ? 5
parecerse (zc) a to look like
el paredón wall where people are executed by firing squad
particular private, own 2
el/la partidario/a person in favor of
pasado/a last 3

pasar: pasar a formar parte to join; **pasar a manos de** to become the possession of; **pasar de moda** to go out of style 8; **pasar la noche** to spend the night 1; **pasar las vacas flacas** (*fig.*) to have lean times; **pasar lista** to call the roll; **pasar por** to pass through 1; **pasarlo bien/mal** to be having a good/bad time 3
los pasos americanos children's game in Cuba
la pastilla pill
patrocinar to sponsor 7
la pavimentación paved streets
el pecho breast
los pedazos: se está cayendo a pedazos it's falling to pieces
pegarse to stick to; **pegársele (el acento)** to pick up (the accent) 9
peinarse to comb one's hair 5
pelar to peel 4
el peldaño step (of a staircase) 6
la pena: dar pena to be a shame 6
pensar (ie) to think 5; **pensar (ie) de** to think of 5
la pepillita bobby soxer, trendy teenager
el percance mishap
la pérdida loss
perdón excuse me, pardon me 1
perfeccionar to perfect 2
pérfido/a treacherous
perfilarse to show in profile (be outlined)
permanecer (zc) to stay, remain
la persona: de persona a persona person-to-person 3
el personaje character 2
el pesar: a pesar de in spite of, despite 5
pesar: pesarle demasiado a uno to weigh heavily on one
pesimista pessimistic 2
petrolero/a pertaining to petroleum
picar to chop 4
el pico mountain peak
el pie: dar pie a to give rise to 6
el pincel artist's brush
pinchar to pierce, puncture, pop 9
pintar un papel to play a role 9
pintoresco picturesque
piola (*m./f.*) clever (Argentina)
la piqueta pick 6
la pirámide pyramid 6
la piruja ésa that flip young woman
el piso apartment; floor 2
la pizca de algodón cotton picking
el plano: en primer plano in the foreground
plantado/a: bien plantado/a well-esablished
platicar to chat
poblado/a populated 1
podar to trim
poder (*irreg.*) to be able 2; **no se puede** one cannot 6; **puede ser que** it could be that 6
el poder power 9
poderoso/a powerful
el polvo dust; powder
ponerse (*irreg.*) to put on 5; **ponerse a** (+ *inf.*) to start (+ *inf.*) 5
por: por adelantado in advance 7; **por andar de pajuela** for flirting; for acting like a tramp; **por casualidad** by chance 8; **por cobrar** collect (telephone call) 3; **por ejemplo** for example 5; **por eso** that's why 5; **por otro lado** on the other hand 5; **¿por qué no?** why not? 2; **por tanto** so, therefore 5; **por último** finally 5; **por un lado** on one hand 5
¿por qué?: ¿por qué no? why not? 2
el pormenor detail
portar to bring
portarse to behave; **portarse bien** to behave well
el posgrado: el programa de posgrado graduate program 1
posterior later
precolombino/a pre-Columbian 6
el predominio predominance
preferir (ie, i) to prefer 2
pregonar to shout, cry out
el pregrado: el programa de pregrado undergraduate program 1
prender to take root
la prensa press 3
preocupar to worry 6
prepotente conspicuous
la presa prey
el/la presidente-director/a editor and publisher (newspaper) 3
el préstamo loan
la prestancia graceful or dignified demeanor
el presupuesto budget 1
la primavera: en la primavera in the spring 8
primaveral (of) spring
primoroso/a exquisite
el principio: a principios de at the beginning of; **al principio** at the beginning 3

la prisa: las pocas prisas little hurry
privar to deprive
probar (ue) to taste; to try doing something 4
procaz shameless, bold
el programa: el programa de posgrado graduate program 1; **el programa de pregrado** undergraduate program 1
el promotor promoter
promover (ue) to promote 7
pronunciar un discurso to give a speech 10
propio/a own 5
proponerse (*irreg.*) to plan, propose 6
el propósito purpose 1
la propuesta proposal (business) 7
el/la proscrito/a exile
proseguir (i, i) to continue
la protesta protest 3
el provecho: ¡buen provecho! enjoy your meal!
provenir (*irreg.*) to come from
próximo/a next 1; **(el mes) próximo** next (month) 8
el proyecto project 9
la prueba de clasificación placement test 2
la publicidad: la agencia de publicidad advertising agency 8
el puesto job, post
la pujanza vigor
pulcro/a clean
el pulmón lung 5
el punto: a punto de about to 4; **el punto de cocción** thickening point
el puñal dagger

¿qué?: ¿a qué hora . . . ? at what time . . . ? 1; **¿qué más da?** what difference does it make? 1
el quechua Quechua language 6
quedar to be left; to remain 9; **quedar para semilla** to live forever; **quedarle estrecho/a** to be too small for someone
¿quién?: ¿a quién . . . ? from whom . . . ? 1; **¿con quién . . . ?** with whom . . . ? 1
quizás maybe, perhaps 6, 8

la rabia: dar rabia to enrage, anger 6
la rama branch 5
el rango rank
raquítico/a scrawny
la raza (Mexican) race (patriotic term) 10
razonable reasonable 1; **ser razonable** to be reasonable 10
real royal; real 2
realizar to carry out 10
reanudarse to begin again
recapacitar to reconsider
la receta recipe 4
el reciclaje recycling (*n.*) 5
reciclar to recycle 5
el recinto universitario campus 1
reclamar to claim
recobrar to recover 6
recomendar (ie) to recommend 4
el reconocimiento recognition
el recuento account
recurrir to turn to
el recurso resource 5
rechazar to reject
el rechazo rejection 3
reflejar to reflect
refrescarse to cool off 9
refunfuñar to mutter
regado/a spread (out)
regar (ie) to water
el régimen regime
¡regio! fine! great! 9
la relación: las relaciones públicas public relations 7
el relincho entrecortado intermittent neighing
remunerado/a paid, paying
el rencor rancor
reparar: sin reparar en without noticing
repente: de repente suddenly 3
repetir (i, i) to repeat 1
el/la reportero/a reporter 3
reprochar to reproach
el requisito requirement 1
resaltar to stand out
rescatar to recover; to get back 6
la reservación: hacer una reservación to make a reservation 1
la residencia estudiantil student residence hall 1
el/la responsable the one responsible 3
el restaurante de servicio rápido fast-food restaurant 1
los restos remains
restregar (ie) to rub it in
el resumen summary 1
la retama shrub called broom
el reto challenge, threat

retrasado/a behind (in school) 10
retrasarse to fall behind 10
el retraso delay 1
retratarse a sí mismo to paint (a portrait of) oneself
el retrato portrait 2
reunirse to get together 2
reverdecer (zc) to grow green again
la revista inspection; magazine 8
revolver (ue) to stir up
el ridículo: hacer el ridículo to make a fool of oneself 8
el riego watering (*n.*)
el riesgo risk; **correr el riesgo de** to run the risk of 8
la roca bermeja reddish rock
rociar to baste (cooking) 4
rodear to surround 4
rogar (ue) to ask, request, beg, plead 4
romper to break 9
el rostro countenance, face
las ruinas ruins 6
rumbo a on the way to

las sábanas sheets
saber (*irreg.*): **¿supiste lo del . . . ?** did you hear about . . . ? 3
el sabor flavor, taste 4
el sacerdote priest 3
salir (*irreg.*): **todo va saliendo mejor** everything's going better 1
el/la salmantino/a person from Salamanca 2
el/la saqueador/a looter 6
la sartén frying pan 4
la saya skirt
la sazón flavor
secar to dry 4
secarse to dry oneself 5
el sector privado the private sector 10
la sede headquarters 3
seguir (i, i): seguir adelante to go ahead 5; **seguir (o llevar) cursos** to take courses 1; **seguir (a alguien) trecho a trecho** to follow (someone) wherever he/she goes
según according to 4
el seguro insurance
seguro/a: estar seguro/a de que to be sure that 6
la selva forest; jungle
la semana: varias veces a la semana several times a week 3
sembrar (ie) to sow
sensato/a sensible 10
sensible sensitive 10
sentir (ie, i) to be sorry 6
sepultado/a buried
ser: érase once upon a time (*lit.* there was once); **ha sido un gusto . . .** it has been a pleasure . . . 4
el ser humano human being
serio: en serio seriously 3
el servicio: el restaurante de servicio rápido fast food restaurant 1
el/la sibarita person very fond of pleasure and luxury
siempre always 3
la sien temple
el/la sietemesino/a premature seven-month baby
el siglo century 1
sin: sin dejar huella without leaving a trace; **sin embargo** nevertheless 1; however; **sin que** without 9
el sobresalto scare, fright
el sobretodo overcoat
sobrevivir to survive
la sociedad pluralista pluralistic society 10
el/la socio/a member; partner (law firm) 3
el solar plot
el soldado soldier
la soledad loneliness 4
soler (ue) (+ *inf.*) to usually (do something)
solicitar opiniones to ask for opinions 5
la solidez solidity
soltar (ue) to let go of 9
soñoliento/a sleepy
soportar to stand; to hold up 6; to bear, endure 2
el sorbo sip; **el sorbito** little sip
sorprender to surprise 6
la sospecha suspicion 2
sospechar to suspect
subir to carry up; to climb 6
subyacente underlying
suceder to occur 3; to happen 6
el suceso incident, event 3
sudar to perspire
sufrir to suffer 4
sugerir (ie, i) to suggest 4
sujetar to carry; to fasten; to hold
el sumario de cuatrero indictment for horse thievery
suponer (*irreg.*) to suppose 6; **es de suponer que** it is likely that 6

el sur south 1
surgir to come up, appear; to surface
susurrante whispering
susurrar to whisper

el/la taíno Taino Indian
tal: con tal (de) que provided that 9; **tal vez** perhaps, maybe 6, 8; **un tal** a certain (+ *proper noun*)
la tala felling (of trees) 5
la talla (clothing) size 8
el tamaño size 2
tanto: estar al tanto to be up to date 8; **por tanto** so, therefore 5; **tanto como** as much as 8; **tanto/a/os/as . . . como** as much/many . . . as 8
tapar to cover 4
las tapas appetizers, hors d'oeuvres (Spain) 2
tarde (*adv.*): **más tarde** later 3
la tarjeta: con mi tarjeta with my (calling) card 3
la tasa de mortalidad infantil infant mortality rate 10
la tauromaquia bullfighting
el tebeo comic book
el techo roof
la tela fabric
la televisión: la cadena de televisión television network 7
temer to fear
el temor fear
el templo temple 6
la temporada season 8
la teneduría de libros bookkeeping (*n.*)
tener (*irreg.*): **tener con cuentos** to lead on; **tener derecho a** to have the right to 10; **tener éxito** to be successful 5; **tener miedo de que** to fear that 6; **tener palanca** to have connections 4; **tener que** (+ *inf.*) to have to (do something) 2
el terruño country
la tersura smoothness
el tesón tenacity
el/la testigo witness 3
tibio/a: la oleada tibia warm surge of feeling
el tiempo: ¿nos da tiempo para . . . ? do we have time to . . . ? 2
el/la tirano/a tyrant
tirarse de la cama to get out of bed
el titular (newspaper) headlines 3
tolerar to tolerate
tolteco/a of the Toltec Indians
el toque: un toque de a touch of 8
torcido/a twisted
el tráfico traffic 5
el trance critical moment
transmitir to broadcast 1
el trapo rag
tras after
trasero/a back
trasladar to transfer
trasladarse to move
el traslado move 4; transfer
el trastorno disturbance 4
el tratado treatise
tratar a uno de igual a igual to treat one as an equal 7
trecho a trecho wherever one goes
la tregua truce 3
triunfar to win 4
el trozo piece 4
el truco de magia magic trick
la tumba tomb 6
turbio/a muddy

último: por último finally 5
untar to spread 4
untuoso/a unctuous
la urbe large city
el uso way (custom)
utilitario/a functional 8

vaciar to hemorrhage
el vaina fool
valerse (*irreg.*) to avail oneself
los vaqueros jeans (Spain) 8
la vasija de arcilla clay pot
el vecindario neighborhood
vegetal of plants
la vela: la velita birthday candle
el velorio wake
los vencidos people who lost a war
el veneno poison
venerar to hold in high esteem
la venganza revenge
vengarse to avenge oneself, take revenge
venir (*irreg.*): **(el verano) que viene** next (summer) 8
veranear to spend the summer 9
veras: ¿de veras? really? 3
verídico/a true 10
verter (ie) to pour
la vestidura clothing 8
vestirse (i, i) to dress 5
la vez: de vez en cuando from time to

time 3; **la vez siguiente** the next time 3; **otra vez** again 3; **una vez** once 3; **varias veces a la semana** several times a week 3
la vía: en vías de in the process of 5
vicioso/a faulty
el/la víctima victim 3
la vigilancia security (service) 5
la viuda widow 2
la viudez widowhood
el virreinato vice royalty
la vivienda housing 10
vivo/a: vivitos/as y coleando alive and kicking
volarle (ue) a alguien to snatch away from someone
volcar (ue) to turn over 4
voltear to flip
volver (ue) loco/a a to drive someone crazy 2

los yins jeans (Cuban American)

los zamarros chaps
las zapatillas sneakers 8
el zumo juice

Index

Credits

Credits continued from p. iv.

"El recuerdo," by Maruja Torres, *El País Semanal* (22–23 diciembre 1990). Reprinted by permission.

"Vivir en Colombia," by Hernando Santos Castillo, Presidente Director de *El Tiempo, Cambio 16* (No. 972, 9 julio 1990). Reprinted by permission of *Cambio 16* and *El Tiempo*.

Excerpt from *El general en su laberinto*, by Gabriel García Márquez (Editorial Sudamericana, 1989). © Gabriel García Márquez, 1989. Reprinted by permission.

"Flan de manzana," *Telva* (No. 615, julio de 1990). Reprinted by permission.

"Hamburguesitas latinas," *Más* (Vol. II, No. 1, Fall, 1990). Reprinted by permission.

"Días de niebla," by Natividad Verdejo, *Revista del Instituto de Cultura* (Año XXVI, núm. 97, 1987). Reprinted by permission of the publisher.

"Caparra estuvo perdido por casi 400 años," *Imagen* (julio 1990). Reprinted by permission of Casiano Communications, Inc.

"Esas vidas extrañas, vegetales," by Carlos Rafael Duverrán, *Andrómeda* (Año IX, Núm. 31, enero-marzo 1990). Reprinted by permission of the author.

Adaptation of "El hallazgo del siglo en Perú," by Gabriel González G., *Geomundo* (Nov. 1989). Reprinted by permission of Publicaciones Continentales de México, S.A. de C.V.

"Villanela," from *Antología crítica*, by Carlos Germán Belli, (Ediciones del Norte, © 1988). Reprinted by permission of the publisher.

"Round Trip," from *No puedo más y otros cuentos*, by Uva A. Clavijo (Ediciones Universal, © 1989). Reprinted by permission of the author.

"Este cuento, titulado *Lecciones de italiano*," by Bernardo Atxaga, *Asterisco cultural* (No. 2, 1990). Reprinted by permission of the author.

Marco Denevi, "Cuento policial," *Cartas peligrosas y otros cuentos*, (Obra completa – Tomo 5), Ediciones Corregidor, Buenos Aires, 1987. Reprinted by permission of the publisher.

"Fiestita con animación," by Ana María Shua, from *El muro y la intemperie* (Ediciones del Norte, © 1989). Reprinted by permission of the publisher.

Jorge Luis Borges, "Episodio del enemigo", de *El oro de los tigres*, 1972, en OBRAS COMPLETAS, © Emecé Editores S.A. 1974 y © María Kodama y Emecé Editores S.A. 1989.

Excerpt from "El valioso aporte de los latinos," by David E. Hayes-Bautista, *Más* (enero–febrero 1991). Reprinted by permission.

"Las tres generaciones," by Rosaura Sánchez. Story has been accepted for publication by Arte Público in *The Americas Review* journal. Reprinted by permission of the author.

Black and White Photographs

Unidad 1: page 1, David Kennedy/Texastock; 6, Alan Carey/The Image Works; 25, left, Peter Menzel, right, Francene Kerry/Stock Boston; 28, Map of Tenochtitlán and Tlatilulco drawn by Arthur J.O. Anderson from Bernardino de Sahagún, *The War of Conquest: How It Was Waged Here in Mexico*, translated by Arthur J.O. Anderson and Charles E. Dibble (Salt Lake City: University of Utah Press, 1978); 33, D. Donne Bryant Photography; **Unidad 2:** page 37, Peter Menzel; 40, Robert Frerck/Odyssey Productions; 42, Hugh Rogers/Monkmeyer; 48, Mark Antman/The Image Works; 62, Alinari/Art Resource; 63, © 1992 ARS, N.Y./SPADEM, courtesy of Giraudon/Art Resource; **Unidad 3:** page 71, Peter Menzel/Stock Boston; 74, Luis Villota; 80, Timothy Ross/The Picture Group; 99, Fernando Botero, *The Presidential Family*, 1967 Oil on canvas 6′8 1/8 × 6′5 1/4, Collection, The Museum of Modern Art, New York. Gift of Warren D. Benedek; 102, AP/Wide World Photos; 106, Arlene S. Collins/Monkmeyer; **Unidad 4:** page 109, Laura Diez/Leo de Wys Inc.; 112, Beryl Goldberg; 116, 119, Bob Daemmrich; 129, Mark Antman/The Image Works; 134, Rick Kopstein/Monkmeyer; **Unidad 5:** page 145, Roy Morsch/The Stock Market; 148, J. Boutin/Leo de Wys Inc.; 149, Arthur Ambler/Photo Researchers; 152, Gregory G. Dimijian/Photo Researchers; 156, *La Nación* de Costa Rica; 172, courtesy of the artist, Celia Lacayo; **Unidad 6:** page 181, Grant LeDuc/Monkmeyer; 185, Foto du Monde/The Picture Cube; 195, John Maier/The Picture Group; 204, Heinz Plenge/Peter Arnold, Inc.; 209, Jack Kerson/D. Donne Bryant Photography; 210, Randy Matusow/Monkmeyer; **Unidad 7:** page 213, Suzanne J. Engelmann; 219, Beryl Goldberg; 221, Stuart Cohen/Comstock; 224, Randy Taylor/Southern Stock; 236, Courtesy of the OUTSIDE CUBA/FUERA DE CUBA project, Rutgers, the State University of New Jersey with the artist's authorization; 244, Stuart Cohen/Comstock; **Unidad 8:** page 247, Mark Antman/The Image Works; 253, Spencer Grant/The Picture Cube; 256, Beryl Goldberg; 257, Mark Antman/Stock Boston; 260, 275, Robert Frerck/Odyssey Productions; 281, 283, The Museum of Modern Art; **Unidad 9:** page 285, Peter Menzel/Stock Boston; 288, Latin Culture Publishers; 296, Peter Lang/D. Donne Bryant Photography; 298, left, Hugh Rogers/Monkmeyer, right, Owen Franken/Stock Boston; 317, UPI/Bettmann; **Unidad 10:** pages 323, 328, Bob Daemmrich; 334, AP/Wide World Photos; 335, Peter Menzel/Stock Boston; 344, Bob Daemmrich; 356, Bob Daemmrich/The Image Works.

Color Photographs

México zonas hispanas de los Estados Unidos: page 1, top left, Rocky Weldon/Leo de Wys Inc.; 1, top right, Martha Cooper; 1, bottom, John Lawrence/Southern Stock; 2, top, Cameramann International; 2, bottom, Robin J. Dunitz/D. Donne Bryant Photography; 3, top, Bob Daemmrich; 3, bottom left, Hugh Rogers/Monkmeyer; 3, bottom right, Steve Vidler/Leo de Wys Inc.; 4, top left, Bob Daemmrich; 4, top right, Barbara Cerva/D. Donne Bryant Photography; 4, bottom, Bill Gentile/Picture Group. **Centroamérica:** page 1, top left, Bob Daemmrich/Stock Boston; 1, top right, Luis Villota; 1, bottom, Byron Augustin/D. Donne Bryant Photography; 2, top, Robert Fried/D. Donne Bryant Photography; 2, bottom, Robert Frerck/Odyssey Productions; 3, top, Luis Villota; 3, bottom left, Stewart Atchison/D. Donne Bryant Photography; 3, bottom right, Arlene Collins/Monkmeyer; 4, top, Ron Bell/Picture Group; 4, bottom, Joe Cavanaugh/D. Donne Bryant Photography. **Venezuela y el Caribe:** page 1, top left, Beryl Goldberg; 1, top right, Collection of the Art Museum of the Americas, Audio Visual Unit, OAS, Washington, D.C.; 1, bottom, Martha Cooper; 2, top, Collection of the Art Museum of the Americas, Audio Visual Unit, OAS, Washington, D.C.; 2, bottom, Cameramann International; 3, top Peter Morgan/Picture Group; 3, bottom left, Rob Crandall/Stock Boston; 3, bottom right, Fridmar Damm/Leo de Wys Inc.; 4, top left, Maggie Steber/JB Pictures; 4, top right, Chip & Rosa María de la

Cueva Peterson; 4, bottom, Martha Cooper. **Los países andinos:** page 1, top left, Stuart M. Williams/Dembinsky Photo Associates; 1, top right, Marilyn Kazmers/ Dembinsky Photo Associates; 1, bottom, Stan Osolinsky/Dembinsky Photo Associates; 2, top, Marilyn Kazmers/Dembinsky Photo Associates; 2, bottom, Cameramann International; 3, top, Luis Villota; 3, bottom left, J. Sunakk/Leo de Wys Inc.; 3, bottom right, Gustavo Gilabert/JB Pictures; 4, top, John Phelan/D. Donne Bryant Photography; 4, middle, Collection of the Art Museum of the Americas, Audio Visual Unit, OAS, Washington, D.C.; 4, bottom, Robert Frerck/Odyssey Productions. **El Cono Sur:** page 1, top left, Carlos Goldin/D. Donne Bryant Photography; 1, top right, J. Sunak/Leo de Wys Inc.; 1, bottom, Carlos Goldin/D. Donne Bryant Photography; 2, both, Chip & Rosa María de la Cueva Peterson; 3, top, Donald Piburn/D. Donne Bryant Photography; 3, bottom left and right, Jay Dorin; 4, top, F. Gohier/Photo Researchers; 4, bottom, W. Hille/Leo de Wys Inc. **España:** page 1, top left, Peter Menzel; 1, top right, Firo Foto; 1, bottom, Penn/Reflex/Picture Group; 2, top, Brad Buchholz/Bob Daemmrich Associates; 2, bottom, Martha Cooper; 3, top, Mark Antmann/The Image Works; 3, bottom left, Beryl Goldberg; 3, bottom right, Robert Frerck/Odyssey Productions; 4, top and bottom, Robert Frerck/Odyssey Productions; 4, middle, Larry Mangino/The Image Works.

Art

Illustrations by Linda Bleck

Realia

Page 45: Antonio Puig S.A., Barcelona; p. 78: Portada Revista Nueva – Periódicos Asociados. Aviso: Revista Nueva – Campaña Institucional Policía Nacional; p. 84: Courtesy of AT&T. *Más* Magazine, Univision Publications; p. 122: Reprinted by permission. Goya Foods, Inc.; p. 135: Table from "Empleo por sectores," *Puerto Rico* (Anaya, © 1988). Reprinted by permission of the publisher; p. 143: Advertisement developed by BBDO/PR for Banco Santander Puerto Rico; p. 162: Instituto Costarricense de Electricidad – Apdo 10032–1000, San José, Costa Rica; p. 166: Consejo Nacional de Seguridad Vial – San José, Costa Rica. Revista *Perfil* – La Nación S.A.; p. 169: Victor Cartín/Revista *Perfil* – La Nación S.A., p. 232: © by A.L.I. Brussels; p. 282: Club de Campo, Señorío de Illescas. Reprinted by permission of Desarrollos Programados, S.A.; p. 292: Diario "La Nación" de Buenos Aires; p. 294: Diario "La Nación" de Buenos Aires; p. 306: © by A.L.I. Brussels; p. 326: Anheuser-Busch Companies; p. 355: © 1989, Hallmark Cards, Inc.

Simulated Realia

Simulated realia pieces by Jay Blake: pages 9, 15, 34, 41, 46, 47, 51, 67, 69, 124, 142, 153, 161, 189, 225, 262, 289, 320, 336